맥아더와 한국전쟁

맥아더와 한국전쟁

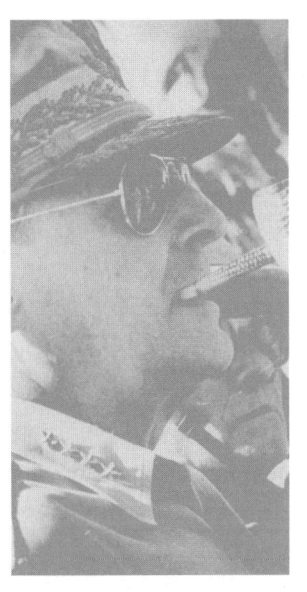
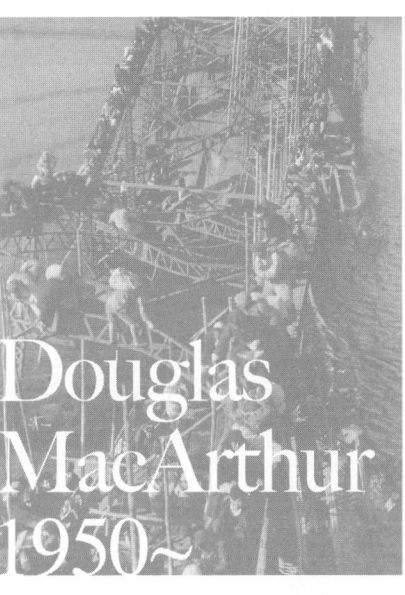

Douglas MacArthur 1950~

이상호 지음

푸른역사

책머리에

 1960년 4월 26일 일군의 학생데모대는 당시 반공회관 앞 '맥아더 동상'에 화환을 가져다 놓았다. 그 화환 앞에는 '공산침략의 격퇴자 맥아더장군'이란 글이 붙어 있었다. 4·19 학생의거의 열기로 인해 동상 뒤의 반공회관은 불이 났으나 맥아더 동상은 그대로 자리를 지켰다.
 45년이 지난 2005년 인천의 자유공원에 있는 맥아더 동상을 둘러싸고 작은 소동이 벌어졌다. 한 쪽에서는 이를 철거하려고 했고, 다른 한 쪽에서는 이를 사수하려는 움직임이었다.
 그런데 이러한 소동의 저간에는 맥아더를 둘러싼 평가가 양 극단에 놓여 있다는 점이 문제였다. 한 쪽에서는 '우리 민족의 구원자'로, 다른 한 쪽에서는 '핵무기로 우리 민족을 절멸시키려 한 살인마'로 상징화되었던 것이다. 하지만 자세히 살펴보면 이런 주장 모두 상당한 오류를 갖고 있다. 즉 평가의 대상인 맥아더에 대한 역사적, 인물사적 평가에 대해서는 모두 다 침묵하고 있는 것이다. 왜 그럴까? 당연히 맥아더라는 인물에 대해 잘 모르기 때문이다. 본질과 실체는 무시되고 논란만이 남는 한국사회의 분쟁의 이면을 다시금 보여주는 한 실례라고 할 수 있다.

토머스 칼라일Thomas Carlyle은 역사에서 인물사를 강조한다. 그에 의하면 영웅은 인격적 성실성과 도덕적 통찰력이라는 정신적 자질을 갖춘 '위인'을 의미한다. 즉 영웅은 성실성과 통찰력을 구비한 인물이라는 것이다. 그러면서 또 하나의 전제를 들고 있다. 즉 그 영웅을 알아보려면 범인 역시 성실성과 통찰력을 구비한 사람이 아니면 안 된다는 점이다. 칼라일은 영웅에 대한 평가는 항상 변화하는 것으로서 시대에 따라 다르며 어느 시대에도 제대로 하기가 어렵다고 지적했다. 맥아더가 영웅인지 아닌지를 떠나서 그에 대한 평가는 시대에 따라 변하게 될 것이다.

필자가 공부하면서 느낀 바는 한국현대사 연구의 기초적 전제로서 외국 역사에 대한 이해, 특히 미국사에 대한 기초적 지식이 필요하다는 것이었다. 한국의 현대사는 미국의 영향을 많이 받았던 관계로 좋든 싫든 미국사에 대한 기본적 지식이 반드시 필요하기 때문이다. 하지만 일부 연구자들의 경우 미국사의 주류를 공부하지 않고, 자신들이 필요한 부분 내지는 자신의 견해와 동조되는 연구 성과만을 이해한 채 그것이 미국의 전체적인 모습이라고 평가하는 것 같다. 물론 우리들 입장에서 미국사에 대한 이해는 어느 정도 건강한 비판과 냉철한 분석 과정 속에 이루어져야 한다. 하지만 미국에 대한 지나친 편향적 태도야말로 한국현대사 속에 한미관계를 이해하는 데 더 큰 방해물이 되고 있지 않은지도 자문해 볼 필요가 있다.

　이 책은 2007년 필자의 박사학위 논문을 토대로 이후 학계에 발표한 논문들을 보충하여 완성했다. 박사학위 논문을 마무리하면서 언젠가 이 책을 완벽하게 마무리하리라 다짐했던 기억이 난다. 5년이 지난 현재 과거의 다짐이 희미한 연기처럼 사라지고 있지만, 책 내용의 오류는 모두 필자의 게으름 탓일 것이다.
　책을 내면서 감사드려야 할 분들이 너무 많다. 아무것도 모르는 필자에게 미국사와 한미관계사에 눈을 뜨게 만들어 주신 석사 과정의 지도교수 이주영 선생님과 한국전쟁의 학문적 심연을 맛보게 해 주신 김남균 선생님은 학문적 냉철함과 현실 세계와의 끊임없는 상호 교차를 강조해 준 분이셨다. 또한 박사 과정에 들어와서 정용욱 선생님과 이완범 선생님을 만날 수 있게 된 것은 필자에게는 연구자로서 너무나 큰 행운이었다. 한미관계의 중요 자료에 대한 접근방법과 조사방법을 배우며 현재의 저서를 만들어 낼 수 있도록 이끌어 주신 정용욱 선생님, 평생 아키비스트로 살고 싶었다고 강조하며 자료의 엄밀성을 강조하곤 하는 이완범 선생님의 학문적 지도와 격려는 힘들 때마다 포기하고 싶어지는 나약한 마음을 다잡게 만들어 준 청량제 역할을 해 주셨다. 이 지면을 통해 다시 한 번 감사의 말씀을 드린다. 혹여 '박사학위 논문은 평생을 고쳐야 한다'는 이완범 선생님의 말씀을 제대로 지키지 못하고 성급하게 책을 내지는 않는 것인지 두려울 따름이다.

또한 한 연구자로 성장해 나갈 수 있도록 학위 심사 과정이나 한국학중앙연구원 시절 지도를 아끼지 않으셨던 교수님들께도 감사를 표하고 싶다. 거칠던 박사학위 논문을 꼼꼼하게 심사해 주신 정병준, 정영순, 유병용 교수님께도 사의를 표한다. 또한 강의를 통해 학문적 성취를 어느 정도 학생들과 호흡할 수 있도록 기회를 마련해 주신 건국대학교의 한상도·권형진 교수님께도 감사를 드리고 싶다.

한국전쟁학회의 말석이나마 양보해 주셔서 대가들의 학문적 고견을 들을 수 있게 도움을 주신 학회 선생님들께도 고마움을 전한다.

한국현대사를 공부하며 필자의 아둔한 지적 호기심을 해결해 주었던 선배들의 도움이 없었다면 이렇게 연구자로서의 자리매김이 불가능했을 것이다. 국사편찬위원회의 김광운·박진희·고지훈 선생님과 한국학중앙연구원 근현대사독서회의 박성진·정혜경 선생님, 국방부 군사편찬연구소의 양영조·박동찬 선생님, 연세대 이승만연구원의 오영섭 선생님, 한국역사연구회 현대한국군사연구반과 서울대 현대사자료연구회의 동학 및 후배들에게도 감사의 뜻을 전하고 싶다. 특히 책의 교정을 꼼꼼히 봐 준 박성진·이동원·박수현 후배에게 감사를 표한다. 미국립문서기록관리청NARA 방문 시 도움을 주셨던 방선주 박사님과 궁금했던 자료를 찾아 건네 준 맥아더기념관MA의 아키비스트 제임스 조벨James Zobel의 도움도 연구에 큰 자산이 되었다.

힘들고 어려울 때마다 늘 위안이 되는 가족이 없었다면, 룸펜으로서 오랜 기간의 생활을 버텨 낼 자양분을 얻지 못했을 것이다. 막내아들의 선택이 늘 옳은 일이라고 지지해 주신 아버지와 어머니 그리고 가족의 무한한 사랑과 동학으로서 같은 길을 걷고 있고 또한 필자 연구물의 첫 심사자인 아내 박영실 박사에게도 고마운 마음을 전한다.

끝으로 난삽한 학위논문을 깔끔한 대중서로 만들기 위해 노심초사하신 푸른역사의 박혜숙 사장님과 편집팀의 노고에 감사드린다.

《한비자》〈오두五蠹〉편에 보면 학문이 이 세상에 가져다주는 폐해에 대해 신랄하게 비판하고 있다. 이 책이 혹시 학계에 지식의 편린片鱗들을 쏟아 내어 또 다른 부담이 되지나 않을지 걱정이 앞선다.

2012년 1월 청계산 자락에서
이상호 씀

- 책머리에 / 5
- 약어 일람 / 14

• 서론 / 16

1장 맥아더의 생애
맥아더의 가계와 그 영향 / 33
맥아더의 성장 과정과 군인으로서의 경력 / 38

2장 맥아더의 중심사상
맥아더의 아시아우선주의 / 57
맥아더의 반공주의와 기독교 / 63

3장 해방과 분단 그리고 맥아더사령부
2차 세계대전의 종전과 미·소의 한반도 전후 구상 / 69
미군의 진주와 맥아더사령부 / 77
연합국최고사령관총사령부·태평양육군총사령부·극동군사령부의 구조와 기능 / 100
맥아더사령부와 주한미군사령부의 지휘관계 / 108

4장 미국의 동아시아 전략과 역코스
- 웨드마이어 사절단 /119
- 드레이퍼 사절단과 지역통합전략 /128
- 주한미군 철수 /137
- 도서방위선의 설정 배경과 맥아더의 대한인식 /145
- 대소봉쇄정책의 무장화 – NSC 68 /153

5장 한국전쟁의 발발과 맥아더사령부의 초기 대응
- 한국전쟁의 발발과 맥아더사령부의 개입 /157
- 스미스특임대대의 파견과 맥아더사령부의 대응 /170

6장 인천상륙작전과 북한의 대응
- 상륙작전의 구상과 준비 과정 /179
- 북한의 사전 인지 /187
- 작전의 전개 과정과 북한의 대응 /199
- 북한의 전략적 후퇴 실패 /209

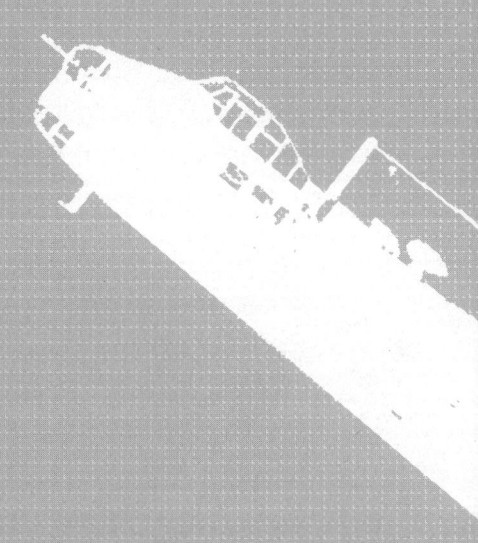

7장 38선 돌파와 북진정책
- 북진정책에 대한 논쟁 대두 /225
- 38선 북진 논쟁의 해결 /236
- 중국의 참전 경고와 맥아더의 북진 명령 /239
- 북한 지역 점령에 대한 관할권 문제 /242

8장 중국군 참전에 대한 오판과 웨이크 섬 회담
- 중국군 참전의 배경 /249
- 웨이크 섬 회담 /254
- 중국군의 참전과 미군의 정보 오판 /263

9장 대만 국부군 이용과 맥아더의 핵무기 투하계획
- 대만 국부군 활용에 대한 맥아더의 구상 /279
- 한국전쟁에서의 미국의 초기 핵무기 사용계획 /288
- 작전조사국과 핵무기 사용계획안의 구체화 /299
- 원폭 사용 문제와 맥아더 /309

10장 맥아더의 해임과 청문회
- 맥아더와 워싱턴의 충돌, 그리고 해임 /317
- 맥아더청문회 /329

- 결론 /337
- 주석 /344
- 참고문헌 /418
- 찾아보기 /449

■ 약어 일람

ABC – American-British Conversation
ACC – Allied Control Councils
ACJ – Allied Council for Japan
AGS – Allied Geographical Section
AIB – Allied Intelligence Bureau
AMIK – American Mission in Korea
ATIS – Allied Translator and Interpreter Section
BCOF – British Commonwealth Occupation Force
CFR – Council on Foreign Relations
CIA – Central Information Agency
CINCPOA – Commander in Chief of Pacific Ocean Areas
CINCSWPA – Commander in Chief of South West Pacific Area
FEC – Far East Commission
FECOM – Far East Command
FRUS – Foreign Relations of United States
G-1 – Personnel and administration section (or chief)
G-2 – Intelligence section (or chief)
G-3 – Operations and training section (or chief)
G-4 – Supply section (or chief)
G-5 – Military Government and civil affairs section (or chief)
GHQ/SCAP – General Headquarters/Supreme Commander for the Allied Powers
GHQ/USAFPAC – General Headquarters/United States Army Forces, Pacific
JAS – Joint Administrative Services
JCAC – Joint Civil Affairs Committee
JCS – Joint Chiefs of Staff

JLC - Japan Logistical Command
JSPOG - Joint Strategic Plans and Operations Group
JSSC- Joint Strategic Survey Committee
JWPC - Joint War Plans Committee
KLO - Korean Liaison Office
KMAG - United States Military Advisory Group to the Republic of Korea
MGS - Military Government Section
NARA - National Archives and Records Administration
NATO - North Atlantic Treaty Organization
NSC - National Security Council
OSS - Office of Strategic Services
PPS - Policy Planning Staff
RG - Record Group
SA - Shipping Advice
SANACC - State-Army-Navy-Air Force Coordinating Committee
SCAPIN - Instructions of the Supreme Commander for the Allied Powers to the Japanese Government
SD - State Department
SWNCC - State-War-Navy Coordinating Committee
UNC - United Nations Command
USAF - United States Air Force
USAFFE - Unites States Army Forces in the Far East
USAFIK - United States of Army Forces in Korea
VFW - Veterans of Foreign Wars
WD - War Department

서론

　1945년 8월 해방부터 한국전쟁을 전후한 시기는 현재 우리가 살고 있는 한반도의 분단구조를 결정한 중요한 기간이다. 즉, 식민지 민족해방운동의 열정이 응축되어 폭발되었으나 자주독립국가 건설이 좌절되었고, 결국 남·북한 양측에 정권이 들어서서 전쟁이 발발했으며 분단구조가 내재화된 시기였다.

　30여 년이 넘는 일본제국주의의 폭압 아래 지내오던 한민족에게 1941년 12월 태평양전쟁의 발발은 새로운 전환의 계기가 될 수 있었다. 한민족이 자주독립국가 건설과 국제정치 질서에 주체적인 참여를 보장받을 수 있는 절호의 기회였기 때문이다. 그러나 일본제국주의의 견고한 통치기술은 한반도 내부의 역량을 소진시켰고, 따라서 민족해방운동의 실질적인 흐름은 해외 독립운동가들에 의해 주도되었다.

　만주와 중국 내륙, 미주 지역, 노령 지역의 한인들에게 민족의 해방은 절대적 지상과제였다. 그러나 각지에서 분산되어 이루어지던 독립운동은 계파간의 주도권 쟁탈로 인해 실효성 있는 성과를 이루어내지 못하고 결국 연합국의 일원으로도 참여하지 못한 채, 해방은 외세에 의해 주어지게 되었다.[1] 그리고 한반도를 점령한 미·소 양국은 자국의 목표에 따라 각각 남·북한정권 수립에 큰 영향을 끼쳤다.

미국의 개입과 후원으로 수립된 남한은 정치, 경제, 사회, 문화 모든 면에서 미국식 생활방식에 절대적인 영향을 받았다. 그러나 이러한 문제에 앞서 2차 세계대전기 미국이 대한정책對韓政策을 언제부터 구상하고 있었으며, 실질적으로 한국에 대해 어떠한 전략적 가치와 이익을 기대하고 있었는지에 관해서는 그렇게 쉽게 예단할 수는 없다.

얼마 전까지만 하더라도 서구학계는 미국의 대한정책에 대해 '선의의 무지론' 내지는 '준비부족론'을 정설로 받아들이고 있었다.[2] 이는 한반도 분단에 관한 책임을 미국에 지우지 않으려는 의도에서 비롯된 것으로, 미국학계의 현실주의자들이나 수정주의자들 양측 모두 묵시적으로 합의하고 있는 해석이다. 따라서 이들 연구자들 사이에서는 해방 직후 미국의 정책 실패는 불가피했고 미군정 3년의 기간도 이러한 정책 혼란에서 빚어진 시기라고 평가해 왔다.[3]

그리고 이러한 인식 하에서 서구학계는 해방 이후 한국에 대한 미국의 외교정책을 한미관계Korean-American Foreign Relations라는 '정상적인 외교관계' 틀로 설명하고 있다. 특히 이를 기준으로 미국의 외교정책을 그 방식에 따라 고립주의와 개입주의로, 혹은 범위에 따라 국가주의와 국제주의로 설명해 왔다.[4] 그러나 당시 남한은 미국과의 관계에서 자주적이거나 대등하지 못한 상황이었고, 따라서 상호의존이나 종속적 의존관계로 한미관계를 설명하려는 이론은 설득력이 약하다.[5] 그리고 미국의 대한정책이 고립주의에서 개입주의로, 국가주의에서 국제주의로 변화했다는 주장도 한국의 입장에서 보면 그리 큰 차이가 없다. 해방 전후 미국의 대한정책 수립과 집행이 한국인의 필요나 대응에 의해 영향받은 것은 아니기 때문이다. 오히려 이는 1960년대 이후의 한미관계를 기준으로 한 의제적擬制的인 해석으로 볼 수 있다.[6]

앞에서 언급한 서구학계의 연구경향에 대해 국내학계에서는 2차 세계대전 기간 중 미국이 연구·수립·집행 단계에서 비교적 치밀하게 대한정책을 준비했던 것으로 평가하며[7] 반론을 제기하고 있다. 이러한 인식은 해방 이후 한국현대사가 한국인이 무능해서였거나 공산주의자들의 음모, 곧 팽창정책에 의해 결정된 것이 아니라 주변 강대국 사이의 경쟁적 다툼에서 비롯된 것이라는 점을 이해하는 데 중요한 단초를 제공한다.

국내학계에서는 2차 세계대전 이후 미국의 대외정책을 냉전사의 영향을 받아 전통주의, 수정주의, 신新전통주의, 신新수정주의 등으로 정리하고 있다. 그러나 미국의 대한정책은 전후 질서의 재구축이라는 '대계획Grand Planning'의 일환이었다. 따라서 그것은 경제적 또는 군사적 원인이라는 어느 하나의 단일 원인에 의한 것이 아니라 경제·군사·국제정치적 원인이 복합적으로 작용한 것이라고 할 수 있다.

긍정적이든, 부정적이든 한국현대사에서 미국은 무시하지 못할 영향력을 발휘해 왔다. 일부 학자들은 '미국의 규정력' 내지는 '미국의 한계선'이라는 논리로 미국의 대한정책을 정의하고 있다.[8] 이러한 논리에 따르면 한국 민주주의의 제도화에서 미국의 역할은 분단국가의 최소한의 안정이라는 하한선과 민주주의의 최소한의 유지라는 상한선 사이의 정치적 공간을 의미한다. 즉 해방 이후부터 한국사회는 미국의 주도로 인해 실질적이지는 않지만 절차적 민주주의가 도입되었다는 의미이다. 그러나 활용할 수 있는 사료를 통해 미세하게나마 접근한다면 이러한 인식은 미국의 한계선이 넓게는 초기 남한의 국가형성기 모든 부분에 걸쳐 분포되어 있다고 해석될 여지가 있고, 좁게는 정부기구의 형성에 한정됨으로써 미국의 대한정책의 형성 과정을 정확히 이해하지 못하는 오류를 범할 수 있다.

여기에 덧붙여 한미관계사나 한국현대사를 연구하는 일부 학자들이 미국을 '대형Big Brother'[9]으로 간주하고 있는데, 여기에는 '미국'이라는 한 단어 속에 그들이 마치 전지전능한 지위를 가지고 모든 것을 결정지을 수 있다는 잘못된 인식이 내포되어 있다. 이는 실제 미국의 대한정책을 이해하고 해석하는 데 있어 우리의 시야를 가로막는 중대한 오류라고 여겨진다.

또 하나는 미국의 대한정책을 연구한 대부분의 논문이 '미국'이라는 한 단어 속에 미국의 모든 국가적 행위를 포괄해 설명하려는 문제점도 있음을 지적할 수 있다. 국무부와 국방부는 일반적으로 미국의 이익을 대변하는 정부기관이지만 정책을 수립, 집행하는 실제 단계에서는 부처 이기주의를 강하게 반영한다.[10] 미국 행정부 내부의 이러한 다중적 구조와 그 계통적 지위를 인식하지 못한 상태에서 일반적으로 미국의 대한정책을 설명하는 것은 문제가 있다.

일반적으로 국무부는 정치고문이나 대사관 직원을 통해 자신들의 정책을 실제로 감독하고 집행하는 반면 국방부는 현지군사령관을 통해 역시 같은 입장을 취했다. 기존 연구는 일면 국방부와 국무부의 갈등을 분석했지만 그것 역시 국무부를 대변하는 대사관과 현지 군사령관의 차이점만을 드러낼 뿐 한국의 특정한 상황에서 핵심이 되는 주요한 기관을 배제하고 있는 문제점이 있다. 그 단적인 예가 당시 주한미군의 상위기관이기도 한 도쿄의 맥아더사령부를 언급하고 있지 않는 점이다. 남한의 현지 사령관인 하지John R. Hodge는 맥아더Douglas MacArthur의 직접 지시를 받는 상하관계에 놓여 있었고 따라서 국무부나 국방부 또는 합참의 지시는 맥아더사령부를 거쳐 전달된다. 맥아더사령부는 미국의 대한정책의 집행구조 속에서 일종의 여과기 기능을 담당한 것이다.

그동안 국내외 학계에서 한국현대사에 관한 연구는 매우 활발해졌고 특히 해방 전후사에 대해서는 상세한 연구가 이루어졌다. 미국의 대한정책의 형성 과정, 해방 이후 귀환동포 문제, 친일파 처리 문제, 미군정의 경제정책과 경제구조, 중도파의 좌우합작에 의한 민족국가 건설방안, 미군정과 남한 정치세력들의 대응양식, 정부수립 이후 주한미군사고문단KMAG, 주한미군의 철수, 애치슨 선언과 그 의미, 한국전쟁의 기원과 전개 과정, 휴전협정, 전쟁을 전후한 민간인 학살, 포로 문제, 이승만정권의 전쟁 대응능력 등 다양한 분야에서 괄목할 만한 연구 성과가 축적되었다.[11]

이러한 해방 전후 미국의 대한정책에 관한 연구 성과는 시기별, 주제별로 다음과 같은 범주로 분류할 수 있다. 첫째, 미국의 대한정책이 주조되어 나가던 시기이다. 대부분의 연구는 1943년 카이로 선언과 1945년 2월의 얄타 선언, 1945년 7월의 포츠담 선언 등 2차 세계대전 동안 진행된 연합국의 수뇌회담을 중심으로 분석했다.[12] 하지만 이는 치밀한 연구 성과에도 불구하고 실제 정책이 수행되는 한국 내부의 실정을 반영하지 못한다는 한계를 드러내고 있다.

둘째는 한반도의 분할점령 이후 주한미군사령부의 대한정책과 이에 대한 남·북한 정치세력, 민중 사이의 긴장관계가 형성되던 시기이다. 즉 신탁통치 문제와 함께 좌·우파 중도세력의 정치적 주도권 상실 그리고 당시 주한미군사령관 하지의 냉전정책으로 인해 통일독립국가의 건설이 좌절되고 극우반공정권이 수립될 때까지 미국의 대한정책에 대한 서술이다.[13] 이 시기에 있어 주요 논의는 국무부와 주한미군사령부, 남한의 중도파 세력과 우파 세력을 대극에 위치시키면서 미국의 대한정책이 민족의 자주독립 세력을 억누르고 우파정권을 수립했다는 주장과 남한 내의 친공親共 세력을 분쇄하고 냉전의 최전선으로서 반공정권을 수립했다는 주장이 대립하고 있다.

셋째는 남한정부 수립 이후 한국전쟁기에 한국의 전략적 가치에 대한 논의와 공산주의 세력에 대항하는 반소反蘇 전진기지로서 미국의 대한정책이 강화되던 시기에 관한 문제이다.[14] 한국의 전략적 가치에 대해 입장을 달리한 국무부와 국방부의 갈등에 주목하며 결국 타협책으로 미국이 한국을 군사적으로는 방어선에서 제외했지만, 경제적으로는 원조에 의한 재건을 목표로 했다는 것이다.

넷째는 미국의 대한정책의 전개를 '일본'이라고 하는 요인에 주목하면서 지정학적으로 해명하는 것이다. 이들 연구는 미국의 대한정책과 대일對日정책을 미국의 아시아정책이라고 하는 지역정책·전략의 맥락에서 파악했다.[15] 이러한 연구경향은 특히나 일본 내 연구자들이 끊임없이 제기하고 있는데, 미국의 대한정책을 대일점령정책과의 연계선상에서 주목하는 연구가 주류를 이루었다. 그러나 이는 미국의 대한정책의 세밀한 부분을 그려내지 못하고 그것을 의도적으로 일본의 종속적 위치에 놓고 있기 때문에 그 한계를 드러내었다.

하지만 한국현대사의 여러 주제에 있어서 이러한 풍부한 연구 성과에도 불구하고 지금까지 대한정책의 핵심기관이자 전쟁의 수행 당사자였던 맥아더와 그 사령부에 관한 연구는 매우 빈약하고 사실상 제대로 이루어지지 못했다. 즉 기존의 해방 직후 미국의 대한정책에 관한 연구는 워싱턴 당국과 주한미군정·주한미대사관 사이에 집중되어 있으며 대한정책을 집행·감독하던 중개자로서 맥아더와 그 사령부의 역할에 대한 연구는 미진한 상태이다. 이러한 연구 부재의 상황에서 맥아더와 그 사령부가 가진 한국에 대한 영향력 및 한국전쟁기 전쟁 수행전략을 인식하고 재평가하고자 하는 것이 이 책의 목적이다.

문제는 일부 연구자들이 아직도 맥아더를 한국현대사의 한 주역으로서 신성시하거나 그의 해임을 권력투쟁의 희생물로만 평가하고 있을 뿐, 반공주의자로서 남한에 자신의 이념적 의도를 투영시키고 일본과의 관계 속에서 한국을 인식했던 그의 군사적, 정치적 의도를 간과한다는 점이다.[16] 지금까지의 연구는 주로 그와 트루먼과의 논쟁을 둘러싼 문민정부의 군 통제권 문제,[17] 미국의 대외정책에서 아시아주의자와 대서양주의자 사이의 대결, 그리고 그 구도 속에서 맥아더의 정치적 목표와 의도, 일본의 경제부흥과 재건을 둘러싼 점령정책[18] 등이 그 주요 논의의 대상이 되었을 뿐이다.

서구의 학문적 성과는 한 인물에 대한 전기적 평가로 일본과 극동아시아 정책을 둘러싼 맥아더의 '아시아우선주의Asia First'를 강조함으로써 당시 미국 대외정책의 갈등만을 드러낼 뿐 한국현대사에 대한 문제의식이나 시사점을 제공해주는 것이 별로 없다. 특별히 맥아더의 대한인식에 관한 연구 성과도 대부분 전쟁 시기만을 다루고 있어 미국의 동아시아 정책에서 그의 위치나 영향력을 이해할 수 있는 분석이 거의 없는 형편이다.[19]

커밍스Bruce Cumings는 유일하게 맥아더를 미국의 대한정책에서 롤백주의자Rollbacker로 간주했다. 그는 미국의 반공주의 세력 가운데 가장 극단적인 부류로 '롤백Rollback'을 주장하는 공화당 우파를 지적했다. 이들은 과도한 애국주의와 국수주의로 무장했으며, 유럽보다는 아시아를 우선시한 세력이었고, 국제정치에서 미국의 독점적 지배정책을 추구한 세력이라는 것이다. 이들의 사회적 지지 기반은 공화당 우파를 중심으로, 군부와 중소상공인 및 농장주들이었다. 커밍스는 이들의 상징적 영웅이 바로 맥아더였으나, 롤백 지지자들과 조직적 연대는 미약했던 것으로 평가했다.[20] 그에 따르면 롤백주의자로서 맥아더의 구상이 구체화되었던 시기는 1948년 케넌George F. Kennan과의 대화에서 중국에 대한 전면적 지원을 주장한 때부터였다. 그리고 커밍스는 이러한 주장이 적극적으로 전개된 시기를 바로 한국전쟁기 북진과 만주로의 확전을 주창했던 때로 보았다.[21] 이렇게 맥아더에 대한 커밍스의 평가는 우리에게 많은 시사점을 보여주는 것으로, 전쟁의 수행 과정에서 나타난 대통령 및 군 지도자들과의 타협과 갈등—인천상륙작전, 북진, 대만 국부군 이용, 핵전략과 만주로의 확전 구상, 해임—을 해명하는 데에도 도움을 준다.

맥아더와 그 사령부가 한국의 해방 전후사에서 차지하는 비중은 매우 컸다. 왜냐하면 대통령 트루먼도 대부분 주요한 문제에 대해서는 맥아더의 독자적인 정책 집행을 인정하는 특별명령을 교부할 정도였기 때문이다. 이러한 상황에서 맥아더는 한국의 정치적 실력자들이나 주한미군사령부의 책임자 하지에게 매우 중요한 인물이었다.

그럼에도 불구하고 국내 연구 성과는 매우 빈약해 그의 회고록을 번역하는 수준이거나 공산주의의 침략으로부터 남한을 구원한 영웅으로 기록되어 있을 뿐이다. 다만 일부 군사 연구자들이 맥아더의 전술, 특히 인천상륙작전을 주로 소개했다.[22] 이외에 단편적으로 김수남과 최상롱 그리고 한태호의 연구가 있으나 이 또한 맥아더의 대한인식을 본격적으로 연구한 것은 아니었다.[23]

맥아더는 과연 한국을 어떻게 인식하고 있었을까? 흔히 알려진 것처럼 맥아더가 한국의 중요성을 인식하고 이에 대한 적절한 정책을 제안하거나 추구했을까?

책의 구성과 범위

이 책에서는 기존 연구 성과를 토대로 해방 이후 맥아더의 한국 문제에 대한 인식과 한국전쟁기 그의 전쟁전략을 중심으로 다음과 같이 논의를 전개했다.

제1장에서는 맥아더의 생애와 사상을 살펴보았다. 맥아더는 군인 집안에서 태어나 일찍부터 군사문화 속에서 성장했다. 군문軍門에 들어서서 1951년 4월 해임될 때까지 51년간의 군 경력은 이러한 집안의 전통을 계승한 것이다. 또한 20여 년간 아시아 지역에서의 근무는 그

를 아시아우선주의자로 만들었다. 이러한 그의 아시아우선주의는 미국의 최고수뇌부가 지향하던 유럽우선주의 정책과 충돌을 빚었다.

제2장에서는 맥아더의 반공주의와 기독교 사상에 관한 문제를 다루었다. 맥아더는 공산주의를 미국의 최대 위협으로 간주했으며, 이를 세계 평화를 해치는 일종의 전염병으로 생각했다. 따라서 이에 대한 유일한 처방책으로 기독교 사상의 보급과 강력한 무력응징을 꼽았다. 따라서 맥아더는 자신이 관할하던 중국, 일본, 필리핀 및 한국까지도 기독교 국가로 변모시키고자 했는데, 이 장에서는 이러한 그의 야심이 아시아 지역에 어떻게 투영되었는지를 살펴보았다.

제3장은 태평양전쟁기 미·소의 대한점령정책의 구상과 수립 가운데 한국 문제 처리방식을 기존 연구 성과를 통해 정리했다. 당시 연합국은 한반도를 일본제국의 한 부분으로 간주해 한국 문제 처리방식 역시 대일정책의 일환으로 인식했다. 이는 한반도 분할점령과 불가분하게 관련되어 있다.

그리고 2차 세계대전 종선과 함께 군정·민정을 담당한 맥아더사령부의 구조와 기능 그리고 주한미육군사령부와의 관계를 분석했다. 맥아더는 소환되기 전까지 4개 사령부를 관할했다. 연합국최고사령관총사령부GHQ/SCAP, 태평양육군총사령부GHQ/USAFPAC→극동군총사령부GHQ/FECOM, 극동미육군총사령부GHQ/USAFFE, 유엔군총사령부GHQ/UNC가 그것이다. 흔히 맥아더사령부로 통칭되는 이 사령부는 그동안 매우 모호하게 언급되어 왔다. 그러나 그 구조와 기능이 차이가 있고, 또한 당시 주한미군사령부와의 관계에서는 군정과 민정이 다른 구조를 가지고 연관관계를 맺고 있었다.

예를 들어 하지의 주한미군사령부는 군사적 문제를 극동군사령부(또는 태평양사령부)를 거쳐 합동참모본부JCS로 보고했고, 정치적 문제를 미군정사령관 정치고문을 통해 국무부로 보고하는 이원적 체제였다.[24] 그러나 실제로 군사적 문제와 정치적 문제가 쉽사리 구분되는 것도 아니었고, 당시 맥아더에 대한 하지의 의존관계로 볼 때 주한미군정이 한국 점령정책을 실행하는 과정에서 맥아더의 영향력이 크게 작용했던 점도 주의해야 한다. 즉 맥아더사령부는 사령부명령 SCAPIN(Supreme Commander for the Allied Powers Instruction)을 발표하며 주한미군정에 대한 지시와 정책 감독을 집행했다.[25]

제4장의 분석 대상은 1948년을 전후로 미국의 동아시아 전략의 변화와 그에 따른 주한미군 철수 문제이다. 기존의 연구는 한반도의 전략적 가치를 낮게 평가한 군부의 영향으로 인해 주한미군이 철수한 것으로 평가했다. 그러나 이는 당시 동아시아 정세를 소홀히 인식한 결과였다. 미국의 한반도 철수는 중국의 정치정세와 밀접한 관련이 있었다. 국민당이 우세하던 1946년 말까지도 미국의 목표는 중국에 대한 소련의 영향력을 제거하고 공산당의 세력 증대를 억제해 미국에 우호적이고 통일된 중국정부를 수립하는 것이었다. 그러나 점차 중국 공산당이 대륙에서 우월한 지위를 차지함에 따라 아시아의 세력균형자로서 중국의 등장을 기대했던 국무부의 희망은 달성될 수 없었다. 따라서 그 역할은 일본이 담당할 수밖에 없다고 판단했고, 미국의 대일본정책은 개혁 위주의 점령정책에서 재건 위주의 정책으로 전환되었다.[26] 1947년 냉전이 시작되었을 때, 동북아시아 지역은 바로 그 영향권 하에 놓이게 되었다. 중국의 공산화가 가시화되자 미국은 웨드

마이어Albert C. Wedemeyer 사절단과 드레이퍼William H. Draper, Jr. 사절단을 파견해 실정을 파악한 후 대아시아 정책을 중국 중시에서 일본 중시로 전환했다. 남한의 전략적 지위 역시 재평가되었고 일본은 대소반공기지의 전진기지로 변모했다. 당시 이러한 사태 전개에 따라 트루먼Harry S. Truman 행정부는 중국의 공산화가 가시화되는 상황에서 이에 대한 유화책으로 한반도를 일종의 완충지대buffer zone로 설정하고 미국의 군사력을 철수했다. 따라서 한국전쟁의 발발과 이에 대한 미국의 직접적 대응은 중국 문제를 떼어놓고는 생각할 수 없다.27

제5장은 한국전쟁이 발발하자 맥아더사령부가 한국을 군사적으로 지원하고 확전하려고 했을 때 과연 맥아더의 의도가 진정으로 무엇이었는가, 하는 점을 밝히고자 했다. 우선 북한의 남침을 사전에 인지하지 못한 것이 맥아더와 맥아더사령부의 고의적 의도였는지를 살펴보았다.

제6장은 그동안 논란이 꾸준히 제기되고 있는 인천상륙작전의 역사적 평가에 대한 분석이다. 세계전쟁사에 유래가 없을 정도의 대성공으로 알려진 인천상륙작전이 과연 완전히 적에 대한 기습으로 정당한 평가를 받을 수 있는 것인지를 재평가했다. 일부 학자들은 인천상륙작전이 적에게 잘 알려져 있었으나 그들의 상황적인 대처 미비로 인해 그 기회를 놓친 것으로 의미를 평가절하했다. 따라서 북한노획문서 등을 통해 인천상륙작전의 의미를 평가했다.

제7장에서는 북진정책에 따른 논쟁의 대두와 북한 지역 점령에 대한 관할권 문제를 검토했다. 인천상륙작전의 성공은 바로 북진정책을 가속화시킨 도화선이었다. 따라서 북진으로 이어지는 정책 결정 과정 속에 논쟁의 대두와 그 해결, 또한 중국의 지속적인 경고에도 불구하

고 진행된 맥아더의 북진 명령과 북한 지역의 실질적인 통치권력의 주체 논쟁을 분석했다.

제8장은 중국군의 참전과 이에 대한 맥아더사령부의 정보 오판을 '웨이크 섬Wake Island 회담'을 중심으로 살펴보았다. 중국군의 참전 결정 과정을 기존의 연구 성과를 정리하여 분석하고, 웨이크 섬 회담에서의 주요 의제와 중국군 참전에 대한 미군의 정보 오판의 배경과 과정을 검토했다. 그리고 중국군의 대규모 참전으로 한국전쟁이 국제전으로 발전한 과정을 서술했다. 중국군의 참전에 대해 트루먼-맥아더 회담에서의 논의, 확전론자인 맥아더와 제한전론자인 트루먼의 논쟁이 한국전쟁의 성격을 어떻게 바꾸었는지 그리고 이것이 한반도 주변 정세에 어떠한 영향을 주었는지를 분석했다.

제9장은 중국군의 개입으로 한국전쟁이 국제전으로 비화되자 대만군의 이용과 핵무기를 통해 만주로의 확전을 구상했던 맥아더의 의도와 핵무기 사용 여부에 대해 검토했다. 또한 중국군의 대규모 참전으로 전쟁 상황이 악화되자 등장하게 된 핵을 무기로 확전을 구상하게 된 것은 과연 무엇을 의미하는지를 맥아더사령부 문서철을 추적해 확인했다. 이와 함께 대만의 장제스 군대를 이용하려 한 맥아더의 의도와 이를 둘러싼 정치적 갈등이 어떻게 작용했는지도 살펴볼 것이다.

제10장은 마지막으로 맥아더 해임 과정과 의회가 진행한 맥아더청문회에서 밝혀진 사실을 통해 과연 그의 해임이 정당한 것인지, 아니면 문민우위를 지키려 했던 행정부의 결단이었는지 등을 분석해 그 의미를 평가했다.

연구자료

이 책의 주제와 관련한 자료들은 미국의 대한정책이 구체적으로 드러나기 시작하는 1945년의 자료부터 살펴본다.[28]

이를 위해 미국국립문서기록관리청National Archives and Records Administration(NARA) 소장의 국무부 일반 문서〈RG 59, General Records of the Department of State〉, 육군부 일반·특별 참모 문서〈RG 165, Records of the War Department General and Special Staffs〉, 전략사무국 문서〈RG 226, Records of the Office of Strategic Services〉, 중앙정보국 문서〈RG 263, Records of the Central Intelligence Agency〉, 육군참모부 문서〈RG 319, Records of the Army Staff〉, 2차 세계대전 시기 연합국 작전·점령 사령부 문서〈RG 331, Records of Allied Operational and Occupation Headquarters, World War II〉, 2차 세계대전 시기 미 전구 戰區문서〈RG 332, Records of U.S. Theaters of War, World War II〉, 미 공군사령부 문서〈RG 341, Records of the Headquarters U.S. Air Force(Air Staff)〉 등을 활용했다.[29]

맥아더기념관 소장 자료로는 미 태평양육군의 문서에 해당하는 것으로 1942년부터 1947년까지의 비망록과 정보보고서, 작전보고서인 〈RG 4〉, 맥아더를 단일지휘관으로 임명했지만 단지 그 설치 근거에 따라 여러 가지 명칭을 갖는 극동미육군사령부, 연합국최고사령부, 유엔군사령부의 문서인 〈RG 5〉, 〈RG 6〉, 〈RG 7〉 등을 활용했다. 또한 의회에서 발간한 맥아더청문회의 자료인 〈Military Situation in the Far East〉를 주요 자료로 이용했다.[30]

해방 이후에 대한 내용은 〈한국에서의 미군정활동 요약 보고서 Summation of United States Army Military Government Activities in Korea〉를 이용했다. 이 자료는 원래 총 34권인데 1~5권은 연합국총사령부, 6~15권은 태평양육군총사령부, 16~22권은 극동군사령부, 그리고 23권부터 마지막까지는 주한미군사령부 군정청이 간행 책임을 맡았다.[31]

일본 측 자료로는 앞서 언급한 문서군의 보충으로 일본 도서센터에서 〈History of the Non-Military Activities of the Occupation of Japan, 1945~51〉을 60권으로 발간한 《GHQ日本占領史》[32]를 검토했다.

중국 측 자료는 대한민국 정부기록보존소에서 발간한 《한국전쟁과 중국》 Ⅰ·Ⅱ와 국방부 군사편찬연구소에서 펴낸 《중국군의 한국전쟁사》 1~3, 러시아 자료로는 1994년 러시아 측이 대한민국 정부에 제공한 문서군과 《소련군사고문단장 라주바예프의 6·25전쟁 보고서》 1~3, 그리고 프린스턴 대학 산하의 우드로 윌슨센터Woodrow Wilson International Center for Scholars에서 냉전사프로젝트Cold War International History Project로 러시아의 문서고에서 발굴해낸 문서철을 정리한 《CWIHP Bulletin》 1~9를 활용했다.

이 외에 신문으로는 국내의 주요 일간지를 정리한 《자료대한민국사》와, 미국 신문으로 《뉴욕타임스New York Times》[33]를 활용했다.

한편 인천상륙작전과 관련한 주제에 대해서는 '북한노획문서'라고 통칭되는 미군의 한국전쟁기 노획문서를 활용했다.[34] 제8군은 1950년 10월 16일 인디언헤드Indian Head라고 부르는 특별부대를 편성했다. 이 부대의 임무는 특별히 선정한 정부청사와 외국인 부대를 점령해 정보자료를 수색, 획득하는 것이었다.[35] 이들이 획득한 자료는 일본의 도쿄로 보내져 영문으로 번역된 후 자료로 남겨졌다. 현재 영문으로 번역된 이 자료는 맥아더기념관에 소장되어 있다. 즉 번역된 사료는 〈RG 6〉 Records of General Headquarters, Far East Command, Box 78~80로 약 2,500여 매 분량이다. 한국전쟁 기간 동안 북한의 대응방식에 대해서는 이 자료를 활용했다.

다음으로 보조자료로는 맥아더와 동시대에 활약했던 인물들의 회고록을 이용했다. 또한 문화방송이 소장한 맥아더 관련 인터뷰 녹취록과 한국 측 주요 인사의 회고록 및 잡지도 활용했다.

여기서 주의할 것은 맥아더의 회고록에 대한 진위 여부이다. 맥아더 회고록은 맥아더 본인 스스로가 저술한 것 같지 않다는 문제점이 있다.[36] 웨인트롭Stanley Weintraub이 이를 정확히 지적하고 있는데, 한국전쟁이 발발한 직후 수원비행장에 착륙했을 때나, 인천상륙작전이 진행된 순간 등이 실제 기록과는 많은 차이가 있다. 따라서 그의 회고록은 다른 기록들과 교차 분석을 통해 그 진위 여부를 검증했다.[37]

1
맥아더의 생애

맥아더는 자신의 생애 가운데 20여 년을 아시아 지역에서 근무했다. 그의 이러한 경험은 그가 아시아우선주의자로 대표되는 배경 중 하나가 되었음을 알 수 있다. 맥아더의 약력에서 우리는 두 가지 점에 주목할 필요가 있다. 대對아시아관과 공산주의에 대한 입장이 그것이다.

맥아더의 가계와 그 영향

맥아더 가문의 근거지는 스코틀랜드Scotland의 글래스고Glasgow 지방에서 북서쪽으로 50마일 떨어진 아길셔Argyllshire였다. 1825년에 더글라스 맥아더의 증조모인 사라 Sarah와 조부인 아더 맥아더Arthur MacArthur가 신세계를 찾아 미 대륙으로 건너왔다. 그들이 처음 도착한 곳은 매사추세츠 주의 치코피 폴Chicopee Falls이었다.[1]

아더는 뉴욕으로 이주해 법학을 전공했고, 1840년에 매사추세츠 주에서 변호사로 개업했다. 1844년 그는 벨처Aurelia Belcher와 결혼했고 곧 이어 밀워키로 생활의 근거지를 옮겼다. 1857년 아더는 위스콘신 주의 제2순회판사가 되었고, 남북전쟁이 발발하자 대통령 존슨Andrew Johnson의 명에 따라 나폴레옹 3세 치하의 프랑스·미국 특별대사로 파견되었다. 남북전쟁이 종료된 지 5년이 지난 1870년 아더는 연방대통령 그랜트Ulysses S. Grant에 의해 콜롬비아 특별지구 최고판사로 임명되었고, 이를 발판으로 그는 중앙정계에 진출했다.[2] 1896년 사망할 때까지 아더는 판사로써 수도 워싱턴에서 생활하며, 고위층과의 교분을 두텁게 유지했다.

더글라스 맥아더의 아버지이자 군인으로서 명성을 쌓은 아더 2세 Arthur II는 1845년에 태어났다. 그는 자신의 아버지와 달리 남북전쟁이 발발하자 당시 소령 히바드Elisha C. Hibbard가 이끄는 위스콘신 24연대에 자원했다. 아더 2세는 1862년 17세의 나이에 중위로 임관되었고 연대참모장의 직위를 차지했다. 당시 어린 나이에도 불구하고 그는 '소년

◀ 1815년 맥아더 가족

▲ 육사생도 시절의 맥아더

대령'이라는 칭호로 불릴 정도로 탁월한 군사적 재능을 보였다. 전쟁이 끝나자 아더 2세는 고향으로 돌아와 부친에게서 법률학을 배웠다.[3] 그러나 아더 2세는 자신의 재능이 법률과는 거리가 먼 것을 깨닫고 마침내 정규군대에 들어가기로 결심했다. 당시 미국 사회는 남북전쟁이 끝난 지 얼마 되지 않았고 60만 명에 달하는 사상자와 전 국토의 폐허로 인해 경제 재건에 몰두하기 시작할 때였다.[4] 군에서는 인원 규모를 감축하기 시작해 일반적으로 군직을 얻기가 쉽지 않았으나, 마침내 1866년 7월 아더 2세는 뉴욕시 제36보병연대의 대위로 임관했다.[5]

아더 2세는 당시 미국 군대가 처한 상황으로 인해 주로 변방에서 근무하게 되었다. 이는 이 시기 미군의 주요 임무가 서부 개척을 위해

▶ 미주리함에서 처러진 일본의 항복식에서

▼ 1차 대전기
프랑스 파병 시절

▼ 2차 대전기
필리핀 작전에서

개척민들을 보호하고 인디언을 축출하는 것이었기 때문이다. 당시 변방으로 인식되던 네브래스카Nebraska · 와이오밍Wyoming이 주요 활동 근거지였다. 1870년 아더 2세는 13연대로 옮겨, 유타Utah에서 근무하였다. 이때 그는 장차 자신의 군 경력에서 모델로 삼게 되는 트로브리앙Philippe Regis de Trobriand 대령 밑에서 근무하게 되었다. 트로브리앙의 화려하고 재능 있는 군인 생활은 아더 2세에게 장차 고위직으로 승진하려는 욕망을 상징하는 모델이 되었다.[6]

1870년대는 남북전쟁이 끝난 지 얼마 지나지 않았기 때문에 미국 사회가 상당히 혼란을 겪던 시기였다. 따라서 연방정부에 대한 남부인들의 저항도 지속적으로 발생했다. 아더 2세가 속한 13연대는 반란군을 진압하기 위해 워싱턴부터 뉴올리언스까지 수시로 이동할 수밖에 없었다. 이러한 시기에 아더 2세는 자신의 반려자가 되는 버지니아 태생의 하디Mary Pinkney Hardy(애칭은 핑키)를 1874년 뉴올리언스에서 만났다. 핑키는 전형적인 남부의 전통 속에서 성장한 여성으로, 그녀의 아버지는 노폭Norfolk(VA)에서 목장주이자 중개업으로 성공한 부유한 자산가였다. 핑키는 성공회Episcopalian 신도였지만 가톨릭여학교를 우등으로 졸업한 인재였다.

1875년 5월 아더 2세와 핑키는 버지니아에서 결혼했고 그들은 아들 셋을 낳았다. 첫째인 아더 3세Arthur III를 1876년에, 둘째인 말콤Malcolm을 1878년에 출산했다.[7] 더글라스 맥아더Douglas MacArthur는 이들 부부의 셋째 아들로, 1880년 1월 26일 13연대가 주둔한 아칸소Arkansas 주 리틀락Little Rock의 군용 2층 건물인 닷지 요새Fort Dodge에서 태어났다.[8] 아더 2세는 1889년 소령으로 진급했고 워싱턴에서 참모장으로 근무했다. 1898년 미서전쟁美西戰爭(미국-스페인 전쟁)이 발발하자 아더 2세는 임시 가假계급 소장의 직위로 제2사단을 이끌고 필리핀 전선에 참전했다. 1900년에 필리핀의 군정총독Military Governor of the Philippines의 자리에 올랐으나, 당시 민정총독으로 부임한 태프트 William Taft와의 갈등으로 그 직위를 사임하고 워싱턴으로 돌아왔다.

이후 1904년에 아더 2세는 러일전쟁의 옵저버Manchurian front Observers로 아시아 지역을 순방했다. 1906년 그는 중장으로 진급했으나 1909년에 태프트가 대통령으로 취임하자 전역했다. 참모총장이 되기를 원했으나 태프트의 정치적 영향력에 밀려 그 직위에 오르지 못한 것이다. 이는 아더 2세에게 깊은 마음의 상처를 주었고 훗날 부인과 아들 더글러스에게 큰 영향을 끼쳤다.[9] 아더 2세는 1912년 9월 5일 위스콘신 24연대의 전역군인 모임에서 중풍으로 사망했고, 알링턴 국립묘지가 아닌 밀워키에 묻혔다.

아버지의 죽음은 더글러스에게 큰 충격을 주었다. 아버지로써 뿐만 아니라 군사지도자로서 아더 2세의 경력을 더글러스는 늘 깊이 존경했다. 결국 이러한 할아버지와 아버지의 경력이 어린 맥아더의 성장과정에 일정한 영향을 주었던 것이다.[10]

더글러스의 큰형인 아더 3세 역시 군인의 길을 걸었다. 1892년 그는 일찍이 열여섯 살의 나이로 아나폴리스Annapolis의 해군사관학교에 입학했다. 1896년 우수한 성적으로 사관학교를 졸업한 아더 3세는 1898년 미서전쟁에 참가했고, 1차 세계대전에 참전해 훈장을 받는 등 해군에서 빠르게 진급했다. 그러나 해군부Navy Department에 근무하던 1923년 2월 46세의 나이로 맹장염에 걸려 사망했다. 아더 3세는 동생인 더글라스에게 경쟁심을 자극시킨 인물이었다.[11] 더글라스 맥아더에게는 이렇게 아더, 아더 2세, 아더 3세 등 개인적으로 큰 영향을 끼친 가족들이 있었다.

[표 I-1] 맥아더의 가계도

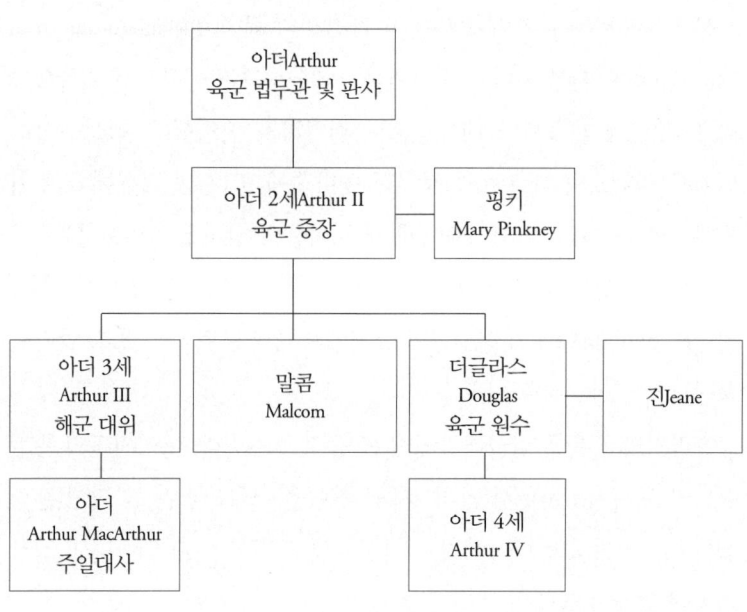

맥아더의 성장 과정과 군인으로서의 경력

앞에서 살펴보았듯, 맥아더는 어려서부터 군인이라는 직업을 친근감 있게 받아들일 수 있는 집안 분위기에서 성장했다.[12]

성공회 계통의 신앙을 가진 맥아더는 어린 시절 아버지를 따라 주로 군용시설이 있는 지역으로 이주하며 소년기를 보냈다. 군용시설에서의 삶은 일반 사회와는 격리되어 있었으므로 맥아더의 교육 문제는 어머니의 몫이었다. 서부 지역에서의 자유분방한 생활은 그에게 깊은 감흥을 남겼다. 후에 맥아더는 자신의 이런 경험은 매우 활기차고 흥분된 것이었다고 회고했다.[13]

　1889년 아버지가 수도 워싱턴으로 전근하게 되자 맥아더 역시 번잡한 도시에서 성장하게 되었다. 유년 시절을 서부의 군 주둔지에서 보낸 그에게 도시에서의 공교육 과정은 매우 힘든 것이었다. 그의 정규 공교육 과정의 성적이 그리 좋지 못했던 것이 이를 반영한다.

　맥아더는 1899년 6월 13일 웨스트포인트에 있는 육군사관학교에 입학했다. 그의 육군사관학교 입학 과정에는 여러 가지 우여곡절이 있었다. 처음 지원했을 때 그는 입교에 필요한 입학 허가를 받지 못했다. 당시 입학 허가를 받기 위해서는 대통령의 승인서가 필요했다. 수십 명의 주지사, 상원의원, 하원의원 등의 추천장을 받아 제출했으나 이마저도 받아들여지지 않았다. 더욱 큰 문제는 입학 예비 신체검사에서 떨어진 것이었다. 맥아더는 자세 불량으로 인해 등뼈가 굽어 있었다. 구부정한 모습은 군인의 자세와는 거리가 멀었기 때문에 일정 기간 교정 치료 후 다시 체력장 시험에 응시해야만 했다. 결국 교정 치료와 밀워키 지역 입학 예비 경쟁시험을 통과한 후에야 입학할 수 있었다.

　맥아더의 육사 생도 시절은 어머니의 영향력이 지대하게 작용한 시기였다. 핑키는 육사 교정 바로 앞에 있는 크레이니 호텔Craney's Hotel에 장기 투숙하면서 그의 학교생활을 하나하나 점검했다. 물론 이러한 열성적인 노력으로 인해 1903년 맥아더는 매우 우수한 성적으로 졸업했다.[14] 하지만 마마보이Mother's boy라는 별칭도 함께 얻었다.

졸업과 함께 소위 계급장을 단 맥아더는 제3공병대대 잭슨 대위 Capt. Thomas H. Jackson의 부관으로 필리핀에 배치받았다.[15] 그로서는 아시아와의 첫 조우였다. 1904년 10월 다시 맥아더는 샌프란시스코로 전근되어 태평양사단의 공병참모 보좌관으로 발령받았다.[16]

1905년 8월 러일전쟁이 끝나고 포츠머스 조약이 체결된 지 한 달이 지난 후, 맥아더는 전쟁부War Department[17]의 지시에 따라 아버지가 근무하는 일본 도쿄에 참모 부관이라는 직위로 임명되었다.[18] 1905년 10월부터 1906년 3월까지 맥아더 부자는 '정찰 임무'를 띠고 아시아 각국을 여행했다. 중국에서부터 동남아시아를 거쳐 인도까지의 여정은 그에게 아시아에 대한 새로운 인식을 심어주었다.

1906년 8월 샌프란시스코로 돌아온 맥아더는 그해 12월 대통령 군사참모 브롬웰Charles Bromwell 대령의 부관으로 백악관에서 근무했다. 얼마 동안의 백악관 근무 후 맥아더는 공병학교를 이수한 후 병기학교에 배치되어 3년 동안 교관을 역임했고, 1911년 2월 대위로 진급했다.[19]

1912년 맥아더는 공병장교로 파나마 운하와 멕시코에 파견되어 근무한 후 돌아와서 합동참모본부의 일반참모로 기용되었고, 1915년 12월에는 소령으로 진급했다.[20]

1916년 40만 명의 군의 동원을 포함하는 국방 조례가 통과된 이후, 해군부장관 베이커Newton D. Baker는 맥아더를 그의 군사 문제 보좌관으로 임명했는데, 그 직책은 정보국을 관할하는 것이었다. 7월에 그는 공보연락장교로 임명되었다.[21]

이 시기 유럽에서는 1차 세계대전이 치열하게 전개되고 있었다.

1914년 독일의 선공으로 전쟁은 전 유럽으로 확산되었다. 당시 미국 대통령 윌슨Woodrow Wilson은 먼로주의Monroe Doctrine에 따라 유럽 문제는 유럽인의 손으로 결정해야 한다는 입장을 표명하며 전쟁에 참여하지 않겠다고 선언했다. 그러나 결국 1917년 12월 미국은 공식적으로 1차 세계대전에 참전하기로 결정했고, 퍼싱John J. Pershing이 이끄는 18개 사단 51만 명의 미군이 프랑스로 파병되었다.

이때 맥아더도 미국 원정군 42사단에 배속되어 프랑스로 파견되었다. 당시 42사단은 일명 무지개사단Rainbow Division으로 일컬어지고 있었고, 제83, 84보병여단, 제67포병여단으로 구성되었다. 1918년 6월 맥아더는 임시준장 계급을 부여받았고, 8월에는 제84여단의 지휘권을 얻었다.[22]

1차 세계대전은 맥아더에게 최고위급으로 올라갈 수 있는 도약대가 돼 주었다. 그는 이 전쟁에서 다른 어느 장교보다 월등히 많은 훈장을 받았다. 곧 육군 수훈십자훈장Distinguished Service Cross 2개, 프랑스 무공십자훈장Croix de Guerre 2개, 은성훈장Silver Star Medal 7개, 상이기장Purple Heart 2개, 수훈장Distinguished Service Medal 등이었다. 이러한 공훈에 힘입어 맥아더는 1918년 11월 38세의 나이로 42사단 지휘관이 되었는데 이는 미군 역사상 최연소 전시 사단장이었다.[23]

1919년 6월 전쟁이 끝나고 미국으로 돌아온 그에게 새로운 직책의 임무가 주어졌는데 바로 육군사관학교United States Military Academy 교장직이었다.[24] 이 역시 최연소 기록이었다. 맥아더는 육사 교장직을 역임하며 낙후된 교과목을 대대적으로 개편하고 새로운 시스템을 도입했다. 즉 사립대학과의 경쟁력을 키우기 위해 경영학, 역사학, 심리학, 사회학 등 새로운 교과목을 도입해 고급 장교들의 세계관을 확립하는 데 주력했다. 맥아더의 전기 작가인 제임스D. Clayton James는 이러한 맥아더의 공적을 육군의 근대화에 기여한 중요한 업적 가운데 하나로 평가하기도 했다.[25]

1922년 맥아더는 다시 마닐라 군관구 사령관으로 전출되었다. 그의 세 번째 아시아 근무였다. 1925년 1월 소장으로 진급해 워싱턴으로 돌아온 맥아더는 애틀랜타의 4군관구 사령관을 거쳐, 볼티모어에 있는 3군관구 사령관이 되었다.[26]

1927년 맥아더는 3군관구 사령관의 직위를 겸임한 채 미 올림픽위원회 위원장으로 선출되었다. 이는 1928년 암스테르담 올림픽을 준비하기 위한 의도에서였다. 이 올림픽에서 맥아더가 이끄는 미국 팀은 1위를 차지했다. 올림픽이 끝나고 미국으로 돌아오자마자 맥아더는 다시 한 번 마닐라의 필리핀 군관구 사령관으로 임명되었다. 그러고 나서, 1930년 11월 맥아더는 미국 역사상 18번째로 4성 장군이자 육군참모총장이 되었다.[27]

맥아더가 참모총장이었던 시기에 미국 사회는 그 어느 때보다도 평화주의가 팽배했다. 미국의 평화운동은 1928년 켈로그-브리앙 조약 Kellogg-Briand Pact 때보다도 더욱 맹렬하게 움직였다. 맥아더는 이러한 반군 정서를 미국의 개인주의에서 기원한 것으로 후에 술회하기도 했다. 평화적인 사회 분위기와 함께 1929년 불어 닥친 대공황의 여파로 미국의 국방예산도 점차 줄어들었다. 하지만 군부의 이익을 대변해야 했던 육군 참모총장으로서 맥아더는 군비 축소에 가장 강력한 반대자가 되었다.[28]

이 당시 정권은 민주당의 루즈벨트Franklin D. Roosevelt 행정부로 집권 초기부터 사회민주적 성격이 강했다.[29] 미국의 이전 정부와는 다르게 루즈벨트 정권은 사회복지와 평등주의에 정책의 방향을 집중했다. 이것을 일명 뉴딜정책New Deal이라고 부르는데, 맥아더는 뉴딜정책이 천명되기 시작될 때부터 이에 대해 강한 반감을 가지고 있었다. 뉴딜정책의 방향이 군비를 삭감하고, 복지예산의 증액으로 진행되고 있었기 때문이었다. 육군의 최고 책임자로서 맥아더는 군비 축소에 강하게 반발했다. 이렇게 루즈벨트 정권에 대한 반감으로 맥아더는 1935년 12월 참모총장직에서 해임되었고 계급 역시 대장에서 소장으로 강등되었다. 이때 필리핀의 상원의원 케존Manuel Quezon이 미국을 방문해 맥아더를 필리핀 군사고문으로 파견해주기를 요청했다. 맥아더는 다시 한 번 필리핀 군사고문직을 수행하기 위해 아시아로 향했다.

대외적으로 성공가도를 달린 듯한 맥아더도 결혼 문제에는 큰 어려움을 겪어야만 했다. 30대 초반에 이혼한 경력이 있던 맥아더는 한동안 독신을 고집하다가 어머니의 장례식을 위해 미국을 방문하고 돌아가는 배에서 장차 그의 생애 나머지를 함께할 페어클로스Jean Marie Faircloth를 만났다. 이들은 1937년 4월 30일 필리핀 루존에서 결혼했다. 당시 맥아더의 나이 57세였다.[30]

맥아더는 1937년 9월 건강상의 이유로 전역을 신청했다. 그의 신청이 받아들여져, 전쟁부War Department는 1937년 12월 31일자로 그를 육군의 현역명단에서 제적했다.[31] 이로써 맥아더는 40여 년의 군 생활을 공식적으로 마감했다. 하지만 맥아더는 원수Field Marshall 계급을 유지한 채 필리핀 군사고문으로 죽을 때까지 필리핀 군대의 명단에 남아 있을 수 있었다. 이때 맥아더는 자신의 부관으로 훗날 '바탄 갱Bataan Gang'이라고 불리는 참모들을 만났다. 이들은 윌로비Charles A. Willoughby 중령,³² 서덜랜드Richard K. Sutherland 중령, 마셜Richard J. Marshall 중령, 휘트니Courtney Whitney 소령,³³ 케이시Hugh J. Casey 중령, 마퀘트William F. Marquat 중령 등이었다.³⁴

1937년 중일전쟁이 발발하고, 일본군이 남방작전을 펼치며 동남아시아로 진격하자 미국과 영국은 이에 대비해 비상계획을 준비했다. 미국과 영연방의 합동기본전쟁계획, 즉 레인보우 파이브Rainbow Five가 1941년 6월 2일 채택되었는데 그 기본계획은 만일 미국과 추축국 간에 전쟁이 발발하면 연합군은 먼저 이탈리아와 독일을 점령한다는 것이었다. 일본에 대해서는 미국이 극동에서 보유한 현재의 군사력을 이용해 그 공격을 막아내는 것으로, 이러한 연합국의 전략은 방어적인 것이었다.³⁵

일본이 진주만을 공격하기 5개월 전인 1941년 7월 26일 루즈벨트는 미국과 필리핀 군대를 통합, 미 극동육군United States Army Forces of Far East(USAFFE)을 조직하여 사령관에 맥아더를 소장으로 재임명했다. 24시간 만에 맥아더는 중장으로 진급했고, 일본군이 동남아시아 지역으로 남진하는 데에 맞서 필리핀을 방위하는 임무를 부여받았다.

당시 루즈벨트, 국무장관 헐Cordell Hull 그리고 전쟁부장관 스팀슨Henry L. Stimson은 일본이 미국을 공격할 것이라고 예측했는데, 스팀슨은 그 기간을 1942년 1월로 보고 있었다. 윌로비는 일본의 공격이 6월에 있으리라고 추측했고 맥아더는 몬순이 끝나는 4월이라고 생각했다.³⁶ 하지만 일본군의 공격에 대한 정보 보고를 묵살한 채 안이하게 대처했던 맥아더는 1941년 12월 8일 결국 혼마本間 중장이 이끄는 일본군의 기습을 받아 필리핀 주둔 미군의 모든 병참물자를 잃고 필리핀 남부 지역으로 퇴각했다. 미국과 일본의 태평양전쟁이 시작된 것이다.[37] 맥아더는 전쟁이 개시된 지 얼마 지나지 않은 12월 18일 이전의 계급인 대장으로 승진했다.[38]

마침내 1942년 2월 22일 루즈벨트 대통령은 맥아더에게 코레히도르Corregidor를 떠나 호주로 갈 것을 명령했다. 그해 3월 24일 영미합동참모본부는 전략적 담당 지역 구획에 합의했다. 이 합의에 따라 미국은 태평양 지역의 전선을 주도하게 되었다. 이를 위해 합동참모본부는 맥아더를 1942년 4월 18일 남서태평양지구총사령관CINCSWPA에 임명했다.

합동참모본부의 명령으로 맥아더는 호주에서 새로운 사령부 구성을 마무리지었다. 참모장에 서덜랜드, 참모부장에 마셜, 그리고 인사참모(G-1)에 스티버스Charles P. Stivers, 정보참모(G-2)에 윌로비, 작전참모(G-3)에 챔벌린Stephen J. Chamberlin, 군수참모(G-4)에 휘틀럭Lester J. Whitlock, 수송부장에 케이시Hugh J. Casey, 방공부장에 마퀘트, 통신부장에 에이킨Spencer B. Akin 그리고 항공부장에 조지Harold H. George 등의 진용을 구축했다. 여기에 연합상륙부대Allied Land Forces의 블레이미Thomas Blamey, 연합해군Allied Naval Forces의 리어리Herbert F. Leary, 연합공군Allied Air Force의 브레트George H. Brett를 그 휘하에 두었다.[39] 맥아더의 관할 지역은 호주, 비스마르크 제도, 솔로몬 군도, 뉴기니, 수마트라를 제외한 네덜란드령 동인도 지역이었다. 그의 경쟁자 니미츠Chester W. Nimitz는 태평양함대사령관Commander in Chief of Pacific Ocean Areas(CINCPOA)이 되었다.

진용을 새롭게 갖춘 맥아더사령부는 반격을 위한 준비를 시작했다. 가장 먼저 진행한 작업은 적에 대한 정확한 정보를 획득하는 것이었다. 이는 1942년 6월 정보부대를 정비함으로써 가능해졌다. 윌로비가 자신의 통제 하에, 향후 작전 지역에 대한 정보자료를 수집하기 시작했다. 이때 맥아더사령부는 연합번역통신부Allied Translator and Interpreter Section(ATIS)를 설립해 포로 심문과 노획문서의 번역 및 출판을 담당했다. 이 산하에 연합정보국Allied Intelligence Bureau(AIB)과 연합지리국Allied Geographical Section(AGS)을 두어 정보 획득에 과학적 방법을 도입했다.[40]

여기서 하나 주목할 것은 맥아더가 자신의 관할 이외의 정보부대의 활동에 대해서 민감한 반응을 보였다는 점이다. 남서태평양사령관으로서 맥아더는 워싱턴의 전략정보국Office of Strategic Services(OSS)이 자신들의 요원들을 관할 구역에서 활동할 수 있도록 하자고 제안하자 이를 거부했다. 이러한 맥아더의 태도는 2차 세계대전 종전 후 자신이 관할하던 지역에서도 변함이 없었다. 극동군사령관과 연합국최고사령관의 직위에 있던 맥아더는 중앙정보국Central Intelligence Agency(CIA) 등 다른 정보기관의 활동을 금지하기까지 했다. 이는 나중에 한국전쟁을 전후한 시기의 정보 책임과 맞물려 민감한 문제가 되었다. 즉 북한군의 남침이나 중국군의 한국전쟁 개입 시 정보 부재의 책임을 두고 논란거리가 되었던 것이다.[41]

참모진과 정보부대를 완비한 맥아더는 1943년 2월 필리핀에서 붕괴된 미 극동육군USAFFE을 새로이 설립했다. 전세는 곧 반전되어 해전에서는 니미츠가 산호해, 미드웨이, 솔로몬에서 승리를 거두었고, 지상전에서는 과달카날 반격작전, 부나 작전, 레노 작전, 이오지마 작전, 오키나와 작전 등 상륙작전이 연이어 승리를 거두었다. 이제 태평양의 주요 섬을 장악한 미국은 일본 본토를 위한 공격계획을 준비하였다. 그런데 여기서 해군의 니미츠와 육군의 맥아더가 충돌하게 되었다. 니미츠는 오키나와를 거쳐 대만을 지나 일본 본토로 진격하는 구상을 제시했고, 반면에 맥아더는 뉴기니에서 필리핀을 거쳐 일본 본토를 공략하는 구상을 제시했다. 맥아더는 당시 마셜 참모총장에게 보낸 전문에서 필리핀의 민다나오 섬을 장악하고 일본의 남부 지역을 공략하는 것이 훨씬 경제적이고 빠르다고 주장했다.[42]

결국 맥아더의 주장이 받아들여져 미군의 주요 공격 루트는 뉴기니-필리핀-오키나와-규슈 지역으로 결정되었다. 이때 맥아더가 주로 사용한 전법은 그 유명한 '섬 건너뛰기Leapfrogging Amphibious Assault' 전략이었다. 이 전략은 일본군이 중무장해 요새로 삼은 섬들을 우회하는 반면 오히려 취약한 섬을 점령해 그 후방의 섬 지역을 고립시켜 일본군의 퇴로와 병참선을 끊는 방식이었다. 맥아더는 태평양전쟁에서 이러한 육해공 합동상륙작전을 87번이나 감행해 모두 성공시켰다.[43]

한편 2차 세계대전 동안 맥아더는 미국 국내정치에서 대통령 후보로 공공연히 거론되었다. 물론 1930년대 후반에도 맥아더를 대통령 후보로 선출하려는 움직임이 일부 있었으나 1940년대에 들어와서 이러한 분위기는 명백해졌다. 특히 전쟁이 시작되면서 반反루즈벨트 정서가 팽배해졌고, 맥아더를 대통령 후보로 선출하려는 움직임이 1942

년 여름부터 확산되었다.

맥아더를 대통령으로 만들기 위한 지지 세력은 크게 두 부류, 곧 하나는 언론이었고 다른 하나는 공화당 의원들이었다. 언론 가운데 가장 큰 영향력을 행사했던 것은 맥코믹McCormick 계열의 신문으로 《시카고 트리뷴Chicago Tribune》, 《워싱턴 타임스-헤럴드Washington Times-Herald》와 허스트 계열의 《샌프란시스코 이그재미너San Francisco Examiner》와 국제뉴스서비스International News Service(INS) 등 고립주의 및 보수주의 계열의 신문들이었다.[44] 공화당 의원으로는 반덴버그 Arthur H. Vandenberg, 해밀턴John D. M. Hamilton, 하워드Roy Howard 등 공화당의 지도급 인사들로, 이들은 유럽과 영국을 싫어하는 중서부 지역 출신의 의원들이었다.[45]

이들의 노력에 의해 맥아더는 대중의 지지를 얻었다. 이를 반영하듯 1942년 의회도서관이 253개의 참고문헌을 수록한 맥아더의 전기를 발간했는데 이는 살아있는 사람으로서는 심지어 대통령까지도 받아보지 못한 영광이었다.[46]

1942년 《포춘Fortune》에서 조사한 여론조사에서 공화당원들을 상대로 가장 유력한 대통령 후보를 문의했을 때 놀랍게도 맥아더가 복수 투표에도 불구하고 57.3퍼센트(총 투표수는 제시되지 않았지만 전체 투표수의 배분율 합계는 약 220퍼센트임)라는 놀라운 지지율을 획득했다.[47]

1943년 2월 《포춘》이 차기 대통령에 대해 일반인들을 상대로 실시한 투표에서도 맥아더는 루즈벨트와 윌키Wendell L. Willkie 다음으로 3위를 차지했다. 특히 이 여론조사에서 놀라운 점은 맥아더에 대한 비숙련노동자들의 지지도가 매우 높았다는 사실이다.[48]

1943년 가을 공화당 대통령 후보 예비선거는 위스콘신에서 실시되었다. 그 결과 듀이Thomas E. Dewey가 승리했으며, 순서는 스타센 Herold E. Stassen, 맥아더, 윌키 순이었다. 반면에 일리노이에서는 맥아더가 승리했다. 그는 예비선거에서 76퍼센트의 지지를 얻었으며 《타임스Times》는 맥아더가 정치세계의 무명인을 압도했다고 보도했다.[49]

이렇게 미국 국내에서의 정치적 상황과 함께 전쟁의 양상도 맥아더에게 유리한 쪽으로 전개되었다. 맥아더와 니미츠는 일본군의 공격을 막아내면서 점차 반격작전을 성공리에 수행하고 있었다.

1944년 12월 16일 미국 상원은 육군대장 4명과 해군대장 3명을 원수로 승진시키는 안을 승인했다. 이 조치는 미국의 대장을 원수로 승진시킴으로써 오성기를 달고 있는 영국의 원수들을 좀 더 효과적으로 다룰 수 있도록 하기 위한 것이었다. 대통령은 즉시 마셜과 맥아더·아이젠하워Dwight D. Eisenhower 그리고 아놀드Henry H. Arnold를 육군원수General of the Army로, 레이히William D. Leahy와 킹Ernest J. King·니미츠Chester W. Nimitz를 해군원수Fleet Admiral로 각각 임명했다.[50]

1945년 4월 3일에 합동참모본부는 루즈벨트로부터 진격 명령을 받고 태평양사령부의 재편성을 발표했다. 이전의 지리적 경계인 '남서태평양'과 '태평양 지역'들이 소용없게 되었다. 니미츠에게는 모든 해군부대의 지휘권이 주어졌고, 맥아더에게는 태평양의 모든 지상군의 지휘권이 주어져 미 태평양육군사령부AFPAC의 사령관이 되었다.[51]

1945년 4월 12일 루즈벨트가 뇌출혈로 사망하자, 부통령인 트루먼Harry S. Truman이 대통령직을 승계했다. 서유럽에서는 5월 8일 독일이 항복해 전쟁이 종결되었고, 미국은 서유럽 전선의 병력을 아시아로 전환해 태평양 전선에 투입하기 시작했다.

태평양전쟁이 막바지에 이른 1945년 8월 12일, 트루먼은 애틀리 Clement Attlee와 스탈린Joseph Stalin, 장제스蔣介石로부터 맥아더를 일본 점령 연합국최고사령관GHQ/SCAP에 지명한다는 데에 동의를 얻고, 8월 15일 공식적으로 이를 맥아더에게 통보했다.[52] 태평양전쟁을 승리로 이끈 맥아더는 세계의 가장 주목받는 군인으로 부상하게 되었다. 즉 천재적인 군사전략으로 미군의 희생을 최소화했으며 전쟁을 승리로 이끌었다고 찬사를 받았다.

그러나 전쟁 수행 과정에서 맥아더는 여러 가지 문제를 일으켰다. 그 가운데 하나가 상부의 허락을 받지 않고 진행한 돌발적인 언론 발표였다. 맥아더의 이러한 공식발표Communique는 늘 시기상조라는 비난을 받아 왔다. 파푸아 작전이나, 부나 전투, 홀랜디아 상륙작전, 레이테 상륙작전 등 거의 모든 전투에서 적과의 공방이 치열하게 이루어지고 있을 때에도 맥아더는 공공연하게 승리를 선언했다. 맥아더의 이러한 성격을 두고 제임스는 맥아더가 대중적 이미지에 매우 민감했으며, 이것이 언론과 대중관계에서 지속적으로 큰 실책이 되었다고 평가했다.[53] 예를 들어 필리핀 전투에서 맥아더는 1945년 7월 5일 공식적인 승리를 선언했다. 그러나 전투는 8월 일본이 공식적으로 항복할 때까지 지속되었다. 이러한 맥아더의 조급한 발표 방식은 한국전쟁에서도 그대로 재연되었다. 특히 인천상륙작전이 성공한 후 38선 이북으로 진격하며 여러 번 이와 같은 실수를 되풀이했다.[54]

다른 하나는 수복된 지역의 정치 질서를 자신의 의도에 따라 재편하려고 시도한 것이다. 필리핀 수복과 때를 같이하여 1945년 6월 9일 필리핀 국회는 맥아더에게 필리핀 국민을 대신해 깊은 감사를 전했다.[55] 이때 맥아더는 로하스Manuel Roxas를 후원해 그가 대통령이 되는 데 지대한 영향을 끼쳤다. 로하스는 일본의 필리핀 점령 시기 일본에 협력한 일종의 부일협력자로 처벌을 받아야 했음에도 불구하고, 맥아더가 그를 사면하고 대통령으로 만든 것이었다. 당시 미국의 한 정치고문은 이를 두고 맥아더가 필리핀의 향후 정치 과정에 결정적인 역할을 한 것으로 평가했다.[56] 이는 해방 이후 한국의 정치 과정과 매우 유사한 경로를 취했기 때문에 이를 비교하는 것도 중요한 연구 과제가 될 것이다.

태평양전쟁 종결 이후 맥아더는 일본 통치의 전권을 위임받았다. '푸른 눈의 대군碧い眼の大君'으로 일컬어지던 맥아더는 일본 점령정책을 통해 일본 사회를 전면적으로 개조했다. 맥아더의 일본 점령정책에 대해서는 긍정적인 시각과 부정적인 시각이 혼재하지만, 대체적으로 맥아더의 초기 점령정책은 군국주의를 일소하고, 일본 사회 내부에 민주화를 가져온 것으로 평가되고 있다.[57] 맥아더의 가장 최측근 가운데 한 사람인 휘트니는 맥아더의 점령정책을 다음과 같이 열다섯 가지로 정리했다. "군사력의 파괴, 전쟁범죄인들의 처벌, 대의제 정부 구조의 수립, 헌법의 근대화, 자유선거 실시, 여성참정권 확립, 정치범의 석방, 농지개혁, 자유노동운동의 성립, 자유경제 수립, 경찰 억압체제의 폐지, 자유롭고 책임 있는 언론의 육성, 교육의 자유화, 정치권력의 분산화, 정교분리" 등이다.[58]

휘트니의 주장이 얼마나 신빙성이 있는지에 대해서는 이 글의 주제를 벗어난 것이므로 상론하지는 않겠지만, 초기 대일점령정책이 앞에서 제기한 방향으로 진전된 것은 사실이었다. 하지만 동아시아 지역에서도 냉전이 시작되며 일본이 공산주의의 상징적 방어 지역으로 전환된 1947년 이후 이러한 개혁정책도 보수화정책으로 반전되었다.

연합국최고사령관으로 일본 점령정책을 수행하고 있던 맥아더는 1950년 6월 25일 한국전쟁의 발발로 인해 미군이 참전하자, 1950년 7월 7일 유엔군총사령관의 임무를 겸임하게 되었다.

한국전쟁 초기 지연전술을 통해 인천상륙작전이라는 반격작전을 성공시킨 맥아더는 38선 북진을 통해 북한 지역의 점령을 최종목표로 설정했다. 그러나 중국군의 참전으로 인해 전황은 역전되었고, 위급한 상황에 처한 맥아더는 중국으로의 확전을 주장하며 미국 수뇌부와 대립했다.

결국 1951년 4월 12일 맥아더는 트루먼 대통령에 의해 전격적으로 해임되었다. 4월 20일 맥아더는 상하 양원합동의회 연설에서 훗날 유명해진 고별사를 낭독했다. 맥아더의 해임을 둘러싼 미국 국내정치의 내분은 결국 청문회로 이어져, 1951년 5월 3일부터 6월 말까지 42일 동안 개최되었다. 맥아더는 5월 3일부터 5월 6일까지 3일 동안 집중적으로 그의 군 경력 대부분에 대해 의원들의 조사를 받아야 했다.[59]

청문회 이후 맥아더는 미국 전역을 순회하며, 자신의 해임의 부당성과 민주당 행정부의 대외정책을 비난하는 연설을 멈추지 않았다. 하지만 트루먼이 차기 대통령 선거에 출마하지 않을 것이라고 선언하자, 맥아더에 대한 관심도 급속히 줄어들었다. 1951년 8월 맥아더는 레밍턴 랜드Remington Rand 사의 회장이 되어, 이전과는 완전히 다른 새로운 직업에 종사했다.[60] 해임 이후 맥아더는 미국의 대외정책에 관해 특별한 역할도 맡지 않았고, 이에 대해 어떠한 언급도 하지 않았다. 아이젠하워나 케네디에게 자신의 구상을 언급했지만, 더 이상 그의 발언은 미국의 대외정책을 움직이는 데 영향력으로 작용하지는 못했다. 결국 1964년 4월 3일 맥아더는 84세의 나이로 월터리드Walter Reed 육군병원에서 위출혈 및 폐렴으로 사망했다.[61]

이상으로 군인으로서 맥아더의 성장 과정과 경력을 살펴보았다. 주요 약력을 간단히 정리하면 다음과 같다.[62]

1903년 6월 11일	소위로 임관. 제3공병대대에 배속되어 필리핀으로 파견
1905년 7월 13일	태평양사단의 공병참모 보좌관으로 발령
1905년 10월 3일	전쟁부의 지시에 의해 부친인 아더 맥아더Arthur MacArthur의 부관으로 임명
1906년 가을	응용공학 기술학교 위탁교육
1918년 8월	84여단장
1918년 11월	최연소 42사단장
1919년 6월 12일	육사 교장에 취임
1922년	마닐라 군관구 사령관에 임명
1925년 1월 17일	소장 진급. 필리핀 사령관으로 취임
1930년 11월 21일	대장 진급과 함께 육군참모총장에 취임
1935년	필리핀 군사고문
1937년 12월 31일	전역
1941년 7월 26일	소장으로 재임명
1941년 7월 27일	중장으로 진급

1941년 12월 18일   대장으로 승진

1942년 4월 18일   남서태평양지구총사령관CINCSWPA에 임명

1943년   공화당 전당대회의 대통령 후보 예비선거에 참여

1945년 4월 3일   태평양사령부 지상군 사령관

1945년 4월 11일   현역원수에 임명

1945년 8월 15일   연합국최고사령관에 임명

1951년 4월 11일   태평양지구사령관, 연합국최고사령관, 유엔군사령관 직위에서 해임

1964년 4월 3일   월터 리드Walter Reed 육군 병원에서 사망

맥아더는 자신의 생애 가운데 20여 년을 아시아 지역에서 근무했다. 그의 이러한 경험은 그가 아시아우선주의자로 대표되는 배경 중 하나가 되었음을 알 수 있다. 맥아더의 약력에서 우리는 두 가지 점에 주목할 필요가 있다. 대對아시아관과 공산주의에 대한 입장이 그것이다.

2
맥아더의 중심사상

"현재는 어느 시대보다 변화가 급격히 일어납니다. 그 변화 중 가장 두드러진 것은 세력의 중심축이 대서양으로부터 아시아로 이동한다는 것입니다. 아시아 대륙은 현재 동양의 경험으로부터 서양의 사고방식으로의 적응기간을 경험하고 있습니다."

맥아더의 아시아우선주의

맥아더는 미국 정치사에서 흔히 아시아우선주의자로 간주되고 있다.[1] 맥아더가 이러한 평가를 받는 이유는 그가 아시아에서 재임한 기간이 그 어느 누구보다 길었고, 또한 늘 유럽은 이미 기울어져가고 있는 대륙인 반면 아시아는 미국의 장래에 중요한 전략적 대륙이라고 강조했기 때문이다. 2차 세계대전 기간에 맥아더는 루즈벨트 정권의 유럽우선주의 전략에 반대했고, 이러한 맥아더의 견해는 유럽에서 영국 및 소련과 협조관계를 통해 전쟁을 수행하려는 국제주의자들internationalists에 맞서 태평양전쟁에 전력투구해야 한다는 공화당 고립주의자들isolationists의 지지를 받았다.[2]

1951년 5월 맥아더 해임을 둘러싼 청문회 기간 중 국방장관 마셜과 합참의장 브래들리 청문회에서 상원 군사위원회 소속 브리지스Styles Bridges 상원의원은 그들에게 '맥아더보다 극동에서 더 폭넓은 경험을 한 군대 내 인물이 있는가' 라는 질문을 제기했다. 또한 '정치인 가운데 맥아더 원수보다 극동에 대한 지식과 경험이 더 많은 인물이 있는가' 라고 질문했다. 마셜과 브래들리는 이에 대해 맥아더보다 아시아에 대한 경험이 더 많은 인물은 군대나 정치계에 없다며 맥아더의 오랜 아시아 근무 경험을 인정했다.[3]

물론 이를 두고 맥아더를 아시아우선주의자라고 단정지을 수는 없다. 하지만 맥아더는 50여 년이 넘는 군 생활 가운데 20여 년 이상을 아시아에서 근무했고, 또한 필리핀, 일본, 대만, 한국 등 아시아 지도자들과 긴밀한 협력관계를 가져왔다는 것이 그를 아시아우선주의자로 간주하게 된 계기가 되었다.

맥아더의 아시아에 대한 관심은 아버지 아더 2세가 필리핀의 군정총독으로 재직(1900~1901)했을 때부터 시작된다.[4] 1904년 러일전쟁이 발발했을 때 아더 2세가 워싱턴에 자신을 옵서버로 아시아에 보내줄 것을 요청했고, 그의 청원이 받아들여졌다. 그러나 그가 아시아에 도착하기도 전에 일본군이 무크덴Mukden(센양)에서 결정적인 승리를 거두었고, 주요 전투는 이미 종료된 상태였다. 평화회담 후에 그는 육군 무관으로 도쿄에 갔다. 거기에서 아더 2세는 부인 핑키 그리고 이제 자신의 부관이 된 중위 더글러스와 함께, 전쟁부의 지시에 따라 아시아 지역의 정찰을 위해 8개월 동안 중국, 프랑스령 인도지나, 말레이, 태국, 미얀마, 실론, 인도 등지를 여행했다.[5]

이때 맥아더는 베버리지Albert J. Beveridge의 유명한 연설문을 애독했다. 당시 유명한 제국주의자였던 인디애나 주 출신의 베버리지 상

1. 1918년 8월 프랑스에 파병된 레인보우 사단, 84여단의 참모장교들과 함께 기념촬영하고 있는 맥아더
2. 1937년 4월 뉴욕시청에서 치러진 결혼식 직후 부인 진 페어클로스Jean Faircloth와의 포즈

원의원은 다음과 같이 말했다. "필리핀은 영원히 미국의 것이다. 그리고 필리핀 바로 바깥에는 중국이라는 거대한 시장이 있다. 태평양은 우리 것이다. 태평양을 지배하는 힘은 곧 세계를 지배할 수 있는 힘이다."[6] 이는 맥아더의 인식과 일치하는 발언이었다. 나중에 맥아더는 이 여행이 "의심할 나위 없이 나의 전 생애를 준비하는 데 가장 중요한 요소가 되었다. 미국의 존립 그 자체 그리고 미국의 장래는 아시아와 아시아 지역의 전 기지들과 불가분한 상관관계를 가지고 있다. 이 여행은 내가 극동으로 되돌아가기 16년 전의 일이었는데 아시아에 대한 신비스러운 감정은 항상 나를 매혹시켰다"고 기술했다.[7]

맥아더는 최초의 아시아 여행에서 서부태평양과 인도양의 주변에 있는 나라들로부터 진정한 역사적 의의와 운명관을 느낄 수 있었다고 회고했다. 즉 아시아-태평양 지역은 세계 인구의 절반이 살고 있고 미래 세대들을 지탱할 만한 원료의 반 이상을 갖고 있기 때문이라는 것이다. 따라서 맥아더는 미국의 존재 자체는 물론 그 장래까지도 아시아와 그 주변의 섬들과 불가분의 관계가 있다고 주장했다.[8]

1930년 육군참모총장이 되어 필리핀을 떠나며 맥아더는 마닐라 호텔에서 다음과 같은 연설을 했다.[9]

현재는 어느 시대보다 변화가 급격히 일어납니다. 그 변화 중 가장 두드러진 것은 세력의 중심축이 대서양으로부터 아시아로 이동한다는 것입니다. 아시아 대륙은 현재 동양의 경험으로부터 서양의 사고방식으로의 적응기간을 경험하고 있습니다.

맥아더의 이러한 대對아시아관은 이후 군부나 워싱턴 정가의 대서양 주의자들과의 논쟁에서도 지속되었다. 초급장교 시절의 아시아에 대한 동경이 1, 2차 세계대전을 겪으면서도 지속적으로 맥아더에게 영향을 주었던 것이다. 그러나 이러한 맥아더의 동양에 대한 인식은 자주 예측을 벗어났다는 데 문제가 있었다. 그는 늘 자신이 동양에 대해 잘 이해하고 있다고 주장했다. 한 예로 1939년 맥아더는 "일본이 필리핀을 공격하리라고 생각하는 사람은 아마도 일본인의 정서를 잘 모르기 때문일 것"이라고 주장했다.[10] 하지만 1941년 12월 일본은 진주만을 기습하고, 필리핀에 있는 미군 기지를 폭격하여 태평양전쟁을 도발했다. 맥아더 본인이 일본군의 공격으로 인해 가장 큰 곤란을 겪기도 했다.

한국전쟁이 발발하여 남한이 패배에 직면했을 때, 맥아더는 인천상륙작전을 통해 전세를 역전시켰다. 38선 진격에 이어 북한을 공격하는 데 성공하자 중국은 전쟁 개입을 공개적으로 천명했다. 맥아더는 이를 중국의 허세에 지나지 않는다며, 그 의도를 간과했다. 결국 중국군의 참전으로 전세가 위급해지자, 맥아더는 "만약 아시아에서 공산주의에 패배한다면, 유럽에서도 패배할 것이다. 승리 이외에 대안은 없다"라고 주장하며 중국으로 확전할 것을 주장했다.[11] 이렇듯 아시아에 대해 가장 잘 이해하고 있다는 맥아더의 판단은 오판으로 귀결된 적이 많았다.

한편 맥아더가 표방하는 아시아우선주의에서 일본, 대만, 필리핀, 한국에 대한 각각의 인식은 어떻게 구분할 수 있을까. 부하이트Russel D. Buhite의 분류에 따르면, 기존의 역사가들은 2차 세계대전 이전 미국의 대외정책을 '사활적 이익Vital Interest'과 '주변적 이익Peripheral Interest'으로 구분했다.[12] 여기서 사활적 이익이란 미국의 생존에 직접적인 이익이 되는 것으로 서유럽의 안보가 이에 해당된다. 반면 주변적 이익이란 미국의 이익과 직접적 관련이 없는 지역으로 동부 유럽과 2차 세계대전 이전의 중국을 의미했다.

하지만 2차 세계대전 이후 미국이 전 세계적으로 영향력을 확산하면서 세계 최강대국의 하나로 등장하기 시작하자, 미국의 이해관계가 복잡해지기 시작했다. 사활적 이익이 걸려 있는 지역과 주변적 이익으로 간주하던 지역 사이에 새로운 층위의 관련 지역이 나타나기 시작했던 것이다. 부하이트는 이러한 지역을 주요이익Major Interest이라고 정의했고, 이를 미국의 대외이익 가운데 하나로 미국의 생존에 상당한 영향력을 끼치는 지역이라고 설명했다. 즉 미국은 이러한 지역에 대해 외교 및 경제적 방법을 사용하는 게 기본이지만, 미국의 군사 능력이 허용된다면 직접적 방법으로 군사적 수단을 사용할 수도 있다는 것이다. 1940년대 후반 동아시아 지역에 있어 중국, 대만, 한국은 이러한 미국의 이익 가운데 주요이익 지역으로 간주되었다.[13]

맥아더는 청문회에서 일본과 대만을 미국의 안보와 이해관계에 직접적으로 영향을 끼치는 지역으로 평가했다.[14] 앞에서 언급한 두 지역은 공산주의라고 하는 미국의 위협세력에 대한 전진교두보의 역할을 담당하는 것으로 평가했다. 말하자면 맥아더는 일본과 대만 지역을 사활적 이익 지역으로 선정한 것이다. 반면에 한국에 대해서는 일본의 안보에 직접적 이해관계가 걸린 지역으로 평가했다.[15] 앞의 부하이트의 분류에 따르면, 맥아더는 일본과 대만을 사활적 이익 지역으로, 한국을 주요이익 지역으로 전략적 평가를 달리하고 있었다.

맥아더의 반공주의와 기독교

1920년대 후반 미국 사회는 평화주의가 팽배했다. 당시 3군관구 사령관이었던 맥아더는 이러한 평화주의에 대해 깊이 우려했다. 이때 맥아더는 뉴욕에서 진행한 한 연설에서 러시아는 '빨갱이Red'의 위험에 빠져 있고 이제 이러한 사상이 평화주의라는 가면을 쓴 채 미국을 물들여가고 있다며 공산주의자에 대한 혐오감을 드러냈다. 맥아더는 공산주의자와 평화주의자를 국가 안정을 위협하는 적으로 보고 그들을 동일한 집단으로 간주했다.[16]

1930년 6월 어느 언론기자에게 보낸 발표문에서 맥아더는 "이단은 인종주의, 공산주의, 볼셰비즘 등 자유정부를 위협하는 다른 사상들을 동반한다"며 공산주의를 신랄하게 비난했다. 그에게 공산주의는 이단의 하나였던 셈이다.[17] 당시 미 군부 장교들 역시 공산주의와 같은 혁신주의가 미국의 가치를 훼손시킨다고 인식하고 있다는 점에서는 어느 정도 일치하고 있었고, 군부의 반동적 견해는 맥아더의 반공주의를 강화시켰다. 이러한 맥아더의 반공주의를 견고하게 만든 계기가 1932년 소요사태였다.[18]

육군참모총장으로 취임한 후 미국의 대공황이라는 어려운 시절에 맥아더는 생존권 확보를 요구하는 퇴역군인들의 거리 시위를 겪게 되었다. 즉 1932년 말 제대군인들이 연금 인상을 주장하며 워싱턴 지역에서 시위를 전개했다. 이를 '보너스 행진The Bonus March'이라고 불렀는데 당시 맥아더는 육군참모총장으로 이 시위를 진압했다. 자신의 명령으로 시위대들에게 발포해 사상자가 발생하자 맥아더는 이를 소련의 음모에 의한 사건으로 몰고 갔다. 즉 모스크바의 지지와 지령을 받은 미국 공산당의 모략으로 시위대들이 폭력적으로 변모했다고 주장한 것이다. 맥아더의 입장에서는 이들의 목표가 소요를 혁명적인 무드로 조성하고 이를 다른 도시로 파급하여 끝내는 미국 전역에 확산, 정부 전복으로 이어질 것으로 평가했다. 이 사건을 계기로 맥아더의 반공주의는 철저하게 소련에 대한 의구심과 반감에 근거를 두게 되었다.[19]

이를 두고 샬러Michael Schaller는 맥아더의 행동이 풀뿌리운동인 항의 시위대를 근거 없이 비난했다고 비판했다.[20] 하지만 후에 미국 공산당 지도자였던 페이스John T. Pace와 지틀로Benjamin Gitlow는 모스크바로부터 미국혁명을 위해 '보너스 행진' 시위대에 침투하여 그 주도권을 쟁취하라는 지시를 받았다고 술회했다. 1933년에 모스크바에서 개최된 코민테른 집행위원회에서는 이러한 미국 공산당의 실책을 비난하는 결정서를 채택하기도 했다.[21]

맥아더에게 있어 반공주의는 그의 참모총장 재임 시절부터 지속되어 오랫동안 내재화되고 견고화된 신념이 되었다.[22] 이러한 맥아더의 반공주의는 남한 점령 이후 더욱 확고하게 한반도에 투영되었다. 맥아더는 하지와 마찬가지로 공산주의는 전염성이 강한 질병으로 민주주의가 성장하기 전에 이를 강제로라도 박멸할 필요가 있다고 여겼다. 따라서 남한 내의 소요사태를 공산주의 확산의 전조로 간주했다. 당시 공산주의자들에 대한 처벌도 맥아더의 반공주의가 강력한 영향을 끼쳤음이 틀림없었을 것이다.[23]

이렇듯 맥아더의 반공주의가 강화된 것은 그의 측근들의 영향도 깊었다. 대표적으로 윌로비는 과격한 반공주의자이자 파시스트적인 기질이 강한 인물로 주로 그의 정보에 의존했던 맥아더에게 영향력이 컸다. 맥아더에게 끼친 이데올로기 가운데 반공주의와 더불어 깊은 영향을 주었던 것은 기독교 사상이었다. 맥아더는 기독교 정신, 민주주의 그리고 애국심을 늘 하나의 가치로 높게 평가했다.[24] 하지만 그의 이러한 기독교주의는 인종주의와 반유대주의로 나타나기도 했다.

1942년 초 미 전쟁부는 흑인으로 구성된 부대를 태평양전쟁에 파병하려고 계획했다. 이때 맥아더는 육군참모총장인 마셜에게 자신은 흑인병사를 기꺼이 받아들일 것이라고 언급했다. 2차 세계대전 당시 유럽 지역에 배치된 흑인 숫자보다도 태평양에 배치된 흑인 비율이 2배 이상이 되었다. 이를 두고 제임스는 맥아더의 오랜 아시아 근무와 필리핀인들과의 유대관계가 그로 하여금 인종적 편견을 버리게 하는 계기가 되었다고 평가했다.[25]

그러나 맥아더는 때때로 인종주의적 편견을 노골적으로 드러내었다. 트루먼 대통령이 그에게 흑인을 백인부대와 통합하도록 명령했지만 맥아더는 이를 단호히 거부한 적도 있었다.[26] 1948년 7월 트루먼은 행정명령 9981호를 통해 군대 내에 인종, 피부색, 종교, 국적에 관계없이 평등의 원칙을 적용할 것을 명령했다. 그러나 이러한 정책도 맥아더 관할 사령부 내에는 적용되지 않았다.[27] 맥아더의 부관이었던 보어즈Faubion Bowers는 맥아더가 대통령을 상대로 "백악관에 있는 그 유대인 놈"이라고 욕하는 것을 들었다고 회고했다.[28]

1951년 당시 연방대법원 판사였던 마셜Thurgood Marshall은 5주간에 걸쳐 한국과 일본에서 제8군 내 흑인병사에 관한 군법 적용을 조사했다. 이 조사를 통해 인종 차별이 군대 내에 만연해 있고 이는 군

법 적용에서 흑인병사에게 큰 영향을 주는 것으로 드러났다.[29]

맥아더뿐만 아니라 그의 부관이자 참모장으로 활약했던 휘트니의 경우도 강경보수적인 인물로 반反유대주의를 공공연하게 표명하고 다니던 인물로 유명했다.[30] 점령사령관으로서 일본을 통치했을 때나 한국전쟁기 북한과 중국인을 상대로 한 인식과 발언을 볼 때, 맥아더는 분명히 인종적 편견을 가지고 있었고 이는 기독교우월주의를 그 밑바탕에 두고 있었다.

잘 알려져 있지 않지만 맥아더는 프리메이슨Free Mason의 일원이었다. 그가 1930년대 후반 필리핀 군사고문으로 재직했을 시에도 그는 마닐라에서 프리메이슨의 스코틀랜드 의식에 참여했다. 맥아더가 프리메이슨에서 차지하는 위치는 매우 높아 32도의 직위를 차지했다.[31] 이러한 맥아더의 신앙은 그의 가문의 영향을 어느 정도 받았던 것으로 보이는데, 바로 켐벨 가문 출신이기 때문이다. 켐벨 가문은 십자군 전쟁에 주도적으로 참여했고 또한 템플기사단Knights Templar의 일원으로 활약하기도 했다.

그런데 문제는 맥아더가 개인적인 신앙을 그의 점령지에서 구현하려 했다는 점이다. 그는 일본을 기독교국가화하려는 복음주의적 경향을 공개적으로 표현하기도 했다.[32] 더욱이 맥아더는 기독교 사상을 일본을 문명화하는 수단이자 평화애호국으로 만들기 위한 방법으로 여겼다. 더 나아가 그토록 그가 혐오하던 공산주의를 예방할 수 있는 백신이 바로 기독교 복음주의라고 주장했다.[33]

맥아더는 일본 '천황'을 기독교로 개종시키는 문제에 대해 포레스탈James V. Forrestal 해군장관과 논의를 할 정도였다.[34] 그는 일본의 가

타야마片山哲 내각이 출범했을 때, 중국의 장제스 정권과 필리핀의 로하스Manuel Roxas 정권과 함께 일본 또한 기독교인들이 통치한다는 것은 매우 중요한 사건이라고 지적하며 "동양의 위대한 3국이 현재 그들 정부의 수장으로 기독교 신앙을 믿는 사람들이 차지하고 있다"고 언급했다. 그는 기독교 신앙의 확산이 곧 아시아를 통합하고 더 나아가 공산주의와 같은 악evil의 이데올로기에 대항하는 "불굴의 영적 방어막"을 세우는 것이라고 주장했다.[35] 그리고 자기가 교황 피우스 12세Pius XII와 함께 공산주의라고 하는 무신론자들에 대해 공동의 전투를 하고 있다고 강조했다.[36]

이러한 맥아더의 신앙은 일본과 한국에서 기독교 사상을 전파하는 데 지대한 영향을 주었다. 최재건의 연구에 의하면, 맥아더는 전후 일본을 통치하면서 자신의 권한을 활용해 정책적으로 기독교 전파를 위해 노력했다.[37] 맥아더는 연합국총사령부GHQ/SCAP 산하 민간정보교육국CIE을 통해 일본의 기독교화를 추구했다. 그는 신도神道를 비국교화하고, 미 본국에 선교사들의 파송을 요구하며, 국제기독교대학 설립, 일본에서의 성경 보급과 일본 복음화를 위한 전도 집회를 전국적으로 개최했다.

하지만 이렇듯 기독교를 전파하기 위한 맥아더의 노력은 오히려 간접적인 파급효과에 의해 한국에서 기독교정권이라 할 수 있는 이승만 정부의 수립에 기여했다. 미군정 역시 선교사들의 귀임을 적극 추진했으며, 인사정책에 있어서도 개신교 엘리트 집단을 등용했다. 이러한 한국교회 인사들이 미군정의 요직에 등용되어 활동했던 것은 간접적으로 기독교가 성장하는 데 중요한 요인이 되었으며, 이승만의 정권 수립에 중요한 배경으로 작용했다.[38]

3
해방과 분단 그리고 맥아더사령부

맥아더는 필리핀과 일본을 포함하여 일본의 식민지였던 한국, 대만 지역까지 관할권을 행사했다. 초기에는 군사부문을 비롯하여 민정까지도 담당했다. 특히 한국에 관한 지침과 정책 그리고 정보 수집은 참모장 아래 일반참모부가 중심이 되었고 부참모장 하의 각 국section을 통해 실질적인 영향력을 행사했다.

2차 세계대전의 종전과 미·소의 한반도 전후 구상

2차 세계대전이 발발하자 미국과 소련은 전후 국제질서의 재편과 이에 따른 자국의 이해관계를 고려하기 시작했다. 소련은 일본군이 진주만을 공격해 태평양전쟁이 발발한 1941년 12월 말부터 일본의 패배를 예측하고 전후 구상에 착수, 외무인민위원부가 중심이 되어 전후 동아시아에 관한 프로그램을 기획하기 시작했다. 1942년 1월 소련 공산당 정치국은 전후 유럽과 아시아의 국가체제에 관한 외교자료 준비를 위해 위원회를 설치했다. 이 위원회의 작업을 토대로 1944년 1월 외무인민위원부 마이스키Ivan Maysky 차관은 스탈린Joseph Stalin과 몰로토프Vyacheslav Molotov에게 '장래 강화講和의 바람직한 기본에 대해서'란 제목의 체계적인 전후 구상을 제의했다.[1]

이 구상에는 아시아와 관련해 첫째, 소련의 참전 없는 일본 군국주의 해체, 둘째, 민주적·진보적·민족적이며 소련에 우호적인 중국 만들기 등이 과제로 거론되었다. 한국과 관련한 내용이 구체적으로 드러난 것은 1945년 6월 29일에 작성된 외무인민위원부 제2극동국장 주코프D. A. Zhukov와 부국장 자브로딘E. G. Zabrodin이 작성한 보고서에서였다. 이 보고서에 따르면 "1. 일본은 한국에서 영원히 축출되어야 한다. 2. 한국이 일본이나 다른 나라에 의해 소련에 대한 공격 근거지로 전환되어서는 안 된다. 3. 한국에서 일본의 정치·경제적 영향력을 제거한다. 4. 한국이 신탁통치를 받게 되면 소련은 이에 주도적으로 참여한다"² 등이 그 핵심내용이었다. 이를 볼 때 소련의 대한반도 정책은

Douglas MacArthur

◀ 1942년 8월
포트 모레스비에서
Port Moresby

◀ 1945년 8월 30일
바탄호를 타고 일본의 아츠기 공항에
도착하는 모습

안보적 측면에서 강조되었음을 알 수 있다.

한편 미국의 전후 구상도 소련과 비슷한 시기에 입안되었다. 2차 세계대전이 발발하자 국제 문제에 대한 관심이 미국 내에서 폭발적으로 증가했다. 외교협회Council on Foreign Relations(이하 CFR)는 전쟁과 평화기획War and Peace Studies Project이라는 연구기구를 설립했다. 미 외교협회는 전후 계획의 목적을 미국이 주도하는 국제정치·경제질서의 수립에 두었다.[3]

2차 세계대전기 독일을 제외한 지역에 대해 미국의 주도적인 입장은 '대지역Grand Area'[4]이라는 개념으로 구체화되었는데 미 외교협회의 광범위한 연구와 토론은 최소한 대부분의 비독일 점령 지역을 제

▶ 1945년 7월 9일 마닐라의 필리핀 의회에서 연설하고 있는 맥아더

외한 '대지역'이 자유로운 활동 공간으로 바뀌어야 한다고 결론지었다. 그것은 서반구, 영국, 영연방의 나머지 지역, 네덜란드령 동인도제도, 중국과 일본을 포함하는 것이었다. 1941년 중반 이후부터 외교협회는 추축국의 패배를 전제로 정치, 경제, 국제조직을 통하여 전 세계의 모든 나라들에 대해 미국의 지도력이 관철되는 새로운 국제질서 창출을 계획하고 있었다.[5]

한편 1941년 12월 국무부는 전후 계획을 위한 특별위원회를 만들었다. 이것이 바로 전후 외교정책을 위한 자문위원회The Advisory Committee on Postwar Foreign Policy이다. 자문위원회의 기원은 1941년 9월 12일로 거슬러 올라가는데, 국무장관 특별고문이자 경제학자인 파스폴스키Leo Pasvolsky가 외교협회의 '전쟁과 평화기획' 상임위원회 위원장 데이비스Norman H. Davis와의 협의를 통해 작성, 제출한 문서를 토대로 해서였다.

자문위원회 구성은 최종적으로 1941년 12월 18일 대통령 루즈벨트에 의해 승인되었다. 이 자문위원회는 국무장관 헐Cordell Hull, 국무차관 웰즈Sumner Welles, 데이비스, 유에스스틸의 전 회장이자 루즈벨트 대통령의 바티칸 개인특사였던 테일러Myron C. Taylor, 경제 문제 전문가인 국무차관보 애치슨Dean Acheson, 외교협회의 지도자인 암스트롱Hamilton Fish Armstrong, 국무차관보 벌 2세Adolf A. Berle, Jr., 외교협회의 영토그룹 책임자 보우만Isaiah Bowman, 파스폴스키 등 14명으로 구성되었다. 파스폴스키는 이 업무에서 가장 중요한 역할을 담당했다. 이 가운데 8명이 외교협회와 관계가 있었다. 이렇게 하여 국무부의 자문위원회와 외교협회의 전쟁과 평화기획은 공동 작업을 수

행하게 되었다.[6]

1942년 연말 이후 자문위원회 산하에 있는 정치소위원회Subcommittee on Political Problems와 영토소위원회Subcommittee on Territorial Problems는 극동 문제에 대한 논의 과정에서 처음부터 한국을 신탁통치 적용 지역으로 설정했다. 한국 문제에 관해 특기할 것은 태평양의 도서들과 마찬가지로 안보적 요소를 우선적으로 고려했다는 점이다. 이는 이후 한국 문제에 관한 논의의 전제가 되었고 2차 세계대전 종전 이후 한국 문제를 둘러싼 열강의 첨예한 이해관계가 충돌하게 된 계기를 마련했다.[7] 일본의 패망이 가시화되자, 미국에서는 아시아 지역에 대한 전후 계획을 구체화하기 시작했다. 이는 일본제국의 해체를 중심으로, 만주, 대만, 한반도 지역을 어떻게 관리해야 하는지에 관한 문제로 귀결되었다.

한국 문제는 1944년 1월부터 표면화되기 시작했다. 소규모 도서 지역과 한반도를 포함한 일본 그리고 대만에 대한 민정 문제와 관련하여 전략국과 민정국 사이의 의견 교환을 통해 논의가 시작되었다.

1944년 한국의 점령과 군정 문제에 관한 정책문서가 국무부에 의해 작성되었다. 이 문서에 의하면 한반도에 미국·영국·소련·중국 등 4대 강대국에 의한 점령과 마지막 단계에서 신탁통치 혹은 국제적 권위를 통한 감독을 제시하고 있다. 이러한 정책 목표 아래 미국은 그 개입의 정도를 실질적으로 결정해야 하고, 상당한 기간 동안 군정에 참여해야 하며, 북태평양 지역에서 미국의 안보이익을 위해서라도 한국에 대한 영향력을 지속적으로 확보해야 한다고 강조했다.[8]

한국에 대한 구체적인 전략은 3부조정위원회State-War-Navy Coordinate Committee(SWNCC)[9]에서 작성한 문서를 토대로 기획되기 시작했다. 19

45년 2월 5일 3부조정위원회는 일본 등의 항복 지역 점령과 점령군 구성에 관한 문서를 작성했다.[10]

1945년 7월 초 미영연락참모단American-British Conversation(ABC)은 전후 점령 지역에 관한 문서를 작성했다. 'Occupation and Control of Japan in the Post-Defeat Period'라는 명칭으로 작성된 문서의 주요 내용은 다음과 같다.[11]

미국은 만주와 대만을 중국에 반환하도록 하고 한국은 적절한 시기를 거쳐 독립시키도록 해야 한다. 미국은 일본의 전략 지역을 점유해야 하는데, 이는 미국의 능력에 맞추어 각각 다른 지역을 선별해야 한다. 일본의 패배 후 즉시, 미국은 일본 내의 유일한 실질적 권력을 행사해야 한다. 따라서 기본적으로 미군사령관은 연합국최고사령관의 권한을 행사해야 할 것이다. 연합국자문위원회에는 주로 옵서버의 자격만을 주어야 한다. 일본과 달리 미군은 한반도 문제에 있어서 연합국의 협정에 의해 처리되도록 해야 한다. 왜냐하면 긴박한 시간 안에 한반도에 진주할 지상군은 소련군이나 중국 공산군이 될 것이기 때문이다. 미국은 4대국 신탁통치안이 종전 후 한국에서 즉각적으로 실시되어야만 한다는 이전의 협정을 고수해야 한다.

그리고 미국은 전략지역으로 점령해야 할 최대한maximum의 지역을 다음과 같이 선정했다. 일본 지역으로는 쓰가루 열도Tsugaru Straits-홋카이도, 도쿄-요코하마, 나고야, 오사카-고베-교토, 후쿠오카-모지-시모노세키, 쓰시마와 류큐, 보닌, 마리아나, 대만 지역 그리고 한반도는 부산-진해, 서울-인천 지역이었다.

한편 위의 최대한의 요구조건이 불가능할 경우, 홋카이도와 쓰시마는 러시아에, 쓰가루 열도는 연합국 관리, 오사카-고베-교토는 영국, 대만은 중국, 서울-인천은 국제 관리나 영국 혹은 중국이 관할하도록 제안했다. 만약 한반도 지역을 지구별zone로 점령해야 할 경우라면 다음과 같은 선택 사항도 고려되었다. 여기에는 4대 강대국이 한반도를 4분하여 점령하는 것으로 기획되었다.

[표 III-1] 한반도 분할 구상안(1945년 7월)

해당국가	점령지역
미국	서울 및 경기도, 강원도, 충청북도, 경상남도
영국	평안남도, 평안북도, 황해도
소련	함경남도, 함경북도
중국	충청남도, 전라북도, 전라남도, 제주도

[출전] "Occupation and Control of Japan in the Post-Defeat Period", NARA, RG 165, ABC File, 014 Japan, Sec. 4-A, Box 21;《한국분단사자료집》IV(서울: 원주문화사, 1992), 163~177쪽을 이용하여 작성함.

이러한 전제 하에 극동 지역에서 미국의 목적과 이익을 다음과 같이 결론지었다.[12]

태평양 지역에서 미국의 주요 이익은 알라스카를 포함한 국토와 부차적으로 서반구 전체의 안보를 위한 전략적인 것이다. 따라서 이 지역에 대한 미국 정책의 주요 관심은 다른 강대국에 의한 자원 독점이 불가능하도록 동아시아에 있어서 군사적 균형을 유지해야 한다고 설정했다. 이를 위해 첫째, 미국은 일본의 운명을 결정하는 데 중요한 역할을 해야 한다. 둘째, 일

[지도 III] 한반도 점령예상지역 Possible Zoning of Korea
— Strategic areas mentioned in text also shown —

[출전] "Occupation and Control of Japan in the Post-Defeat Period", NARA, RG 165, American British Conversation Files, 014 Japan, Sec. 4-A, Box21

본 점령에 있어서 러시아의 참여는 최소화되어야 한다. 셋째, 한국은 향후 조직될 국제연합안보기구의 감독 하에 미국, 영국, 소련, 중국의 신탁통치 하에 둘 것을 제안한다. 따라서 일본에 대한 작전은 미국에 의해 단독으로 이루어져야 한다. 최종적 승리에 있어 다른 주요 강대국들이 어느 정도 기여하겠지만, 미국의 역할이 가장 클 것이다. 미국은 일본의 운명을 결정하는 데 주도적인 역할을 해야 한다.

1945년 7월경에 작성된 문건으로 보이는 〈Korea〉에서는 한국이 일본과 군사적으로 통합되어 있다고 평가했다. 이 문서에서는 소련이 전쟁과 평화기에 한반도를 전략적으로 중요하게 여기고 있기 때문에 만주와 한반도를 점령하려고 시도할 것으로 전망했다. 특히 미군이 한반도에 대한 작전을 수행하기 이전에 소련이 이 지역을 점령할 수 있을 것으로 보았다. 즉 소련은 미국이 일본을 실질적으로 패배시킬 때까지 여유를 두고 있다가 적은 비용으로 한국을 점령할 것으로 예상했다. 이러한 상황에서 부산-진해는 쓰시마 열도 및 일본의 주요 섬들과 함께 전략적으로 중요한 지점이기 때문에 이 지역에 대한 미군 점령이 필요하다고 보았다. 여기에 서울-인천 지역 역시 수도이자 한반도 통신망의 중추 지역으로서 중요한 전략적 지역으로 판단했다.[13]

미군의 진주와 맥아더사령부

태평양전쟁의 전황이 미국을 위시한 연합국에 유리하게 전개되자, 일본 본토 침공작전에 대한 마스터플랜이 1945년 2월 9일 몰타에서 열린 미·영 합동참모회의에서 검토되기 시작했다. 그리고 합동참모본부에서도 맥아더에게 구체적인 작전계획을 수립할 것을 지시했다. 미드웨이 해전 이후 전세가 유리하게 전개되고 일본 본토로 진격하는 것이 가능해진 1945년 초 맥아더는 태평양 지역의 육군 지휘권 통합과 미 태평양육군United States Army Forces, Pacific(USAFPAC)을 창설할 것을 본국에 건의했다. 합동참모본부는 이 건의에 대해, 1945년 4월 4일부로 맥아더를 태평양육군사령관에 임명했다. 이제 맥아더는 태평양 지역의 모든 육군을 관할하게 되었고 니미츠의 작전구획선에서 자유롭게 되었다.[14]

같은 날 합동참모본부는 맥아더에게 일본 본토에 대한 최후의 일격을 가하는 작전계획을 니미츠 제독, 아놀드 장군과 협력하여 작성하라고 지시했다. 이 지시에 의해 일본 공격과 점령에 관한 최종안이 마련되었다. 일본 본토 및 한국을 포함한 주변 식민지에 대한 상륙작전은 '다운폴DOWNFALL'이라는 암호명으로 1945년 4월 8일 최종안이 작성되었다. 여기에는 다시 하부작전으로 두 개의 작전이 포함되어 있었는데, 하나는 올림픽OLYMPIC으로 규슈九州의 남쪽 섬을 예비적으로 공격하는 작전이고, 다른 하나는 코로넷CORONET으로, 혼슈本州의 간토関東 평야에 상륙하는 것이었다.[15] 올림픽 작전은 11월 1일로, 코로넷 작전은 1946년 3월로 예상되었다.[16]

그런데 맥아더와 니미츠는 이 작전과 병행해 일본 및 그 식민지에 대한 점령계획안을 자신들의 작전참모에게 준비할 것을 각각 명령했다. 이렇게 해서 나온 것이 바로 맥아더의 '블랙리스트BLACKLIST 작전'과 니미츠의 '캠퍼스CAMPUS 작전'이었다. 니미츠의 작전 구상은 해군과 해병대가 도쿄만을 점령하고, 주요 항구의 근처에 있는 비행장을 포함한 '주요 지역'을 장악하려는 계획이었다. 맥아더가 이끄는 육군은 이 작전이 종료된 후 진주하도록 되어 있었다. 반면에 맥아더의 작전 구상인 블랙리스트 작전은 22개 대규모 육군사단을 동원해 해군과 공군의 협조 하에 점령작전을 전개하는 것이었다.[17] 블랙리스트 작전에서 한국과 관련해서는 제1국면에 서울에 상륙하고, 제2국면에 부산 지역으로 상륙하여 북으로 진격하며, 마지막으로 군산-전주-대구에 진주한다는 계획이었다.[18] 물론 이 지역을 점령할 때는 기존 일제 통치기구를 이용한다는 점이 고려되었다.[19]

일본 점령에 관해 태평양함대사령관 니미츠와 맥아더는 끊임없이 경쟁했다. 그러나 이러한 분쟁도 1945년 8월에 들어와서 어느 정도 정리되었다. 육군부 전략정책단장인 링컨George A. Lincoln이 합동참모본부에 보고한 비망록에서 올림픽 작전을 주요 작전으로 채택하고, 니미츠는 지원 역할을 하는 것으로 결론내렸기 때문이다.[20] 니미츠와 맥아더 사이의 오랜 논쟁으로 일본 붕괴 뒤 미군 병력을 어떤 지역에 배치할 것인지에 관한 계획이 지연되었다. 이 때문에 한국과 중국 북부, 만주 등에 병력을 보내기 위한 준비가 미루어졌다. 당시 주중 미군사령관 웨드마이어는 만주와 중국 연안의 항구들을 우선적으로 점령해 중국 공산군의 선점을 막아야 한다고 주장했다.[21] 그러나 니미츠는 일본과 한국을 우선적으로 점령해야 한다고 주장했고, 맥아더는 일본의 신속한 점령이 가장 중요하다고 주장했다. 이러한 지연이 당시에는 누구도 알지 못했지만 미래에 중대한 의미를 가지는 것이라고 샬러는 평가했다.[22]

맥아더가 올림픽 작전을 주도하기로 결정되었기 때문에, 예비계획인 점령계획도 블랙리스트 작전이 고려되었다. 한국과 일본에 대한 평화적 진주와 점령을 위한 전략적 계획인 블랙리스트 작전은 일본이 항복하기 6일 전인 8월 8일에 최종판으로 공표되었다.[23]

블랙리스트의 관련 지령에는 군대와 민간인들에 대한 지배의 확립, 지시된 항복 조건의 강요, 전후 일본의 본토 및 한국 정부와 점령군의 수립을 위한 준비 등의 일반임무가 있었고, 특별임무에는 군사정부의 수립, 전후의 점령정부와 군사기구들이 설치되었을 때 권한 이양을 준비하는 동안 주민들이 준수해야 할 법과 질서를 확립하는 것 등이 있었다. 한국 점령사령관에게는 다음의 문제들을 그의 첫 성명에 포함하도록 했다.[24]

1. 사령관은 한국 내에서 입법·행정·사법권을 책임진다.
2. 모든 시민과 군인들은 지시가 있을 때까지 현재의 직위에 남아, 이 기구 하에서 계속 평상적인 공무와 기능을 수행해야 한다.
3. 모든 경찰은 정상적인 업무를 수행하고 각자의 힘에 따라 법과 질서의 유지를 개인적으로 책임져야 할 것이다. 공공기관에 근무하는 모든 사람들은 직위에 그대로 남아서 태평양사령관의 직권에 의한 별도의 지시가 없을 경우 자신의 임무를 계속 수행해야 한다.

8월 11일 스틸웰이 지휘하는 제10군은 블랙리스트 작전에 따라 한국을 점령하라는 통고를 받았다. 제10군에 소속된 예하부대로는 제24군단, 제7 및 제27보병사단, 그리고 제10육군기지창ASCOM X이 있었다.

[표 III-2] 미태평양육군사령부USAFPAC 조직도
(1945년 7월 BLACKLIST 작전)

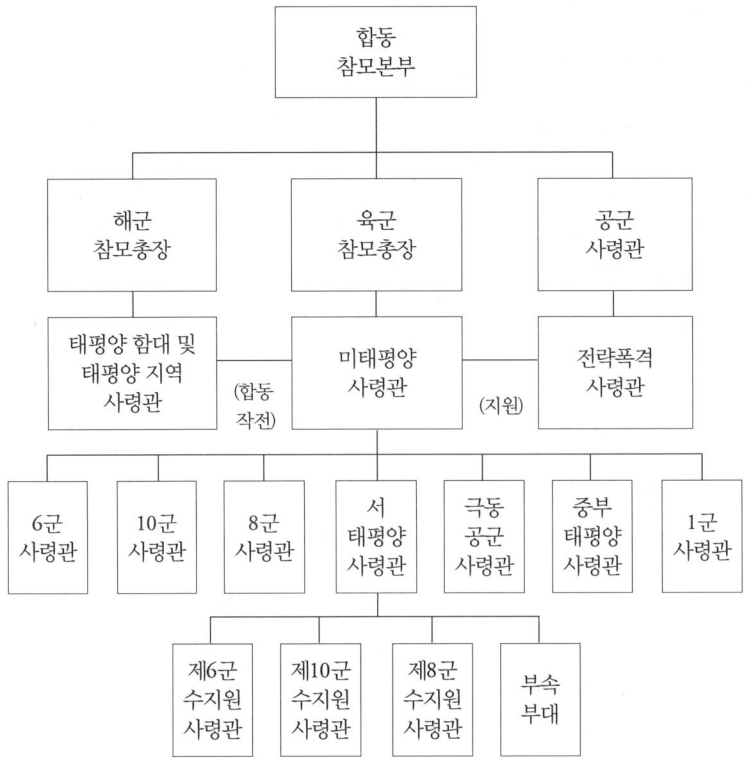

[출전] Chief of Military History, Reports of MacArthur-MacArthur in Japan: The Occupation: Military Phase, vol. I Supplement(Washington D. C.: Government Printing Office, 1994), p. 3

1945년 8월 11일 대통령 트루먼은 동맹국들의 동의를 얻어 아시아 연합국 군대 내의 최고 선임자인 맥아더를 연합국최고사령관Supreme Commander for the Allied Powers(SCAP)에 지명했고 그는 8월 15일 사령관

직에 임명됐다.[25] 결국 2차 세계대전은 1945년 8월 15일 끝이 났고 다운폴 작전보다는 진주계획인 블랙리스트 작전이 실행되었다.

한편, 8월 14일 합동전쟁기획위원회(Joint War Plans Committee(JWPC)는 동북아시아 지역의 점령 지역을 조사(JWPC 264/10)해 합동참모본부에 상정했다.[26] 합동참모본부는 서울, 도쿄, 다롄 및 북중국 지역의 미군 상륙 가능성에 대한 조사를 진행해 왔다. 이에 따르면 미군은 8월 31일까지 위 지역에 선발부대가 상륙할 수 있으며, 추가 부대도 30일 이내에 파견할 수 있을 것으로 보았다. 작전 예정은 다음과 같았다.[27]

1. 다롄과 서울을 도쿄와 같은 시간에 점령할 수 있다면 작전 시기는 다음과 같다. 도쿄(선발부대-8월 21~29일, 본대-9월 23일), 다롄(선발-8월 30일, 본대-9월 5일), 서울(선발대, 8월 31일, 본대-9월 28일), 톈진-베이징(선발대-9월 8일), 칭다오(선발대-9월 12일, 본대-9월 26일)이다.
2. 그러나 만일 소련군이 다롄과 서울에 선발대를 미리 보낸다면, 미군은 톈진-베이징과 부산 지역을 점령해야 하고 이어 칭다오와 상하이를 점령해야 한다.

합동참모본부는 맥아더와 니미츠에게 소련이 위의 지역을 점령하기 전에 가능하다면 서울과 다롄에 미군을 진주시킬 것을 명령했다.

한편, 당시 교전국 상대였던 관계로 트루먼은 워싱턴 주재 스위스 공사관을 통해 일본 측에 도쿄 시간으로 15일 오전 8시 다음과 같은 내용을 통고했다.[28]

1. 일본정부는 일본군에 의한 전투 행위를 즉시 정지시켜 연합국최고사령관 맥아더에 대해서 일본에 의한 전투 정지의 발효시일을 통고할 것.
2. 일본정부는 일본군에 대한 종전의 모든 정보를 가지고 또 정식으로 전쟁을 중지시킬 수속을 취할 권한을 가진 대사를 파견할 것.
3. 일본정부는 전쟁 종결의 시일, 장소, 기타의 세목에 대해서 맥아더로부터 정보를 즉시 얻을 수 있도록 배치할 것.

결국 1945년 8월 15일 일본 '천황'은 연합국의 포츠담 선언을 수락하는 내용의 종전 방송終戰放送을 내보냈다. 《매일신보》 8월 16일자에는 대통령 트루먼이 보낸 일본군의 전투 정지에 관한 통고가 보도되었다.[29]

8월 15일 한국인들은 오전 12시 일본 '천황'의 종전 조서를 통해 해방 소식을 듣게 되었지만 앞으로의 상황 전개에 대해서는 대부분 제대로 알지 못했다. 이러한 상황에서 8월 15일 맥아더는 작전명령 제4호Operations Instructions Number 4를 발표했다. 이 작전명령에는 미 태평양육군사령부가 태평양함대와 함께 합동으로 일본정부와 대본영의 갑작스러운 붕괴나 항복에 따라 일본과 38도선 이남의 한반도를 점령한다고 밝히고 있다.

일본과 한국 점령을 위한 미 태평양육군 휘하의 부대는 크루거Walter Krueger가 지휘하는 제6군, 아이첼버거Robert L. Eichelberger가 지휘하는 제8군, 스틸웰이 지휘하는 제10군, 하데스Courtney B. Hodges가 지휘하는 제1군 그리고 하지 중장이 지휘하는 제24군단과 키니George C. Kenney가 이끄는 극동공군, 리차드슨Robert C. Richardson이 이끄는 중부태평양육군 등으로 구성되어 있었다.

이 가운데 한반도 점령은 하지가 이끄는 제24군단이 수행했다. 제24군단은 제7, 96, 40 보병사단으로 구성된 부대로 오키나와에 주둔하고 있었다.[30] 그 규모는 전투병력 6만 2,000여 명과 지원 병력 2만 9,000여 명을 포함, 총 병력 9만 1,000여 명이었다.

원래 제24군단은 제10군의 예하부대였으나 남한 점령을 위해 미태평양육군 직할부대로 변경되었고, 제7상륙군과 함께 3단계에 걸쳐 작전을 수행하도록 임무가 부여되었다.[31]

1. 1단계: 서울Keijo을 점령하여 총독부와 조선 주둔 일본 육·해군을 통제 (Baker 40, B+27)
2. 2단계: 한반도 남부의 부산 지역을 점령(Baker 41)
3. 3단계: 군산-전주Zenshu 지역을 점령(Baker 42)

제24군단이 제10군을 대신해 남한을 점령할 것이라는 소식이 제24군단에 전해진 것은 8월 15일이었다. 제24군단의 한반도 진주가 결정되자 미국정부와 군부는 점령군의 신속한 이동을 최우선 목표로 삼았다. 이는 남진하는 소련에 대비해 가급적 한반도 북단에서 이익선을 확보하려던 미국정부와 군부의 의도를 반영했다.[32]

원래 한반도 점령을 위해서 선정된 부대는 스틸웰Joseph W. Stilwell의 제10군이었다. 오키나와 주둔 제10군과 예하부대가 남한 점령군으로 선택된 것은 한국에 가장 빨리 이동할 수 있는 거리에 위치하고 있다는 명목상 이유 때문이었다. 그러나 중국의 장제스가 스틸웰의 남한 점령을 반대했기 때문에 하지의 제24군단이 남한 점령군으로 선정되었다는 설이 더 설득력이 있다.[33]

8월 16일 합동전쟁기획위원회는 최종적으로 점령 지역에 관한 보고서를 작성했다.[34] 이 보고서에는 3단계에 걸친 점령정책을 제시하고 있다. 1단계는 점령 직후 3개월 동안 무장을 해제하고, 2단계는 점령 후 9개월 이내에 무장해제, 동원해제, 군국주의 해체가 진행될 것으로 예상되었다. 3단계에서는 2단계가 완료된 후 일본과 한국의 지배는 각각 연합국관리위원회Allied Control Councils가 담당하도록 계획되었다. 초기 1단계에서 미 점령군은 남한의 서울 지역을 확보해야 하고 부산과 군산 같은 전략지대를 점령해야 할 것으로 보았다. 남한 점령을 위해서 미군은 2개 사단과 5개 항공대, 2개 해군 전대 등 총 9만 여 명이 필요한 것으로 예상했다. 2단계에서는 영국과 중국의 참여도 예상되므로 각각의 병력을 다음과 같이 예측했다. 미군 4만 9,000명(1개 사단, 3개 항공단), 소련 4만 명(1개 사단, 2개 항공단), 영국 1만 5,000명(1/3사단, 1개 항공단), 중국 2만 명(2/3사단) 등 총 12만 4,000여 명이었다. 이때까지만 해도 미국은 4대 강대국에 의해 한반도를 신탁통치하려는 구상을 유지했던 것으로 보인다. 따라서 한반도 점령 지역에 관한 각국의 군대 배치 역시 7월의 보고서보다 더욱 구체화되었다.

[표 Ⅲ-3] 한반도에 대한 각국의 병력 배치 계획안(1945년 8월)

	전략지역	군사력	
		육군	항공대
소련	청진-나진	1/3사단	1개 항공단
	원산	1/3사단	1개 항공단
	서울	1/3사단	

미국	서울–인천	2/3사단	2개 항공단
	부산	1/3사단	1개 항공단
			2개 해군항공단
영국	군산	1/3사단	1개 항공단
	제주도	1/3사단	1개 항공단
중국	평양	2/3사단	

[출전] "Ultimate Occupation of Japan and Japanese Territory"(JWPC 385/1, 1945. 8. 16) Annex "A" "An Outline Plan for the Allied Control and Ultimate Occupation Forces of the Main Japanese Islands and Korea", 신복룡, 《한국분단사자료집》 IV (서울: 원주문화사, 1992) 264~277을 이용하여 작성.

8월 19일, 일본 육군 참모차장 가와베 도라시로河邊虎四郎 중장을 중심으로 한 군사사절이 필리핀의 마닐라에 있던 맥아더 원수를 방문했다. 일행은 태풍이 접근하는 가운데 비행기로 오키나와의 이에지마伊江島를 경유해 마닐라로 날아가, 맥아더로부터 세 개의 문서를 받아들고 21일 도쿄로 돌아왔다. 세 개의 문서란 종전 때 발표해야 할 조서인 '천황'의 포고문, 항복문서 그리고 일반명령 제1호General Order 1였다.[35]

1945년 8월 24일 전쟁부 차관 맥클로이John J. McCloy가 작성한 문서에는 맥아더가 한국 점령 시에 영국과 중국군의 조기 참가를 바라고 있다고 보았다. 여기에 대해 3부조정위원회는 한국의 초기 점령은 영국, 중국 혹은 기타 연합국이 이의를 제기하지 않을 경우 소련군과 미군이 담당할 것이라고 지시했다.[36]

이러한 지시는 '미·소에 의한 초기 점령이 최종적인 다국 점령으로 이어져야 하는 것은 아님'을 명백히 하면서 미·소에 의한 배타적 분할점령을 기정사실화하는 지령의 형식으로 맥아더에게 전해졌다.[37] 맥아더는 일본에 대한 간접 통치방식을 알리는 SWNCC 150/3이 하달된 당일 즉각 하지에게 남한에서도 '조선총독부를 비롯한 이용 가

능한 공공기관들을 최대한 활용'하도록 통지했다.[38]

9월 1일 미 3부조정위원회는 남한 지역의 민사행정에 관한 기본 지령을 SWNCC 176/3으로 맥아더에게 하달했다.[39] 이 문서는 미국의 대한對韓 점령정책에서 가장 중요한 자료로 평가될 수 있다. 우선 한국을 해방 지역으로 간주하고, 한국인을 가능한 한 행정 지위에 이용하라고 지시했다. 또한 남한 지역에서의 민사 업무에서 정치적으로 한국을 일본으로부터 완전히 분리하고 사회, 경제, 재정적 영역에서 일본의 영향력을 제거하라고 지시했다. 하지만 미군에 대한 어떠한 공격에 대해서도 군법을 적용하라고 규정하며 점령 조건을 부과하도록 지령했다. 이 문서에는 일본과의 협력자, 즉 친일파를 적극적으로 숙청할 것도 지시했다. 그러나 여기에는 모순된 내용도 포함되어 있는데, 부일협력자 및 일본인을 적극 활용하라는 지시가 그것이다. 즉 "안보가 허용되고, 유능한 한국인들을 활용하지 못한다면, 귀관은 자격이 필요하다고 보이는 한 일본인과 친일파에게 그 지위를 부여하라"는 내용이었다.

맥아더는 필리핀 마닐라의 태평양사령부에서 그의 전용기 바탄호를 타고 1945년 8월 30일 오후 2시 일본의 아츠기厚木 공항에 도착했다. 도착 후 맥아더의 제1성聲은 '멜버른으로부터 도쿄까지의 길은 멀었다'라는 한마디였다.[40]

이때 맥아더가 함께 이끌고 온 연합국 군대 함대가 380척에 달했는데, 상륙한 병력이 7,500명이었다.[41] 9월 2일 일본과의 항복협정 조인식이 요코하마橫浜 앞바다의 미주리 함상에서 연합국 대표들과 일본 정부 대표들이 참석한 가운데 거행되었다. 연합국을 대표해 맥아더,

미국 대표 니미츠, 소련 대표 데레비얀코K. N. Derevyanko 중장, 중국 대표 슈융창徐永昌 군사부장 등 13개국 대표단과 일본 측에서는 시게미쓰重光葵 외상 등이 참석했다. 이 날의 조인식으로 태평양전쟁은 공식적으로 종결되었다.[42]

항복문서는 1945년 7월 26일 발표된 포츠담 선언의 기초 하에 일본의 무조건 항복을 선언하는 것이었다. 이 항복문서의 내용은 크게 두 가지 사항인데 하나는 어떠한 위치에 소재함을 불문하고 모든 일본국 군대는 연합국에 대해 무조건 항복할 것을 명령한 것이고, 다른 하나는 정부관리 및 육해군 직원에 대해서는 연합국최고사령관이 그 임무를 해제하지 않는 한 각자의 지위에 머무르며 그 직무를 계속해서 행한다는 명령이었다.[43]

이날 선포된 일반명령 1호는 한반도에 즉각 적용되었다. 이 문서는 만주, 38도선 이북 지역의 한반도, 카라푸토와 쿠릴 섬에 있는 일본 육·해·공군은 소련 극동군사령관에게, 일본의 주요 섬과 그 부속도서, 38도선 이남의 한반도, 류큐, 필리핀은 미 태평양육군 사령관에게 각각 항복하도록 규정했다.[44] 일본이 정식으로 항복한 1945년 9월 2일까지, 한국은 일본제국의 일부분으로 인식되었다.[45]

일본 점령이 진행되는 동안 미군과 일본인들 사이에는 어떠한 충돌도 일어나지 않았다. 초기 최고사령관인 맥아더의 지위는 일본 수상이나 '천황' 보다도 상위로서 살아 있는 신으로 간주되었고, '푸른 눈의 대군' 혹은 '일본의 구원자' 로 상징되었다.[46]

그러나 9월 9일 아츠기 공항을 지키던 미군과 일본 민간인 사이에 최초의 충돌이 발생했다. 약 100여 명의 신원불명의 사람들이 공항 북동쪽의 창고를 약탈하려고 시도하다가, 공항을 지키던 제187공정부대와 충돌한 것이었다. 이 사건으로 3명이 체포되었고 1명이 사망했다. 조사를 통해 밝혀진 사실은 이들이 일본인이 아닌 재일조선인이라는 것이었다.[47] 이렇게 미군의 일본 점령 최초의 충돌사건과 남한 점령을 위한 상륙 과정에서도 일어났던 한국인의 사망은[48] 불행하게도 한국인에 대한 미군 점령의 어두운 역사를 예시하는 것이었다.

이 시기 한반도 남부 지역에 대한 점령 준비는 제24군단에 의해 진행되었다. 8월 29일 맥아더사령부를 경유하여 일본군 사령관이 보내는 한반도에 관한 최초의 상황 보고가 하지에게 들어왔다. 미군과 조선 주둔 일본군 사이의 초기 교신은 미군의 한반도 내 정세 인식 방향을 좌우하는 데 중요한 역할을 했다. 미국정부와 맥아더사령부는 소련에 대한 경계의식을 내비치면서 소련군과 조우했을 때 신중하게 행동할 것을 거듭 요청했다.[49]

9월 1일 미군 비행기 B-24가 한반도 상공에 출현해 주요도시에 삐라를 뿌리며 조만간 미군이 한반도에 진출한다는 소식을 전했다.[50] 또한 한국에 있는 일본군의 항복을 처리하고, 인천에 상륙할 준비를 점검하기 위해 제24군단은 상륙에 앞서 29명의 장교와 8명의 사병을 선발해 파견했다. 해리스Charles S. Harris 준장이 그 지휘를 맡았다. 이 선발대는 9월 4일 8대의 비행기로 오키나와를 출발했으나 일기日氣가 좋지 않아 2대의 비행기만이 예정대로 김포비행장에 착륙했다. 나머지 선발대는 9월 6일 오후에 도착해 점령에 관한 제반 준비를 담당했다.[51]

패전국인 일본에 대한 항복문서 조인 후 한반도에서도 조선총독부와 조선 주둔 일본군에 대한 항복 조인식이 9월 9일 오후 4시에 조선

총독부 제1회의실에서 개최되었다. 이 조인식에는 연합국 측 대표로 제24군단 사령관 하지 중장과 태평양 방면 해군사령관 킨케이드 Thomas C. Kinkaid 제독이, 일본 측에서는 조선군관구 사령관 코즈키 요시오上月良夫 중장과 진해 경비사령관 야마구치山口儀三郞 중장, 조선 총독 아베阿部信行가 참석했다.

이 자리에서 하지는 "태평양 방면 육군총사령관 맥아더 대장을 대신하여 나는 남조선 지역에서 일본군의 항복을 받고자 조인을 시작하겠다"라고 선언했다. 정식으로 항복 조인식이 끝나자 하지는 당일자로 한국인에게 고하는 성명을 발표했다.[52] 이날 하지가 발표한 성명서는 다음과 같았다.[53]

조선인민제군이여!
태평양 방면 육군총사령관이요 연합국총사령관 맥아더 대장을 대신하여 나는 오늘 남조선 지역에 일본군의 항복을 받았다. 주한미군사령관으로서 법률과 질서를 유지하는 동시에 조선의 경제 상태를 앙양시키며 인민의 생명재산을 보호하며 기타 국제법에 의하여 점령군에게 과하여진 기타 제 의무를 이행하노니 점령 지역에 있는 제군도 또한 의무를 다 하여라. 나의 지휘 하에 있는 제군은 연합국군총사령관의 명령에 의하여 장차 발할 나의 명령을 엄숙히 지켜라. ……
제군은 평화를 유지하며 정직한 행동을 하여라. 이를 지키는 이상 공포의 념을 가질 필요는 없다. 만약 명령을 아니 지킨다던지 또는 혼란 상태를 일으킨다면 나는 즉시 적당하다고 생각하는 수단을 취하겠노라. 이미 확정된 항복 조건을 이행함에는 나는 시초에 있어서는 현 행정기구를 사용할 필요가 있노라. …… 신문, 라디오는 금후 곧 조선 사람을 위한 기관이 될 것이다. 나는 조선인 제군이 장구하고 또 귀중한 역사를 가지고 있는 것을 아노라. 또 제군이 과거 수십 년간 제諸압박 하에 신음하여 온 것도 잘 알 며 제군의 대망이 무엇이라는 것도 잘 아는 바이며 제군이 생활상태 개선을 하루바삐 수행하고자 하는 제군의 열망을 가슴 깊이 품고 있는 것도 잘 아노라.

이와 같은 하지의 성명에 뒤이어 다음날 10일 미국 태평양육군총사령부 포고 제1호, 포고 제2호, 제3호가 발표되었다. 맥아더의 이름으로 발표된 포고 제1호는 다음과 같다.[54]

조선 주민에게 포고함.
태평양 미국 육군최고지휘관으로서 아래와 같이 포고함.
일본국 천황과 정부와 대본영을 대표하여 서명한 항복문서의 조항에 의하여 본관 휘하의 연합군은 금일 북위 38도 이남의 조선 지역을 점령함.
오랫동안 조선인의 노예화된 사실과 적당한 시기에 조선을 해방·독립시킬 결정을 고려한 결과 조선 점령의 목적이 항복문서 조항 이행과 조선인의 인권 및 종교상의 권리를 보호함에 있음을 조선인은 인식할 줄로 확신하고 이 목적을 위하여 적극적 원조와 협력을 요구함.
본관은 본관에게 부여된 태평양 미국 육군최고지휘관의 권한을 가지고 이로부터 조선 북위 38도 이남의 지역과 동지의 주민에 대하여 군정을 설립함에 따라서 점령에 관한 조건을 아래와 같이 포고함.
제1조 조선 북위 38도 이남의 지역과 주민에 대한 모든 행정권은 당분간

본관의 권한 하에서 실행함.

제2조 정부 공공단체 또는 기타의 명예직원의 고용과 또는 공익사업 공중위생을 포함한 공공사업에 종사하는 직원과 고용인은 유·무급을 불문하고 또 기타 제반 중요한 직업에 종사하는 자는 다른 명령이 있을 때까지 종래의 직무에 종사하고 또한 모든 기록과 재산의 보관에 임해야 함.

제3조 주민은 본관 및 본관의 권한 하에서 발포한 명령에 신속히 복종할 것. 점령군에 대해 반항행동을 하거나 또는 질서 보안을 교란하는 행위를 하는 자는 용서 없이 엄벌에 처함.

제4조 주민의 소유권은 이를 존중함. 주민은 본관의 별명이 있을 때까지 일상의 업무에 종사할 사.

제5조 군정 기간 중 영어를 가지고 모든 목적에 사용하는 공용어로 함. 영어와 조선어 또는 일본어간에 해석 및 정의가 불명 또는 같지 아니할 때는 영어를 기본으로 함.

제6조 이후 공포하게 되는 포고 법령 규약 고시 지시 및 조례는 본관 또는 본관의 권한 하에서 발포하여 주민이 이행하여야 될 사항을 명기함.

위와 같이 포고함.
1945년 9월 7일
요코하마에서
태평양 미국 육군최고지휘관
미국 육군 대장 더글러스 맥아더

이어지는 포고 제2호는 범죄 및 법규 위반에 관한 건이며, 제3호는 통화通貨에 관한 건이었다. 포고 제1호를 보면 한반도의 '38도선 이남 지역 및 동지역 주민에 대한 군정 실시'가 언급되었다. 그러나 한국은 피점령지가 아닌 해방지여야 함에도 불구하고 "한국은 일본제국의 일부분으로 미국의 적이었으며, 따라서 항복조항에 복종해야 한다"라는 지침에서 보듯이 점령지로 규정되었다.⁵⁵ 제임스는 이러한 포고령은 적절하지 않은 것으로 오히려 패전국에나 어울릴 만한 성명이었고, 이렇게 위협적인 포고령은 한국인들에게 커다란 충격이 되었을 것이라고 평가했다.⁵⁶

앞에서 언급한 SWNCC 176/3에서 지시한 일본인 및 친일파 이용에 관한 내용은 곧 한국인들의 커다란 반발에 부딪혔다. 그러자 워싱턴은 일본인 관리 및 친일파 관리도 해고시키라는 정책지침(SWNCC 176/4)을 점령 당국에 긴급히 하달했다.⁵⁷ 상황이 악화되자 1945년 9월 15일 주한미군사령부의 정치고문 베닝호프Merrell H. Benninghoff는 국무상관에게 주한미군 당국의 어려움을 호소했다. 첫째는 한국의 장래에 관해 미국 또는 연합국의 정책에 관련된 정보를 전혀 갖고 있지 못하다는 것과 둘째는 권한 및 군정 요원 그리고 장교의 수가 매우 적어 전체적인 효과를 거의 거두지 못하고 있다는 것이었다.⁵⁸

1945년 9월 18일, 태평양사령부는 베닝호프가 9월 15일 전문에서 언급한 '남한의 상황은 불꽃spark만 댄다면 폭발할지도 모를 화약통powder keg'이라는 부분을 인용하며, 한국의 정부 문제는 매우 복잡하고 상당한 시일이 걸릴 것으로 전망했다.⁵⁹ 1945년 9월 19일, 조선총독부라는 명칭이 정식으로 폐지되고, 이를 대신하여 주한미육군사령

부 군정청USAMGIK으로 개칭되었다.[60]

일본의 경우 민정은 군사령관으로부터 독자성을 확보하지 못하고 그 예하에 통합되었다. 이러한 구조는 한국에서 좀 더 강하게 드러난다. 즉 미 군정청이 1946년 1월 4일 독립된 지휘계통을 확립한 이후에도 하지의 통솔 하에 놓여 있기는 마찬가지였다. 이를 두고 박찬표는 미군정이 기본적으로 군사적 우위의 통치구조였다고 평가했다.[61]

남한 민정에 대한 정책지침이 1945년 10월 13일 확정되었고 이는 10월 17일 맥아더에게 하달되었다. SWNCC 176/8(초기 기본지령)은 1947년 7월에 새로운 민정지침으로서 하달된 SWNCC 176/29에 의해 대체될 때까지 미군정 조직과 민정업무 수행을 규정한 기본지령이 되었다.[62]

원래 SWNCC 176/8은 일본 항복 이후부터 신탁통치 수립 이전까지, 초기 한국의 민간행정에 관한 규정을 담고 있었다. 이 문서는 맥아더에게 한국에 대한 군사적 점령으로 적국 영토의 군사적 점령자로서의 관례적인 권한을 부여했다. 하지만 다른 항목에서는 한국을 최대한 해방된 국가로 대우하여 가능한 정부 직위에 한국인들을 임용하라는 내용을 담고 있기도 했다. 계속해서 이 문서는 맥아더에게 미국의 대한정책, 즉 현재 미·소의 민간행정 업무 담당이라는 초기의 과도적 단계로부터 미·영·중·소의 신탁통치기로, 그리고 국제연합 회원국 자격을 갖춘 궁극적인 한국의 독립에 이르기까지 점진적인 발전을 상정하고 있는 대한정책을 유념하라고 지시했다. 한편 일본인 및 이에 협력한 한국인들을 축출해야 하지만, 기술 능력상 필요하다고 여겨질 때에는 일본인 및 부일 협력자들을 일시적으로 이용해도 좋다

고 권고했다.[63]

　1945년 11월 2일 하지는 맥아더에게 공산주의자들의 활동에 대해 적극적인 조치를 취해야 한다고 건의했다. 만약 방치할 경우 이들이 남한의 통제권까지 장악할 지경에 이른다는 것이었다. 하지는 이를 소련의 사주에 의한 것으로 판단했으나, 명확한 증거는 제시하지 못했다. 다만 북한 지역에서 소련이 북한 군대를 편성하고 있다고 알렸다.[64] 이에 대해 미 국무부 극동국장 빈센트John C. Vincent는 전쟁부에 공산주의자들에 대한 하지의 지적이 정확하지 않고 그에 대한 조치도 옳지 못하다고 지적했다.[65] 하지만 군부의 입장은 국무부와는 달리 대체로 하지를 지지하고 나섰다. 전쟁부 차관보 맥클로이는 애치슨에게 하지의 보고는 타당하고, 따라서 거의 불가능에 가까운 임무를 수행하고 있는 그를 지지한다고 밝혔다.[66] 이는 남한 지역의 점령정책에 관한 군부와 국무부간의 갈등이 점차로 표면화되기 시작했음을 보여주는 것이다.

　1945년 11월 26일 맥아더는 합참의장인 아이젠하워에게 한국인들로 구성된 국방경비대 조직을 건의했다. 그러면서도 소련과의 대치상황을 고려해, 미국의 대한정책이 최종적으로 결정되기 전까지는 최소 2개 사단의 주한미군을 유지할 것을 주장했다.[67]

　1945년 12월 24일 도쿄의 맥아더사령부는 제24군단에 하달한 전문을 통해, 한국의 중앙 군정조직으로 주한미군정을 수립할 것을 지시했다. 이에 따라 1946년 1월 4일자로 전술점령군의 지휘계통과 독립된 별도의 조직으로서 '주한미군정'이 수립되었다.[68]

　이 시기 모스크바 3상회의에 대한 결정안이 공식적으로 공표되기도 전에 신탁통치에 관한 기사가 국내 신문에 보도되자, 남한의 정치 지형은 신탁통치를 둘러싼 찬탁과 반탁의 치열한 투쟁의 장으로 변화했다.[69] 맥아더사령부도 이미 한국인들이 모스크바 3상회의에 대한 반대를 광범위하게 표출하고 있음을 알고 있었다. 특히 신탁통치 문제는 모스크바 3상회의가 개최되기 전부터 한국인들의 분노를 일으키기에 충분한 내용이었다.[70] 이러한 시기에 합동참모본부는 모스크바 결정에 따른 한국 문제에 대한 규정 이행을 맥아더에게 부여했다.[71] 여기에는 한국에 대한 모든 행정적 책임도 부과되었다. 이러한 규정 이행에 의해 한국 문제를 둘러싼 예비회담인 미·소 공동위원회의 구성과 관할 문제도 맥아더가 주관하도록 그에게 권한이 부여되었다.

하지만 이후 미소공위 문제에 관해 맥아더의 입장은 단지 하지가 보고하는 내용을 추인하는 정도에 지나지 않았고, 특별히 자신의 구상이나 정책을 제안하는 경우는 거의 없었다.

1차 미소공동위원회(이하 공위)가 무기한 휴회에 들어간 직후인 1946년 5월 20일, 3부조정위원회SWNCC에서는 1차 미소공동위원회 결렬이라는 새로운 사태에 맞추어 대한정책을 수정하기 위한 고위정책모임이 검토되었다.[72]

5월 중순 이후 신정책 모색 결과, 본국 정부와 점령 당국 사이에는 '점령지 민사행정의 현지화 및 한국인 대의기구 구성'이라는 점에서 의견이 일치하게 되었다. 이에 따라 국무부는 '대한정책Policy for Korea'이라는 제목의 전쟁부 전문을 하지에게 전달했다.[73]

1946년 미소공위가 결렬되고 한국 문제에 관한 정책이 완결되지 못하자, 1947년 1월 맥아더는 현재의 교착상태가 한국인들에게는 남북 분단에 따른 곤란으로 야기될 수밖에 없는 궁핍을 가져올 것이고, 미국에게는 극동 지역에서의 영향력과 위신에 손해를 가져올 것이라며 한국 문제에 관해 4가지 사항을 건의했다.[74]

1. 한국 문제 전체를 유엔에 이관.
2. 현재의 한국 문제를 조사하기 위해 이해관계가 없는 국가들을 포함한 위원회를 구성하여, 문제 해결을 위한 제안을 할 수 있도록 미국정부가 요구.
3. 미국, 영국, 중국, 소련정부 사이에 실현될 수 있는 해답을 도출할 수 있도록 한국과 관련한 모스크바 협정 3장을 명백히 할 수 있는 회담을 개최.
4. 독립국가로서의 한국의 발전을 가로막고 있는 정치적, 경제적 단위의 모든 문제를 해결할 수 있도록 미국과 소련의 최고위 대표자들 회담 개최.

미 극동국장 빈센트는 이 전문을 받고 국무장관에게 보내는 비망록에서 맥아더가 제안하는 1, 2, 3항은 미국과 소련이 동의하지 않는다면 실현 가능성이 적은 것으로 평가했다. 4항에 대해서는 과거 수개월간 번스James F. Byrnes 국무장관을 포함해서 직접 관련 있는 고위인사들뿐만 아니라 국무부 내에서도 여러 차례 고려해 왔으나, 미·소간 정부 대화에 있어서 더 나은 진전이 없었음을 지적했다. 하지만 만약 소련이 정부 간 직접 대화를 제안한다면 모스크바 협정과 관계없이 한국 문제에 대한 제반 사항을 협의할 수 있도록 준비해야 한다고 강조했다.[75]

미소공동위원회가 제대로 진전되지 않자 한국 문제의 해결책을 제시해 달라는 하지의 전문은 계속해서 맥아더사령부를 통해 상부로 전달되고 있었다.[76] 이 시기 점령정책을 둘러싼 대립에서 야기된 점령권력 개편 논의는 1947년 1월 국무장관에 부임한 마셜이 대한정책을 재검토하는 작업을 시작하면서 중요한 의제로 떠올랐다. 1947년 2월 한국 문제를 검토한 특별위원회는 구체안으로서 군정의 점진적 민간화, 고등판무관 임명, 맥아더의 정치적 책임 종식 등을 제안했다.[77]

2차 미소공위의 결렬이 사실상 결정된 1947년 7월 말~8월 초, 1947년 4월 말에 이미 결정된 신정책은 SWNCC 176/29 및 SWNCC 176/30을 통해 공식화되었다. SWNCC 176/30은 신탁통치안의 폐기 및 한국문제의 유엔 이관을 통해 단정 수립으로 나아가는 신호탄이었다.[78]

SWNCC 176/29의 내용은 "1. 군사적 업무에 대해서는 여전히 극동군사령관 맥아더에게 보고하지만, 점령의 비군사적 측면에 대해서는 합동참모본부에 보고한다. 2. 군정의 군사 요원을 한국인이나 미국 민간 요원으로 교체한다. 3. 대사급 정치고문을 임명한다. 4. 민간 요원으로 대체되면 제24군단 사령관은 민사업무 책임을 벗어나고, 정치고문이 그 책임을 맡는다" 등 한국에 대한 민정을 전쟁부에서 국무부로 이관하는 것이었다.[79]

1947년 8월 4일 한국에 관한 특별위원회Ad Hoc Committee on Korea는 미국의 대한정책에 관한 보고서를 3부조정위원회에 제출했고 이 문서는 SWNCC 176/30으로 승인되었다. 이 문서는 8월 7일 이전까지 제2차 미소공위가 결렬될 경우 남북한 지역에서 인구비례로 선거를 통해 임시정부를 수립한다는 편지를 소련, 영국, 중국정부에 발송하고, 9월 10일 한국 문제를 유엔총회에 제출한다는 내용이었다.[80]

결국 2차 미소공위는 결렬되었고, 9월 17일 미국은 독립방안이 포함된 한국 문제를 유엔에 협의 대상으로 제출했다.[81] 미국 측 제의에 의해 한국 문제가 유엔에 상정되자, 9월 26일 소련 측은 양군 철수와 자주적 해결이라는 제안을 내놓았다. 소련이 이러한 제안을 할 수 있었던 것은 2년간 구축해 놓은 북한의 강력한 공산기지와 남한에서 좌익세력이 우익세력보다 훨씬 강세라고 판단한 데 있었다. 그리고 한국 문제는 2차 세계대전의 전후 처리 문제의 일환으로 해결하도록 되어 있었기 때문에 유엔은 이에 간여할 바가 아니라는 데 그 근거를 두고 있었다.[82]

소련의 이러한 주장은 유엔헌장에 근거한 설득력 있는 것이었다. 왜냐하면 당시 한반도 문제는 전후 조정의 일부이며, 유엔헌장 107조에 의하면 유엔의 심의 대상이 될 수 없기 때문이었다.[83]

유엔헌장 107조에는 '이 헌장의 어떠한 규정도 2차 세계대전 중 이 헌장 서명국의 적이었던 국가에 대한 조치로써, 그러한 조치에 대해 책임을 지는 정부가 그 전쟁의 결과로 취했거나 허가한 것을 무효로 하거나 배제하지 아니 한다'라고 규정되어 있었다.

따라서 이 규정에 따르면 미국의 한국 문제에 관한 유엔 이관이라는 것은 바로 유엔헌장 자체에도 저촉되는 사안으로 볼 수 있다. 그러나 미국은 유엔기구 내에서 자국에 우호적인 국가들을 통해 영향력을 행사할 수 있었으므로, 소련의 항의에도 불구하고 이러한 결정을 밀어붙일 수 있었던 것이다.

차상철은 이렇게 한국 문제가 국제연합으로 이양된 것은 트루먼 행정부의 정책 수립가들이 한국으로부터 명예롭게 철수하는 것을 보장해주는 것이었지만, 다른 의미에서 이는 미국의 대한정책이 궁극적으로 실패했음을 의미하는 것이라고 평가했다.[84]

연합국최고사령관총사령부·태평양육군총사령부·극동군사령부의 구조와 기능

여기서는 맥아더사령부로 통칭되는 연합국최고사령관총사령부GHQ/SCAP, 태평양육군총사령부GHQ/AFPAC, 극동군사령부GHQ/FECOM에 대해 각 사령부의 설립과 그 역할에 대해 알아보자. 1945년 8월 5일 맥아더는 일본의 민정을 담당할 기구로 태평양육군총사령부GHQ/AFPAC 내에 특별 참모부로 군정국Military Government Section(MGS)을 수립했다. 이 부서 내에 행정, 경제, 재정, 작전, 인사, 공공업무, 공중보건, 출판, 공급 등 9개국을 설치하고, 군정국장에는 크리스트William E. Crist를, 부국장에는 케이디스Charles L. Kades를 선임했다.[85]

GHQ[86]는 이중구조였다. 즉 미국태평양육군의 GHQ와 비군사적 측면, 즉 민정을 담당했던 연합국최고사령관의 GHQ라는 기능이 다른 두 가지가 혼재되어 있었다. 통상 GHQ로 불린 것은 GHQ/SCAP이며 그것은 1945년 10월 2일 설치되었다. 따라서 그 이후는 이 두 가지의 GHQ가 동시에 존재했다. 태평양육군총사령부GHQ/AFPAC의 군정국MGS에는 민정학교를 졸업한 300명의 장교단이 소속되어 있었다. 이 가운데 절반 정도는 주한미육군사령부와 일본 내의 제6군, 제8군으로 전출되고 나머지 인원들을 중심으로 새로운 조직이 창설되었는

데,[87] 이것이 나중에 연합국최고사령관총사령부의 모태가 되었다.[88]

연합국최고사령관총사령부GHQ/SCAP는 일본 점령을 위해 고안된 것이었으므로 일본의 주요 4개 섬과 부속도서만을 관할했다. 그러나 설립 초기 당시에는 남한 지역까지도 관할 구역으로 삼고 있었다. 당시 연합국총사령부에서 작성한 〈일본과 한국에서의 비군사 부문 활동 요약보고서Summation of Non-Military Activities in Japan and Korea〉(이하 〈요약보고서〉)는 이를 잘 보여준다. 이 〈요약보고서〉는 1945년 9~10월에 작성된 1호를 시작으로 1946년 2월 5호까지는 연합국총사령부에서 작성되었다. 이 기간 동안은 일본과 남한을 함께 분석해 작성했는데, 이는 한국을 일본의 한 부분으로 파악하고 있던 미국의 정책 결정 집단의 시각을 반영한 것이다.[89]

연합국최고사령관총사령부는 필요하다면 직접 군정을 설립할 권한도 가졌다.[90] 일본 점령에 대한 계획안이 수립되던 1945년 여름, 맥아더는 독일과 같이 일본도 점령 초기에는 직접 군정 하에 통치하려고 했다.[91] 그러나 정책은 변경되었고 일본은 간접통치 방식이 적용되었으며, 오히려 한반도가 미군의 직접 군정 하에 속하게 되었다.

연합국최고사령관총사령부GHQ/SCAP와 태평양육군총사령부GHQ/AFPAC는 구조적으로 결합되어 있었다. 그 이유는 양 사령부의 각 부서와 요원들이 두 사령부의 임무를 함께 수행했기 때문이다. 하지만 연합국최고사령관총사령부와 태평양육군총사령부가 완전히 동일한 구조를 가지고 있다고 말할 수는 없을 것 같다. 물론 상층부의 인적 구성이 대동소이했으나 태평양육군총사령부는 엄밀히 말해 군사령부인데 반해, 연합국최고사령관총사령부의 경우 민간인 전문가들이

다수를 차지했다. 즉 연합국최고사령관총사령부 내부의 인적 구성을 보면 민간인 대 군인의 비율이 4 대 1 정도였다.[92] 또한 관할 범위에서도 연합국최고사령관총사령부의 권한이 일본으로 제한되어 있던 반면, 태평양육군총사령부는 태평양 지역의 모든 육군을 관할하였다.[93]

초기 연합국최고사령관총사령부의 설립 이후 1945년 10월 2일자로 발표된 이 사령부의 일반명령General Order 1, 2호에 의해 일반참모부와 특별참모부가 구성되었다. 특별참모부는 9개의 부서로 구성되었다. 특별참모부의 기능과 역할은 한국과 일본에서의 비군사적 활동에 대한 정책을 최고사령관에게 자문하는 것으로 규정되었다. 일반참모부는 군사적 사항을 취급했고, 특별참모부는 비군사적 사항을 관할했다.[94] 일반참모부는 G-1, G-2, G-3, G-4와 외교국(DS), 서기국Secretariat, 섭외국(PRS), 법무국(LS), 국제검사국(IPS)으로 이루어져 있고, 특별참모부는 초기에 9개 부서로 구성되었다. 연합국최고사령관총사령부의 일반명령 3호로 경제과학국Economic and Scientific Section(ESS)이 설치되기 시작되어 민간정보교육국Civil Information and Education Section(CIE), 천연자원국Natural Resources Section(NRS), 공중위생복지국Public Health and Welfare(PHW), 민정국Government Section(GS), 법무국Legal Section(LS), 민간통신국Civil Communications Section(CCS), 통계조사국Statistical and Reports Section(SRS), 민간정보국Civil Intelligence(CIS) 등 점령과 관련한 9개의 전문부서가 설치되었다.[95] 이 부서들은 각각의 필요에 의해 조정·폐지·신설되면서 1947년에는 13개로 늘어났다.

이 가운데 한국 문제를 중점적으로 다룬 곳이 민정국이었다. 민정국은 한국과Korean Division와 행정과Administrative Division로 이분되어 있었는데, 한국과는 남한의 미군사령부와 연락관계를 담당했다. 이 부서는 1947년 초 부참모장으로 이관되었다.[96] 외교국Diplomatic Section은 재일조선인 문제와 당시 연합국최고사령관총사령부가 담당하던 구일본제국 각지에 흩어져 있던 조선인들의 송환 문제를 담당했다. 맥아더는 이 외교국에 일본과 한국 내의 외교공관 문제와 외교 임무를 부여했다.[97] 이외에도 적산 문제에 관해서는 민간재산관리국Civil Property Custodian(CPC)과 경제과학국이 관할했으며, 북한 문제에 관해서는 G-2와 민간통신국CCS 등이 관여했다. 1947년 2월 연합국최고사령관총사령부 내의 한국과는 폐지되고 한국과 류큐 제도의 군정 책임은 부관부 산하의 한국-류큐국으로 이전되었다.[98]

이 밖에도 연합국최고사령관총사령부는 연합국에 의한 자문기관 및 정책 결정 기관과 연계되어 있었다. 1945년 12월 점령관리의 정책 결정기관으로서 미국, 영국, 소련, 중국을 비롯한 11개국에 의해 '극동위원회Far East Commission'가 워싱턴에 설치되고, 연합국최고사령관총사령부의 자문기관으로 미·영·중·소 4개국의 '대일이사회Allied Council for Japan'가 설치되었다. 아래의 〈표 Ⅲ-4〉를 참조해 보면 연합국최고사령관총사령부의 조직 계통을 이해하는 데 도움이 될 것이다.

[표 III-4] 연합국최고사령관총사령부 조직표(1947년 7월)

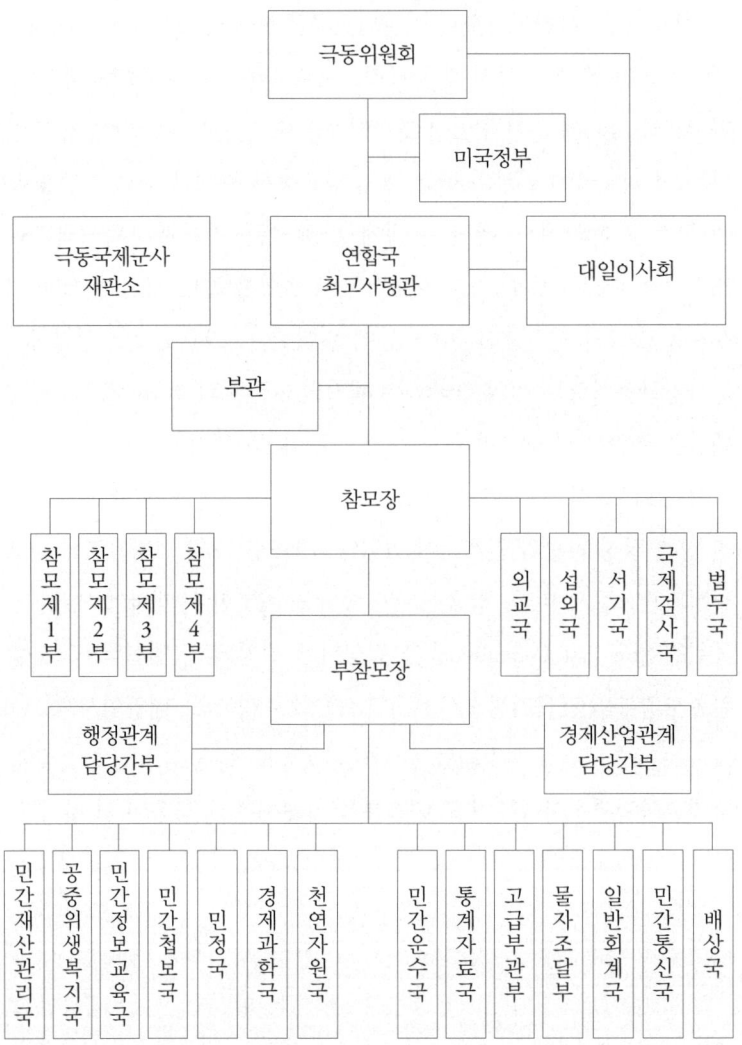

[출전] 후지와라 아키라, 엄수현 옮김, 《일본군사사》(서울: 시사일본어사, 1992), 303쪽.

원칙상 대일 점령의 기본정책은 극동위원회의 결정으로 수립되고, 이것이 미국정부를 거쳐 연합국총사령부에 전해지면, 연합국 최고사령관은 이를 대일이사회의 자문을 거쳐 일본정부에 하달하는 것으로 되어 있었다.[99] 하지만 극동위원회나 대일이사회 모두 일본에 대한 점령통치에 직접적으로는 영향을 끼치지 못했다. 우선 극동위원회는 미국정부의 회피로 인해 제대로 기능하지 못했고, 대일이사회 역시 맥아더의 고의적인 무시정책으로 인해 실제적 권한을 행사할 수 없었다.

한편 1947년 1월 1일자로 맥아더를 사령관으로 하는 극동군사령부 GHQ/FEC가 설립되었다. 이 사령부는 태평양육군총사령부를 해체하고 육·해·공군 통합사령부를 설치할 의도에서 변경된 것이었다. 극동군사령부는 일본, 남한, 류큐 제도, 필리핀, 마리아나 및 보닌 제도에 있는 미군을 모두 관할했다. 극동군사령관은 일본과 남한에서의 미국의 점령기구에 대한 책임과 필리핀의 군사업무를 관할했다. 극동군사령부에는 8군을 포함하여 극동공군, 제5공군, 극동해군과 영국의 대일점령군British Commonwealth Occupation Force(BCOF) 산하 육·해·공군이 포함되었다.[100]

극동군사령관으로서의 맥아더의 지휘권과 책임은 합동참모본부가 내린 지령에 의해 결정된 것이었다. 일반적인 임무는 세 가지였는데, 첫째는 적의 영토에 속해 있던 일본, 한국 및 일본 점령 도서에 대한 미국의 점령 책임을 완수하는 것이었다. 둘째는 광범위한 임무로서 그의 군대가 통치하는 지역 내에서 미국의 정책을 지원하는 것이었다. 셋째로 극동군사령관은 일단 유사시에 일반적인 비상사태에 대비할 수 있도록 항시 준비해 두어야 한다는 것이었다.[101]

하지만 1947년부터 미국의 대한정책이 변화되기 시작했다. 즉 주한 미군사령부가 연합국최고사령관총사령부를 거치지 않고 직접 국무부로 보고하게 되자, 태평양육군총사령부의 남한 점령정책의 권한은 사라졌고, 다만 극동군사령부만이 군사적 문제에 관해 지휘·감독할 책임을 가지고 있었다. 그러나 이마저도 1949년 6월 미군 철수와 함께 해제되었고 극동군사령부는 한국에서의 긴급한 사안이 발생할 때 미국인과 그 가족에 대한 소개계획만을 담당하게 되었다.

[표 III-5] 극동군사령부(1947년 12월)

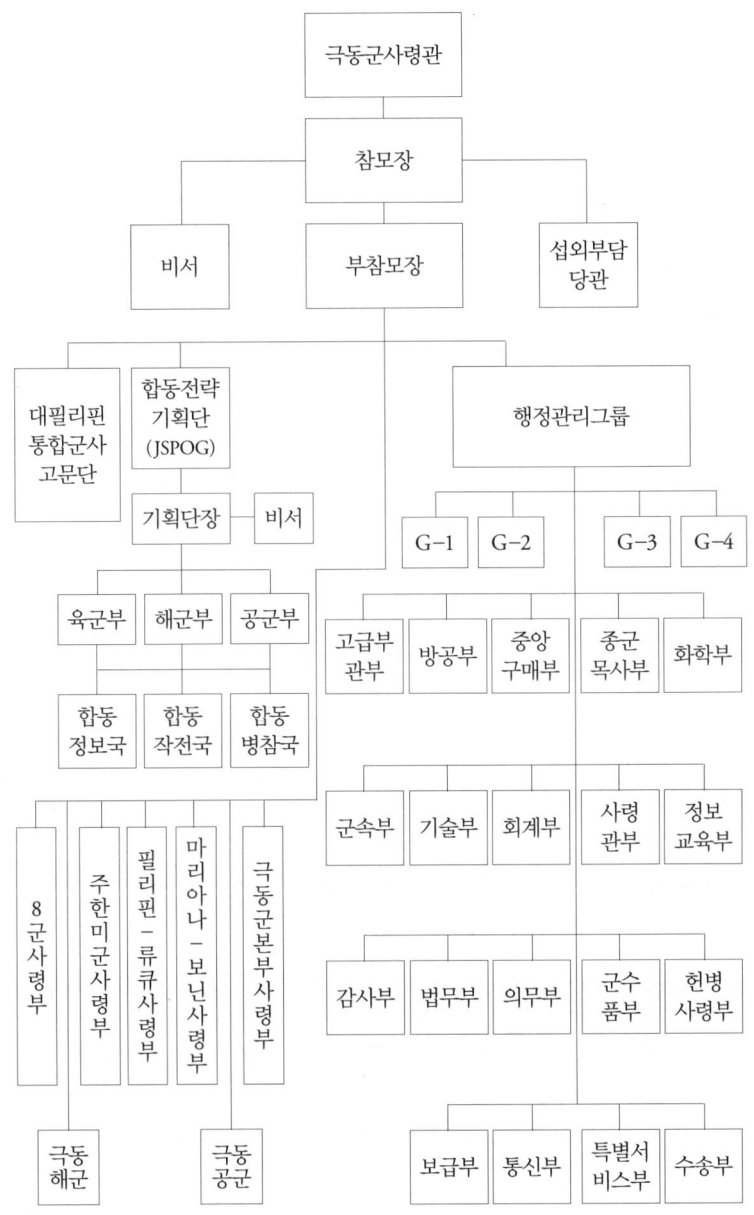

[출전] Chief of Military History, *Reports of MacArthur—MacArthur in Japan: The Occupation: Military Phase, vol. I Supplement* (Washington D. C.: Government Printing Office, 1994), p. 85

맥아더사령부와 주한미군사령부의 지휘관계

1945~1948년 주한미군정기 역사에서 맥아더의 직접 지휘관계에 대해서는 그동안 명확히 밝혀지지 않았다. 과연 맥아더의 미군정에 대한 지휘관계는 어떠했을까? 이에 대한 해명은 한국현대사에서 그가 차지하는 비중을 가늠해 볼 수 있는 척도라고 할 수 있다.

맥아더는 필리핀과 일본을 포함하여 일본의 식민지였던 한국, 대만 지역까지 관할권을 행사했다. 초기에는 군사부문을 비롯하여 민정까지도 담당했다. 특히 한국에 관한 지침과 정책 그리고 정보 수집은 참모장 아래 일반참모부가 중심이 되었고 부참모장 하의 각 국section을 통해 실질적인 영향력을 행사했다.[102]

맥아더는 연합국총사령부의 조직을 통해 주한미군사령부의 하지 John R. Hodge에게 영향력과 실질적 지도력을 행사했다. 물론 연합국총사령부는 전후 일본에 대한 점령정책을 담당하는 조직이었으나 맥아더의 직위가 연합국최고사령관이자 미 태평양육군사령관(1947년 이후 극동군사령관)이었기 때문에 명확한 구분 없이 자신의 권한을 행사했다.[103]

예를 들어 하지는 미소공동위원회 회담의 진행상황에 대해 연합국총사령부에 매일 보고했다.[104] 맥아더가 자신이 직접 정책을 수립하고 집행할 수 있는 인물임에 비해 하지는 맥아더에 의해 크게 좌우되는 폭넓고 모호한 책임을 갖고 있다는 점에서 일본과 한국의 점령정책에 대한 책임 문제는 매우 달랐다.[105]

그러나 이후 국무부는 한국에 대한 맥아더의 관할권을 제한하는 비망록을 작성했다. 이 문제가 처음으로 제기된 것은 1945년 말이었다. 1945년 12월 전쟁부 민정국Civil Affairs Division(CAD)은 한국과 일본 사이의 문제와 목적의 차이에 비추어 하지에 대한 합동참모본부JCS의 직접적인 채널이 고려되어야 한다는 안을 제기했다. 또한 이 문제는 1946년 1월 국무부 극동국장인 빈센트John C. Vincent가 하지의 사령부는 직접 합동참모본부에 보고하고 지침을 받아야 한다고 제안함으로써 재론되었으나, 헐Cordell Hull은 한국 문제를 해결할 때 맥아더의 명성을 이용하는 것이 유용할 것이라고 반박했다.[106]

이론상으로 맥아더는 워싱턴으로부터 전달되는 지시들에 의해 통제받았다. 전쟁부장관 패터슨Robert P. Patterson과 국무장관 번스는 점령정책에 관해서는 맥아더가 아무런 발언권도 없다고 주장했으며, 국무차관 애치슨Dean Acheson도 점령정책에 관한 일들은 국무부, 전쟁부 그리고 해군부가 수행해 왔다고 주장했다. 그러나 맥아더는 국무부와 협의 없이도 정책 입안을 할 수 있는 유일한 해외주둔 미군장교로 지목되었다. 더욱이 대통령으로부터는 다음과 같은 통지를 받았다.[107]

> 귀관은 임무 수행에 적절하다고 판단되는 바에 따라 귀관의 권한을 행사할 수 있습니다. 일본과 우리나라의 관계는 어떤 계약에 근거를 둔 것이 아니라, 그들의 무조건 항복에 근거한 것입니다. 귀관의 권한은 최고의 것입니다.

이러한 맥아더의 권한 때문에 시볼드William Sebald 주일미정치고문은 국무부에 도움을 주고자 맥아더에게 도쿄에 있는 다수의 국무부

책임자들과 한국의 개발 문제에 관해 협의할 것을 제의하기도 했었다.[108]

그러나 남한에 대한 맥아더의 권한에 대해 이는 명목상에 지나지 않는 것이고 실질적인 전권은 하지에게 일임되어 있었다는 주장도 있다. 올리버Robert T. Oliver는 오히려 하지가 한국에 대한 책임을 완전히 장악하고 있었던 데 반해 맥아더는 다만 상징적인 상관에 지나지 않았다고 주장했다. 즉 명목상으로 하지는 맥아더사령부의 '휘하'에 있었으나 맥아더는 일본 점령이라는 중요한 임무를 맡고 있어 한국 문제의 자유재량권은 하지에게 있었다는 것이다. 하지는 맥아더를 통하지 않고 트루먼 대통령에게 개인적으로 보고서를 보냈고, 따라서 맥아더의 권한은 애매했다고 언급했다. 극동군사령관으로서 맥아더의 관할 지역에는 명백히 한국이 제외되어 있었으며, 단지 극동의 육군사령관으로서 그의 권한이 한국을 포함하고 있는 데 불과했다는 것이다. 실제로 한국 문제 결정에 관해서 자신에게 책임이 있다는 하지의 견해에 맥아더가 동의하고 있었다는 것이다.[109]

다음의 전문을 살펴보면 이러한 주장을 그대로 받아들일 수 있는 부분도 보인다. 한국 문제에 관해 하지가 맥아더에게 보낸 전문에서 논평을 요청했을 때 맥아더는 다음과 같은 전문을 보내 하지의 전권을 인정했다.[110]

어떠한 조치를 취할 것인가에 대해서는 귀관이 최선의 판단에 따라 행하라. 본관은 귀관에게 적절히 조언할 만큼 지역 내의 상황을 충분히 숙지하고 있지 못하지만, 이 문제에 대해서 귀관이 내리는 결정은 어떠한 것이든 이를 지지할 것이다.

즉 이 전문을 통해 보면 한국에 대한 결정과 그 책임은 하지에게 완전히 일임되어 있는 것처럼 여겨진다. 콩드D. Conde에 의하면 "하지는 1945년 12월의 모스크바 3상회의에 이르는 4개월간 맥아더의 직접 지시 밑에서 일하고 있었다"고 한다. 최상룡 역시 당시 남한에 대한 점령정책의 형식적인 명령계통은 미국정부로부터 연합국최고사령관총사령부, 연합국최고사령관총사령부로부터 주한미군정사령부USAMGIK로 되어 있으나 워싱턴-도쿄-서울 간 정책 결정의 실태는 분명하지 않다고 밝히고 있다. 점령 초기에 군의 명령계통은 주한미군정사령부⇔연합국최고사령관총사령부⇔합동참모본부JCS의 형태로, 하지의 정치고문은 직접 국무장관 앞으로 보고를 하고 그 사본을 재일본 정치고문단에게 보냈으므로 통일적인 정책 담당자는 확연히 구분되지 않는다는 것이다.[111]

한편 차상철은 한국 주둔 미점령군사령관으로서 하지의 명령계통을 다음과 같이 제시했다. 즉 하지→일본 주둔 미점령군사령관 겸 연합국최고사령관 맥아더→워싱턴의 육군본부→합동참모본부였으나 1947년 중순 이후부터는 하지가 직접 합동참모본부에 보고했다는 것이다.[112]

그러나 하지는 남한에 관련된 주요 사안들을 맥아더에게 보내면서 지속적으로 자문과 정책 집행의 승인을 요청했다. 더욱이 당시 국무부와 국방부의 합동기구와 연합국총사령부의 공식기록을 통해 보면 남한의 정책에 관한 계획과 결정에서 맥아더가 1948년 초까지 지속적으로 관할해 왔음을 알 수 있다. 물론 이러한 상황이 하지가 맥아더의 의견을 전적으로 수용했다는 것을 의미하는 것은 아니다. 하지는 맥아더의 위상을 보호막으로 활용한 측면이 강하다.

1946년 12월경 남한, 서독, 그리고 오스트리아의 미군지구 점령에 대한 책임을 전쟁부에서 국무부로 이관하는 준비가 이미 크게 진전되고 있었다. 1947년 2월 7일 민정합동위원회Joint Civil Affairs Committee(JCAC)는 합동전략조사위원회Joint Strategic Survey Committee(JSSC)와 공동으로 〈한국의 군정에 관한 잠정지침Interim Directives for Military Government in Korea〉을 합동참모본부에 제출했다. 여기서 5항인 권고항목은 한국에 대한 극동군사령관CINCFE의 책임을 종식시키도록 제안했다.[113]

1947년 2월 25일 한국에 관한 부간部間 특별위원회Special Interdepartmental Committee on Korea에서는 다시 한 번 한국에 관한 관할권 문제에 대해 한국의 군정을 민정화하면서, 동시에 극동군사령관의 정치적 책임을 종식시킬 것을 권고했다.[114]

하지만 이러한 관할권 문제는 확정되기 이전부터 이미 연합국총사령부 내에서 실행되고 있었다. 태평양 미 점령군의 역사를 다루고 있는 《History of the Non-military Activities of the Occupation of Japan, 1945~51》에 의하면 한국에 관한 특별 문제는 연합국총사령부 산하 특별 참모부가 연락을 취했다. 한국에 관한 임무는 1947년 2월 13일 민정국의 관할권을 제외한 것을 시작으로 해서, 다른 8개의 특별 참모부(경제과학국, 천연자원국, 물자조달국, 공중위생복지국, 민간통신국, 일반회계국, 민간정보교육국, 통계자료국)의 관할권도 1948년 3월 13일자

로 해제되었다.[115]

1947년 3월 28일 국무차관 애치슨은 전쟁부장관인 패터슨에게 한국에 대한 행정체계를 수정할 필요성을 제기하며, 맥아더의 한국에 대한 정치적 책임을 해제한다고 다시 한 번 확인했다. 하지만 군사적 문제에 대해서는 이를 적용하지 않기로 했다.[116] 이에 대해 패터슨 역시 한국은 점령하기에는 가장 어려운 지역이라고 언급하며 애치슨의 제안을 수락하고, 정치적 문제에 있어서는 대사급의 정치고문을 임명하기로 합의했다.[117] 하지만 이러한 점령 행정의 권한 이양 문제는 한국에만 국한된 문제는 아니었다. 이 시기 한국을 포함하여 일본 및 독일 점령에서 비군사적 측면non-military aspects의 행정적 권한은 전쟁부에서 국무부로 이전되었다.[118]

1947년은 미국의 대외정책이 소련과의 전면적 대결로 이양한 시기였다. 흔히 냉전으로 표현되는 이 시기에 독일·일본·한국 지역은 소련과의 이념적 대결의 최전선이었다. 따라서 군정에서 민정으로의 이양은 '점령 지역의 현지화Localize'를 이루려고 하는 초기 행보로 파악할 수 있다. 여기서 '현지화'란 공산주의와의 대결구도에서 자신들의 점령 지역을 민주주의 및 자본주의의 전시장으로 탈바꿈하려는 시도로서, '점령 지역의 미국화Americanization'라는 내용의 또 다른 표현이었다.

1947년 7월 26일 합동참모본부는 맥아더에게 지침을 하달했다. 이 미 3부조정위원회에서 승인된 이 문서는 SWNCC 176/29로 〈한국 점령지역의 극동군사령관과 주한미군사령관에게 보내는 중간 지령〉이었다. 이 문서는 앞으로 국무부가 일반 민간 문제에 대해서 책임을 지게 된다는 내용이었다. 즉 군사적 문제에 대해서는 극동군사령부에 보고해야 하지만, 정치, 경제, 문화, 사회 그리고 비군사적 작전 문제를 포함한 비군사적 점령 문제는 합동참모본부에 보고하도록 지시했다. 그러나 군사 지휘계통상 극동군사령관과 주한미군사령관의 상호 관계는 전혀 영향이 없었으며, 한국에 대한 군사적인 책임은 여전히 극동군사령관에게 있었다.[119] 즉 주한미군사령관에게는 점령의 비군사적 측면에 대해서는 합동참모본부에 보고하도록 하라고 지시하고 육군부가 합동참모본부의 집행부서로서 기능하게 될 것임을 밝혔다. 이 지시는 7월 29일자로 실행되었다. 민사행정에 대한 지휘계통이 종전의 합동참모본부 ⇒ 극동군사령관CINCFE ⇒ 하지에서 합동참모본부 ⇒ 하지로 변화된 것이다.[120]

따라서 남한 점령을 담당하던 주한미육군사령부는 1947년 8월부터 1949년 6월 철수할 때까지 합동참모본부에 직접 보고했다. 그러나 맥아더는 하지와 밀접한 연관관계를 맺고 있었고 주요 정보는 맥아더에게도 보내졌다. 다만 합동참모본부가 맥아더에게 부여한 임무는 극동군사령관으로서 한국과 일본 점령의 군사적 문제뿐이었다.[121]

맥아더가 자신의 회고록에서 1949년 미군 철수 후 "한국은 나의 지휘를 떠나 국무부가 맡게 되었다. 즉 군사사절단의 직접 지휘를 포함한 미국 측 권익의 전면적인 관리를 국무부가 맡게 된 것"[122]이라고 언급한 것으로 보아서도 미군 철수 직전 즉, 구체적으로는 1948년 3월까지 실질적으로 맥아더는 한국에 대한 관할 및 통제권을 보유했다고 판단된다. 그러면서도 훗날 청문회에서 이러한 관할 책임 문제가 제기되었을 때 맥아더는 자신에게 유리한 부분만을 강조하며 한국전쟁 이전에는 자신이 한국에 대해 어떠한 책임도 지고 있지 않았다고 변명했다. 하지만 미군 철수 이후 수립된 주한미군사고문단은 군사적인 문제에 대해서 직접 육군부와 통하게 되었으나 모든 행동에 대해서 맥아더에게 통보하도록 되어 있었다. 맥아더는 주한미군에 대한 기존의 보급계통을 통해서 군사고문단에 대한 모든 군수 지원과 위기에 처했을 경우 미국인을 철수할 책임을 지고 있었다.[123]

그렇다면 시기를 좁혀 대한민국 정부가 수립된 1948년 8월 전후에 발생한 무력진압의 경우 과연 관할권 및 책임 문제는 어느 곳에 있었는지 살펴보자.

1945~1948년 시기는 남한 지역에 한정하더라도 1946년 10월 대구사건, 1948년 4월 제주 4·3사건, 1948년 10월 여순사건 등 굵직한 사건이 연이어 발생했고, 이 사건에서 무수한 사상자가 발생했다. 특히 여기서 주목하는 것은 10월 여순사건에 있어 실질적인 무력행사의 주도자가 누구인가 하는 점이다.

하트-렌즈버그는 남한은 독립 국가인데도 미군이 여순사건을 진압하는 데 중요한 역할을 했다고 지적했다. 미군 사령관들이 군사작전을 계획하고 지휘했으며, 모든 남한 부대에는 미군 고문관들이 배속되었고, 미군 비행기가 병력을 수송했다는 것이다.[124] 커밍스 역시 미국이 실제로 남한의 반란 진압군을 조직하고 장비를 공급했으며 최고의 정보자료를 제공하고 작전을 계획하는 등 진압작전을 직접 지휘했다고 주장했다.[125] 확실히 이 점은 부인할 수 없을 것 같다. 10월 여순사건의 경우 비록 이승만정부가 세워졌다 하더라도 1948년 8월 24일 이승만·하지 간에 체결된 협정에 따라 군대의 작전권은 미군의 수중

에 있었기 때문이다.[126]

 이러한 주장을 뒷받침하는 근거로는 미군이 남긴 보고서에 의해서도 확인된다. 1948년 10월 20일 작성된 〈남한경비대 내의 반란Revolt in South Korean Constabulary〉이라는 문서를 보면, 미군 역시 군대의 작전 및 관할권 문제에 대해 고민한 흔적이 보인다.[127] 당시 주한미군사령관 쿨터John B. Coulter의 권한은 극동군사령부 명령 1호와 7호에 의해 남한에서 무질서 및 폭동 등에 대해 군대 이용에 관한 제반 사항을 준비할 책임을 지니고 있었다. 이 문서에서는 주한미군이 완전 철수하기 전까지, 앞에서 언급한 협정에 따라 남한 지역의 안보를 위한 전반적인 작전권을 행사할 권한을 가지며 이 권한이 극동군사령부의 관할 하에 있는 것으로 기술하고 있다.

4
미국의 동아시아 전략과 역코스[1]

태평양을 '미국의 지배에 의한 호수Anglo-Saxon Lake'로 간주하던 군부와 맥아더는 한국을 방위선에서 배제했다. 결국 도서방위선의 설정은 일본과 필리핀 등 미국의 안보에 직결되는 지역에 대한 안전 보장이 되었고, 전략적 측면에서 미국에게 한국은 일본의 종속적인 위치에 지나지 않았다. 또한 이러한 도서방위선은 맥아더의 구상에 기인한 것이다.

웨드마이어 사절단

2차 세계대전 종전 이후 중국에서는 국공내전이 치열하게 전개되었다. 내전 초기 미국의 중재 노력이 있었지만, 전쟁은 더욱 심화되었다. 특히 중국 국민당 정권의 파국이 엿보임에 따라 마셜 국무장관은 대통령에게 특사 파견을 제안했다.[2] 또한 미소공동위원회의 결렬과 함께 한국 문제가 쉽게 해결될 기미가 보이지 않자 워싱턴 당국은 대통령 특사를 파견해 이 지역의 정치·경제·군사적 문제를 조사하기로 결정했다.

대통령 특사로 선발된 이는 주중미군사령관을 지냈던 웨드마이어Albert C. Wedemeyer 중장이었다. 1947년 7월 9일 트루먼 대통령은 공문을 보내 중국정부가 중국의 본토 회복을 도모하도록 하고, 한국의 경제 원조계획에 관한 상황과 일반 국내의 정치·경제 상황에 대해 평가하도록 지시했다. 이미 웨드마이어를 파견한다는 정보는 맥아더에게 전해진 상태였다. 국무장관 마셜은 맥아더에게 현지조사를 위해 떠나는 웨드마이어와 그 사절단에게 적절한 조언을 제공해주도록 요청했다.[3]

당시 미국은 한반도에서 즉각 미군을 철수하려고 했다. 그러나 주한미군이 철수하게 되면 공산주의자들이 전全 한반도를 지배할 수 있게 될 것이고 이는 해외에서 미국의 신뢰에 심각한 타격을 입힐 문제 중 하나였다. 따라서 1947년 여름, 워싱턴에서는 중국과 한국 문제에 대해 그리 낙관적인 입장이 아니었다. 웨드마이어 사절단은 이러한 분쟁 장소를 조사하고 향후 정책을 제안해야 할 어려운 임무를 맡게 되었다.[4]

웨드마이어는 국제정치에서 '핵심지대이론heartland theory'을 신봉한 인물이었다.[5] 이 이론은 영국의 맥킨더 경卿Sir Halford MacKinder이 고안한 것으로 중부유럽을 지배하는 자가 유럽을 지배하고 유럽을 지배하는 자가 유라시아를 지배하며, 더 나아가 유라시아를 지배하는 자가 세계를 지배한다는 내용이었다. 물론 이러한 그의 국제정치이론의 경도 현상은 독일 참모대학에서 군사학을 공부한 자신의 경험이 크게 작용한 것으로 보인다. 이 이론에 따르면 당연히 국가정책은 육군을 위주로 하는 지상군 우위의 전략을 선호하게 되며, 육군 출신인 웨드마이어 입장에서 보면 당연한 결론이라 할 수 있었다.

한편 그는 반공주의적 성향이 강한 인물이었다. 비록 그가 나치즘에 경도되지는 않았지만, 공산주의가 오히려 나치즘보다 미국에 더욱 실질적인 위험이 될 것으로 생각하고 있었다. 미국이 2차 세계대전에

1. 1945년 9월 27일 도쿄의 미 대사관저에서 일왕 히로히토와 첫 만남에서 사진 기자단에 포즈를 취하고 있는 맥아더
2. 1950년 7월 31일 타이베이에서 장제스 총통과 함께
3. 1950년 9월 29일 서울 환도식에서 이승만 대통령과 함께

참전하기 전까지 그는 독일이 미국의 이익에 그다지 심각한 영향을 미치지는 않을 것으로 판단했다.[6]

웨드마이어가 사절단으로 파견될 당시, 한국에 대한 국무부와 합동참모본부의 입장은 달랐다. 국무부가 남한을 포기하지 않기로 결정한 반면, 군부 인사들의 한국에 대한 전략적 평가는 매우 낮았다. 마셜은 웨드마이어 사절단의 임무에 대해 한국에 대해 미국이 지속적으로 개입한다는 상징과 그러한 개입을 도울 수 있는 경제적 지원을 의회로부터 얻기 위한 하나의 수단으로 판단했다.[7] 결국 미소공동위원회의 교착상태가 지속되자, 미국은 한국에 대한 새로운 정책을 강구해야만 했다. 하나의 해결책은 남한에 독립정부를 수립하는 것이었다. 이러한 구상은 마셜이 한국의 정당·사회단체에 대한 미소공위의 협의 대상 문제가 타협될 수 없다고 판단했던 1947년 7월 초에 표면화되었다.[8]

마셜은 새로운 정책을 원하고 있었다. 그러나 현지의 하지와 국무부 고문은 심각한 갈등관계에 있었다. 하지는 경찰의 지원정책을 지속해주기를 원했으나, 번스Arthur C. Bunce는 전면적인 사회·경제개혁과 중도적인 정부를 구상했다. 이를 연구한 스툭William Stueck은 이러한 갈등 속에 워싱턴의 정책 결정자들이 웨드마이어가 새로운 대안을 제시해줄 것으로 기대했다고 평가했다.

이러한 기대를 갖고 웨드마이어는 8명의 사절단원을 이끌고 1947년 7월 16일 중국을 향해 출발했다. 7월 22일 중국에 도착한 웨드마이어는 중국 국민당 인사들을 고무하기에 충분했다. 그들은 웨드마이어 사절단의 방문을 미국의 전폭적인 지원으로 생각했다. 웨드마이어는 이때 만주와 베이징, 톈진, 칭다오 등을 방문해 중국의 전반적인

상황을 시찰했다.⁹

한 달간의 중국 방문을 마친 웨드마이어는 일본을 경유해 8월 26일 한국에 입국했다. 마셜은 웨드마이어의 한국 방문을 향후 경제 원조 계획에서 미국의 입지를 강화하는 수단으로 보았지만, 웨드마이어는 하지와 이 문제에 대해 논의하지 않았다. 당시 이승만은 웨드마이어의 방한을 하지의 친소정책을 전환하려는 미국의 정책이라고 주장했다. 이승만은 심지어 웨드마이어를 대통령 트루먼이 자신에게 보낸 개인적 특사라고 선전했다.¹⁰

한국에서의 실태 조사는 8월 27일 오전에 시작되었다. 웨드마이어는 당일에 사절단을 위한 주한미군사령부의 구두보고를 받았다.¹¹

이때 하지는 웨드마이어에게 점령임무에 대해 몇 가지 어려움을 토로했다. 소련과 대치하고 있는 38선 문제와 초기 점령에 대한 사전 준비가 충분하지 못했다는 것이었다. 하지는 자신이 한국 점령을 위한 최초의 명령을 1945년 8월 12일에 받았으나, 그 이후 구체적인 정책지침을 받지 못했고, 점령업무에 필요한 군정요원도 확보하기 어려웠음을 강조했다. 더욱이, 맥아더가 일본에서 행한 것과 같이 자신들도 기존 권력(조선총독부를 의미)을 이용할 수 있다는 명령을 받았으나, 이는 곧 번복되어 상당한 혼란을 초래했다고 밝혔다.¹²

하지는 점령 초기 명확한 정책지침을 전달해주지 못한 워싱턴 당국을 비난한 것이었다. 또한 모스크바 3상회의에서 논의된 신탁통치 문제에 대해서도 하지는 간단한 내용 이외에는 모스크바 결정에 대한 정보를 얻지 못해 상당한 어려움을 겪었음을 표명했다.¹³

하지는 웨드마이어와의 회담에서 미국의 대한정책에 대해 비관적인 입장을 표명했다. 우선 좌우합작 문제에 대해서도 부정적인 입장이었다. 하지에 따르면 이 문제를 가지고 맥아더와 두세 차례 논의했으나 불가능할 것이라는 그의 입장에 동의했다고 밝혔다. 주한미군 주둔 문제에 대해서도 하지 본인이 1946년 말 워싱턴을 방문했을 때, 의회 및 전쟁부·국무부 등 다른 상위 부서에서조차 주한미군 철수를 원하고 있었음을 느꼈다면서, 가능한 빨리 철군하기를 원하고 있음을 밝혔다. 그러면서 현재 상황이 내전을 불러일으킬 지도 모른다고 예상했다.[14]

웨드마이어는 하지에게 만약 소련에 의해 무장된 북한군이 침공한다면 어떻게 대응할 것인지를 질문했다. 하지는 이는 전쟁으로 간주할 수 있고, 이에 대해 맥아더와 의논을 했으며, 적절한 대응책을 강구하고 있음을 밝혔다. 즉 전쟁이 발발하면 맥아더 휘하의 군대를 한반도에 파견한다는 내용이었다. 하지의 언급에 의하면, 맥아더는 자신의 상관이자 한국 지역을 담당하는 선임자이기 때문이라고 했다.[15]

하지와 맥아더가 한반도에서 벌어질 긴급사태에 대해 어떤 작전을 준비하고 계획하고 있었는지에 대해서는 이를 밝혀줄 명백한 자료가 아직까지 확인되지 않고 있다. 하지만 하지의 발언을 통해 추측한다면 맥아더사령부는 한반도에서 벌어질지 모르는 위기에 대응해 작전 계획을 준비하고 있었음을 알 수 있다.

웨드마이어는 9월 3일까지 한국에서의 일정을 마친 후 도쿄를 거쳐 하와이로 간 후 그곳에서 한동안 체류했다. 웨드마이어 사절단의 하와이 체류는 그동안 중국과 한국을 방문한 결과를 보고서로 작성해 대통령에게 제출하기 위한 준비시간을 갖기 위해서였다.[16]

웨드마이어는 그의 비판적 전망에도 불구하고 미국이 중국과 한국을 지원해야 한다고 주장했다. 이는 미국의 이해관계뿐만 아니라 세계 평화에도 이익이 될 것으로 보았다. 우선 이러한 지원은 공산주의 확산을 저지하고 방어하며, 소련의 위성국에 영향을 미칠 것이기 때문이라는 것이다.[17]

1947년 9월 7일 웨드마이어는 대통령에게 일찍이 그리스에 원조했던 방법으로 한국에 대한 '도덕적 고취와 물질적 지원'을 미국의 감독 하에 시행해야 한다고 건의했다. 또한 한국과 비교하여 만주에 대한 해결책을 제시했다. 첫째, 미국은 만주 지역을 5대 강대국이 보호할 수 있도록 추진해야 한다는 것이다. 만일 소련이 합의를 거부한다면 미국은 중국을 설득해 만주 지역을 유엔이 신탁통치해야 한다고 제안했다. 이러한 제안은 9월 19일 대통령에게 제출한 웨드마이어 보고서Wedemeyer Report에 구체적으로 제시되었다.[18]

웨드마이어는 보고서에서 중국과 한국의 전략적 중요성을 다음과 같이 설명했다. 전쟁이 발발했을 때 비우호적인 중국은 아시아 지역에 대한 해·공군의 전략적 기지를 제공하지 않으려 할 것이고 만약 소련이나 소련에 우호적인 정권이 중국을 통제하게 된다면 이는 일본, 류큐 제도, 필리핀 지역의 미군 기지를 위험에 빠뜨릴 수 있을 것이라고 전망했다. 따라서 재정고문을 포함한 광범위한 물질적 지원을 중국에 대한 5개년간의 경제 지원으로 제안했다. 더욱 중요한 것은 미국이 만주에 대해 보호 내지는 신탁통치를 실시할 수도 있다는 계획을 제출했다. 하지만 웨드마이어는 장제스 정권이 광범위한 개혁을 진행해 나가지 못한다면 경제 원조를 전면 철회할 것도 첨언했다.

중국과 같이 한국에 대해서도 웨드마이어는 정신적·물질적으로 지원해야 한다고 제안했다. 미국의 이러한 정책은 소련의 한반도에 대한 직접적 혹은 간접적 통제를 막고, 남한 지역의 부동항을 포함한 군사기지로서 전 한반도를 자유로이 사용하려는 소련의 의도를 차단하는 것이라고 주장했다. 즉 정책을 지속한다는 것이 소련과 미소공동위원회를 지속하는 것은 아니라고 밝혔다.[19]

8월 초 이미 미국의 한국에 관한 특별위원회Interim departmental ad hoc committee는 계속되는 미소공위의 파국에 대해 국제적 수준에서 새로운 정책을 펼 것을 제안해놓은 상태였다. 대통령 트루먼은 이 제안을 승인했고, 8월 26일 국무차관보 로베트Robert A. Lovett는 모스크바 협정에 따라 4대 강대국 회담을 소련 외무장관 몰로토프에게 제안했다. 물론 소련은 이러한 미국의 제안을 거부했다.[20]

웨드마이어는 군사적인 문제에서 미국의 원조를 확대할 것을 주장했다. 또한 소련과의 협상에서 외국군의 상호 철수에 대한 합의가 있을 때까지 미군이 한반도에 주둔해야 한다고 강조했다. 더욱이 북한 지역에서 군대 양성에 주력하고 있는 소련이나, 만주에서 중국 공산군의 일원으로 활약하고 있는 조선인 부대의 위협에 대처하기 위해서라도 미국은 남한에 소총과 자동화기뿐만 아니라 차량, 통신장비도 제공해야 하며 훈련고문도 지원해야 한다고 주장했다.[21] 물론 이러한 결론을 가지고 웨드마이어가 주한미군의 주둔을 강력히 주장했다고 볼 수는 없을 것 같다. 그의 제안에서 보듯 소련과 합의만 가능하다면 주한미군을 철수시켜도 좋다고 한 것으로 보아 웨드마이어가 한반도에서 주한미군의 장기 주둔을 계획한 것 같지는 않기 때문이다.

더욱이 웨드마이어의 이러한 평가가 전략적 입장에 입각한 것도 아니었다. 그는 단지 한국으로부터 어떠한 '이데올로기적 후퇴'도 아시아에서 소련의 위신을 높여주는 것이고, 이는 일본에서 미국의 지위를 약화시키는 것이기 때문에 받아들일 수 없다고 주장한 것이었다.[22]

결과적으로 웨드마이어의 보고서는 미국의 대한정책 결정에 큰 영향을 미치지는 못했다. 왜냐하면 이 보고서가 제출되기 전에 이미 한국 문제를 유엔에 이관하려는 정책이 워싱턴 고위당국자들 사이에서 합의되었기 때문이다.[23] 당시 트루먼 행정부는 미국이 나쁜 영향을 가능한 최소화하는 선에서 한국으로부터 철수할 수 있도록 한국 문제를 처리하는 방향으로 정책을 추진했다.[24]

한국에 대한 미국의 정책을 공개적으로 반대하지 않았던 웨드마이어에게 가장 중요한 것은 미국의 대한정책을 성공적으로 지속시키면서 대중과 의회가 관심을 갖지 않게 하는 것이었다.[25]

웨드마이어 사절단 이후 미국의 동북아 정책 가운데 가장 취약했던 부분은 한국 문제였고, 국무부 정책가들은 미국의 제한된 능력을 고려한 정책을 채택하는 데 실패했다. 결국 애치슨은 남한에서 미군 7,500명을 철수시키자는 안을 받아들였다. 대신 애치슨은 이러한 정책에 대한 보상으로 한국군에 소화기와 탄약을 제공하고 남한에 대한 경제 원조계획을 의회에 제출했다. 이는 웨드마이어 보고서가 제안한 것과 매우 유사한 정책이었다.

1949년 초 육군부 작전기획단장Plans and Operation Division으로 다시 한국을 방문한 웨드마이어는 미군의 철수를 인정했다. 그 당시 그에게는 한국에서 교두보를 유지하는 것보다 국공내전에서 패해 타이완 섬으로 철수한 중국 국민당 정권, 즉 대만을 최후의 보루로 유지하

는 것이 더욱 중요한 관심사항이었기 때문이었다.[26]

드레이퍼 사절단과 지역통합전략

한편 이 시기 미국에서는 중국 대륙에서 벌어지는 국공내전의 심화와 장제스 정권의 부패로 인해 일본의 중요성을 강조하는 주장이 나타났다. 1947년 4월 합동참모본부는, 아시아에서 중국보다는 일본의 중요성을 강조하며 유럽에서의 독일과 같은 비중으로 취급하기를 원했다. 이러한 구상은 미 국무부 극동국장 버터워스W. W. Butterworth가 일본을 중국의 대안으로 고려하기 시작했을 때 그 절정에 달했다.[27] 미 국무부 정책기획실장인 케난G. F. Kennan역시 스페인이 지중해에서 중요한 역할을 한 것과 같이 동북아시아 지역 안정의 핵심으로 일본을 상정했다.[28]

케난에 따르면 1947년 1월 마셜의 중국 상황에 대한 우울한 보고서[29]와 다른 보고서를 접한 국무부는 국제정치 발전의 잠재적 요인으로 중국보다 일본을 중시하기 시작했다고 밝혔다. 육군부 차관 드레이퍼 William H. Draper, Jr.와 국방장관 포레스탈은 대일본정책을 개혁으로부터 부흥으로 전환할 것을 강력하게 요구했다.[30] 이들의 계획은 중국 주변을 따라 봉쇄전략을 구축하고, 홋카이도에서부터 파키스탄에 이르는 반공국가의 장벽을 쌓는 '거대한 초승달Great Crescent'이라는 지역 봉쇄전략의 주축으로 일본을 설정하려는 계획이었다.[31]

이러한 일본 중시정책으로의 전환은 1947년 7월 3부조정위원회의

문서 SWNCC 381로 채택되었고, 이는 유럽의 마셜플랜과 상당히 유사했다.[32] 일본 정치엘리트들은 이러한 정책 변화를 자신들의 권한을 확대할 수 있는 기회로 이용했다.[33]

이 시기 대한정책에 있어 또 하나 중요한 사절단이 파견되었는데 바로 드레이퍼 사절단이었다. 1947년 8월 30일 새로이 조직된 국방부에 드레이퍼가 육군부 차관으로 임명되었다.[34] 그는 경제적 문제에 관심이 지대한 공화당 출신 의원이었다. 드레이퍼의 주요 임무는 2차 세계대전 이후 미군의 점령지역—특히 일본과 독일—에 대한 감독이었다.

따라서 그는 9월에 일본을 방문해 맥아더 및 참모들과 만나 미국의 대일정책을 조율하기를 원했다. 그의 일본 방문 시기는 연합국최고사령관총사령부가 반反카르텔 정책을 강화하던 시기였다.[35]

드레이퍼가 보기에 일본의 경제 상황은 그다지 밝아 보이지 않았다. 워싱턴으로 돌아온 그는 일본의 경제 부흥을 미국의 정책 목표로 강조했다. 1948년 1월 6일 육군부 장관 로열Kenneth C. Royall은 샌프란시스코의 한 연설에서 미국의 새로운 대일정책을 주장했다. 그는 재벌 해체와 집중 배제, 공직 추방 등 이전의 점령정책을 재검토하고 '향후 극동에 발생할 전체주의적 전쟁 위협을 저지하는 역할'로 일본을 재건하겠다는 방침을 분명히 했다.[36] 그의 주장은 현재 점령지역에서 군국주의 해체와 자립경제 사이에 갈등이 빚어지고 있다는 것이었다. 그는 재건정책이 미국의 새로운 대일정책임을 암시했다. 이러한 로열의 연설은 미국이 새로운 정책을 고려하고 있다는 최초의 암시였다.[37]

중국이 공산화될 조짐이 보이기 시작한 1947년부터 미국의 대일점령정책이 재고되기 시작했고, 1948년 1월 7일 트루먼은 연두교서에

서 대일 강화強化정책을 천명했다.[38]

이러한 정책이 직접적으로 영향을 미친 것은 일본의 전후 배상 문제였다. 미 행정부에서는 이미 전후 배상에 관한 문제를 조사하기 위해 두 위원단을 파견해 전체적인 조사를 마친 상태였다. 1946년 폴리 Edwin W. Pauley와 1947년 스트라이크Clifford S. Strike 사절단이 그것이다. 이 사절단들의 보고서는 일본의 해외자산을 전쟁 피해국에 이양해야 한다는 것이었다. 특히 미국의 석유사업에서 자수성가한 폴리는 이전에도 독일의 전후 배상을 위한 조사를 담당한 바 있었다. 그는 일본의 재벌을 해체하고 이 자산을 전후 배상용으로 사용해야 한다고 주장했다. 전후 배상은 일본 경제를 1930년대 초반의 수준으로 되돌려 놓을 수 있다는 것이다.[39]

이러한 위원단의 보고서에 대해 1948년 3월 21일 맥아더는 이미 일본은 500억 달러에 달하는 자산을 만주, 한국, 북중국 및 주변 국가들에 남겨놓음으로써 그 지불 의무를 다했다고 주장했다.[40] 맥아더는 일본의 전후 배상계획이 철저하게 이루어지는 것에 반대했고, 당연히 미국 내 일본파로 평가되던 드레이퍼의 경우도 이러한 맥아더의 입장에 동조했다.[41]

한편 케난은 1948년 2월 말 일본을 방문, 맥아더와 3차례에 걸쳐 회담을 가졌다. 두 번째 회담에서 케난은 미 정부의 입장을 대변해 점령정책의 기조는 일본 사회가 최대한 안정되도록 하는 것이라고 표명하고 이를 위해 세 가지 시책을 들었다. 첫째, 미래의 군사 압력을 충분히 보장해줄 수 있는, 동아시아에 대한 미국의 안전보장 정책과 둘째, 경제 부흥을 위한 집중적인 시책, 마지막으로, 일본정부가 직접 책임

지도록 장려하고, 국민들이 이미 도입된 개혁 조치를 받아들일 기회를 주기 위해서 점령 제한을 완화한다는 정책이었다.[42]

이는 명백히 전후 대일정책의 일대 전환을 가져오는 것이었다. 물론 맥아더는 이러한 케난의 정책 구상에 동의했을 뿐만 아니라 일본의 전후 중요성을 강조했다. 연합국최고사령관총사령부는 주일정치고문 앳치슨George Atcheson과 국무부 사이의 모든 전문을 도청하고 있었으므로 국무부가 자신의 영역이라고 생각했던 대일정책에 끼어들 준비를 하고 있는 것을 알게 되었다.[43] 따라서 케난이 방문했을 때, 맥아더는 이미 정책의 대강을 이해하고 있었다.

이러한 정책 변화에 더해, 맥아더는 일본의 정신적 개조까지도 고려했다. 케난은 맥아더가 일본인들에게 지도와 영감을 불어넣어주려 했다고 회고했다. 즉 맥아더는 일본인들에게 민주주의와 기독교를 전파하려고 했고, 이렇게 되면 일본은 공산주의자들의 위협으로부터 벗어날 것이라고 기대했다는 것이다.[44] 맥아더는 본인 스스로 이러한 두 가지 사상이 전후 일본의 미래에 미국의 위대함을 되새기게 만들 것이라고 평가했다. 기독교가 냉전에 있어 가장 효율적인 무기라고 보았던 것이다.[45]

1948년 6월 2일 케난은 포괄적인 정책기획안 NSC 13을 국가안보회의에 제출했다. 이 문서는 일본에 대한 미국의 정책을 부흥이라는 목표로 전환하게 했다. 즉 배상을 종결하고, 일본 산업에 부과된 규제를 대부분 제거하며, 수출지향적인 생산을 장려하는 것이었다. 결국 이 문서는 1945년 9월의 대일정책에 대한 미국의 초기 지령을 완전히 대체하게 되었다.[46]

1948년 12월 10일 트루먼은 연합국최고사령관에게 9개조로 된 경제 지령을 내리고 이러한 계획을 실행하도록 은행가인 닷지Joseph Dodge를 특사로 임명했다. 케난이나 드레이퍼와 마찬가지로 닷지도 이전에 독일에 대한 '역코스reverse course'를 지지했던 인물이었다.[47]

결국 1949년 연합국 배상계획안에 대한 '최후의 일격coup de grace'이 등장했다. 1949년 3월 6일 미국은 NSC 13/3을 통과시켰다. 이 계획은 이전의 배상 이전移轉계획을 중지하고 극동위원회가 모든 산업 자원을 재건정책에 사용해야 한다는 내용이었다.[48]

드레이퍼의 방문 목적은 일본의 경제적 부흥이었고, 케난의 목적은 일본의 정치적 안정화였다. 결국 케난과 드레이퍼의 일본 방문은 동아시아에서 새로운 미국의 정책 전환, 일명 '역코스'의 시작을 알리는 것이었고 이는 냉전의 투사投射가 이루어지는 것으로 해석할 수 있다. 즉 미국은 얄타·포츠담 등 협정에 따라 일본을 비공업국가화·비군국화하려던 전시 중 정책을 바꾸어, 일본의 전쟁 배상 및 공업 생산 시설 철거계획 등의 중지를 제의했다.[49] 일본의 경제 재건은 중국 국민당 정부의 붕괴가 예견되자 긴급한 현안 문제가 되었던 것이다.

국무부는 맥아더가 계획했던 것보다 일본을 더욱 부유하고 강력하게 부흥시키기를 원했다. 따라서 대일정책은 개혁과 징벌에서 일본의 재건과 세계 공동체로의 재편입이라는 목적으로 전환되었다. 물론 이러한 전환이 미국의 아시아 정책이 일본을 중심으로 한 지역통합전략을 의미하는 것인지는 분명하지 않다. 그러나 중국의 몰락과 함께 새로운 아시아 정책은 일본을 전진국가로 하는 정책이었음은 분명하다고 할 수 있다.

1949년 8월 국무부는 장제스 정권의 붕괴를 연대기적으로 서술한 《중국백서*China White Paper*》를 발간했다. 이 백서는 장제스 정권에 대해 비난하면서 앞으로는 미국이 그를 위해 어떠한 노력도 기울여서는 안 된다고 주장했다.[50]

《중국백서》에 의하면 2차 세계대전 종결 이후, 미국은 국민당 정부에 무상·유상 약 20억 달러에 해당하는 원조를 제공했다.[51] 그러나 국민당 정부는 이를 효율적으로 사용하지 않았고, 결국 1947년에 들어와 전략적 주도권이 공산당에 유리하게 전개되었으며, 1947년 여름 이후 공산당이 완전히 주도권을 장악한 것으로 평가했다.[52]

1949년 6월 아시아 전략 최초의 정책문서인 NSC 48이 작성되었다.[53] NSC 48은 아시아 정책에서 미국의 목표를 일본 중시, 소련 팽창의 억제, 중·소 갈등의 조장 및 아시아 지역에 팽배해 있는 민족해방운동의 약화를 들고 있다. 2차 세계대전 후 서구 열강으로부터 독립한 신생 아시아 국가에는 빈곤 및 민족주의와 혁명사상이 만연되어 있는데, 이러한 상황은 공산주의자들로 하여금 정권 탈취를 용이하게 한다고 보았다. 따라서 이러한 위험을 막기 위해서는 아시아 각국의 정치가 안정되고 경제가 어느 정도 성장되어야 한다는 것이다.[54]

NSC 48은 미국의 대아시아 이익 한계선을 파키스탄으로부터 일본에 이르는 반월형 봉쇄선으로 설정했다. 이 가운데 미국의 안보 이익에 가장 중요한 국가로 인도와 일본을 상정했는데, 특히 일본을 그 핵심 지역으로 설정했다. 만약 일본이 소련의 영향권 하에 종속된다면, 2차 세계대전 이전 일본의 군수물자 생산 능력이 더해져 미국의 안보에 치명적인 위험으로 대두될 것으로 판단했다. 따라서 미국은 소련의 팽창에 대한 보루로 일본의 부흥을 계획했다.

박태균은 이 문서가 바로 일본을 중심으로 아시아의 경제구조를 재편하겠다는 미국의 지역통합전략 의도를 보여주는 것이라고 평가했다. 그 내용의 핵심은 중국과 만주라는 배후지를 잃어버린 일본을 아시아의 중심으로 재건하기 위해 아시아의 다른 지역을 일본 경제의 배후지로 만들려고 했다는 것이다.[55]

여기서 우리는 미국이 동아시아 지역통합전략Regional Integration Strategy을 수립하며 한국을 일본의 하부단위로 어떻게 설정하고, 이를 언제부터 구체화했는가 하는 점을 살펴볼 필요가 있다. 한국과 관련하여 일본 중심의 지역통합 논의가 처음으로 등장한 것은 1947년 1월 말이었다. 대한정책에 지역통합 구상을 적용한 최초의 문서는 1947년 1월 신임 마셜George Marshall 국무장관이 빈센트John C. Vincent 극동국장에게 대한경제원조안을 승인하면서 "남한에 정식정부를 수립하고 그 경제를 일본 경제에 결집시키기 위한 계획을 작성할 것"을 지시한 내용이다.[56] 1947년 3월 국무부의 마틴E. M. Martin 일본·한국 경제과장은 이 지역통합전략을 구체화했다. 이는 이후 육군부에 의해 주도되었는데 육군부의 드레이퍼와 맥아더가 가장 적극적인 역할을 한 것으로 평가되었다.[57] 이 새로운 전략의 주안점은 미국이 아시아 대륙에 관여하는 것을 해제하고 동아시아 정책의 지역적 중심축을 중국에서 일본으로 전환하는 데에 있었다. 1947년 1월 중국내전을 계속 조정해온 마셜이 본국으로 귀환해 국무장관에 취임한 것을 계기로, 미국은 2차 세계대전 이래 유지해온 '중국 중시정책'·'중국 대륙화 정책'에 종지부를 찍고 '일본 중시정책'으로 전환했다.[58]

커밍스는 한국에 대한 미국의 관여를 대일정책과 연관지어 설명하며, 한국은 그 자체의 전략적 중요성 때문이 아니라, 일본의 공업화를 위한 배후지로서 그 중요성이 강조되었다고 주장했다. 그는 이러한 정책 구상은 케난과 미 국무부 정책기획실이 주도했으며 일본의 부흥을 소련의 팽창에 대한 방파제로 삼으려는 경제와 안보적 고려가 혼합된 구상이었다고 설명했다. 즉 당시 미국은 대일정책이 개혁에서 재건으로 바뀐 시기부터 한국과 대만을 일본 경제와 밀접히 연계시키려고 구상했다는 것이다.[59]

한편 맥글로슬렌Ronald McGlothlen은 애치슨을 비롯한 미국의 정책 결정권자들이 일본의 경제 부흥의 성패를 한국과 연계지어 인식하고 있었다고 설명했다. 이들은 당시 애치슨 국무차관과 대일식량사절단 농림부 대표인 해리슨Raymond L. Harrison, 국무부 동북아시아 국장 비숍Max W. Bishop, ECA 조정관 호프만Paul G. Hoffman 등이었다. 특히 1947년 해리슨은 아시아의 회복은 일본이 한국 및 만주 지역과 무역을 재개해야만 가능하다고 강조했고, 1948년 비숍은 만약 한국이 공산화된다면 이는 일본에 심리적·정치적 및 경제적 영향을 주어 경제 회복에 장애가 될 것이라고 주장했다는 것이다. 1949년 호프만은 과거 일본과 한국 경제는 자연적으로 상보관계였고, 미국이 한국을 돕게 되면 이는 일본을 돕는 것이라고 밝힘으로써 이러한 한국과 일본의 경제 통합은 국무부의 일관된 정책이었다고 강조했다.[60]

그러나 커밍스와 맥글로슬렌의 이러한 주장은 한국의 경제적 요인을 중시했음을 뒷받침할 실증적 증거가 없다는 점이 문제점으로 지적되었다. 왜냐하면 당시 남한 경제가 일본의 원료 공급지 및 상품시장으로서의 기능을 담당할 수 있을 정도의 경제력을 구비하지는 못했기 때문이다. 이종원에 따르면, 객관적으로 보았을 때 당시 분단된 한국은 원료공급지로서도 잠재적 시장으로서도 그다지 높게 평가되지 않았으며 오히려 경제적으로는 큰 부담으로 여겨졌다고 평가했다.[61] 그는 1947년 시점에서 지역통합 구상에 한국을 적용시키는 것은 무리이며, 일본 방위의 앞뜰이라는 정치·군사전략적 고려에 기초해 한국에 대한 봉쇄전략을 적용한 것이라고 주장했다.[62]

하지만 미국은 분명히 한국에 대해 일본과의 연관성을 강하게 연계했고, 지역통합전략이 진행되어감에 따라 미국의 대한정책은 정치, 경제, 군사적 관점을 달리하며 그 무게중심이 이동해갔다는 점에서 주의를 요한다.

1948년 1월 미 육군부 특별참모부 민정국Civil Affairs Division, Special Staff(DA)에서 작성한 한국 점령에 관한 문서에 의하면, 미국의 원조계획은 물질적으로 경제 안정화에 기여했지만, 이는 단지 질병과 불안을 막기 위한 임시방편이었을 뿐, 재건계획은 아니었다고 밝히고 있다.[63] 따라서 남한의 경제를 재건하기 위해서는 지속적이고 광범위한 지원이 필요하고, 한국과 무역관계에 있는 동아시아 지역의 다른 나라들의 경제 안정도 필수적이라고 지적했다.

미국의 정책 전문가들이 구상했던 지역통합전략은 한국전쟁을 통해 구체화되었고 전쟁이 종결된 시점에서는 이것이 확고하게 현실화되었다고 평가할 수 있을 것이다. 한국전쟁이 시작되었을 때, 일본의 생산력 지수는 1934~36년 수준의 3분의 1에도 미치지 못했다. 그러나 1950년 말에는 태평양전쟁 이전의 94퍼센트까지 생산력 지수가 올랐고, 전쟁이 종료된 1953년 중반에는 171퍼센트까지 치솟았다.[64] 존슨Chalmers Johnson은 이를 두고 한국전쟁이 일본에 '마셜플랜'에 필적하는 효과를 주었다고 지적한 바 있다.[65]

주한미군 철수

1947년부터 1949년까지 미국의 대한정책에서 군부와 국무부가 첨예하게 대립한 것은 철군 문제였다. 철군 문제가 처음으로 제기된 것은 1947년 초, 군부가 한반도의 전략적 가치를 수정할 것을 주장하며 철군을 제안하기 시작했을 때였다.

지금까지 철군 문제에 대한 연구는 크게 세 가지로 구분된다. 첫째는 군부의 전략적 가치 재고로 1947년 초에 제기되었으나, 국무부의 반발로 인해 지연되다가 결국 1949년에 완전 철수가 이루어졌다는 주장이다. 이러한 견해는 조순승, 오코노기 마사오小此木政夫, 김철범 등 전통주의 학자들이 대표적이다. 둘째는 1947년 철군 논의가 미국의 봉쇄정책을 위한 기만전술에 지나지 않는다는 평가로 이러한 주장에는 커밍스가 대표적이다. 마지막으로 미국의 고위정책 부서의 평가와 달리 현지사령부인 주한미군사령부가 조기 철군에 반대하는 정책 건의와 대안 수립 등을 강조했지만, 한국 문제의 유엔 이양 및 남한 지역의 정부수립 등 제반 상황의 변화로 인해 결국 철군에 이르게 되었다는 내용으로 정용욱의 평가가 이에 해당된다.[66]

당시 워싱턴의 국무부와 군부 사이에 한반도의 전략적 가치에 대한 불일치, 현지사령부인 하지사령부의 철군에 대한 부정적 시각이 혼재되어 이견이 표출되고 있었지만, 맥아더의 견해를 정리해보면 논의가 전개되기 시작한 초기부터 맥아더는 주한미군의 철수를 주장하고 있었던 것으로 판단된다.

한국의 전략적 가치에 대한 문제 제기는 1947년 4월 29일 합동전략조사위원회Joint Strategic Survey Committee가 군사전략적 측면에서 대외원조에 관한 보고서를 제출하면서 구체화되었다. 보고서에서 남한은 대외원조의 위급성에서 18개국 가운데 그리스, 터키, 이탈리아, 이란에 이어 다섯 번째, 원조의 중요성에서 16개국 가운데 15위로, 종합하면 16개국 가운데 13위였다.[67]

이러한 전략적 평가에 따라, 1947년 5월 전쟁부 장관 패터슨Robert B. Patterson은 국무장관에게 처음으로 주한미군 철수를 주장했다.[68] 1947년 9월 26일 합동참모본부도 마셜 국무장관에게 "군사적 안보라는 점에서 볼 때, 한반도에 미군을 주둔하거나, 기지를 유지하는 것은 전략적 관점에서 이익이 전혀 없다"고 밝히며 주한미군 철수를 권유했다.[69] 이러한 판단에 대해 맥아더 역시 한국에서 점령군을 조기 철수할 것을 주장하면서 한반도가 전략적으로 중요하지 않다고 평가했다.[70]

한편 1947년 9월 26일 소련은 1948년 초까지 미·소 양군을 철수하고, 한국 문제를 스스로 결정하도록 한국인들에게 맡기자고 제안했다.[71] 이러한 소련의 주장에 대해 미국은 10월 17일 한국 문제에 대한 해결책을 유엔사무총장에게 제출했다. 이 내용에 따르면, 미·소 양군의 철수에 관해서는 20만에 달하는 북한군에 의해 남한이 위협받을 수 있으므로 선거를 통해 독립된 한국정부를 수립하고 일정기간이 경

과한 후 단계적으로 군대를 철수하자고 제안했다.[72]

미국의 제안은 소련의 즉각 철수안에 대해 적어도 안전보장을 조치한 후 철군을 단행하자는 주장이었다. 그러나 이러한 주장은 즉각 철수를 주장하는 합동참모본부와 맥아더의 입장을 반영한 것은 아니었다. 그러나 후에 맥아더는 자신이 주한미군 철수를 주장했지만, 이는 10개 사단의 훈련되고 잘 무장된 한국군을 창설한 바탕 위에서 이루어져야만 가능한 것이라고 주장했다며 자신의 무조건적인 철수 주장을 부인했다.[73]

하지만 자료에 의하면 당시 맥아더는 한국군의 증강이나 무기 지원에 대해서도 거부한 것으로 드러났다. 1947년 10월 육군부는 맥아더와 하지에게 미군 철수와 관련해 한국군 창설 문제가 워싱턴에서 검토되고 있음을 알리면서 이에 대한 견해를 제시하도록 요청했었다. 이에 대해 하지는 북한군에 맞서 남한을 방어하기 위해서는 최소 6개 사단, 10만 명의 한국군을 창설해야 한다고 건의했다. 그러나 맥아더는 한국 문제가 유엔에서 검토되고 있는 한 미국에 의한 일방적 조치는 바람직하지 않으며 한국군 창설은 유엔 총회에서 결정될 때까지 연기되어야 한다는 견해를 제시했다.[74]

1948년 4월 2일 국가안전보장회의는 대한정책에 관한 문서 NSC 8을 작성하여 대통령에게 보고했다.[75] 이 문서는 첫째, 극동에서의 미국의 정치·경제적 지위와 둘째, 유엔에서 미국과 관련된 국제협약, 셋째, 한국에서의 미국의 지위 재검토라는 세 가지 문제를 다루고 있다. NSC 8은 미국의 대한정책이 한국인들로 하여금 독립적인 국민정부를 수립하는 것을 목표로 한다고 밝혔다. 이러한 목표 하에 가능한 빨리 주한미군의 점령을 끝내는 것을 부차적인 목표로 삼았다. 그리고 1948년 현재 북한에 소련제 무기로 무장한 조선인민군과 소련군이 잔류한 상태에서 한국군 역시 그 수에는 미치지 못하지만 꾸준한 병력 증강을 시도하고 있다고 밝혔다. 한편 남한과도정부를 통해 남한 행정에 남한 사람들이 다수 참여하고 있지만 정치적 불안정이 심각한 문제점임을 지적했다.

이러한 상황 아래, 미국은 주변 환경이 바람직하지는 않지만, 악영향을 최소화하면서 가능한 빨리 한국에서 군대를 철수할 것을 권고했다. 즉 미군 철수 이전에 남한 국방경비대의 확장·훈련·무장에 관한 계획을 조속히 완료하고, 계획 중인 원조계획을 집행할 것을 주장했다. 마지막으로 철군 시한은 1948년 12월 31일로 설정했으며, 주한미군의 철수 이후에는 적절한 규모의 군사고문단을 설치할 것을 제안했다.

이때 소련군이 1948년 말까지 북한 지역에서 철군한다는 소식은 1947년 유엔총회에서 결의된 조항에 따라 미군 철수에 압력으로 작용했다. 그러나 이에 대해 이승만 정부는 주한미군의 장기 주둔을 강력하게 요청했다.

대통령 특사로 미국 방문길에 나선 조병옥은 1948년 9월 12일 도쿄에서 가진 기자회견에서 "북한으로부터의 공산주의 위협이 제거될 때까지 미군은 남한에 무기한 잔류를 희망한다. 북한의 침입 위협이 신생 대한민국 발전에 가장 큰 장애가 되고 있다"며 미군 주둔을 강력히 촉구했다.[76] 또한 당시 한국 유엔특사로 미국에 있던 김활란도 기자회견을 통해 주한미군이 계속 주둔할 것을 주장했다.[77]

그러나 당시 주요 언론사와 정치단체들은 한국의 자주독립을 위해

외국 군대의 조속한 철수를 바라고 있었다. 한국독립당은 1948년 9월 16일 "조국의 자주통일독립을 주장하는 진정한 의사를 관철하기 위하여 미·소 양국군의 즉시 철퇴를 요구한다"는 성명을 발표했다.[78] 《조선일보》는 1948년 9월 16일자 사설에서 조병옥과 김활란의 미군 장기 주둔 요청을 비판하며 외국 군대의 주둔은 그 국가의 독립주권이 무력함을 반증하는 것이라며 미군의 즉시 철군을 주장했다.[79] 《서울신문》 또한 1948년 10월 16일자 사설에서 "원칙적으로 외군 철퇴에 이의를 가질 수 없고 강토 내에 외군 상주가 요청될 이유가 없다"고 하며 조속한 미군 철수를 주장했다. 더 나아가 이는 3천 만 대한민족의 소원이며 자주국가로서 당연한 요구라고 밝혔다.[80]

이승만 대통령은 도쿄의 한인경영 신문인 《국제타임스》와의 인터뷰에서 소련군의 즉시 철수를 주장한 반면, 미군에 대해서는 남한의 국방군이 안전을 유지할 충분한 시간적 여유를 가질 수 있도록 이러한 보장이 완료된 후 철병할 것을 요구했다.[81]

그러나 주한미군의 철수는 이미 기정사실화된 정책이었고 단지 국무부 요청에 의해 그 시기가 연장되었을 뿐이었다. 국무부는 주한미군의 조기 철수에 대해 육군부와 견해를 달리했다. 1948년 11월 9일 국무부 점령지역 차관보 살츠만Charles E. Saltzman은 육군부 작전기획국장 웨드마이어에게 보내는 서한에서 유엔에 의해 어떤 조치가 취해지지 않는 한 국무부는 주한미군의 철수에 대해서 반대한다는 의견을 표명했다.[82]

하지만 이에 대해 육군부 차관 드레이퍼는 NSC 8에서 제시한 정책 노선에 따라 육군이 예산 배정상의 어려움을 겪고 있고, 또한 맥아더가 주한미군의 배치에 대해 더 이상 전략적 이점이 없다는 의견을 제시했다는 점을 들어 미군의 조속한 철수를 희망했다. 즉 미국이 한국의 보호를 위해 대규모 전쟁을 무릅써야 할 정도로 한국이 중요한 가치를 가지고 있는 것은 아니기 때문에, 미군이 한국에 주둔해 있으면 아시아에서 군사적 분쟁이 일어날 경우 미국에 부담이 될 것이라고 주장한 것이다.[83]

당시 미국 합동참모본부의 대소전쟁 작전계획안에 따르면 한국의 전략적 평가는 상당히 낮았다. 일명 '핀처 계획Pincher Operation'에 의하면 이탈리아와 지중해 지역을 포함 한국도 전쟁 초기 단계에서 소련에 포기하도록 계획되었다.[84] 더욱이 당시 미국은 군비 축소로 군대를 감축했고 따라서 해외주둔군에 대해 상당히 곤란한 입장에 처해 있었다.[85]

1949년 1월 10일, 국방부는 맥아더에게 주한미군 철수에 대한 그의 견해를 요구했다.[86] 1월 19일 합동참모본부에 제출한 답신에서, 그는 한국군과 한국 경찰이 내부 질서를 유지할 수 있을 정도로 충분히 편성되었으므로 주한미군을 철수할 수 있다고 주장하며 5월까지 완료하자고 주장했다.[87]

맥아더는 한국정부가 독재적 경향이 있고, 경제 상황을 향상시킬 수 있는 능력이 전적으로 결여되었기 때문에, 한국의 장기적 안정은 그 가능성이 매우 취약하다고 판단했다. 특히 한국의 안보에 심각한 위협이 되는 사태가 일어나면 전략적·군사적 관점에서 군사적 지원을 적극 강화해야 한다는 주장은 취소되어야 할 것이라고 지적하며, 한국에 대한 군사적 보장 지원을 반대한다는 입장을 표명했다. 맥아더의 주장은 국내적 전복이나 침략으로부터 한국을 보호하기에 충분할 정도로 강력한 한국군을 훈련시키고 장비를 유지하는 것이 어렵다는 논리였다.

1949년 1월 25일 로열 육군부 장관은 애치슨 국무장관에게 미군의 철군 일자를 1949년 5월 10일로 확정하는 내용의 서한을 발송함으로써 국무부의 주한미군 잔류 요구를 거부했다. 이는 1949년 3월 22일 NSC 8/2로 미국의 공식적인 정책이 되었다.[88] 이 문서에서는 주한미 특사 무초John J. Muccio의 건의에 따라 철군 시한이 연기되어 7,500명 규모의 연대전투단의 주둔이 계속 허용되었고, 1949년 6월 30일이 최종시한으로 결정되었다.

1949년 1월 4일 딘William F. Dean 소장을 사단장으로 하는 제7사단은 남한에서 공식적으로 완전히 철수했다. 이어 1949년 1월 15일부로 주한 미24군단 사령부도 일본으로 철수했다.[89] 육군부는 6월 30일 주한미군의 완전 철수를 공식적으로 발표했다.[90] 1948년 8월에 시작된 CRABAPPLE 작전(주한미군 철수작전)은 1949년 6월 말에 완료되었다.[91]

미국은 주한미군 철수 결정에 앞서 군사고문단 설치를 준비했다. 1948년 8월 24일 이승만 대통령과 하지 사이에 서명된 합의서에는 미군이 한국으로부터 철수하는 날까지는 잠정적으로 군에 대한 관할권을 보유하기로 약정되었다. 트루먼 대통령에 의해 주한미국대사로 임명된 무초는 이 협정이 체결된 이틀 후인 1948년 8월 26일 주한미군 사고문사절단을 설치하고 그 산하에 임시고문단Provisional Military Advisory Group(PMAG)을 두어 군정청 소속의 고문관들을 흡수했다. 임시고문단의 단장에는 로버츠William L. Roberts 준장이 임명되었다.

1949년 1월 1일 미국은 정식으로 한국을 승인했고, 1948년 8월 12일 이래 한국에 와 있던 무초 특사는 1949년 3월 21일 부로 초대 주한미국대사에 임명되었다.[92]

군정 당시 국방경비대, 해안경비대, 경찰대의 조직·훈련을 담당했던 미군사고문관들의 역할은 위에서 언급한 협정에 의해 대한민국 정부수립 후에도 지속되었다. 이것은 한국군의 국토방위 능력을 배양하는 데 필요한 원조를 미국이 계속 제공하기로 합의한 '한미임시군사협정'에 의한 조치였다.

국방경비대와 해안경비대가 국방군으로 개편, 증강됨에 따라 임시고문단의 규모도 커져 1948년 말에는 그 구성원이 당초의 100명에서 241명으로 늘어났다. 1949년 4월 2일 잔류 주한미군이 본국 정부로부터 철수 준비 명령을 받았을 때 임시고문단은 1949년 7월 1일 주한미군사고문단The United States Military Advisory Group to the Republic of Korea(KMAG)이라는 공식기구로 발족, 본격적인 활동을 개시하게 되었다.[93] 주한미군사고문단의 지위는 1950년 1월 26일 서울에서 체결, 효력 발생일을 1949년 7월 1일로 소급시킨 〈주한미군사고문단 설치에 관한 협정〉에 의해 공식화되었다.[94]

한편 1949년 6월 30일 주한미군이 철수·해체되자, 남한에 잔류한 미국정부 관리들의 행정과 작전 통제는 맥아더로부터 국무부로 이관되었다. 무초는 주한미외교단American Mission in Korea(AMIK)의 책임자가 되었다. 주한미외교단은 주한미대사관, 주한미군사고문단, 경제협조처와 합동행정위원회Joint Aadministrative Services(JAS)를 그 산하에 두었다. 맥아더의 임무는 합동행정위원회를 통해 연결되었고 극동군사령부를 통한 지원업무로 한정되었다. 원래 육군부는 주한미군사고문단의 작전 권한을 맥아더에게 허용한 상황에서, 고문단을 무초의 행정 통제 하에 배치하려고 했다. 그러나 미비美比합동군사고문단JUSMA-GPHIL의 경험을 갖고 있던 맥아더가 이 임무를 받아들이려 하지 않았다. 미비합동군사고문단 시절, 합동참모본부는 맥아더의 역할을 사소한 업무로 제한했었기 때문이었다.[95]

도서방위선[96]의 설정 배경과 맥아더의 대한인식

1950년 1월 12일 애치슨은 미국의 언론인을 상대로 한 프레스센터 National Press Center 연설, '아시아의 위기: 미국 정책에 대한 검토'에서 도서방위선에 대해 언급했다.[97] 그의 이러한 발언은 이후 상당한 논란을 불러일으켰다. 그러나 이러한 방어선 설정 문제는 애치슨의 독자적인 의견이 아니라 맥아더를 중심으로 한 극동군사령부의 전략적 견해가 반영된 주장이었다. 애치슨은 도서 방위를 일본의 배후지와 결합시키는 '거대한 초승달Great Crescent' 전략을 개발했는데, 이는 봉쇄정책의 아시아판이었던 셈이다.[98]

도서방위선Offshore Island Defense Perimeter의 전략 개념은 이미 1948년 초에 확고하게 정립된 것으로,[99] 이는 합동참모본부, 맥아더의 극동군사령부, 국무부, 국가안보회의 등 최고결정자 사이의 합의 결과로 입안되었다. 아래 문서는 그러한 미국정부와 군부의 인식을 잘 보

여준다.[100]

우리는 아시아 대륙의 어떤 지역도 사활적 이익을 갖는 것으로 간주해서는 안 된다. 따라서 한국에서의 군사공약은 하루빨리 청산해야 한다. 오키나와는 알류산, 류큐, 전 일본 점령 도서, 괌을 포함하는 U자형 미국 안보망 중 가장 핵심적이고 전진적인 지점이다. 우리는 이 기지의 공군과 해군력에 의존하여 아시아의 동해안, 북동해안에 위치한 대륙 항구로부터 육, 해, 공군 합동군의 집결과 공격을 막아야 한다.

미국은 이 시기 동아시아에서 소련을 주적으로 간주했다. 특히 부동항을 목적으로 한 소련의 팽창주의는 당연히 아시아 대륙의 주요 항구를 목표로 추진될 것으로 예상했다. 따라서 미국의 입장에서는 이 지역으로부터 예상되는 소련 및 그 위성국의 공격에 대비하기 위해, 해·공군으로 제어할 수 있는 전진기지로서, 섬을 중심으로 한 U자형 안보망을 구상한 것이다.

1948년 3월 맥아더는 케넌George F. Kennan과 나눈 대화에서 그의 방어선 체계가 의미하는 바를 정확히 설명했다. 즉, 미국은 '공격 병력'을 포함하는 'U자 모양의 지역'을 갖는데 미드웨이 제도, 알류산 열도, 필리핀의 클라크 공군기지, 그리고 오키나와가 여기에 포함될 것이라고 했다.[101]

애치슨 선언에 포함된 극동방위선은 미국의 군부, 특히 당시 극동군사령관 맥아더의 구상을 정치적으로 설명한 것에 지나지 않았다.[102] 즉 한반도가 방위선에서 제외된 것은 마한Alfred Mahan 이후 미국의 군사전략가들 사이에 풍미한 '해상권에 의한 세계 제패'의 일환이었고, 맥아더는 이 전략에 매우 경도되어 있었다.[103]

애치슨의 방어선은 그 토대를 정치적 및 경제적 수단을 통해 일본에서 인도 일대까지의 방대한 지역을 확보·개발하게 될 '거대한 초승달'에 두었다. 실제로 전국기자클럽National Press Club 연설 이틀 전에 한 비밀증언에서 애치슨은 아시아에서 미국의 이익의 실제적 중심을 "일본을 한쪽 끝으로 그리고 인도를 다른 한쪽 끝으로 하여 ······ 연결되는 초승달 내지 반원"으로 묘사했으며 또 일본의 경제적 필요가 동아시아에서 가장 우선시 되어야 한다고 언급했다.[104]

오코노기 마사오小此木政夫 역시 애치슨 연설은 NSC 48의 내용을 알기 쉽게 해설한 것에 지나지 않는다고 평가했다. 그에 의하면 당시 미국의 지도자들은 아시아 태평양 지역에서 공산주의의 위협을 소련군에 의한 '군사적 공격'과 국지적인 '전복과 침투'로 명확히 구별하고, '전복과 침투'에 대해서는 군사적인 수단으로 저지할 수 없다고 생각하는 경향이 있었다는 것이다. 그렇다고 해서 애치슨의 연설이 방어선 안쪽의 지역에 대한 군사적 공격은 무력으로 저지할 것이나 그 이외의 지역에 대한 공격은 묵인한다는 것을 의미하는 것도 아니라고 평가했다. 즉 군사적 공격에 대해 방어선의 유지를 선언함과 동시에, 그 밖의 지역에서는 전복이나 내부 침투에 대한 취약성을 극복하는 것에 지나지 않는 것으로, 오히려 군사적 대응과 내부적 안전의 강화를 지역적으로 짜 맞춘 중층적인 억지전략이라 할 수 있다고 판단했다.[105]

이러한 미국의 도서방위선 전략은 1949년 3월 13일 《뉴욕타임스 New York Times》의 기사에도 나타나 전 세계적으로 일반인들에게 이미 널리 알려진 사실이었다.

1949년 3월 1일 맥아더는 영국 언론인 프라이스Word G. Price와의 회견에서 아시아 침략에 대한 "우리의 방어 위치는 미 대륙 서부 해안에 기초하고 있다. 태평양은 가능한 적의 접근 공격로로서 고려되고 있다. 이제 우리의 방어선은 아시아 해안에 연하는 군도를 통하게 된다. 그것은 필리핀에서 출발해 주 요새지인 오키나와를 포함하는 류큐 제도로 이어지며 일본과 알라스카에 연하는 알류산 열도를 통해 후방으로 굽어진다"고 했다.[106]

태평양을 '미국의 지배에 의한 호수Anglo-Saxon Lake'로 간주하던 군부와 맥아더는 한국을 방위선에서 배제했으며, 각료들의 조언에 따라 트루먼은 양분된 국가의 어떤 측의 군사적 행동도 미국이 개전開戰하는 사유가 되지는 않을 것이라고 선언했다.[107]

결국 도서방위선의 설정은 일본과 필리핀 등 미국의 안보에 직결되는 지역에 대한 안전 보장이 되었고, 전략적 측면에서 미국에게 한국은 일본의 종속적인 위치에 지나지 않았다. 또한 이러한 도서방위선은 맥아더의 구상에 기인한 것이다.

국내에서는 흔히 맥아더가 한국을 중요한 동맹국으로서 그 주권을 보호하려고 노력했고, 또한 이러한 한국에 대한 관심이 한국전쟁 시기에 더욱 빛을 발한 것으로 평가하는 경향이 있다. 그러나 사실은 이와 전혀 다른 측면을 보여주고 있다. 우선 앞에서 언급했듯 맥아더의 입장에서 한국은 단지 일본 방어를 위한 종속적 지위에 지나지 않았던 것이다.

한국전쟁 이전 맥아더의 한국에 대한 발언은 정치적인 목적을 가진 수사적 허구에 지나지 않았고 대한인식과 정책에서도 한국의 가치를 거의 인정하지 않았다. 그러나 대외적으로 공표한 발표문에서 맥아더의 주장은 이와는 완전히 상반되게 나타났다. 1947년 2월 맥아더가 의회에 전달한 서한 가운데 24일자 AP 보도에 나타난 한국에 관한 기사를 보면 다음과 같다.[108]

미 의회에서는 미 군사비 예산의 삭감에 반대하는 주장이 개진되고 있는데 이 반대 주장은 미국에 숭고한 임무가 부과되고 있는 조선 사정과 부합하는 것이다. 또 나는 미군의 일본 점령이라는 관점에서 미국 점령업무의 책임에 관하여 토론한 바 있었는데 그중의 대부분은 조선을 목표로 말한 것이다. 즉 연합군으로 말미암아 해방된 조선에 안정하고도 자유스러운 정부를 수립하는데 있어 미국은 이에 조력해야 한다는 공약을 우리는 조선에 대해 말하고 있기 때문이다.

특히 한국 언론과의 회견이나 한국의 인사들에게는 외부 침입에 대한 자신의 책임을 강조하곤 했다. 1947년 3월 합동통신사 사장인 김동성과의 회담에서도 맥아더는 자신이 한국과 긴밀한 관계였음을 토로하고 있다.[109]

나와 조선과의 관계는 매우 깊다. 내가 어렸을 때에 나의 작고한 부친 아더 맥아더 장군은 조선 고종황제로부터 청동제 화로를 받은 적이 있었으며 나 자신은 1905년 일러전쟁日露戰爭 당시에 연락장교로 조선을 방문한 일도 있었다.

여기서 맥아더는 '코레히도르' 작전에서 아버지의 유품인 고종황제의 선물을 분실한 것을 매우 안타까워하고 있다는 말을 전했고 이를 전해들은 이승만은 정부수립 직후 그에게 질동제質銅製 향로 1좌座를 기증하기도 했다.[110]

1948년 8월 15일 대한민국 정부수립일 단상에는 이승만, 하지, 맥아더가 나란히 도열해 있었다. 특히 맥아더는 연합국최고사령관의 지위로 대한민국 정부수립을 축하하는 축사를 하기 시작했다.[111]

본관은 40년간 여러분의 애국자들이 외국의 압박의 굴레를 벗느라고 분투하는 것을 감탄해가며 지켜보았습니다. 그러나 정의의 위력이 용진하는 이 찰나에 그 정의의 개선은 근대역사의 일대 비극인 귀국 강토에 인위적 장벽과 분할을 무색하게 했습니다. 이 장벽은 반드시 파괴해야 될 것이요, 또한 파괴될 것입니다. 나의 나라의 국민은 귀국민과 다년간 각별한 우호적 관계를 가졌습니다. 일찍이 1882년 양국민 간의 우호통상조약을 체결하여 양국 간 영원한 평화와 우의를 선포하였습니다. 미국 국민은 이 서약에서 이탈한 적이 결코 없느니만큼 여러분은 그 불가분不可分의 우호관계를 계속 신뢰할 수가 있습니다.

여기서도 맥아더는 한국에 대한 관심과 애정을 가지고 있는 듯한 발언을 했다. 계속해서 그는 1948년 10월 이승만이 도쿄로 자신을 방문해 환담했을 때, 한국에 대한 관할권이 없는 상태에서도 자신 있게 이승만에게 자기는 남한을 보호할 책임을 가지고 있다고 하며 남한을 미국 캘리포니아 주州를 보호하듯이 하겠다고 말했다.[112]

더욱이 맥아더는 1950년 6월 한국전쟁이 발발하기 직전에 국방장관 존슨Louis A. Johnson과의 도쿄 회담에서 "미국은 이승만 정권을 지지함으로써 공산주의의 폭력과 음모로부터 한국을 방위해왔는데 한국의 전략적 가치로 보아 계속 원조해야 하며, 일본을 미국 방위의 요충으로 확보하기 위해서도 한국을 이와 분리하여 생각할 수 없다"고 강조하기도 했다.[113]

하지만 맥아더의 대외적인 발표는 내부적인 회의석상에서 언급한 한국에 대한 전략적 판단과는 전적으로 다른 것이었다. 이러한 그의 이중적인 언술 구조 때문에 아직도 일부 연구자들은 맥아더의 대한정책과 인식을 상당히 우호적으로 평가하고 그를 한국현대사에서 중요한 인물로 평가하고 있는 것이다.

맥아더의 대한인식은 그 자체가 뒤틀린 역사인식에서 비롯된 것이 많았다. 조미수호통상조약에서부터 시작되는 한미관계의 지속성, 남한을 미국의 본토와 같이 지켜주겠다는 발언 등 대외적인 언급과 미국정부 내의 고위관료들과의 비망록 교환이나 맥아더청문회에서 보여주었던 한국에 대한 책임 회피 등은 그의 이율배반적 언술 구조를 알아야만 이해할 수 있다.[114]

맥아더는 1950년 1월 12일 애치슨 국무장관이 전국기자클럽National Press Club에서의 연설에서 한국과 자유중국은 "우리의 방위선 밖에 있다"고 말한 것을 자신의 회고록에서 지적하고, 이러한 애치슨의 극동문제에 대한 오판은 잘못된 정보에 기인한 것으로 이 문제를 알려주기 위해 애치슨을 도쿄로 초청했었으나 그가 오지 않았다고 밝혔다.[115] 그러나 이미 앞에서 언급했듯 도서방어선의 개념과 그 내용의 설정은 국무부와 군부의 오랜 기간에 걸친 협의 과정의 산물이었으며 그 누구보다도 맥아더 자신이 이를 잘 알고 있었다. 그럼에도 불구하고 이러한 맥아더의 지적은 자신의 책임을 애치슨에게 전가하려는 의도를 가지고 쓴 것으로 보인다.

미군이 철수하기 이전의 상황에 대해, 후에 맥아더는 상원위원회 앞에서 "나의 책임은 단지 그들의 의식주를 해결해주는 것뿐이었다. 나는 전쟁이 발발할 때까지 한국에 관한 정책이나 행정 및 지휘 책임과는 아무런 관계가 없다"고 말했다.[116] 1949년 여름 한국에서 미군의 병력을 마지막으로 철수시키면서 맥아더는 스스로, 한국이 "미군부대의 주둔지로서 적합하지 않다"고 평가했다. 왜냐하면 "아시아 대륙에 미국 지상군을 정착시키는 것"은 "그 자체 위험"을 안고 있기 때문이라는 것이다. "만일 부대가 거기 머물렀다면 그것은 덫에 걸렸을 것"이라고 언급했다.[117]

비록 한국에서 이승만을 지원하기는 했으나, 맥아더는 합동참모본부와 함께 이승만정권의 붕괴를 가져올 수도 있는 주한미군의 조기 철수를 주장했던 것이다.[118] 1949년 여름, 맥아더는 남북한 사이의 국경 충돌과 갈등이 격화되는 상황에 대해서도 관심을 기울이지 않았다. 1949년 9월 의회에서 5명의 의원이 방문했을 때, 맥아더는 "북한이 남한을 침범할 위험은 없다"라고 자신 있게 발언했다.[119]

역사학자인 샬러Michael Schaller는 맥아더의 명성은 1950년 6월 한국전쟁 발발 이후 거의 한국과 동의어가 되었지만, 한국에 대한 맥아더의 태도는 양면적이었다고 평가했다.[120] 합동참모본부와 맥아더는 공산당의 한반도 지배를 막고자 하면서도, 미군의 한국 주둔은 부족한 미국 자원을 고갈시키는 불필요한 문제로 간주했던 것이다.

1950년 6월 14일 맥아더는 〈대만 비망록Memorandum on Formosa〉을 작성했다. 이 비망록에서, 맥아더는 미국의 서태평양 방위선을 설명하면서도 남한을 또다시 포함시키지 않았다.[121] 제임스D. Clayton James에 따르면 맥아더는 1945년부터 한국전쟁이 발발할 때까지 남한의 붕괴가 미국에 매우 중요한 재난이 될 것이라는 주장의 메시지를 상부에 보낸 적이 결코 없었다.[122]

대소봉쇄정책의 무장화 – NSC 68

1950년 4월 국무부와 국방부는 소련의 핵무기 개발과 중국 혁명이라는 점증하는 위협에 대항해 국가 안보에 관한 특별 조사를 시작, 새로운 정책문서인 NSC 68을 작성했다.[123]

2차 세계대전 이후 급속한 병력 해체와 군 예산의 삭감으로 인해 미 육군 당국의 예산은 1945년 505억 달러에서 1946년 279억 달러로 급감했다. 급속한 병력 해체와 함께 미국의 육군 예산은 1947년부터 1949년까지 연평균 83억 달러에 지나지 않았다. 육군의 병력 수도 1945년 830만 명에서 1950년 봄에는 60만 명을 밑돌았다. 극동군사령부 역시 이러한 추세에서 예외일 수 없었는데, 1947년 1월 30만 명에서 1948년 14만 2,000여 명으로 줄었고 한국전쟁 직전인 1950년 6월에는 10만 8,000여 명 수준으로 낮아졌다.[124]

이러한 상황에서, 새롭게 국무부 정책기획실 국장으로 취임한 니츠

Paul Nitze의 주관아래 기획된 NSC 68은 소련의 잠재적 영향력 증대에 따른 미 국방력의 증가를 계획한 문서였다.[125]

1949년 소련의 원자탄 개발 성공은 미국의 안보상 위기를 고조시키기에 충분한 사건이었다. 미국은 소련이 원자탄뿐만 아니라 그보다도 수십 배의 파괴력을 가지는 수소탄도 보유하고 있을지 모른다는 위협을 상정했다. 이렇게 소련의 원자탄과 수소탄 보유에 맞서, 평시와 전시의 미국의 목표 및 전략적 계획에 관한 전반적 검토와 대응을 제시한 것이 바로 NSC 68이었다.

NSC 68에서는 소련의 기본적인 의도를 전 세계 비非공산권 국가의 사회 및 정부조직의 완전 전복 혹은 강제적 파괴로 보았다. 따라서 비非공산권 세계의 중심인 미국의 입장에서 소련이라는 국가는 어떠한 수단을 통해서도 파괴시켜야 할 주적으로 상정하게 되었다.

만약 1950년에 주요한 전쟁이 발생한다면, 소련과 그 위성국들은 이미 다음과 같은 목표를 얻기 위해 준비를 완료했을 것으로 추측했다.[126]

1. 이베리아 반도와 스칸디나비아 반도를 제외한 서유럽 침공, 중동의 유전지대 확보, 극동 지역의 공산주의 국가들의 단합.
2. 영국에 대한 공습과 대서양과 태평양 연안에 있는 서방 국가들 사이의 연락망에 대한 해상 및 공중 공격.
3. 알라스카, 캐나다, 미국 등 선별 지역에 대한 핵 공격.

이러한 평가에 따라 봉쇄정책에 대해서는 그 목적을 1. 소련의 영향력 팽창을 막기 위해, 2. 소련의 허구성을 폭로하고, 3. 소련의 영향력을 감소시키며, 4. 소련 내부의 갈등을 조장하기 위한 것으로 정의하며, 이러한 봉쇄정책을 효과적으로 실행하기 위해서는 강력한 군사정책이 필요하다고 강조했다.

1950년 현재 소련은 전쟁 준비 노력을 꾸준히 진행해온 반면, 미국은 소련에 비해 인적 자원이나 물적 자원에서 소련에 뒤쳐지고 있다고 평가하며, 현재의 평시 상황에서 앞으로 2~3년 동안 군사력을 향상시킬 수 있는 노력이 필요하다고 주장했다. NSC 68은 소련과의 전쟁 위험이 증가하고 있음을 강조하며, 소련군이 1954년까지는 서방을 공격할 준비를 완료하게 될 것으로 예상했다. 따라서 NSC 68에서는 미국과 그 동맹국에게 지체 없이 대규모의 군비 증강을 실행하도록 권고했다.[127]

NSC 68은 이에 대한 선결조건으로 군사적 목적을 달성하기 위해 실질적인 지출을 증가시키고, 은밀한 첩보계획과 심리전을 통한 소련 위성국가들의 이탈을 조장하며 군사 지원 프로그램을 늘리고, 이를 위한 세금을 늘려야 한다고 강조했다.

하지만 트루먼은 NSC 68을 승인하는 데는 더 많은 시간이 필요하다고 주장하며, 이 보고서의 결론이 내포한 타당성에 대해 의문점을 제기하도록 보좌관들에게 요청했다.[128] 하지만 한국전쟁이 발발하고 나서 전쟁물자의 긴급한 수요가 점차 증대되자, 트루먼은 12월 중순 긴급경제 통제조치와 동원령 확대, 500억 달러를 상회하는 규모로의 국방예산 4배 증액, 아이젠하워Dwight D. Eisenhower의 나토사령관 임명, 대중국 무역 대부분에 대한 동결조치 등을 잇달아 발표했다.[129] NSC 68의 구체적 실현이 한국전쟁을 통해 시작된 것이다.

5
한국전쟁의 발발과 맥아더사령부의 초기 대응

미국은 한국전쟁을 통해 공산주의의 공격을 봉쇄하는 것 그리고 미국의 군사적 영향력 하에 일본을 관할한다는 두 가지 목적을 동시에 이루려 했다. 미국으로서는 전략상 중요 지역, 특히 일본을 사수한다는 목표를 명백히 가지고 있었으며 따라서 한국전쟁의 개입은 일종의 예방전쟁Preventive War의 성격을 갖는다고 할 수 있다.

한국전쟁의 발발과 맥아더사령부의 개입

1950년 6월 25일 오전 4시 북한은 '폭풍'이라는 암호명 아래 38선 연선에 배치한 전군에 남침 명령을 하달했다.

당시 극동군사령관은 맥아더Douglas MacArthur 원수였다. 그는 세 가지 주요 직책을 겸하고 있었는데 그 하나는 일본 점령을 통할하는 13개 연합국 극동위원회의 연합국최고사령관GHQ/SCAP, 태평양의 미 육·해·공군을 지휘하는 극동군사령관CINCFE, 극동미육군사령관CINCAFFE이었다.[1] 7월 8일 네 번째로 유엔군총사령관CINCUNC으로 임명되었고 극동군사령부는 유엔군사령부가 되었다.[2] 이 시기 극동군사령부의 참모장은 알몬드Edward M. Almond였고, 참모부장은 히키Doyle O. Hickey 소장이었다.

제8군은 워커Walton H. Walker 중장이 지휘하고, 참모장으로 웨이블 Walter L. Weible 소장이 사령부와 지원부대를 관리했다. 극동해군은 조이Turner C. Joy 중장, 극동공군은 스트레이트메이어George E. Stratemeyer 중장이 지휘했다.[3]

전쟁이 발발할 당시 극동군사령부에 부과된 특별 임무는 다음과 같았다. 1. 류큐와 일본의 방어, 2. 관할 구역 내에 해상·항공 보급로 보호, 3. 대만의 보호, 4. 태평양 지역사령부·알래스카사령부·전략공군사령부 지원, 5. 필리핀 지원, 6. 주한 미국인의 안전 보호를 위한 준비 확립 등이었고, 공군력은 적의 공군력을 무력화시키도록 계획되어 있었다.[4]

Douglas MacArthur

◀ 1950년 9월 15일
맥킨리 호의 갑판에서 인천상륙작전을 지휘하는 맥아더

▼ 1948년 8월 15일
대한민국 정부수립 경축식에서 이승만 대통령과 환담하는 맥아더

극동군사령관 맥아더는 1950년 6월 26일 한국에 조사단을 파견하라는 지시를 받기 이전까지는 미 군사고문단과 미 대사관에 대해 군수 지원 외에는 어떤 책임도 갖고 있지 않았다. 한국전쟁이 발발하자 맥아더는 곧 극동군사령부의 13명의 참모와 2명의 사병으로 조사단을 구성하고 처치John H. Church 준장을 단장으로 임명했다.[5]

한국전쟁 발발과 동시에 문제가 된 것은 북한의 남침에 대한 정보 판단의 오류에 관한 것이었다. 당시 미 중앙정보부 국장이었던 퇴역 제독 힐렌쾨터Roscoe H. Hillenkoetter는 6월 26일 상원 세출위원회에서 미 중앙정보부 요원들이 북한의 남침이 임박했다는 보고서를 보냈으나 다른 기관이 이에 적절한 주의를 기울이지 않았다고 주장했다.[6] 윌로비

▲ 1950년 10월 15일 웨이크 섬에서 만난 트루먼 미 대통령과 맥아더

▲ 1951년 4월 18일 해임 이후 귀국길에서 샌프란시스코 몽고메리가를 지나며 환영을 받는 맥아더

◀ 맥아더는 유엔군사령부를 창설하고 콜린스 육군참모총장으로부터 유엔기를 이양받고 있다.

Charles A. Willoughby는 이전부터 주한미연락장교단Korean Liaison Office이라는 명칭으로 한국에 감시분견대를 설치하고 있었다.[7] 그는 후에 자신은 워싱턴의 육군부 정보국에 남침에 대한 경고를 전달했다고 주장했다. 하지만 그의 보고서는 워싱턴에서 주목을 받지 못했다. 그 이유를 제임스는 다음과 같이 세 가지를 들었다. 첫째, 윌로비가 이전에 자신의 관할 영역에서 전략정보국OSS, 중앙정보부, 국무부 정보국을 매우 오만하게 취급했고, 둘째, 한국은 윌로비가 관할해야 할 영역이 아니었다는 것과 셋째, 가장 중요한 것으로 윌로비의 경고는 침략이 곧 일어나지 않을 것이라는 내용이었기 때문이라는 것이다.[8]

북한의 전면 남침 소식은 무초를 통해 국무부에 알려졌다. 무초는 주한미군사고문단의 보고에 기초해 북한군의 군사 행동이 새벽 4시에 시작되었고, 공격의 성격과 방법으로 보아 남한에 대한 전면 공격일 것이라고 보고했다.[9]

맥아더사령부 역시 시간적 지체가 있었지만 북한의 전면 남침 보고를 확인했다. 맥아더사령부는 "북한군이 옹진, 개성, 춘천 등 여러 지점에서 남한 영토를 침범해왔으며, 강릉 남부 동해안에서는 상륙작전이 전개되었다. 한국 시각 11시에 북한방송은 선전포고를 했다. 야크형 공군기가 서울 상공을 저공비행 정찰했다는 보고가 있다"고 육군부에 보고했다.[10]

북한의 전면 남침은 급기야 서울 상공에 공군기를 출격시키는 상황까지 이어졌다. 6월 25일 오전 11시 35분, 2대의 북한 전투기가 김포공항에 출현했고, 오후 4시에는 김포공항에 기총사격을 가하기까지 했다.[11]

주일미정치고문으로 재직하던 시볼드의 전문을 애치슨에게 보낸 덜레스와 앨리슨은 북한의 전면 남침을 알리며, 남한군이 북한의 공격을 제대로 막아내지 못한다면, 소련의 대응이라는 위험에도 불구하고, 미군의 개입이 필요할 것으로 보았다.[12]

이러한 보고를 접한 미 육군부의 첫 반응은 북한의 남침이 소련에 의한 것이 아닌가라는 의심이었고, 이를 확인하기 위해 긴급전문을 극동군사령부에 발송했다.[13] 이 전문에서 육군부는 북한군에 중국군, 즉 이전의 만주부대가 소속되어 있는지, 북한 해군 병사들의 국적 문제, 그리고 소련군사고문단이 38선 이남에서 활동하고 있는지에 관해 질문했다. 그러면서 만일 이러한 남한 공격이 성공한다면 소련은 유고슬라비아와 인도차이나에서도 같은 방식의 공격을 감행할 것으로 예측했다.[14] 미국 당국은 북한의 남침을 소련에 의한 공산화의 일환으로 인식했던 것이다.

당시 미국은 소련의 정확한 의도를 면밀하게 분석하지 않고서는 한국전쟁에 대한 어떠한 정책도 결정할 수 없었다. 미국은 설사 실제 현상이 그렇지 않다고 하더라도, 한국 침략의 배후자가 소련이라고 믿었다. 따라서 한국 사태에 관해서 무엇을 결정할 때는 항상 '소련은 어떻게 나올 것인가' 하는 것을 고려할 수밖에 없었다.[15]

육군부의 작전참모부장으로 있던 볼테Charles L. Bolte는 6월 28일 페이스Frank Pace 육군 장관에게 "남한을 침략한 (북한의) 행동은 소련에 의해서 계획되었고 냉전 상태 하에서 미국을 희생시켜 소련의 국제적 지위를 높이려고 계획된 침략 행위임이 틀림없다"고 보고했다.[16]

북한의 전면 남침이 알려지자 미국의 워싱턴 당국은 기민하게 움직였다. 그로스Ernest Gross 주유엔미국대사는 현지 시각 25일 오전 3시(한국 시각 오후 4시)에 트리그브 리Trygve Lie 유엔사무총장에게 전화를 걸어 유엔안전보장이사회 회의를 소집할 것을 요청했다. 결국 안보리는 한국전을 심의하기 위해 25일 오후 2시에 회의를 개최했다. 이 회의에 앞서 그로스는 유엔미국대표단 특별회의를 소집하여 미국의 주장에 따르는 제반 문제를 협의했다.

그로스는 유엔안보리 특별회의 연설에서 "북한군의 불법적이고 부당한 공격은 미국정부가 보기에는 평화 침해이며 침략 행위이다. 이는 명백히 국제 평화와 안보를 위협하는 것이다. 이러한 공격은 유엔 헌장의 근본 목적에 정면으로 도전하는 것"이라고 주장하며 북한 당국에게 남한에 대한 적대행위를 중지하고 북위 38도선의 경계선으로 군대를 철수시킬 것을 촉구하는 결의안 초안을 제출했다. 이 결의안은 소련이 결석한 가운데 참석 회원국 10개국 대부분의 찬성인 9 대 0(유고 기권)으로 가결되었다.[17]

한국정부도 기민하게 대응하기 시작했다. 국방부 정훈국장 이선근 대령이 발표한 담화에 의하면 "오늘 오전 5시부터 8시 사이에 38선 전역에 걸쳐 이북 괴뢰집단이 불법남침하고 있다. 즉 옹진 전면으로부터 개성, 장단, 의정부, 동두천, 춘천, 강릉 등 각지 전면의 괴뢰집단은 거의 동일한 시각에 행동을 개시하여 남침해왔고 선박을 이용해 상륙을 계획했으므로 각 지역의 우리 국군부대는 이를 요격해 긴급 적절한 작전을 전개하고 있다. 전 국민은 우리 국군 장병을 신뢰하며 동요하지 말고 각자의 직장에서 만단의 태세로 군의 행동과 작전에 적극 협력하기를 바라는 바이다"라고 언급했다.[18] 이승만 정부는 급박한 상황에 따라 긴급국무회의를 소집했고, 이승만은 맥아더에게 한국 사태를 수습하기 위해 미국이 시급하게 원조해줄 것을 요청했다.[19]

주말 휴양지 미주리에 머물던 트루먼 대통령은 6월 25일 급거 워싱턴으로 귀환해 고위 정책 담당자들과 회의를 개최했다. 이 자리에서 미국은 공군과 해군을 동원한 남한군의 지원과 대만 해역에 제7함대를 파견할 것을 결정했다.[20]

한편 미국은 북한의 남침 목적과 이에 따른 소련의 의도를 분석한 결과, 북한의 남침 목적이 전 한반도를 지배하고자 하는 것이고, 7일 이내에 서울을 함락시켜 결정적인 승리를 얻고자 한다고 파악했다. 북한은 전적으로 소련의 통제 하에 있으므로 사전지시 없이 행동을 개시했을 가능성이 없고, 남한에 대한 북한의 공격이 소련의 의도와 동일한 것으로 판단했다.[21] 그러나 국무장관 애치슨은 소련이 서방과의 전면전을 준비하고 있지는 않으며, 따라서 소련이 한국전쟁에 직접 개입하지는 않을 것이라고 주장했다.[22] 이러한 판단에서인지, 미 행정부는 한국전쟁을 공식적으로 '전쟁'이라고 선포하지 않았고, 이에 대한 개입을 제한적인 경찰 행동police action에 지나지 않는다고 선언했다.[23]

한편 미 지상군의 투입을 최초로 제기한 인물은 주일정치고문인 시볼드였다. 국무부에 보낸 전문에서 그는 북한군의 침입을 격퇴시키지 못한다면, 소련의 참전 위험이 있더라도 즉각 미군이 투입되어야 한다고 밝혔다.[24]

한국 현지에서 미국의 행동은 매우 신속했다. 주한미군사고문단은 한국군에 공급할 10일 분량의 탄약을 부산항으로 즉각 보내줄 것을 극동군사령부에 요청했다.[25] 주한미대사인 무초는 안전을 위해 미국인의 소개를 준비했다. 무초는 26일 아침 인천항을 통해 미국인 부녀자와 아동들을 소개할 계획을 극동군사령부에 통보했다.[26]

한국에 관한 미국의 정보 보고는 당시 주한미군사고문단을 위시해 주요 기관이 무초의 관할 하에 있었기 때문에 주한미대사→국무부→극동군사령부의 계통을 밟았다. 극동군사령부에 보낸 전문에서 국무부는 북한군의 총병력을 3개 보병사단과 2개 경비여단을 포함해 5만여 명으로 추산했다. 또한 북한군의 탱크 역시 70여 대로 추산했다. 반면 남한의 총병력은 9만 6,000여 명으로 계산했기 때문에 해·공군만 지원한다면 북한의 남침을 막아낼 것으로 예측했다.[27] 동시에 6월 26일 트루먼 대통령의 지시에 따라 극동군사령부의 해군과 공군에 대한 모든 작전 제한을 해제했다.[28]

하지만 극동군사령부는 모든 상황을 이미 파악하고 있었다. 6월 25일부터 6월 30일까지 워싱턴의 육군부와 극동군사령부 사이에 전문회담Teleconference이 개최되었다. 여기에는 극동군사령부의 알몬드 참모장, 윌로비Charles A. Willoughby 정보참모, 라이트Edwin K. Wright 작전참모, 이벌George L. Eberle 군수참모와, 합동참모본부의 리지웨이Matthew B. Ridgway 참모장, 볼테Charles L. Bolte 작전국장 등이 참여했다. 6월 25일 회의에서 윌로비 정보참모는 믿기는 어렵지만(F-6), 파괴된 탱크에서 3명의 러시아 군인을 목격했다고 보고했다. 그리고 700명에 달하는 미국 민간인들의 소개계획을 제시했다. 이들은 인천에서 사세보와 큐슈 지역으로 이송될 계획이었다.

극동군사령부는 오래전부터 한반도 내 자국인들을 소개할 계획을 준비하고 있었다. 자료로서 확인되는 것은 1947년 12월 8일에 수립된 'STRONGBARK'와 1948년 4월 10일의 'STRETCHABLE', 1949년 2월 23일의 'TAILRACE' 그리고 개정판인 'CULDESAC'[29], 최종판인 1949년 7월의 'CHOW CHOW'[30] 작전이다.

주한미군이 철수하기 전인 1949년 6월 이전의 소개계획은 주로 소련에 의한 위험, 즉 소련과의 전쟁 발발 시 한반도 지역의 미국인과 외국인의 철수 문제를 상정했다. 주요 책임은 당연히 극동군사령부가 맡았는데 해군과 공군을 동원한 해상 및 항공 수송이 계획되었다.

그러나 1949년 6월 주한미군의 공식적 철수와 함께, 한반도에 남아 있는 주한미군사고문단 및 미국인들의 수송 책임은 당시 주한미대사인 무초가 중심이 된 주한미외교단AMIK이 담당하고 있었다. 따라서 이러한 소개계획도 당연히 극동군사령부의 주도아래 이루어지는 것이 아니라 주한미대사의 요청과 합동참모본부의 지시에 의해 개시되는 것으로 설정되었다.

극동군사령부는 "긴급 위험 발생이란 북한의 침략과 이에 동조하는 남한 내 추종세력에 의해 이루어질 것"으로 가정하면서 북한군의 서울-인천 진입을 최대한 96시간(4일) 이내로 예상했다. 즉 미국 관리들과 민간인 소개는 이 4일 이내에 처리되어야 하는 것으로 계산하고 있었다. 이미 1949년 7월경에 1년 뒤에 있게 될 한국전쟁의 초기 전개 과정을 거의 정확히 반영한 것이었다. 한국군이 충분히 북한군을 저지할 것이라는 주한미군사고문단장의 언급과 이들이 자국인의 소개계획을 세운 것은 엄밀히 따져본다면 상당한 불일치를 나타내고 있는 것이다.

어쨌든 극동군사령부의 소개계획은 김포와 부산비행장에서 항공수송으로, 그리고 인천과 부산에서 해상 수송으로 민간인 및 미 정부

요원들을 철수시킨다는 것이었다. 특징적인 것은 이미 이 계획에서 지상 목표물에 대한 공격을 가정했다는 점이다. 이러한 계획이 아마도 전쟁 개시 후 맥아더가 상부의 훈령을 받지 않고 해·공군을 이용한 근거로 활용한 것이라고 판단된다.

그렇다면 전쟁 초기 한국전쟁에 대한 미국의 입장은 무엇이었을까? 한반도의 전략적 가치를 부인하던 미 군부의 주장으로 한국에서 미 지상군은 1949년 6월 말 일부 군사고문단을 남겨둔 채 철군했다. 그러나 한국전쟁이 발발하자 미국은 즉각적인 반응을 보이며 우선 미 해군과 공군을 6월 27일 한국전쟁에 투입했으며 곧 이어 미 지상군 파견을 결정했다.

물론 이러한 즉각적인 반응은 대통령 트루먼의 성명에서 보듯 공산세력에 대한 자유세계의 수호라는 언명으로 미화되었지만 이는 철저하게 미국의 국익을 계산한 것이었다. 당시 동아시아에서 중국의 공산화와 함께 일본을 새로운 주도국으로 등장시키려는 미국의 계산은 한국전쟁의 발발과 함께 새로운 도전을 받게 된 것이다.

따라서 미국의 즉각적인 전쟁 개입은 일본을 중시하는 측면과 안보적인 측면으로 설명할 수 있다. 일본을 중시하는 측면으로는 만일 북한의 남침을 허용한다면 일본에서의 미국의 이익에 직접적인 위협이 된다는 점이다. 즉 미국의 관리들은 북한의 남침 목적이 실제 일본에 있으므로 이에 대비하기 위해 한국전쟁에 개입할 필요성을 느꼈다. 또한 한국전쟁 개입이 실패로 나타날 경우 일본은 미국의 영향권에서 벗어나 중립화를 취할 가능성이 있기 때문에 미국의 목적은 일종의 이중봉쇄Double Containment의 성격을 갖는다. 다시 말하면 미국은 한국전쟁을 통해 공산주의의 공격을 봉쇄하는 것 그리고 미국의 군사적 영향력 하에 일본을 관할한다는 두 가지 목적을 동시에 이루려 했다.[31]

미국의 안보적 측면에서는 다음과 같이 설명할 수 있다. 만약 한국이 공산세력의 수중에 떨어지면 일본의 안보는 위협받을 것이고, 더 나아가 만약 일본에서 전쟁이 벌어지면 잠재적인 적대세력보다 미국의 긴 수송거리가 문제가 되고, 일본의 상실은 미국의 호수라고 간주되던 태평양을 적의 세력과 양분해야 한다는 의미이다. 이러한 상황이 현실화된다면 연안 방어를 통한 공산세력의 봉쇄라는 그들의 전략은 완전히 붕괴하는 것이고 따라서 미국 서부 해안 지역의 주요도시가 적국의 군사적 공격의 목표가 되는 위험에 직면하게 된다. 미국으로서는 전략상 중요 지역, 특히 일본을 사수한다는 목표를 명백히 가지고 있었으며 따라서 한국전쟁의 개입은 일종의 예방전쟁Preventive War의 성격을 갖는다고 할 수 있다.[32]

태평양에 대한 안보의식 때문에 미국은 초기부터 한국전쟁을 제한전으로 국한하고자 했다.[33] 전투는 지역적으로 신중하게 제한되었으며, 정치적인 결정은 상위의 차원에서 군사전략을 통제했고, 물론 남·북한정부 당국은 예외이지만, 그들의 전 전투역량을 사용한 교전국은 하나도 없었다.[34]

6월 27일 극동군사령부는 북한군의 능력으로 보아 24시간 이내에 서울이 점령당할 것으로 보았다. 극동군사령부 조사팀이 악화된 전황 때문에 되돌아왔고, 이를 뒷받침하는 주한미군사고문단의 보고를 전달하며, 극동군사령부는 한국군이 총체적인 붕괴 상황에 임박해 있다고 평가했다.[35] 또한 소련의 의도에 대한 정보가 부족하다고 밝히며,

극동군사령부의 본격적인 군사작전이 실행되면 소련의 보복행동이 일본이나 남한에 대해 이루어질 것으로 예측했다. 따라서 이러한 북한군의 공격이 동남아시아 공산주의자들의 공격과 어떠한 연계가 있는지 조사 중이라고 보고했다. 6월 30일 육군부는 급히 1개 전투단을 부산으로 보낼 것을 지시했다.[36]

6월 30일 합동참모본부는[37] 극동군사령부 휘하의 해·공군을 동원하여 남한 지역으로부터 북한군을 몰아내고, 군사적 목표물을 공격할 권한을 부여했다. 그리고 부산과 진해 지역에 있는 항구와 비행장의 보호를 지시했다.[38]

이 전문에는 추가적으로 대만에 대한 중국군의 공격을 방어하도록 해·공군의 작전을 부여했지만 이것이 중국 본토에 대한 공격의 빌미가 되어서는 안 된다는 것도 강조했다.

여기에 덧붙여 군사적 목표물에 한정한다면 비행장, 항구 등 북한 지역에 대한 작전도 승인되었다. 그러면서도 합동참모본부는 만주와 소련에 접해 있는 국경 지역에 대한 작전에는 특별한 주의를 기울일 것을 주문했다. 그러나 후에 문제가 되기도 했지만 맥아더는 합동참모본부에 대한 정식보고를 통해 문제를 처리한 것은 아니었다. 즉 정식보고 라인을 통한 상부의 지시에 의해 움직인 것이 아니라 전역戰域 사령관으로서 자신의 판단에 의거해 해·공군 작전에 대한 명령을 하달했다. 맥아더는 전쟁이 발발하자 군수 지원을 명령했다. 이는 맥아더의 독단적인 조치였다. 그는 6월 26일 13시 30분까지 합동참모본부로부터 한국을 지원하라는 어떠한 지시도 받은 적이 없었다.[39]

전쟁이 발발한 지 4일 후인 6월 29일 맥아더가 한국 전선에 도착했다. 그는 한강변까지 시찰한 후 도쿄로 돌아와 미 국방부에 "한국군은 반격작전 능력이 없고, 더욱 위험한 상황이 되고 있으며, 적의 돌파가 지속된다면 남한은 무너질 것이다. 현재의 전선을 유지하기 위한 유일한 방법은 미 지상군을 투입하는 것이다. 이를 위해 일본의 2개 사단을 증파할 필요가 있다"고 보고했다.[40]

합동참모본부는 맥아더에게 한국군을 지원하도록 극동군사령부가 사용할 수 있는 해·공군력을 동원하고, 제7함대의 작전통제권을 보유하라고 훈령했다. 또한 북한 지역으로 작전 확대가 필요하다면, 공군기지·보급창·전차 등 순수한 군사 목표에 대해 이를 허가한다고 알렸다. 그러나 만일 소련군이 개입한다면, 상황을 악화시킬 어떠한 행동도 취해서는 안 되며, 이를 즉각 보고할 것을 지시했다.[41]

하지만 맥아더의 전용기 바탄Battan의 조종사 스토리Anthony F. Story에 의하면 맥아더는 한국 시간으로 1950년 6월 29일 오전 8시 비행기 통신을 통해 도쿄에 있는 공군사령부에 "스트레이트메이어 George E. Stratemeyer로부터 패트리지Earl E. Partridge에게, 북한의 비행장들을 즉각 파괴하라. 공포하지 말 것. 맥아더가 승인함"이라는 명령을 하달했다고 한다.[42] 이 행동은 합동참모본부가 대통령의 승인에 의한 작전을 승인하기 24시간 전에 이루어진 것이었다.[43]

한편 6월 26일 대만의 장제스는 한국전쟁을 기회로 한국 전선에 국부군을 파병하기로 결정하고 중국 국민당 제67군단 장군 리우리엔이 劉廉一를 '한국지원파병사령관'으로 내정했다. 그리고 6월 29일 주미대사인 구웨이쥔顧維鈞을 통해 3개 사단 3만 3,000명과 1개 기갑여단 그리고 20대의 수송기를 한국전에 투입하겠다는 의사를 미국정부에 타진했다.⁴⁴ 하지만 합동참모본부는 이러한 제안을 받아들여야 할지 고민했다. 다만 국무부는 장제스의 제안을 거부하기를 바랐다.⁴⁵ 애치슨 장관은 만약에 대만 국부군을 한국전쟁에 투입한다면 중국을 불러들일 위험성이 있다고 경고했다.⁴⁶

맥아더 역시 대만 국부군 이용에 대해 부정적인 입장을 표명했다. 맥아더는 합동참모본부에 보낸 메시지에서 자신은 국부군의 참전을 원하지 않는다고 밝혔다. 그 이유는 우선 국부군의 한국 파병은 대만 자체의 방위를 약화시키고, 다음으로 제8군이 탄약과 군수품을 지원해야 하는 부담이 따르기 때문에 한동안 미군의 골칫거리가 될 것이라고 강조했다.⁴⁷

한편 외신에서는 중국군 부대의 압록강 이동설이 보도되었다. UP통신에 따르면 약 20만의 중국군이 압록강 연안 일대에 집결 중이라는 것이었다. 홍콩에서도 중국군이 만주 지역으로 이동 중이라는 소식이 전해졌다.⁴⁸

스미스특임대대의 파견과 맥아더사령부의 대응

북한의 진격을 지연시키기 위해 한국에 처음으로 진주한 부대가 바로 제24사단 21연대 1대대인 스미스특수임무대대Task Force Smith였다.⁴⁹ 맥아더의 회고록에 의하면 스미스특임대대⁵⁰의 파견은 북한군에게 미군의 참전을 공개적으로 알리고 북한군을 심리적으로 압박한다는 계산이 깔려 있었다. 그의 회고록에 의하면 "무엇보다도 시급한 문제는 북한군이 한국 전체를 석권하기 전에 그 전진을 늦추는 일이었다. 이 목적을 달성할 수 있는 유일한 길은 비록 소규모의 병력일지라도 지상부대를 가급적 빠른 시간 안에 일선에 배치해 미국의 지상부대가 전투에 참가했다는 사실을 알리는 일이었다. 그것으로 적의 사령관으로 하여금 조심스럽고 시간이 걸리는 방법을 취할 수밖에 없는 전략을 계획하도록 유도하자는 것이었다. 이와 같은 방법으로 시간을 버는 동안에 나는 장래 작전기지로 사용할 수 있는 부산에 부대를 집결시킬 작정이었다"고 기술했다.[51]

하지만 맥아더의 판단은 나중에 잘못된 것으로 밝혀졌다. 그는 북한군의 규모와 사기에 대해서 아는 것이 전혀 없었다.[52] 당시 맥아더의 한강변 시찰을 동행했던 히긴스Marguerite Higgins 기자에 의하면 맥아더 자신이 지나치게 상황을 낙관적으로 인식했다고 한다.[53] 이러한 잘못된 판단이 스미스특임대대로 하여금 값비싼 손실을 경험하게 했다.

당시 이 대대는 스미스Charles B. Smith 중령이 지휘하는 부대로써 한국전쟁에서 처음으로 북한군과 교전했다. 미 해·공군은 6월 27일 오후부터 적과 교전 상태에 들어갔지만 지상군은 29일에 맥아더가 수원에 도착한 후 트루먼 대통령이 전선 투입을 결정했고, 또한 병력이 일본에 있었기 때문에 7월 5일에야 북한군과 전투를 시작할 수 있었다. 미 육군과 공산군이 처음으로 맞붙은 오산전투는 한국전쟁의 분수령을 이루었다는 점에서 그 의미가 크다.[54] 그 이유는 북한군이 예상했던 시기보다 훨씬 빨리 미 지상군을 투입함으로써 북한군의 작전에 차질을 빚게 만들었기 때문이었다. 또한 이 전투를 통해 북한군 중 최강부대의 진출을 저지시킴으로써 이후 전개되는 미군 후속부대의

전개에 시간을 확보했다.[55]

　1950년 6월 30일 맥아더는 제8군 사령관 워커에게 제24사단을 한국으로 급파하라고 구두로 명령했다. 이는 제24사단이 한국에 근접해 주둔해 있었기 때문이었다. 워커는 제24사단장 딘William F. Dean 소장에게 즉시 예하부대를 한국 전선으로 투입하라고 지시했다. 이 명령에는 1. 대대장의 지휘 하에 4.2인치 박격포대와 75밀리미터 무반동소대를 갖춘 2개 중대의 병력을 급히 부산으로 파견하여 처치 John H. Church 준장의 명령을 받을 것, 2. 사단사령부와 1개 전투연대 역시 항공편으로 부산으로 파견할 것, 3. 나머지 사단의 예하부대는 해로로 뒤따를 것, 4. 사단사령부는 초기 공격 작전계획을 수립할 것 등이 포함되었다.[56]

　1950년 7월 1일 오전 8시, 일본 이타즈케板付 공군기지의 제21연대 제1대대장 스미스 중령은 제24사단장 딘 소장에게 부대 이동 준비 완료를 보고했고 딘 소장으로부터 대전 지역으로 이동하라는 명령을 받았다. 스미스 중령은 C54수송기로 그의 부대원 406명과 함께 출동했다.

　이 부대가 바로 한국전쟁 발발 이후 북한군과 최초로 전투를 치르게 되는 스미스특임대대로 병사들은 대부분 20세 전후였으며 6명에 1명 정도만이 전투 경험이 있었다.

　스미스부대는 7월 1일 오후 1시 부산 수영비행장에 도착해 시민환영대회를 받은 후 오후 10시 부산을 출발, 7월 2일 오전 10시 대전에 도착해 전선사령부 처치 준장에게 신고한 후 전방으로 지형 정찰을 나갔다. 7월 5일 오전 3시 스미스부대는 오산 북방 5킬로미터 지점의

죽미령에 포진했다.

아침 8시, 후방에 있던 미군 포대가 탱크를 향해 포격을 시작했고 전위부대는 대전차포와 무반동총을 쏘기 시작했다. 그러나 북한군은 후퇴하지 않았다. 탱크 4대가 파괴되었지만 29대의 다른 탱크들은 미군 방어선을 돌파했고 3대의 탱크와 2개 연대의 북한군 지원부대가 뒤따라왔다. 오산에서의 접전은 미군의 출현만으로는 한국에서 군사적 균형을 반전시킬 수 없음을 보여주었다.[57]

죽미령에서 철수할 때 스미스부대는 적 공격에 의해 병력이 분산되었고 모든 공용화기를 유기하는 등 인원, 장비의 손실이 상당했다. 이 병력이 안성을 거쳐 천안에 집결했을 때 스미스 대대원의 전사, 부상, 실종을 합해 총 손실은 150여 명에 달했다.[58] 죽미령전투는 미군과 북한군의 첫 전투로, 북한군으로서는 미 지상군의 참전이 확인된 전투였다.[59]

미군의 재빠른 출현은 북한군 지도부로 하여금 일면 당황스러운 사태로 받아들여졌으나 이후의 전투 결과에 따라 이는 과소평가되었.

북한의 한 저작물에서는 미군과의 첫 격전을 다음과 같이 묘사하며 그들의 승전을 평가했다.[60]

오산계선전투는 위대한 수령 김일성 동지의 령도를 받는 조선인민군의 불패의 위력을 온 세상에 시위하였으며 이른바 세계 '최강'을 자랑해온 미제 침략군의 거만한 콧대를 꺾어버리고 놈들이 결코 '무적의 군대'가 아니라는 것을 실천적으로 확증하여 주었다.

《조선인민보》와 《해방일보》 7월 8일자 기사에 의하면 북한군은 미

군과 처음으로 조우해 150여 명을 살상하고 50여 명을 포로로 사로잡았다고 보도했다.[61]

결국 이 오산전투는 맥아더가 미군의 대폭적인 증강 파병을 요청하는 계기가 되었다. 7월 7일 맥아더는 현재 적의 강력한 공격을 제어하기 위해서는 적어도 완전 편성 4개 사단 이상의 병력과 공수연대, 3개의 탱크대대 및 지원부대가 필요하다고 주장했다. 그리고 이러한 부대가 보충되면 상륙작전을 통해 적의 후방을 공격할 계획이라고 밝혔다. 인천상륙작전의 구상을 처음으로 밝힌 것이다. 그러면서, 중국과 소련의 외부 원조가 이루어진다면 전쟁은 예상치 못할 새로운 상황으로 바뀔 것이라고 주장했다.[62] 여기에 덧붙여 이러한 병력 동원에 따른 일본 방어의 공백을 위해 일본의 경찰예비대를 4개의 경보병사단으로 개편할 것을 주장했다.[63]

한편 1950년 7월 7일 개최된 유엔안보리에서 미국이 작성하고 영국과 프랑스가 제안한 유엔군사령부 설치에 대한 결의안이 채택되었다. 합동참모본부는 유엔군사령관에 맥아더를 추천하고 1950년 7월 8일 대통령의 승인을 받아 이를 공표했다.[64] 유엔군사령부의 발족으로 모든 유엔군이 통합지휘를 받게 되자 미국정부는 한국군의 작전지휘권 이양 문제를 검토하게 되었다.

유엔안전보장이사회의 7월 7일자 통합군사령부 설치 결의는 참전 각국 군대의 작전지휘를 일원화하여, 상호협조와 작전능률을 도모하려는 미국의 의도를 반영한 것이었다. 7월 10일 트루먼은 맥아더를 유엔군사령관에 임명했다.[65] 1950년 7월 12일 대전에서 한국의 외무부와 주한미국대사관은 〈재한미국 군대의 관할권에 관한 협정〉을 각서 교환으로 체결했다. 흔히 〈대전협정〉이라고 불리는 이 협정은 재한 미국 군대의 구성원에 대해 미 군법회의가 배타적인 재판권을 행사하며, 미군은 미국 군대 또는 그 구성원에게 가해 행위를 한 한국인 현행범을 일시 구속할 수 있도록 규정했다.[66] 그리고 7월 14일 유엔기가 맥아더에게 전해져, 북한군의 남침을 막는 부대는 공식적으로 유엔기를 게양하게 되었다.[67] 다음 날인 15일 이승만은 맥아더에게 한국군의 작전지휘권 이양을 제의하는 서한을 전달했다.[68]

작전지휘권 이양에 관한 이승만 대통령의 서한

맥아더 장군 귀하.
대한민국을 위한 국제연합의 공동 군사 노력에 있어 한국 내 또는 한국 근해에서 작전 중 국제연합의 육·해·공군 모든 부대는 귀하의 통솔 하에 있으며, 또한 귀하는 그 최고사령관으로 임명되어 있음에 비추어 본인은 현 작전상태가 계속되는 동안 일체의 지휘권을 이양하게 된 것을 기쁘게 여기는 바이며, 이러한 지휘권은 귀하 자신 또는 귀하가 한국 내 또는 한국 근해에서 행사하도록 위임한 기타 사령관이 행사해야 할 것입니다.

이틀 뒤 맥아더는 지휘권 인수를 수락하는 회신을 무초 주한미국 대사를 통해 이 대통령에게 보내고 워커 제8군 사령관을 주한유엔군사령관으로 임명했다. 이승만 대통령의 편지 한 장으로 한국군의 작전지휘권을 유엔군사령관에게 이양한 조치는 전쟁기간 중의 잠정적인 양해사항에 불과한 것이었다. 맥아더를 총사령관으로 하는 유엔군

사령부는 7월 25일 정식으로 일본 도쿄에 설치되었다.[69]

7월 19일 트루먼은 한국 문제에 관한 특별교서를 발표했다. 이 교서에서 유엔안전보장이사회가 즉시정전 및 침략군의 철퇴를 요구한 결의안을 가결시켰음을 알리며, 자신은 38선 이북의 특수 군사 목표 공격에 해·공군을 동원할 것을 맥아더에게 지시했다고 밝혔다.[70]

한국전쟁을 통해 맥아더는 미 국방력의 증가를 계획했다. 트루먼에게 보낸 개인전문에서 맥아더는 한국전쟁과 극동 상황을 설명하고, 추가적인 군대 수요를 충당하기 위해 주州 방위군과 예비대의 사용 그리고 100억 달러에 달하는 추가군비를 계획해 달라고 요청했다.[71]

맥아더의 추가 파병 요구는 지속적으로 이루어졌다. 8월 1일 그는 북한 지역의 폭격을 위해 2개의 중형폭격단을 추가 배속해줄 것을 요청했다. 이는 현재의 작전을 위해 군수물자가 집결되어 있는 4개 지역을 폭격하기 위한 것이라고 설명했다. 폭격 목표는 평양(2개 탄약공장, 철도시설), 흥남(3개의 화학공장), 원산(1개의 오일정제와 철도시설), 나진동(1개의 석유저장소) 등이다.[72] 또한 향후 인천상륙작전을 이미 계산해두고 8월 8일 해리만W. Averell Harriman 대통령 특사와의 회담에서 9월 15일까지 전투부대를 추가로 증강해줄 것을 요청했다.[73]

7월 20일 맥아더는 미군의 작전이 제8군 주력의 전개 완료에 의해 그 1단계를 완료했고 따라서 북한군의 승리 기회도 사라졌다고 언급했다.[74]

그렇다면 한국전쟁 초기 맥아더의 작전 개념과 기본전략에 대해 좀 더 상세하게 살펴보자. 이에 대해서는 맥아더청문회에서 맥아더가 발언한 내용이 주목을 끈다. 모스Wayne Morse 상원의원이 한국군과 북한군의 전력 차이를 묻는 질문에 대한 답변에서, 맥아더는 자신이 전선 시찰차 6월 29일 수원비행장에 도착했을 때, 아직도 전선은 한강선을 따라 유지되고 있었다고 주장했다. 하지만 그의 생각으로는 한강선이 견고하게 유지될 수 없을 것 같았다고 회고했다. 따라서 한국군의 잔류 병력을 구하고, 이를 후방에서 재구축하는 것이 선결 문제였다고 밝혔다.

이때 맥아더는 부산 근처에 교두보를 확보할 구상을 수립했다고 밝혔다. 따라서 맥아더는 제24사단을 한국으로 공수해 방어망을 구축하는 대신 한국군을 재빨리 퇴각시키는 작전을 전개했다. 이를 통해 북한군이 맥아더 자신이 실제로 보유하고 있는 군대보다 더 많은 수의 군대를 보유하고 있게끔 믿게 하려고 희망했다고 주장했다. 그는 결론적으로 이러한 지연작전은 성공했고, 이 작전은 가장 최선의 방법이었다고 주장했다. 맥아더에 따르면 북한은 아마도 이러한 전략을 이해하지 못했고, 따라서 자신들의 진격작전을 늦추었을 것으로 평가했다.[75]

한국전쟁 초기 미군과 한국군의 전략은 지연작전이었다. 탱크와 자주포로 중무장한 북한군에 맞서 한국군의 퇴각과 재편성의 시간을 벌기 위해 해·공군으로 북한군 보급선을 공격하고, 일본 주둔 미군을 공수해 북한군의 진격을 저지한다는 것이다.

국방군사연구소에서 발간한 《한국전쟁사》는 미 제24사단의 신속한 투입이 북한군의 공격을 결정적인 시기에 지연시켜 북한군에게는 충격과 피해를 주었고, 한국군에게는 사기 양양과 재편성의 기회를 주었으며, 후속부대인 제25사단과 제1기병사단의 한반도 투입을 위한 시간을 획득한 것으로 평가했다. 즉 미군의 조기 투입은 전쟁의 전반적 상황에서 볼 때 적절한 조치였다는 것이다.[76]

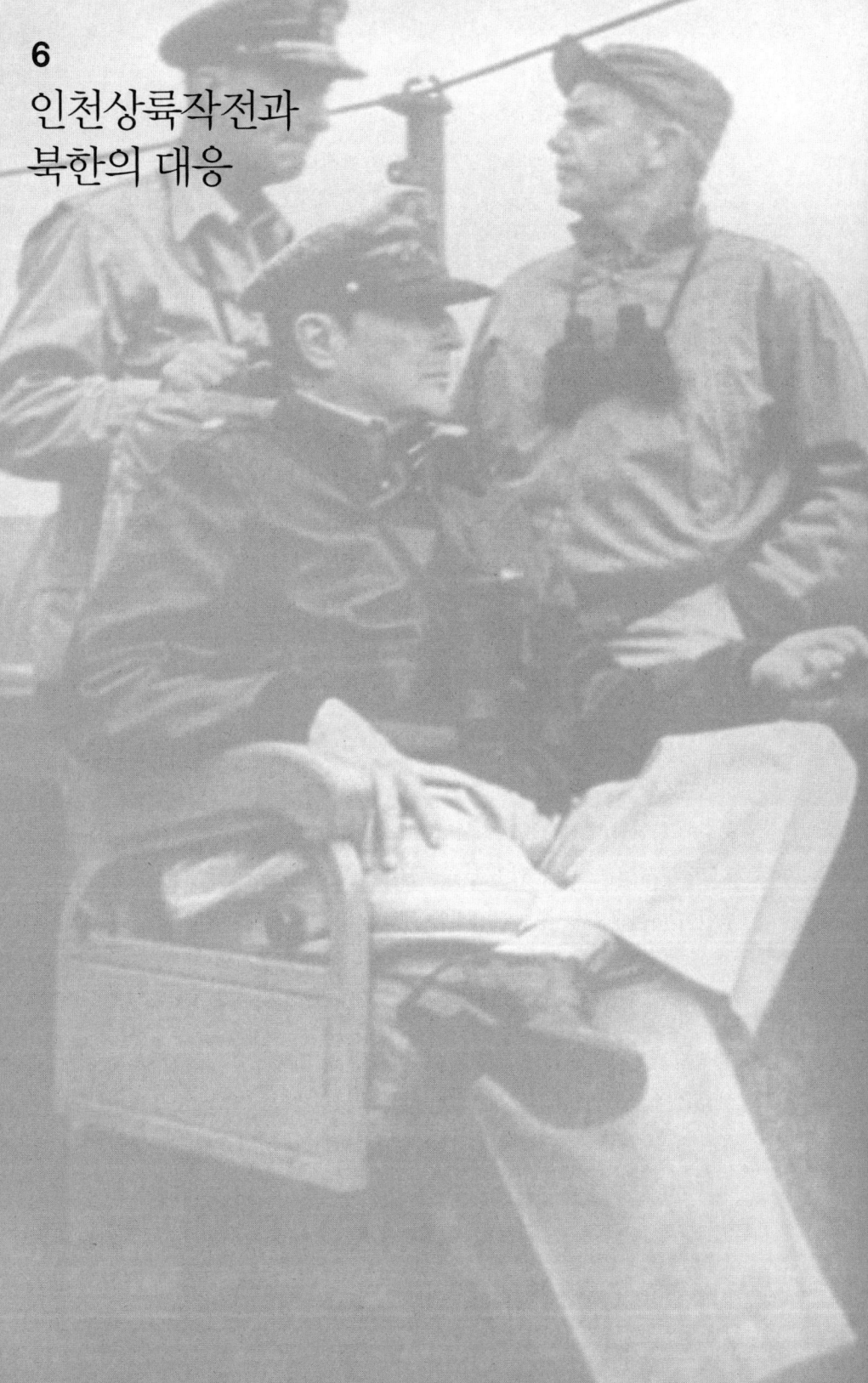

6
인천상륙작전과 북한의 대응

인천상륙작전의 구상은
북한군의 모든 역량이 낙동강 전선에 집중되어 있고
인천에 대한 방어 능력은 극히 미약하며
북한군의 증원 또한 기대될 수 없으리라는 가정을 전제로 한 것이었다.
맥아더는 전략적·심리적·정치적 이유를 들어
서울을 신속히 탈환해야 한다는 점을 강조했다.

상륙작전의 구상과 준비 과정

북한의 남침으로 시작된 한국전쟁은 초기 북한군의 우세한 화력에 밀려 한국군의 전면적 후퇴로 이어졌다. 극동미군의 해·공군 지원이 6월 27일부터 이루어졌으나 지상군이 전개되지 않은 전선에서는 쉽게 북한군의 진격을 막기 어려웠다. 결국 전차부대를 앞세운 북한의 맹공으로 8월 1일 유엔군은 낙동강 방어선으로 후퇴했고 치열한 공방전이 전개되었다. 이 진행 과정 속에 전세를 전환할 작전이 구상되고 있었다.

1950년 6월 29일 서울이 함락되고 북한군의 진격이 가속화되자, 한강 방어선을 시찰한 맥아더는 사단 규모 병력의 상륙을 감행해 조기에 전쟁을 승리로 종결짓는다는 작전을 구상했다. 이것이 최초의 상륙작전 구상으로 알려져 있다. 해수작전으로 적의 후방을 우회해 보급병참선을 공격하는 일종의 '섬 건너뛰기 작전Island Hopping Operation' 은 맥아더가 즐겨 사용하는 전법이었다.[1]

그러나 한국전쟁이 발발하기 이전에 맥아더는 이미 점령지 일본의 지리적 특성을 고려해 상륙작전의 필요성을 예견하고, 1950년 봄에 극동미육군의 상륙전 교육을 위해 필요한 지원을 제공해주도록 해군 및 해병대에 요청했었다.[2] 1950년 4월과 5월 사이에 해군·해병대로부터 3개의 교관단이 일본에 도착했고 주일미군은 대대급까지 상륙작전을 훈련하고 있었다. 이것이 맥아더로 하여금 한강 전선 시찰 후에 '블루하트BLUEHEARTS' 라는 작전 구상을 가능하게 한 것으로 보인다.

7월 4일 극동군사령부 회의실에서 육·해·공군 대표자가 참석한 가운데 맥아더와 알몬드가 상륙 지점에 관해 토의를 했으며, 이때 '블루하트' 라는 작전이 계획되고 작전일자는 7월 22일로 결정되었다.[3] 즉 극동군사령부 G-3 참모 라이트 준장 통제 하에 있는 합동전략기획단JSPOG(Joint Strategic Planning and Operations Group)이 전선 남쪽에서 미 제24사단 및 제25사단으로 반격작전을, 해병 1개 연대전투단 및 제1기병 사단을 돌격상륙부대로 삼아 상륙작전을 감행한다는 내용이었다. 7월 6일 극동군사령부는 게이Hobart R. Gay 소장을 불러 인천에 상륙할 준비를 하라고 지시했다.[4] 그러나 이는 전선 상황의 급속한 악화로 7월 8일에 중단되었고[5] 블루하트 계획은 7월 10일 무효화되었다.[6]

맥아더는 상륙 지역으로 인천을 강조했으나, 동시에 다른 지역에 대해서도 그 가능성을 연구, 검토하도록 지시했다. 합동전략기획단은 인천·군산·해주·진남포·원산·주문진 등 가능한 모든 해안 지역을

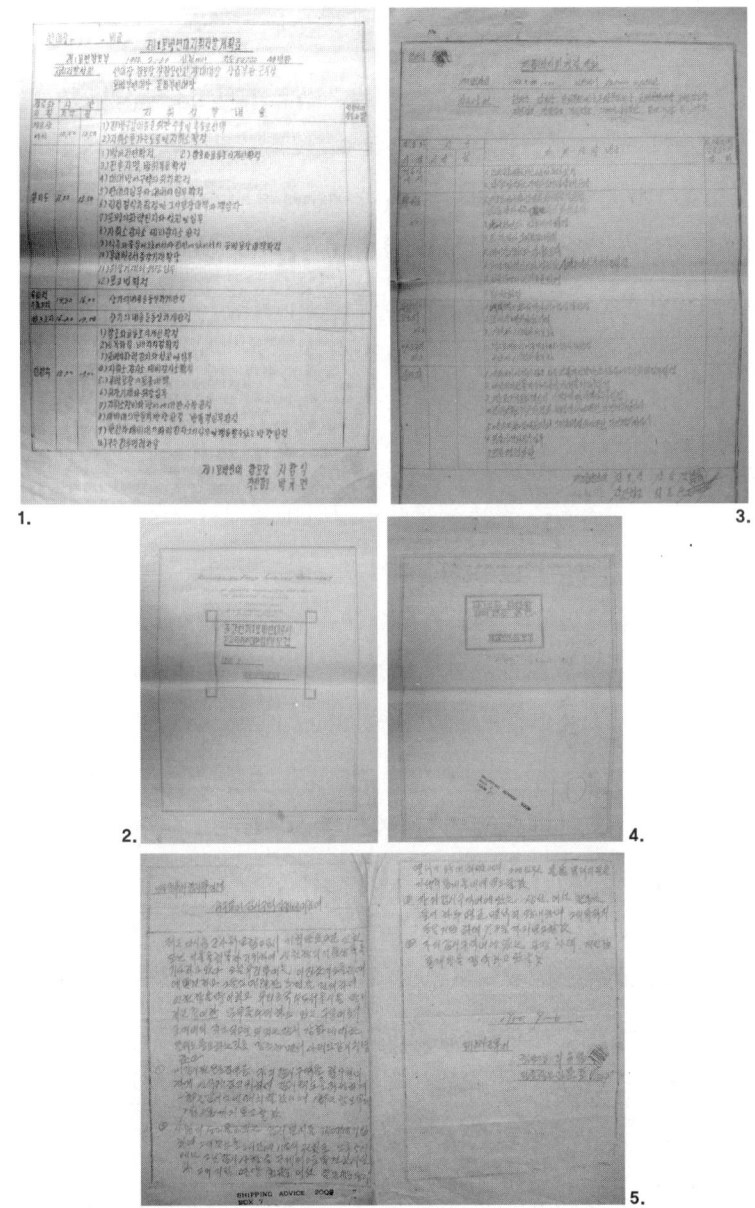

1. 증강한 제1보병연대로서 진지방어에 대한 참모부 문건(1950. 8. 1)
2. 제1보병연대지휘정찰계획표(1950. 7. 30)
3. 제3보련 지휘정찰계획
4. 제3보련 인천항 방어전투 문건
5. 884군부대참모부 지령: 각 구분대 감시구역 강화에 대하여(1950. 9. 6)

일단 대상으로 검토하고 상이한 몇 개의 계획을 발전시켰다. 이 초안이 7월 23일 극동군사령부 관계 참모들에게 회람되었다.[7]

1950년 7월 24일 맥아더는 도쿄에 유엔군사령부를 설치하라고 지시했다. 거의 예외 없이 극동군사령부의 참모진이 유엔군사령부에 대응한 직책의 참모에 임명되었다. 사실상 유엔군사령부의 구성은 극동부사령부가 부가적인 임무를 더 부여받은 것이었다.[8] 맥아더는 도쿄에 정식으로 유엔군사령부를 설치하고 다음날 유엔군 성명서 1호를 발표했다.[9]

맥아더는 상륙작전을 위한 군단참모 구성에 앞서서 극동군사령부 참모들로부터 인원을 차출해 임시계획 참모진을 편성할 것을 지시하였다. 8월 15일 이 편성의 본래 목적을 감추기 위해 그는 이 새로운 참모진을 극동군사령부 내의 특별계획 참모부Special Planning Staff라고 명명했다. 그리고 참모장에 러프너Clark L. Ruffner 소장을 임명했다. 사실상 맥아더는 알몬드를 위시해 다른 참모들을 극동군사령부의 참모부로부터 빌려 상륙작전을 위한 군단사령부를 구성했던 것이다.[10]

결국 합동전략기획단은 8월 12일 극동군사령부 작전계획 100-B를 하달했다. 목표 지역으로 인천-서울이 특별히 지정되었으며 잠정적인 D-Day는 9월 15일이었다.[11] 1950년 가을 인천 해안에서 상륙작전이 가능한 일자라고는 9월 15일, 10월 11일, 11월 3일과 이 날짜들을 포함해 전후 2~3일뿐이었다.[12] 10월은 기후관계상 인천에 상륙하기에 너무 늦은 시기이다. 5월과 8월 사이에는 인천의 만조 때 물의 높이가 비교적 낮고, 10월에서 이듬해 3월 사이는 비교적 수면이 높다. 9월은 전환기로서 인원과 장비를 상륙시키는 데 적합한 조건을 갖춘 유일한 달이었다.[13] 이렇게 기후 상황을 고려해 작전 개시일자가 9월 15일로 결정되었다.

본격적인 작전 준비를 위해서는 무엇보다 상륙부대의 선정이 우선시되었다. 당시 제7사단은 낙동강 전선에 있는 제24·25사단에 인원이 차출되어 심각한 병력 부족 현상을 겪었다. 따라서 8월 11일 맥아더는 워커에게 제7사단의 부족 병력을 보충하기 위한 방법으로 한국군 약 7,000명을 확보해 일본으로 보내도록 긴급 지시했다.[14]

이에 대해 북한은 이후 공식전사에서 일본군 6,000여 명이 인천상륙작전에 참가한 것으로 판단했으나 이는 한국군이 일본으로 이동, 훈련을 받고 배치된 것을 잘못 알고 일본군의 공식 참전으로 이해한 것이다.[15] 즉 당시 전우조Buddy System[16]의 편성으로 인해 제7사단에는 8,000여 명이 넘는 한국군(일명 KATUSA)이 미군에 배속되어 있었는데, 북한의 공식전사는 이를 두고 일본군의 배치로 오해한 것이다. 8월 21일 맥아더는 자신의 관할 하에 있는 가용인력으로 제10군단 사령부를 설치하는 문제를 육군부에 건의해 승인받았다.[17]

인천상륙작전의 구상은 북한군의 모든 역량이 낙동강 전선에 집중되어 있고 인천에 대한 방어 능력은 극히 미약하며 북한군의 증원 또한 기대될 수 없으리라는 가정을 전제로 한 것이었다.[18] 맥아더는 전략적·심리적·정치적 이유를 들어 서울을 신속히 탈환해야 한다는 점을 강조했다.[19] 이는 서울이 한국의 상업 중심지이고 주요 도로와 철도의 주요 교착지점이기 때문이었다. 즉 주요 도로는 남으로 대전, 동남쪽으로는 충주와 부산, 서로는 인천, 북서로는 평양, 북동으로는 원산에 이르렀다.[20] 맥아더는 군산은 북한군의 병참선을 차단할 수 없을 뿐만 아니라 북한군이 조금만 물러서면 뜻하는 대로 포위할 수 없게 된다고 주장했다. 북한 또한 인천 상륙은 불가능하다고 볼 것이기 때문에 이 지역의 방어에 소홀할 것이라고 확신했다.[21]

8월 22일 해병 제1사단장인 스미스Oliver P. Smith 소장은 인천보다 그 남쪽 20마일 지점으로 오산 서쪽에 위치한 포승면을 제시했으나 알몬드는 인천에는 적의 조직적인 병력이 없고 상륙 지점과 날짜가 이미 확정되었다는 점을 들어 반대했다. 맥아더 또한 북한군이 전 병력을 낙동강 지역 전투에 투입하고 있기 때문에 상륙부대인 해병대는 별로 큰 저항을 받지 않을 것이라는 알몬드의 의견을 지지했다.[22]

1950년 8월 23일 도쿄의 사령부에서 가진 브리핑에서는 육군 측에서 맥아더를 위시한 콜린스Lawton J. Collins 대장, 알몬드 장군, 라이트 장군이 참석했고, 해군에서는 셔먼Forrest P. Sherman 제독을 비롯하여 조이Turner C. Joy, 스트러블Arthur D. Struble, 도일James H. Doyle 제독이 참석했다. 여기서 다시 맥아더는 적의 병참선상에 가장 중요한 지점이 바로 인천-서울 지역이고 한국의 수도를 다시 탈환함으로써 얻을 수 있는 정치적·심리적인 이점을 들어 작전 강행을 주장했다.[23]

8월 24일 인천상륙작전의 지원을 위한 새로운 사령부가 설치되었다. 제8군 사령부 자리에 극동군주일군수사령부Japan Logistical Command (JLC)를 설치하고 사령관에 웨이블Walter L. Weible 장군을 임명했다.[24] 그리고 27일 극동공군과 극동해군을 유엔군사령부의 예하기구로 통합하여 유엔군총사령관의 지휘 하에 두었다.[25]

맥아더는 8월 26일 공식적으로 제10군단을 창설했다. 그리고 9월 1일 인천상륙작전의 명칭을 크로마이트CHROMITE 작전이라고 부여했다.[26] 부산 교두보선에는 남쪽에서 미 제25사단, 미 제24사단, 미 제1기갑사단, 한국군 제1사단, 제5사단, 제8사단, 수도사단, 그리고 동해안에 제3사단 순으로 배치되었다.[27]

8월 28일 제10군단의 정보 판단에 따르면 서울의 적 병력 규모는 약 5,000명, 인천에 약 1,000명 그리고 김포비행장에 500명 정도로 추정되었다. 이를 두고 최근의 한 연구는 북한이 인천상륙작전에 대비해 8월 22일경 방어태세를 완비했던 것으로 평가했다. 그 근거로 든 자료는 북한군 107연대의 〈전투명령 No. 92〉였다.[28]

적은 50. 8. 20 6:00 령흥도, 대구(부)도에 함포사격 엄호 하에 미군과 국군 패잔병 약 1개 중대가 상륙하였으나 령흥도를 경비하는 내무원들과 의용군에 의하여 일부 역량이 소멸되었다. 계속 함포사격을 가하면서 상륙을 기도하고 있다. 해안으로부터의 적의 침일(입)을 불허하고 그의 기도를 분쇄하기 위해 다음과 같이 부대배치를 변개할 것. 107연대의 31대대의 1개 중대를 안중리에 배치, 아산에 주둔한 27대대의 구분대와 아산만 방면으로부터의 적의 침습을 불허할 것. 32대대는 남양에 주둔, 남양만 방면으로부터의 적의 침습을 불허할 것. 1개 중대는 대구(부)도와 령흥도에 완강한 해안방어를 조직할 것. 1개 중대는 당진, 서산, 태안, 해미 일대의 잔적을 소탕하는 동시에 제27대대 본부를 아산에 이동하여 아산만 방면으로부터의 적 침입에 대치, 해안방어를 조직할 것. 이상의 부대 배치는 8월 21일 야간중으로 이동 완료할 것.

그러나 이러한 평가가 정확한 것이라고 예단하기는 쉽지 않다. 왜냐하면 7월부터 인천 지역에 주둔한 북한군 부대의 지휘 정찰 및 전투 명령과 비교해보면 큰 차이를 보이지 않기 때문이다. 북한군은 유엔군이 서해안 주요 도서를 점령할 것에 대비해 방어부대를 배치했다. 따라서 8월 21일자 전투 명령은 한국 해군의 주도아래 이루어진 서해 연안의 도서 점령과 관계가 있는 것으로 보인다. 즉 그 이전에 한국 해군이 서해안의 일부 도서를 점령한 때문이었다. 한국 해군의 덕적도 및 영흥도 상륙작전은 8월 18일 덕적도에 상륙작전을 개시하고 8월 20일에는 영흥도에 상륙을 감행해 8월 23일 확보했다.[29] 즉 8월 21일자 전투 명령은 이러한 상황에 대한 대비책이라고 볼 수 있다.

극동군사령부는 원활한 작전 수행을 위해 인천 앞바다를 정찰할 것을 명령했다. 해군은 8월 31일 클라크Eugene F. Clark 대위를 인천의 수로 입구인 영흥도에 보내 적정을 조사하도록 했다. 클라크는 일행과 함께 8월 31일 군항 사세보佐世保를 출발해 9월 1일 영흥도에 상륙했고 9월 10일에는 팔미도를 정찰했다.[30]

한편 상륙작전계획의 구체적인 보고를 극동군사령부에 요구한 8월 28일 이후 계속 아무런 통보를 받지 못하던 합동참모본부는 작전 1주일을 앞둔 9월 8일 인천상륙작전을 승인하는 최종적인 청신호를 맥아더에게 보냈다.[31] 9월 5일경까지도 합동참모본부는 그들이 지난 8월 28일의 요구에도 불구하고 맥아더로부터 작전계획에 대한 아무런 보고도 받지 못하자 계획에 관한 상세한 내용을 요구한 것이다. 맥아더는 9월 11일까지 책임 있는 장교를 통해서 상세한 내용을 알려주기로 전했다.[32] 그러나 이는 제대로 전달되지 않았다. 작전의 비밀을 지키려 한 맥아더의 의도 때문이었다. 다만 맥아더는 9월 8일 인천상륙작전을 통해 적의 보급망을 공격함으로써 적을 분쇄할 것이라는 보고로 대체하고 자세한 작전계획을 제시하지 않았다.[33] 맥아더는 9월 6일에 주요 사령관에게 훈령으로써 인천 상륙의 D-Day가 9월 15일이라는 것을 통보했다.[34] 결국 합동참모본부도 최종계획을 대통령이 승인했다고 알려줌으로써 인천상륙작전에 대한 권한을 인정했다.[35]

최종적으로 제10군단 정보참모부는 서울-인천 지구에 통합 6,500명의 북한군이 배치되어 있는 것으로 판단했다. 그리고 서울 북동쪽 3개 지점에는 북한군 107연대가 주둔한 것으로 평가했다. 그 후에는 큰 변동이 없었다.[36]

북한의 사전 인지

북한이 인천상륙작전에 대해 사전에 인지했는가, 하는 문제는 이후 전개되는 한국전쟁의 전개 과정에 비추어 볼 때 자세한 분석이 필요한 주제이다. 만약 북한이 미군의 상륙작전을 사전에 인지하고 있었다면 인천상륙작전에 대한 평가는 기존 연구에서 알려진 것처럼 완벽한 기습이 아니라, 미군의 물량공세를 막아내지 못한 북한의 전술적 실패로 귀결되기 때문이다.

이를 위해 우선 북한의 공식전사에서 나타나는 사전인지설의 내용을 살펴보자. 북한의 《조국해방전쟁사》에 의하면 김일성은 서울, 인천 지역을 점령했을 때부터 미군이 북한군의 전선과 후방을 차단할 목적으로 인천에 대규모적인 상륙작전을 감행할 수 있을 것이라고 예상하고 1950년 7월 경기도 방어지역군사위원회를 조직했고 특히 인천, 서울 지역의 해안 방어를 강화하도록 지시했다고 한다. 그러나 김일성의 이러한 지시에도 불구하고 당시 경기도 방어지역군사위원회[37]의 책임자인 이승엽과 '반당반혁명종파분자'들이 인천, 서울 지구 방어를 강화하는 그 어떤 실제적 조치도 취하지 않았다고 주장한다.[38] 특히 낙동강 전선으로부터 주력부대를 인천 방향으로 기동하라는 김일성의 명령을 당시 군단장인 김웅이 고의적으로 집행하지 않아 서울 지구 방어에 심대한 난관을 조성했다는 것이다.[39]

당시 낙동강 전선의 인민군은 전선사령관 김책의 지휘 아래 전선사령부를 김천에 두고 1개 전차사단 및 2개 전차여단의 지원 하에 총 13개 보병사단을 마산에서 포항까지 전개했으며 그 병력은 10만 명에 달하는 것으로 미 8군 사령부는 판단했다. 그 가운데 제1군단은 김웅 중장의 지휘아래 제2, 4, 6, 7, 9, 10사단 등 6개 사단이 배치되어 있었고 제2군단은 무정 중장의 지휘아래 제1, 5, 8, 12, 15사단이 배치되어 있었다.[40]

과연 북한이 인천 방어계획을 완벽히 수립하고 있었는가, 하는 문제를 북한노획문서를 통해 확인해보자. 박명림에 의하면 북한은 8월 21일 〈전투명령 No. 92〉를 통해 당시 인천 방어를 담당하던 제107보병연대의 방어작전을 변경했고 이후 8월 26일자 〈전투명령 No. 94〉, 8월 27일자 〈전투명령 No. 100〉으로 보강해 8월 28일 이후는 인천상륙작전에 대한 완벽한 방어가 이루어진 것으로 평가했다. 그러나 여기서 주목해야 하는 것은 북한군 제107연대의 8월 21일 이후의 방어작전이 유엔군의 상륙작전에 대한 방어보다는 당시 서해안에 상륙한 한국 해군과 미군 함대에 주목했다는 사실이다. 즉 앞에서도 지적했듯이 8월 18일 한국 해군은 덕적도 및 영흥도 상륙작전을 전개하였고 8월 23일에는 영흥도를 확보했다. 이에 따라 북한의 제107연대는 서해안의 주요 섬을 장악한 한국군과 미군에 대한 경계태세를 유지한 것으로 보인다. 그 이유는 다음에서 확인하려고 하는 7월의 북한군 부대의 전투 명령과 큰 차이를 보이지 않기 때문이다.

당시 제10군단에서 기록한 북한군 제107연대의 참모장 김연모 중좌의 포로 심문서를 살펴보면 역시 북한군은 인천상륙작전에 대해 정확한 정보를 갖고 있지 못했던 것으로 드러난다.[41]

1950년 9월 15일 107연대는 김포에 주둔하고 있었다. 김연모Kim Yonh Mo 중좌는 임시로 이 연대의 참모장이 되었다. 107연대는 인천상륙작전에 대한 어떠한 정보도 받지 못했다. 그러나 강력한 함포 사격과 항공작전으로 인해 유엔군의 침입이 14일 전후에 있을 것이라고 예상했다. 107연대는 인천시 외곽 김포 지역 해안선을 방어하도록 명령받았다. 이 당시 서울 지역에 주둔한 것으로 알려진 북한군 부대는 18사단과 64연대였다. 소문에 의하면 18사단은 서울 방어를 위해 보충지원을 받은 것 같다. 107연대는 김**가 이끄는 서울방어부대Seoul Security Unit 예하로 최한Che Han 중좌가 지휘했다. 인천상륙작전 이후 최한 연대장은 서울 방어부대의 명령 없이 자신의 부대를 북쪽으로 후퇴시켰다. 따라서 그는 체포되었고 서울의 군사법원으로 보내진 것 같다. 107부대원들은 평균 20~30일의 군사훈련을 받았을 뿐이었다.

낙동강 전선의 대치 상황으로 인해 훈련받은 인원은 대부분 전선으로 보내졌고 해안 방어에 투입된 부대원들은 단기간의 훈련을 받은 인원들이었던 것이다.

더구나 107보병연대의 해안 방어전술이 그 이전보다 특별했던 것도 아니었다. 당시 인천 지역 방어부대는 여러 번 변경되었는데 현재 확인할 수 있는 인천 지역 방어부대의 문서는 7월 9일경부터이다. 이 자료에 의하면 인천을 방어했던 북한군 부대는 제23보병연대 제1보병연대(317군부대), 제3보병연대(321군부대), 제107보병연대로 배치가 이루어졌다. 즉, 7월 초에는 연대장 태병렬이 이끄는 제23보병연대가 인천 지역을 관할했고 7월 말에는 연대장 현춘일이 이끄는 제1보병연대가 담당했다. 그리고 8월 중순(확인된 날짜는 8월 14일임)에는 신금철이 지휘하는 제3보병연대가 인천 지역을 담당했다. 그리고 그 이후는 제107보병연대가 인천 지역의 방어 임무를 맡았다.

북한의 주장대로 7월부터 인천 지역에 대한 미군의 상륙작전을 알았다면 충분히 훈련된 제23보병연대를 그대로 주둔시켰을 것이다. 그러나 전세가 급박해지자 북한군 수뇌부는 계속해서 후방부대를 전선으로 보냈다. 당시 7월 초에 인천에 주둔한 것으로 확인되는 북한군 부대는 제23보병연대였다. 우선 제23보병연대의 지휘정찰계획표를 살펴보자.

[표 VI-1] 제23보련 7.9 지휘정찰계획표[42]
(23보련참모부 1950.7.9.인천에서)

경로와 지점	시간		지휘 정찰 내용	인접부 대장들과의 협동 공작 조직
	시작	끝		
경로상에서	10.00	10.50	1) 전방구분대들을 위한 운송 및 후송로 선택 2) 지휘소로 가는 도로 확보 3) 지휘소의 배치 확정	
소월미도에서	11.00	13.50	1) 방어전선 확정 2) 참호와 교통로의 계선확정 3) 토목화점 배치지점 확정 4) 대대방어구역의 위치확정 5) 연대의 임무와 그의 임무 확정 6) 인접점 익측 확정 및 그의 보장 대책과 책임자 확정 7) 포병의 화력진지와 성원 및 임무 8) 지휘소 감시소 예비감시소 지휘소 확정 9) 익측의 종심에 있어서의 전면에 있어서의 공병 보장대책 확정 10) 부대별로서 증강기재 할당 11) 전차이용에 대하야 12) 위장기재와 위장 임무 13) 공병작업의 순서와 방어계선, 준비완료 기간 확정 14) 공병구분대의 이용 15) 보고법 확정	
송화정 우측 고지	14.00	15.50	1) 상기의 내용을 동일하게 판정	
49.3 고지	16.00	17.50	1) 상기의 내용을 동일하게 판정	

인천각	18.00	19.00	1) 상기 2, 3, 5, 7, 8, 9, 12 동일한 내용 판정
			2) 지휘소 경비와 방어에 대한 사항 판정
			3) 예비대의 반돌격 방향 판정, 반돌격 임무 판정
			4) 전차 예비대와 반전차 예비대의 화력진지 그의 임무 및 행동 할 수 있는 방향 판정
			5) 곡사포지휘관들과의 협동공작 조직
			6) 구두 전투명령 하달

　참모장 지룡성, 작전참모 조영택이 작성한 지휘정찰계획은 인천 방어계획에 대해 주로 소월미도, 송화정 우측고지, 인천각, 49.3고지 등을 주요 방어 지역으로 설정했다. 그리고 여기서도 볼 수 있는 것은 방어태세 준비 자체가 해안으로 접근할 적에 대한 경비 그 이상이나 그 이하도 아니었다는 점이다. 통상적으로 군부대가 지정된 지역에 배치되어 할 수 있는 방어태세 수준이었다.

　이는 7월 30일 참모장 지함임과 작전참모 박규면이 작성한 제1보병연대의 지휘정찰계획과, 8월 11일에 참모장 강도건, 작전참모 리근순이 작성한 제3보병연대의 지휘정찰계획표에서도 확인할 수 있다. 따라서 북한이 특별히 미군의 인천상륙작전을 알고 대비태세를 갖추었다고 판단하기는 어렵다. 1950년 7월 북한이 특별히 인천 지역에 대해 미군의 상륙을 예견하고 충분한 준비를 했다는 것은 사실이 아닌 것으로 보인다.

　다음으로 앞에서 언급한 각 보병연대의 전투명령서철을 확인해보자. 박명림의 주장대로 8월 20일경 이후에 인천 지역에 대한 방어태세가 완전히 전환되었다고는 볼 수 없다. 특히 필자가 확인한 바로는 이

것은 8월 11일경 작성된 제3보병연대의 전투 명령과 큰 차이를 보이지 않는다. 더욱이 만약 북한이 8월 20일 전후로 해서 인천상륙작전에 대한 정보를 가지고 있었다면 제3보병연대를 제107보병연대로 전환하기보다는 증강 내지 보조부대로 활용하는 것이 더욱 적합했을 것이다.

그렇다면 북한이 미군의 상륙작전을 분명하게 예견하면서 명령을 내렸다고 지적한 8월 28일 인천방어지구사령부 〈전투명령 No. 3〉을 확인해보자.[43]

조선반도의 남동에서 패배와 급속적인 퇴각이 있은 후 적은 육군 및 공군의 지원을 받아 적극적 방어를 유지하며 조선반도 남반부 경상도 일각을 보지(保持)하고 있다. 적의 함대는 조선의 동해안 및 서해안에서 순항하면서 대대까지 되는 역량으로 아군 후방의 개별적 섬들과 해안 지역에 해병대를 상륙시키고 있다. 전선으로부터 아군 역량의 일부분을 끌어당길 목적으로 전선공급로를 절단하는 해군기지 창설 및 서울 위협을 조성하기 위해 인천 지구에 적측으로부터 작전 전 상륙대가 상륙할 가능성이 있다.

그러나 이 문서의 내용이 앞에서 제시한 인천방어계획과 관련한 다른 전투명령서들과 달리 완전한 방어작전의 변경이라고 볼 수 있는 근거는 엿보이지 않는다. 특히 인천 해안에서의 방어전투계획표를 분석해보면 박명림이 주장하는 8월 28일 이후의 방어계획과 특별한 차이가 없다.

제1보병연대, 23보병연대, 제3보병연대에서 작성한 각 연대 인천해안 방어전투계획일람표(표 VI-2, VI-3, VI-4 참조)에는 각각의 예하 단위부대들이 상황 변화에 따라 어떻게 대응할 것인지를 밝혀놓았다. 이는 주둔지 경계에 따른 통상적인 전투계획에 지나지 않는다. 따라서 8월 28일 갑작스럽게 인천 지역의 북한군 부대들이 미군의 인천상륙작전이 임박했다는 정보를 가지고 비상체제에 돌입했다고는 볼 수 없다. 다만 해안에 대한 이러한 방어계획은 미군의 상륙작전을 정확히 알지 못했지만 예상되는 지점(인천, 원산, 목포, 진남포, 군산)에 대해 특별히 경계태세를 유지했다고 평가해야 할 것이다.

9월 6일 인천 지역을 담당하던 884군부대의 지령을 살펴보면 이와 같은 내용을 더욱 자세히 확인할 수 있다. 참모장 리규섭, 정찰참모 김문호가 작성한 지령에는 북한이 9월에 인천상륙작전에 대해 구체적인 정보를 갖고 있었거나 이에 대한 완벽한 준비를 했다고 보기 어려운 구절들이 눈에 띈다. 즉 이는 소규모 부대에 의한 해안 상륙 기도나 적의 간첩 등을 잡기 위한 통상적 감시체계에 지나지 않는 것이다.

884군부대 참모부 지령-각 구분대 감시구역 강화에 대하여[44]

적은 다시금 군사적 모험으로서 기회만 있으면 인천 또는 서울을 회복하기 위해 인천항의 기습 상륙을 기도하고 있다. 오늘 우리 부대는 이러한 기도를 제때에 발견하고 그들과 맹렬한 투쟁을 전개하여 인천항을 방어하고 우리 조국 수도 서울시를 방위하는 중대한 임무를 수행하고 있는 구분대로서 군대 내의 귀가 되고 눈이 되는 감시 강화에 대한 문제는 중요하다는 것을 강조하면서 아래와 같이 지령한다. 부

1. 매감시원들로 하여금 자기 감시 구역을 철두철미하게 인식케 하기 위해 감시략도를 작성하여 1부部는 감시소에 배치할 것이며 1부는 참모부에 9월 8일까지 보고할 것.
2. 사업의 증거물로 되는 감시일지를 제때에 기입하여 그의 결과를 2시간에 1회回씩 전화로 오후 5시에는 그날 감시사항을 구체적으로 발견한 사실과 그의 지점 영양, 상선, 어선, 발동선 등이 몇 척이 왕래하였으며 그에 인원 물품 목적지들을 자세히 통계를 내여 보고할 것.
3. 자기 감시구역 내에 있는 상선, 어선, 발동선들이 하루 평균 몇 척이 왕래하며 그의 목적지 등을 기입하여 9. 8일까지 보고할 것.
4. 자기 감시구역 내에 있는 공장 사택, 개인집 통계 등을 장악하고 있을 것.

1950. 9. 6
제884군부대 참모장 리규섭, 정찰참모 김문호

또 하나 지적할 것은 이러한 해안지대 방어 문제가 김일성의 선견에 의해 이루어진 것이 아니었다는 점이다. 당시 북한의 전쟁 수행 능력을 주의 깊게 관찰하던 저우언라이周恩來는 마오쩌둥毛澤東과 중국 지도부가 작성한 한반도의 정치·군사 상황에 관한 평가를 소련정부에 전달할 것을 요청했다. 중국 측 평가에 의하면, 미국은 일본 점령 주둔군 12만 명 중 약 6만 명을 한국에 투입할 수 있는데, 이 병력들을 부산, 목포, 마산 등의 항구에 상륙시켜 철도를 따라 북으로 진격할 수 있을 것이라고 지적했다.[45] 따라서 북한군은 이 항구들을 점령할 수 있도록 남으로 신속히 진군해야 한다고 설명했다.[46] 이후에도 중국은 북한에 여러 번 상륙작전에 대한 주의를 주었다. 그러나 마오쩌둥 역시 특별히 인천상륙작전에 대해 구체적인 정보를 가지고 있지는 않았다.

러시아 외교문서에 따르면 1950년 8~9월 초순 마오쩌둥은 두 차례에 걸쳐 북한정부의 대표를 접견하고 전쟁 상황에 대해 협의했다고 한다. 이때 마오쩌둥은 한국전쟁이 두 가지 유형으로 전개될 것으로 가정했다. 첫 번째는 북한군이 미군을 전멸시켜 그들을 바다로 몰아넣는 것이며, 두 번째는 전쟁이 장기화될 것이라는 전망이다. 두 번째의 경우에 미국은 대구-부산 지역 방위를 강화해 북한군의 전력을 이 지역에 묶어놓으면서 다른 방향으로 상륙작전을 전개할 것으로 판단했다. 그리고 예상 가능 지역을 제물포-서울 지역, 진남포-평양 지역으로 보고 그 지역의 경계 문제에 더 주의를 기울이도록 권고했다.

마오쩌둥은 북한이 소련군과 중국군의 경험을 기초로 하여 모든 전선에 군사력을 산재시켜서, 적을 전멸시키는 것이 아니라 적군을 몰아내어 영토를 확보하려는 오류를 범해서는 안 된다고 지적했다. 특히 북한군은 예비전력이 없으므로 마오쩌둥은 모든 북한 군사력을 전투에 투입해서는 안 된다고 강조하면서 향후 가능한 경우 병력 재편성을 통해 새로운 전선을 구축하기 위한 신속한 퇴각의 가능성을 신중히 검토해야 한다고 언급했다.[47]

나중에 확인된 사실에 의하면 중국은 7~9월 사이 세 차례에 걸쳐 북한 최고지도부에게 미군의 상륙작전에 대해 주의를 준 것으로 알려졌다.[48] 주지안롱에 의하면 마오쩌둥은 "7월 중순과 하순 그리고 9월 중순에 우리는 세 차례에 걸쳐 조선 동지들에게 적들이 해상으로부터 인천과 서울로 쳐들어와 인민군의 뒷길을 끊어놓을 위험이 있으며, 따라서 인민군은 이에 대해 철저히 준비해야 하며 적절히 북쪽으로 철수해 주력을 보존하고 장기전에서 승리할 준비를 해야 한다"고 충고했다고 한다.[49]

8월 하순이 되어 중국 지도부는 미군이 상대의 의표를 찔러 공격해 오는 경우를 크게 걱정했다. 8월 23일 총참모부 작전실 주임 레이잉푸雷英夫는 마오쩌둥과 저우언라이에게 유엔군이 인천에 상륙해올 가능성에 대한 보고서를 제출했다. 레이잉푸가 훗날 공개한 증언록에는 총참모부 작전실이 정리한 유엔군의 인천상륙작전에 대한 가능성을 지적해 놓았다.[50] 그러나 앞에서 언급했듯 이 내용은 다양한 각도에서 분석을 요한다. 중국 지도부가 인천 지역만을 선택해서 정보를 준 것은 아니었기 때문이다. 인천 지역 이외에도 상륙할 가능성이 있는 지점 모두에 대한 주의를 요구했기 때문에 이 역시 주목을 받지는 못했다. 낙동강 방어선에 대한 과도한 집중이 결국 후방에 대한 방어를 소홀하게 만드는 것이었다.

다음으로 북한의 전쟁 수행 능력을 세밀히 파악하고 있었던 소련의 입장은 어떠했는가를 살펴보자. 1950년 7월 4일 평양에서 슈티코프 Terentii F. Shtykov가 스탈린(핀시라는 가명을 사용)에게 보내는 비밀전보를 살펴보면 다음과 같다. 슈티코프가 7월 4일(7월 3일의 오기)[51] 김일성·박헌영과 면담했을 때 그들은 북한군이 점거한 영토 내에서 벌어진 상황에 대해 토론했다고 한다. 이때 김일성은 그에게 북한 후방의 항구에 미군이 상륙할 가능성 내지 미군이 북한의 다른 지역에 공중에서 강습할 가능성에 대비하기 위해 무기 탄약 보급을 증가할 필요가 있으므로 지원을 부탁한다고 언급했다. 즉 김일성이 요청한 무기의 내역은 장총 5만 정, 자동총 5,000정, 권총 1,500정, 중기관총 350정, 박격포 82밀리미터 200문, 박격포 120밀리미터 78문, 야포 76밀리미터 380문, 야포 120밀리미터 유탄포 24문, 고사포 120문, 수송차량 500대 등이다. 이 비밀전보는 김일성이 이러한 무기로 2개 사단, 12개의 육전대대와 보안부대를 무장시킬 것이라고 설명했다고 밝히고 있다.[52]

그렇다면 과연 소련은 미군의 인천상륙작전을 사전에 정확히 알았을까? 최소한 8월 28일까지도 소련은 이 작전에 대해 알지 못한 것으로 보인다. 8월 28일 핀시(스탈린의 가명)가 북한주재 소련대사에게 보내는 암호전보에 의하면 소련 공산당(볼셰비키) 중앙위원회는 곧 미국 세력이 한반도에서 물러날 것이라는 것을 믿어 의심치 않는다고 하면서 김일성에게 전선의 안정을 위해 공군을 분산시키지 말 것을 충고하라고 지시했다.[53]

한편 김일성은 7월 9일 친필서명으로 북한주재 소련 특명전권대사 슈티코프에게 해안 방어를 위한 지원을 요청했다.[54] 그는 이 서신에서 해안저지용 수뢰 2,000개와 어뢰정 10척, 그리고 어뢰정용 어뢰 3개 전투 정량을 요청했다. 하지만 북한은 미군의 인천상륙작전에 대해 구체적인 대비를 하지 못한 것으로 보인다. 만약 북한이 인천상륙작전을 인식하고 있었다면 왜 인천 수로에 기뢰를 설치하지 않았을까? 나중에 밝혀진 사실에 의하면 인천 앞바다에서 제10군단이 발견한 기뢰는 총 12개에 지나지 않았다.[55] 즉 김일성이 요청한 수뢰는 인천 지역에서 거의 사용되지 않았던 것이다. 이는 당시 북한군 수뇌부가 대규모의 유엔군 상륙작전을 인지하지 못했다는 것을 보여주는 한 예이다.

작전의 전개 과정과 북한의 대응

1950년 9월 12일 미·영 혼성의 기습부대가 군산에 양동작전을 감행하고, 동해안 전대는 9월 14일과 15일 삼척 일대에 맹포격을 가하며 인천상륙작전이 시작되었다.[56]

포로들의 진술에 의하면 월미도와 소월미도에는 제918해안포연대 제2대대의 2개 포대 지원을 받는 북한군 육전대 소속 제226연대의 예하부대 약 400명이 있었던 것으로 확인되었다.[57]

인천상륙작전으로 미군은 손쉽게 교두보를 확보했다. 9월 16일 해병사단이 전진교두보를 확보하고 본격적인 진격작전의 토대를 마련할 때까지 총 손실은 전사자 4명과 부상자 21명뿐이었다.[58]

제10군단은 작전명령 제1호 Operation Instruction No.1로 해병사단에게 서울 시가지와 그 북쪽의 고지들을 탈취 확보하기 위해 9월 20일에 한강 도하작전을 감행하도록 지시했다.[59]

김포비행장이 탈환되었을 때까지도 북한은 표면적으로는 인천에서 어떠한 일이 일어났는지에 대해서 어떠한 반응도 보이지 않았다. 그러나 대규모 유엔군이 인천에 상륙해 김포를 지나 서울쪽으로 작전구역을 넓혀나가자 북한군은 낙동강 전선으로 이동 중이던 부대까지 재배치하기 시작했다.

9월 18일 김일성은 중국 대사 니즈량倪志亮과 오랜만에 만나 인천상륙 후 3일간의 전황을 소개하고, 인천 방면에는 갓 편성된 북한군이 2개 연대밖에 없고 후원부대도 기대하기 어려우며 미군이 이미 서울을 압박해 오고 있어서 전쟁이 장기화될 수밖에 없다는 것을 인정

했다.[60]

저우언라이는 주중소련대사 로시친N. V. Roshchin과 군사고문관 코토브코노프를 초청해 9월 15일 시행된 미군의 인천 상륙에 관한 정보가 있는지 질문하고, 중국 지도부는 평양 라디오 및 신문 보도 외에는 다른 정보가 없다고 언급했다. 또한 저우언라이는 마오쩌둥의 충고와 판단을 북한 측이 무시했다고 불만을 토로했다. 다만 만일 북한이 서울과 평양에 10만의 예비병력을 보유했다면 상륙한 적군을 섬멸시킬 수 있다고 평가했다.[61]

인천을 방어하던 부대는 북한 해군 소속 육전대의 제226독립연대와 이들을 지원하던 제918포병연대 예하의 2개 포대, 그리고 소규모의 지원부대들이고 경인국도를 따라 북한군 제18사단이 투입되었다. 북한군 제107보병연대는 김포반도에 배치되었다. 북한은 유엔군이 인천에 상륙을 개시하던 시기에 서울을 떠나 낙동강 전선으로 이동 중이던 제18사단을 다시 서울 쪽으로 끌어올리고 수원 주변에 있던 제70연대를 이들과 합류시켰다. 해병 사단이 도하작전을 준비 중이던 무렵, 서울 방어에 동원된 북한군의 규모는 약 2만 명으로 추산된다.[62]

당시 경인지구를 담당하던 전선지구 경비사령부 참모부에서는 문화부사령관 김두환의 이름으로 전투 명령 곧, 제107연대에 김포비행장을 재탈환하도록 명령했다. 그는 9월 21일 서울에서 영등포로 진격하는 유엔군을 막기 위해 제107보병연대 제31대대, 33대대, 포대대의 협동작전으로 김포비행장을 탈환하라고 지시했다. 전투 명령에 의하면 이러한 작전은 진격하는 유엔군의 후방을 타격할 수 있다는 것이다.[63]

이러한 전투 명령에 대해 제107보병 연대장은 상급 보고에서 김포 지역에 있는 미군을 격퇴한 것으로 보고했다. 제107보병연대 참모장 박근만이 작성한 전투 보고는 오전 2시 30분 김포시를 해방시켰고 4시에 김포비행장을 탈환할 작전을 폈던 것으로 보고했다. 그러나 곧 미군의 반격을 받아 퇴각을 명령했다고 보고함으로써 실제로 제대로 된 반격작전이 이루어졌는지는 의심스럽다. 이러한 전투 보고가 책임을 면하기 위해 우선 작전 지시를 수행했으나 역부족으로 후퇴하기에 이르렀다는 정황을 자연스럽게 드러내고 있기 때문이다.[64]

21. 4.00까지 금포(김포) 비행장을 해방시킬 임무를 받은 32대대는 먼저 1중대 및 보위성 중대가 20일 밤 10.00까지 한강 도하를 완료하고 21일 오전 2시 30분에 금포시를 완전히 해방시켰음. 금포시의 적의 무력은 극소수였음. 3시 30분에 대대 전원이 합리되여(합류되어) 4시에 비행장을 향하였음. 벌써 날이 밝기 시작하였음. 때문에 금포시부터 1,100미터 지점 도로교차점으로부터 200미터 전방에 음폐하려 하였을 때 급격히 사격을 받기 시작했음.
포성에 의하면 직사포 4문, 중기 수종, 경기 소수의 각종 화력이 배치되어 있음을 확인하였음, "병원수"는 "우리"부락에서 국방군이 시사 준비를 하는데 백미 3섬을 보았음. 이를 보아 적은 수백 명이 됨을 추측하였음. 엄폐(은폐)를 목적하고 준비중 불의의 공격을 받은 우리 부대들에게 전투 개시 명령을 하달하였으나 포 사격이 심하고 부대들이 "신병"인 관계로 대원들은 분산되기 시작하였음. 각 지휘관들은 이를 수습하기에 노력하였지만 불가능하였고 화력이 급격한 공격 등은 모든 조건과 환경에 비추어 전투하기 불가능함을 느끼고 개별적 지휘관들은 퇴각 명령을 내렸음.

나는 제2차 공격을 목적하고 약 1소대를 인솔하고(간부를 포함함) 검단을 통과하여 서해안을 거쳐서 통진에 오후 6시에 도착하여 31대대를 만났음. 포사격으로 인해서 우리 부대들이 손실 인원 및 대대장의 행방도 모르고 있다. 그러나 대대장이 퇴각하는 것을 보았음.

이 보고는 사실이 아니었다. 108연대 36대대장 리창실은 같은 날 추신리 대대본부에서 전선지구 경비사령관 앞으로 보내는 정찰 보고에서 김포 지역이 미군에 의해 완전히 점령당했음을 보고했다.[65]

본대대 정찰 참모 박병식은 인민군 61연대 31부대 정찰원으로부터 들은 정보에 의하면 인민군 61연대 31부대는 20일 밤 금포를 향하여 전진하다가 21밤 새벽 5시경에 금포에 완전히 도착 못한 지점에서 미군으로부터 타격을 받았다 하며 땅끄 11대와 보병 1개 중대로 대항하고 있으며 적은 금포에서 방어하고 있다 함.

통신수단의 미비와 유엔군의 맹공으로 인해 북한의 전선사령부는 이러한 전황에 대해 자세한 내막을 알지 못한 것으로 보인다. 제5656부대 작전참모 장인준이 문화부사령관에게 보내는 보고는 제107연대에 의한 역습이 완벽히 달성되지는 못한 것으로 평가했다.[66]

정형을 전선사령부에 보고한 결과 계속 대오를 수습 금포 방향에서 적을 타격 주라는 명령입니다. 금일 저녁 금포(김포)비행장에는 보안대 부대들이 습격을 감행하는 모양인데 아직 결과는 알 수 없습니다.

급속히 지휘부 인원들을 수습조직하야 연대를 지휘하며 107연대는 강안에 방어할 것이 아니라 계속 금포 방향에서 적을 타격주며 적이 세력을 확장하지 말도록 하며, 자기의 진지를 유지하면서 적을 익측과 후로를 차단할 것이라고 합니다.

금일 15.20분에 무전으로 전달한 사령관동무 명령 내용은 금포비행장의 적은 계속 영등포 방향으로 진격함으로 107연대는 신속히 주간 행동으로서 금포비행장을 공격하야 적의 후면을 타격할 것이라고 명령한 것입니다. 그리고 제36대대는 인접 부대와 협동하여 부대의 인접점을 잘 보장할 것이 요구됩니다.

만일 107연대가 방어로 이전하고 금포 일대에서 타격을 주지 않으면 적은 계속 북쪽으로 지향할 것이라는 상부의 의도입니다.

제33대대는 신속히 종전에 하달한 사령관 동지의 명령대로 금포 방향에 지향하여 행동하여야 하겠습니다. 좀 더 구체적인 부대 행동은 앞으로 사령관 동지에게서 하달될 때까지 이상 내용대로 행동하랍니다.

107연대의 105미리미터 포 2문은 임시 파견되는 참보장 동무가 있는 곳을 알고 계시니 그대로 포를 이동 수습하여야 하겠습니다.

결국 북한군은 김포 지역을 탈환하지 못했다. 북한군의 방어 준비가 부족했지만 대규모 유엔군 상륙으로 인한 양륙작전의 지연으로 인해 9월 21일에서야 해상에 머물던 제10군단의 지휘소가 인천에 설치되었다. 이때부터 알몬드는 전 육상부대의 지휘권을 장악했다.[67]

이러한 상황 전개에 대해 스탈린은 인천에서의 실패는 북한군이 국군뿐만 아니라 미·영국군과 동시에 교전하고 있기 때문이며 만일 국군하고만 싸웠다면 인천 함락도 없었을 것이고 남한에서는 이미 반동주의자들이 제거되었을 것이라고 평가했다. 이와 관련하여 그는 다음 사항을 언급했다.[68]

1. 인천 및 서울 지역에서 전개된 복잡한 상황에 대처하기 위해 활용된 북한군의 전술, 즉 각 대대와 연대의 분산배치 및 전투는 실수였다.
2. 동 작전은 주전선으로부터 정예병력을 차출하여 서울의 동부와 북부에 강력한 전선을 형성함으로써만 성공할 수 있었다.

9월 21일 소련은 북한군의 패배를 예상하고 벌써 평양 방어를 위해 항공부대를 지원할 것을 고려했다. 그날 바실리예프스키[A. K. Vasilievskii]는 스탈린에게 보낸 전문에서 평양 방어를 위해 40대의 야크-9 전투기로 편성된 전투비행연대 이동을 건의했다.[69]

그렇다면 당시 예하부대의 상황은 어떠했는지 북한노획문서를 통해 살펴보자. 제107연대 참모장 대리 박근만은 도선導船과 조수관계로 인해 김포군에 대한 해방작전이 지연되었다고 연대장에게 보고하였다. 즉 9월 22일 연대장에게 보내는 보고에서 제31대대와 33대대가 전투 임무를 수행할 수 없는 위치에 있고 또한 도선과 조수관계로 인해 김포에 대한 도하 자체가 어렵다고 보고했다. 그러면서도 23일까지는 김포비행장을 점령할 것이라고 보고했다.[70]

그러나 충분한 준비가 이루어지지 못한 제107연대는 김포지구의 전투에서 계속 패배했다. 특히 미군이 상륙한 이후 접전을 치룬 연대는 탄약 부족 현상도 심각한 상태였다. 9월 24일 제107연대 참모부에서 전선지구 경비사령부 제5656부대 앞으로 보내는 〈전투보고 No.3〉은 각종 탄알과 보급물자의 부족을 호소했다.[71]

남아 있는 2개 대대의 역량은 비무장대원이 수다하며 무장대원은 탄알이 부족되어 전투를 계속할 탄알이 부족합니다. 적들은 계속 금포시나 양곡리에 병력을 강화하고 아방에게 진공할 기도로 준비하고 있습니다. 나는 금(김)포비행장을 점령할 결심으로 사령부에다 우리의 후방에 지원부대를 요구합니다. 각종 탄알과 후방 조직에서 곤란을 당하고 있습니다.

제107연대 참모부는 9월 24일 오후 8시 문화부사령관에게 보내는 보고문에서 각 대대의 실정을 자세히 보고했다. 이에 따르면 유엔군의 화력에 당황한 전투원들이 지휘관의 명령에 불복하거나 공격 명령에 응하지 않아 후퇴하고 있다는 것이다. 또한 김포 시내의 인민들도 분산되면서 '반동파의 치안대'가 조직되어 북한군을 발견하는 즉시 무조건 총살하고 있고 심지어 연락병을 파견하기도 어렵다는 내용이다. 또한 정찰병을 파견해도 치안대의 검문에 걸려 돌아오지 않고 있고, 더욱이 무기도 제대로 갖추지 못해 전투 시 전투원 사이에 혼란이 일어나고 있다고 밝히고 있다.[72]

결국 이러한 예하부대의 곤란한 상황에 대해 문화부사령관 김두환은 전선지구 경비사령관에게 보고하면서 각종 보급품을 지원해주도록 요청했다. 특히 각종 탄알과 포탄 외에 내의, 청년화, 발싸개, 모자, 비누 등과 함께 남한화폐 800만 원을 요구하고 있는 것이 눈에 띈다.[73]

여기서 한 가지 논의할 것은 유엔군의 인천상륙작전과 서울 수복까지의 시간적 지체에 관한 문제이다. 기존 연구에서 인천상륙작전은 예상치 못한 기습이 아니었으며 북한은 대비태세를 강화해 상당 정도로 준비했다고 지적했다. 따라서 그 결과 상륙 이후 인천에서 서울까지 진격하는 데 13일이라는 짧지 않은 시간이 걸렸다는 것이다.[74]

그러나 이는 당시 인천 연안의 조수간만의 차이를 간과한 것으로 판단된다. 당시 인천의 조수간만의 차이는 세계적으로도 두 번째일 만큼 매우 심한 상태였다. 그리고 기본 상륙 함정이 해안에 접안할 수 있는 시간도 오전과 오후를 합해 약 3시간에 지나지 않았다.[75]

9월 15일 중 인천에 상륙한 병력은 약 1만 3,000명에 450대의 차량을 포함한 장비와 보급품이었다.[76] 따라서 모든 부대의 상륙은 적어도 5일 이상 걸릴 것으로 예상되었고 한강 도하 장비도 해상으로 수송해야 했다. 그리고 인천 상륙이 개시된 당초부터 해안 지역에서는 물론 그 후 전투부대가 진격하는 만큼 근무지원 소요는 더욱 증가하기 마련이어서 이때까지도 군단 전반에 걸쳐 수송수단이 원활하지는 못했다.[77] 전형적인 상륙작전에서 군수 기능은 대단히 복잡하고 어렵다는 것이 일반적인 사실이다. 이러한 관점에서 본다면 인천 상륙 이후 서울 수복까지 유엔군의 진격이 13일 정도 걸린 것은 그리 늦은 것도 아니었다. 미군의 전투 전개가 충분한 보급을 전제로 이루어진다는 점을 고려해보면 이는 당연한 시간 소요라고 볼 수 있다.

미 해병 사단장 스미스Oliver P. Smith는 인천상륙작전의 전반적 성과를 다음과 같이 세 개 항으로 적절하게 요약했다. 첫째, 적에게 결정적인 위협이 된 인천상륙작전은 직접적으로 낙동강 전선의 적군을 급속히 와해시켰다. 둘째, 서울을 탈환함으로써 적의 전 병참선이 차단되었으며 여타 부대들의 공격이 이에 수반됨으로써 적의 참패가 동시에 초래되었다. 셋째, 성공적으로 완수된 이 작전에 의해서 인천 항만 시설과 서울에 이르는 제반 병참 시설을 북진작전에 이용할 수 있게 되었다.

제10군단의 보고에 의하면 상륙작전의 성과는 사살 1만 4,000명, 포로 7,000명이었다. 인천 상륙 이전의 적정 판단에서는 조직적인 부대로 서울에 있는 전 병력을 약 5,000명으로 보았었다. 그러나 실제로는 서울에만 약 8,000명이 그리고 영등포 지역에 별도로 5,000명의 적 병력이 있었으며, 인천 상륙이 감행된 뒤에 증원된 북한군 부대가 적어도 2만 명에 달했던 것으로 작전 결과에서 밝혀졌다. 인천-수원-서울 일원에서 전투에 가담한 적 부대는 3만 명 이상이었다.[78]

당시 북한군 내의 군인들이 인천상륙작전에 대해 어떻게 인지하고 대응했는지는 다음의 자료를 통해서 살펴보도록 하겠다. 작전 당시에 관한 문건이 그리 많지는 않으나 제10군단에서 포로로 잡힌 서울연대장철 대위의 심문 기록을 보자.[79]

서울연대 대위였던 장철은 인천상륙작전이 개시된 9월 15일 서울연대에 배속되어 있었다. 그는 9월 16일에서야 미군이 인천에 상륙했다는 사실을 알았다. 그러나 더 이상의 자세한 정보는 얻지 못했다. 이 당시 그는 서울연대 제1대대 1중대장 대리 역할을 맡고 있었다. 연대는 서울과 그 근교에 방어망을 형성하라는 임무를 맡았다. 서울연대는 이 당시 서울에 주둔한 유일한 부대였다. 서울연대에 지원 병력이 있을 것이라는 소식은 없었다. 장철은 상급자로부터 '서울을 방위하기 위해 필요하다면 죽음으로라도 사수하라'는 명령을 받았다. 서울연대는 이경우Lee Kyong U 대좌가 이끌었다. 장철은 실제적인 전투 훈련을 받지는 않았다. 서울연대의 인원들은 고작 길어야 두 달 짧게는 15일의 군사 훈련을 받았을 뿐이다.

결국 서울연대는 지원을 받지 못했다. 장철은 북한군 내에 많은 사상자를 불러온 미군의 공중 폭격으로 인해 1950년 9월 22일경에는 서울 사수에 대한 희망을 포기했다.

장철 대위에 의하면 서울연대의 장교 또한 미군의 인천 상륙을 9월 16일에서야 알게 되었고 그 연대의 전투원들은 훈련을 제대로 받지 못한 상태에서 방어할 수밖에 없었다.[80]

1950년 9월 15일 27여단은 서울 북쪽 금천에 주둔하였다. 이철근Lee Chul Kun은 이 여단의 문화부 대대장이었다. 1950년 9월 초, 고위장교 사이에서는 가까운 미래에 미군이 원산, 인천 혹은 목포에 상륙할지도 모른다는 풍문이 돌았다. 인천상륙작전 이후 27여단은 38선과 평행한 서울 북쪽 24킬로미터 지역을 방어하도록 명령받았다. 이는 미군의 서울 수복 이후 북쪽으로 진출을 막기 위한 것이다. 남부 전선의 북한군 주요 부대에 관한 소식은 알 수 없었다. 빈약한 통신수단으로 인해 더 이상 남부전선에 대한 정보는 받을 수 없었다. 이철근은 자신의 부대원들에게 '죽음으로써 이 지역을 사수하자'고 자주 강연했다. 27여단은 남쪽으로부터 지원병을 받지 못했다. 27여단은 강연길Kang Yon Kil 여단장과 참모장 신리봉Shin Ri Bon이 지휘했다.

27여단의 부대원들은 평균 고작해야 20여 일간의 훈련을 받았을 뿐이다. 상륙한 연합군에 대해 그는 아무런 정보도 가지고 있지 않았다.

27여단 이철근 중좌의 심문 기록에서도 북한은 열악한 통신수단으로 인해 전황을 제대로 파악하지 못했고 더욱이 상륙한 연합군에 대해 어떠한 정보조차도 가지고 있지 못했다.

여러 가지 자료를 통해 볼 때 북한군이 인천상륙작전을 정확히 인지하지 못했고, 또한 해안 방어를 위해 배치된 주요 전투부대들도 급조된 임시부대에 지나지 않았음을 확인할 수 있다.

북한의 전략적 후퇴 실패

북한은 인천상륙작전 이후를 조국해방전쟁 제2단계로 설정한다. 이때의 전략적 방침은 "변화된 군사·정치정세에 대처하여 적에 대한 새로운 결정적 타격을 준비하며 전쟁의 전반적 형세를 유리하게 전변轉變시키기 위해 한편으로는 적들의 진공속도를 지연시키면서 시간을 쟁취함으로써 인민군 주력부대들의 전략적 후퇴를 보장하는 것이고, 다른 한편으로는 새로운 후비부대를 편성하여 강력한 반공격집단을 형성하는 것이었다"[81]고 기술한다. 그러나 현실은 그러하지 못했다.

9월 26일 마트베에프Matveev[82]가 스탈린에게 보낸 암호전문에 의하면 당시 이미 북한군은 괴멸상태에 이른 것으로 보인다. 그는 암호문에서 북한군의 상황을 다음과 같이 보고했다.[83]

서부(서울)와 남동부(부산)로 파병된 북한군은 상황이 어려워졌다. 서울에 있는 적의 탱크부대는 충주 지역에서 전과를 거두었으며 이로 인해 인민군 제1군이 포위될 위험에 처해 있다. 인민군은 주로 미 공군에게 큰 손실을 당하고, 거의 모든 탱크와 대포를 상실한 채 힘겨운 전투를 하고 있으며, 수송시설 등이 크게 부족한 상태이다. 무기와 탄약도 부족한 형편이다. 통신체계가 마비되어 상부에서 하부로의 명령도 잘 전달되지 않는다.

따라서 이 전문에 의하면 북한군은 그들이 주장하듯 전략적 후퇴를 한 것은 아닌 것으로 보인다. 계속해서 마트베에프는 소련군 군사고문단에게 서울 배치 부대와 북부 지역에서 활동 중인 2군에게 남동부(부산) 지역에서 적군을 차단하고 방위하라는 지시를 내리고, 중부 지역과 남부 지역에서 활동 중인 제2군에게는 대전 지역으로 철수해 서울, 여주, 충주, 울진 지역으로 이어지는 방어선을 구축할 것을 지시했다.

그러나 북한의 공식전사는 낙동강 전선 부대들이 전략적 후퇴를 한 목적은 주력을 보존하고 이를 확대 강화해 강력한 예비부대를 편성함으로써 이후 반공격으로 넘어갈 수 있는 유리한 조건을 마련하는 데 있었다고 평가했다.[84]

이를 위해 함안에 주둔한 북한군은 지리산에 집결, 소백산맥을 따라 북상해 자강도 지역으로 기동하고, 낙동강에 있던 서부전선부대는 소백산 줄기와 태백산 줄기를 따라 북상해 38선 이북으로 기동했으며[85] 포항 방면의 북한군은 해안을 따라 조직적 후퇴를 하여 장진 일대로 기동했다고 한다. 북한군이 10월 10일 현재 38선 이북으로 철수시킨 병력은 약 9만 3,000명으로 그리 적은 숫자는 아니었다. 하지만 이 병력은 급히 인원만을 보충한 것이었고 지역별로 7월 중에 동원되어 무기

도 없이 목총으로 훈련받던 독립연대들이었다.[86]

그러나 이 숫자는 아래에서 밝혀지듯 순수하게 낙동강 전선에서 후퇴한 숫자로 볼 수 없다. 9월 현재 북한군의 낙동강 전선 병력 현황은 약 9만 8,000명이었다.[87] 조성훈의 연구에 의하면 1950년 9, 10월 두 달에 걸쳐 사로잡힌 북한군 포로의 총수는 약 6만여 명에 달한다. 더욱이 11월경에는 약 3만 5,000여 명이 포로로 사로잡힌 것으로 나타난다.[88]

전선에 있던 북한군이 정확히 얼마나 38선 이북으로 후퇴했는지는 계산할 수 없으나 거의 대부분의 전투원들이 포로로 잡혔고, 이후 38선 이북으로 철수시킨 병력 수는 남한에서 강제로 끌고 간 10만 명으로 추정된다. 시기에 차이는 있지만 1950년 11월 6일 극동군사령부가 육군부에 보낸 전문에 따르면, 현재 유엔군 관리 하에 있는 북한 포로의 수는 13만 5,000명이고 적어도 지금까지 북한군의 손실은 20만 명이 넘는 것으로 추산했다.[89] 따라서 북한의 군사적 손실은 33만 5,000명으로 이 수치는 거의 사실과 부합한 것으로 평가하며 북한군의 대응 능력은 거의 사라진 것으로 판단했다.

한편 김일성은 남한 측이 예비병들을 활용치 못하게 하고 이들을 북한에서 신규부대 편성에 사용할 수 있도록 남쪽으로부터 예비병을 후송시키기 위해 필요한 조치를 시급하게 취할 것을 명령했다.[90]

9월 29일 슈티코프가 상부 보고를 위해 외무상 그로미코Andrei A. Gromyko에게 보낸 암호전문에는 인천상륙작전으로 인해 북한군이 겪게 된 혼란을 다음과 같이 보고했다.[91]

김일성은 이전에 군대를 조직적으로 퇴각시킬 수 있을 것으로 생각하였으나 기강해이와 명령불복종 등으로 인해 미군이 제1군을 차단했으며, 문경과 제천에서의 붕괴로 인해 제2군도 차단되었다. 김일성은 미군이 38선을 넘어 진격해 올지에 관해 내가 어떻게 생각하느냐고 물었다. 나는 현재로서는 잘 알 수 없으나 북한이 38선 방어를 위해 신속한 조치를 취해야 할 것이라고 답변했다.

이어지는 보고에서 슈티코프는 미군이 6개 사단과 2개 여단으로 구성된 제1군을 완전히 차단하고 공주 지역으로부터 진출해 7개 사단으로 편성된 제2군을 차단하는 데 성공했다고 평가했다. 아울러 서울은 미군에 의해 점령되었고 38선을 향해 진군하는 연합군에 반격할 준비가 되어 있는 군대가 없으며, 북한에서 새로이 편성된 부대들은 수송수단의 파괴와 부족으로 전선으로의 이동이 매우 느리다고 평가했다.

이에 관해 좀 더 자세한 내용은 김일성과 박헌영의 연서로 스탈린에게 보낸 전문에서 확인된다. 1950년 9월 29일 조선로동당중앙위원회 김일성, 박헌영의 연서로 시작되는 이 전문은 인천상륙작전으로 인해 상황이 완전히 반전되었음을 시인했다.[92]

인천(제물포) 지역에서의 상륙작전 이전에는 전선에서의 형편이 우리들에게 불리하다고 평가할 수 없습니다. 적들은 패배를 거듭하면서 남조선 최남단의 작은 지역으로 후퇴하게 되었으며 우리는 최후의 결정적인 전투들에서 승리할 가능성이 컸습니다. 1950년 9월 16일 인천상륙작전을 실시한 적들은 인천을 장악하고 서울에서 직접 시가전을 전개하고 있습니다. 우리는 아군에게 있어서 대단히 불리한 상황에 대하여 당신께 보고하는 것이 필요하다고 봅니다. 적들은 우리 부대들의 통로를 차단시키고 인천지구에 상륙한 상륙부대와 우리 전선을 돌파한 남부전선부대들을 연결시켜서 서울시를 완전히 장악할 실질적인 가능성이 있습니다. 그 결과 조선의 남부에 있는 인민군 부대들은 적들에 의해 북부로부터 차단되었으며 남한에 있는 부대들은 여러 갈래로 분산되고 이제는 탄약, 무기 및 식량을 공급받지 못합니다.

이는 인천상륙작전에 대해 북한이 충분한 대비를 하지 않았음을 반증하는 것이다. 그러면서 김일성은 남한에서 동원한 10만 명의 군대를 작전상 가장 유리한 지역에서 이용하면서 장기적인 전쟁에 대비해 전 인민을 무장시키는 조치를 취했다고 밝혔다. 그리고 미군이 38선을 돌파할 경우 소련의 직접적인 군사 원조가 절실히 요구된다고 밝혔다.[93]

결국 슈티코프는 9월 29일자로 그로미코 외무차관에게 유선 암호 전문을 보내 김일성이 미군이 38선을 돌파할 경우 소련군의 직접 출동을 요구한다는 내용을 전했다.[94]

10월 1일 스탈린(필리포프)은 주북경소련대사를 통해 마오쩌둥과 저우언라이에게 전문을 보냈다. 스탈린은 미군이 38선을 돌파할 경우 소련의 직접 지원을 바라는 김일성의 요청을 중국 측에 전달했다.[95]

모스크바는 이미 지난 9월 16일 미군의 제물포 상륙은 큰 의미를 지니고 있으며, 이는 북한 제1, 2군을 북쪽의 후방과 차단시키려는 목적을 띠고 있다고 북한 동지들에게 경고한 바 있다. 모스크바는 남쪽으로부터 4개 사단을 신속히 이동시켜 서울 북쪽과 동쪽에 방어선을 구축하고 점차 남쪽에 있는 군대의 주력을 북쪽으로 이동시켜 38선을 지킬 것을 권고했었다. 그런데 제1, 2군 사령부는 부대를 북쪽으로 이동시키라는 것에 대한 김일성의 명령을 수행하지 않았으며 이로 인해 부대가 차단당하고 포위당하게 된 것이다. 서울 지역의 북한 동지들에게는 반격을 가할 수 있는 부대가 없으며 38선을 향한 길은 열려 있다고 생각해야 할 것이다.

이를 통해서 다시 한 번 확인되는 것은 소련과 중국의 입장에서는 북한이 미군의 인천상륙작전을 인지하지 못했음을 보여주고, 더욱이 북한이 주장하는 전략적 철수는 사실상 불가능했다는 점이다.
북한군은 상황이 다급해지자 지휘관들을 우선적으로 북쪽으로 철수시키려 했다. 10월 2일자 전문에서 스탈린도 철수작업은 중요한 일이고 우선적으로 지휘관들을 북쪽으로 철수시키는 것부터 시작해야 한다고 강조했다. 그는 현 상황에서는 남쪽에 남아 있는 부대들에게 우선 지휘관부터 단체로든 개별적이든 모든 방법을 다 강구해 북쪽으로 철수하도록 명령해야 하고 이를 이행할 수 있는 모든 조치를 취하라고 지시했다. 그리고 그 결과를 보고하라고 끝맺었다.[96]
북한군의 전략적 후퇴 실패와 이로 인한 유엔군 진격에 대한 방어 실패는 맥아더로 하여금 북한 지역의 완전한 수복을 목표로 설정하게 했다. 또한 유엔군의 압록강·두만강 국경으로의 진격은 중국의 대對 북한 원조로 이어지게 되었고, 한국전쟁은 미·중 대결의 국제전으로 전화戰化했다.
한국전쟁 초기에 북한군의 재빠른 선점으로 인해 유엔군이 낙동강 방어선으로까지 후퇴하면서 수세에 몰리게 되자 전세를 바꾸기 위해

계획된 것이 바로 인천상륙작전이었다. 북한 역시 이러한 연합군의 상륙작전에 대해 어느 정도 알고 있었으나 정확히 언제, 어느 지역에 상륙할지는 예견하지 못했다. 더욱이 남한의 대부분을 점령한 북한군 수뇌부는 전투부대를 나누어 해안 방어에 배치하기보다는 더욱 낙동강 전투에 전력을 집중하여 전 한반도를 석권하고자 했다.

따라서 인천상륙작전은 북한군 수뇌부에게는 예상치 못한 기습작전이었고 이에 따라 전선에 배치된 북한군은 괴멸상태에 이르게 되었다. 지금까지 일부 학자들의 주장에 따르면 북한이 인천상륙작전을 미리 알고 대비했다고 하나 이러한 주장은 자료의 해석에 문제가 있다. 또한 북한 공식전사가 밝히고 있듯 북한의 군 수뇌부가 전략적 후퇴를 단행했다는 것도 당시 북한과 중국·소련과의 최고위급 전문에 비추어 볼 때 설득력이 떨어진다. 9만여 명의 전투병이 후퇴했다는 북한의 주장은 실제 그 숫자가 전선에서 이동한 것인지는 확인할 수 없으나 당시 북한군의 포로 숫자와 비교해보면 사실이 아닌 것으로 판단된다.

라주바예프Vladimir N. Razuvaev 보고서에도 상륙 지역에서 상륙을 저지하기 위한 북한군의 필수적인 방위력 결여로 인해 인천상륙작전이 성공한 것으로 평가했다.[97]

인천상륙작전의 성공은 맥아더에게 전쟁의 주도권을 갖게 했으며 이러한 자신감은 38선 북진과 북한군 괴멸이라는 목표 수정으로 이어졌다.[98] 이는 10월 1일 김일성이 스탈린에게 소련군의 직접 참전을 요구하도록 만들었고 결국 유엔군의 38선 북진은 중국의 참전을 불러와 미·중 대결의 국제전으로 발전했다. 이 모든 전쟁의 확대 과정에서는 너무나 쉽게 이루어진 인천상륙작전이 있었던 것이다.

[표 VI-2] 제1보병연대의 인천 항구 지역에서의 방어전

	제1보련의 부대들						
	제1대대	제2대대	제3대대	포병	기동예비대	반전차예비대	경비대대 경비소대
적함초 사격을 개시했을 시	대대의 감시병들은 감시를 계속하며 기타 인원들은 음폐부에 음폐한다.			박격포 및 저사포들은 화력계획에 의하여 적함선에 대하여 사격을 실시할 것	감시병을 제외한 기타 인원들은 음폐부에 음폐한다.		경비로 무인원을 정리하며 분산된 인원을 수습한다.
적의 함포사격과 항공폭격의 엄호 하에 적들은 소함선으로 상륙하기 위하여 전진해올 때	1) 구분대의 중기관총들은 자기의 화점진지를 점령하고 전진하는 적소함정에 대하여 사격을 실시한다. 2) 대공직일 화력대들은 적 항공기에 대하여 사격을 실시한다.			박격포 및 저사포들은 화력계획에 의하여 계속 적함선에 대하여 사격을 실시한다.	감시병들은 감시를 가장하며 기타 인원들은 음폐부에서 반돌격 준비를 갖춘다.		접경구역에서 대공대책을 취하면서 부대장의 행동 명령을 대기한다.

월미도 방향과 9중대 방향으로 접근하며 일부분은 상륙을 개시했을 시	1) 음폐부에 있던 인원들은 자기의 진지를 차지하야 접근하는 적함선과 상륙을 시작한 적군을 소멸한다. 2) 8중대의 일부 역량과 대대포 및 배속 포들은 3, 9중대의 전투를 지원한다.	4중대의 증기관총과 대대포들은 월미도 방향의 제1대대의 전투를 지원한다.	음폐부에 있던 인원들은 자기의 진지를 차지하야 접근하는 함선과 상륙을 시작한 적군을 소멸한다.	1. 월미도에 배치되있던 작사포는 이미 준비했던 진로로 퇴각한다. 2. 박격포 및 국사포들은 화력계획에 의하야 적의 상륙점에 대하야 사격을 실시할 것	월미도 방향으로 반돌격할 준비를 갖추고 있다.	일부 상륙한 전자에게 사격 대자를 갖춘다.	경비대대의 1개 중대는 3중대 구역에 전투에 가입하며 기타 인원들은 3, 9중대 방향으로 상륙하야 진공하는 적에 대한 반돌격 준비를 한다.

월미도 방향과 방향으로 작전선이 접근하며 일부분적으로는 상륙을 개시했을 시	제1대대의 대대포 및 배속포들은 제3대대의 전투를 지원한다.	5중대의 증기관총과 대대포들은 4중대의 전투를 지원한다.	〃	〃	작전자의 상륙 및 행동을 불허한다.	경비대대의 1개 중대는 4중대 구역에 전투에 임하며 기타인원들은 4중대 방향으로 상륙하여 진공하는 적에 대한 반돌격 준비한다.
적이 나하산부대들이 후방에 나하했을 시	후방경계를 강화하며 전투태세에서 대기하며 작향공대책을 강화한다.			연대 및 각 대대에서 수집한 자동차에 승차하여 나하산 부대에 나하하는 지점으로 공격하며 그를 소멸한다.	예비대와 같이 나하산 부대에 나하하는 지점으로 공격하며 그를 소멸한다.	경비근무병을 제외한 인원들은 연대예비대와 함께 나하산 부대 소멸전투에 참가한다.

제1보병연대 참모장 지휘의, 작전참모 바꾸면

[표 VI-3] 제23보련 인천항구지역에서 방어전투계획

제23보련의 구분매듭

	제1 보병매듭	제2 보병매듭	제3 보병매듭	포병	예비대	반전차예비대	전차
1) 적의 함포사격 개시할시	연대의 각 구분매듭은 주간 작업은 점 대로 중지하여 방어에 대한 작업 완성 은 오지 야간에만 실시할 것 연대의 각 공부매듭은 완전 전투 준 비가 되어 있어야 할 것이며 적에 대한 감시를 더욱 강화하며 동시에 화력기재 들은 명령에 의하여 사격할 수 있게 할 것이며 매대의 포들은 결심에 의하여 사격시킬 것이다. 전체 구분매듭은 인 원, 마필, 기재들을 은폐부에 은폐한다.			지정한 박격포와 직사포들은 화력진지에서 계획대로 사격을 0000 실시할 것이다.	화력진지를 점검하고 연대장의 명령에 의하여 이동할 수 있도록 준비할 것이다.		
2) 적이 우리 해안에 상륙을 개시하여 방어선을 돌파했을 시	보병과 화력기재는 기본 화력진지에 점령하여 기관총과 박격포의 화력을 적 상륙대오 화력에 집중하여 그를 소멸하며 적이 ○○로 접근을 불허할 것 인바 전차와 같이 행동하는 보병을 분 리시키며 반전차 반보병 수류탄으로서 그들의 행동을 격파 추란 소멸시킬 것. 만일 이쪽의 어느 인접매듭이 돌파 당하는 시에도 ○○○중작으로서 그들 화복하게끔 인조하여 적의 기도를 파탄에 들게 할 것			포병과 박격포 및 공격○○○는 부분의 장병들은 상륙하는 적의 화력 기재 및 기계화 부대 및 보병들에게 계획에 의하여 압도 소멸하여 보병들의 행동을 엄호할 것	연대장의 명령에 의하여 적의 공격 방향에 반드시 하기 위하여 집결한다.	출발 지자를 점령하여 알맞도 방향에 따라의 적을 전차를 격퇴할 것	출발진지에서 적의 군항 및 보병기타 기재 들의 상륙을 불허하며 예비대의 반돌격 준비를 지원할 것

219
6장_인천상륙작전과 북한의 대응

제23보련 참모장 지룡성 작전참모 조영택

	제1보병대대	제2보병대대	제3보병대대와 제2보병대대와 협동하여 전방의 경계를 강화하며 적의 상륙을 불허함과 동시에 제1보병대대의 전투를 화력으로서 엄호하여 월미도 탈취를 보장할 것	예비대대들은 신호에 의하여 지적한 ○○방향에 반돌격을 개시하여 제1보병대대의 월미도 회복을 위한 전투를 보장할 것	월미도를 점령한 적의 전차를 전진을 보류할 것	월미도를 점령한 적의 행동을 불허할 목적으로 신호에 의하여 예비대와 같이 반돌격할 것
3) 적이 구역에 기본진지를 돌파하고 월미도를 점령했을 시	제1보병대대는 대대를 후퇴시켜 연대 예비가 지정하고 있는 지까지 가서 반돌격을 준비하여 다시 배치에 옮겨 예비대와 협동하여 반돌격을 조직하여 적을 격멸하여 월미도 점령을 회복시킬 것이다.	제2보병대대는 1보병대대의 월미도 탈취를 위한 반돌격을 준비하여 반돌격과 1개 화력과 중대로서 반돌격군 배치에 다시 이동하여 협조하며 그들의 전투성과 ○○을 보장할 것이며 전방에 작상룡을 불허할 것		월미도를 점령한 적을 소멸케하기 위하여		
4) 적이 제1참호를 점령했을 시	대대의 반돌격 구분대의 역량과 예비대의 역량으로 적의 반돌격과 전차들과 협동하여 아 반돌격으로 적의 전진을 저지하며 참호를 탈취한다. 그후 다시 적의 진지 돌파를 불허하면서 사수할 것	포병들의 화력으로서 구분대 보병들의 반돌격을 지원하여 적을 격섬전투성과를 확장시키며 동시에 진지를 이동하여 그를 인조할 것		각 방향에 반돌격 요소로서 대대의 진지 회복을 목적하는 대대 작전자의 집을 직접 인조하여 아 그를 달성케 하아 진지를 사수할 것	충에비대와 협동하여야 반돌격 작전으로서 추단상태로 작전자의 집을 불허하여 그를 파사킬 것	상륙한 적의 행동을 준단상태로 ○○소멸분세 시킬 것

[표 VI-4] 제3보병연대 인천해안 방어전투계획일람표

제3보련참모부1950. 8. 14. 인천에서

	제3보련의 부대들						
	제1대대	제2대대	제3대대	포병	기동예비대	반전차 예비대	기타
적함포사격을 개시했을 시	감시병을 계속 감시하되 기타 인원은 전부 음폐하고 전투준비한다.	〃	〃	자체 화력계획에 의하여 포사격을 실시한다.	완전 전투준비하고 대기한다.		보안대대는 근무인원을 정돈하며 본신보 인원을 정리한다.
인천항구 상륙을 기도하며 배들이 접근 시	소유의 중기는 자기진지를 점령하고 적에 대하여 맹렬한 사격을 가할 것	〃	〃	상동	상동		보안대대는 완전 전투준비하고 명령을 기다릴 것

	전체 자기진지를 점령하고 고대기하고 있을 것	적함선의 접근을 불허하며 일부 상륙한 적을 결정적으로 격퇴소멸할 것	적소함선의 접근을 불허하며 일부 상륙한 적을 결정적으로 격퇴 소멸할 것	월미도에 배치되어있던 적사포들은 이미 준비한 진지로 이동할 것. 기타포들은 맹렬한 사격을 가할 것	월미도 방향으로 반돌격을 준비할 것	상륙한 전차를 격퇴 소멸할 것	보안대대 1개중대는 2개대 방향으로 반돌격을 가할 것
월미도 방향과 도방향으로 적소함대들이 포사격을 가하며 접근하며 일부병력이 상륙했을 때							
수내동, 송현리 방향으로 적소함선이 접근하며 일부병력이 상륙했을 때	적소함선들의 접근을 불허하며 일부 상륙한 적을 결정적으로 격퇴소 멸할 것	자기 진지를 점령하고 있을 것	전부 자기 진지를 점령할 것이며 부두에 배치된 1개 중대는 제1대대의 전투를 화력으로서 익측을 지원할 것	부두에 배치된 포들은 제1대대의 전투를 엄호할 것	수내동 방향으로 반돌격을 준비할 것	상동	

	자기 진지를 고수하며 상륙한 적을 결정적으로 격퇴 소멸할 것	〃	자체화력계획에 의하여 각대대 방향에 포들을 조절 배치하고 작륙선이 접근과 상륙을 불허할 것		보병 1개중대와 기관단총 중대는 수내동, 월미도 방향에 반돌격을 실시할 것	〃	보안대대 1개중대는 비봉리 방향으로 반돌격을 실시할 것
인천해안일대에 맹렬한 함포사격을 가하면서 항공과 협동하여 일부병력이 인천해안 전 지역에 상륙했을 때							
적 나하산부대들이 근방에 나하했을 시	후방경계를 강화하며 전투태세에서 대기하며 적항공 대책을 강화한다.	〃			나하지점에 진출하여 나하한 적을 소멸할 것		〃

참모장 강도건, 작전참모 리근순

6장_인천상륙작전과 북한의 대응

7
38선 돌파와 북진정책

인천상륙작전의 성공은 그동안 논쟁이 된 38선 북진 문제를 일거에 해결했다. 이러한 성공은 맥아더로 하여금 또 다른 자신감을 갖게 만들었는데 그것은 인천상륙작전으로 인해 대다수의 북한군 전열이 파괴된 것으로 보았기 때문이다. 이러한 상황으로 인해 북진에 대해 소극적이던 미 국무부 정책기획실도 전략 목표를 변경하여 북한군의 완전 격파를 주장하기에 이르렀다.

북진정책에 대한 논쟁 대두

북한의 압도적인 군사적 우위를 토대로 한 전격 남침은 남한의 전면적인 후퇴로 나타났다. 이러한 사태 전개에 대해 6월 25일 유엔안전보장이사회는 한국분쟁에 관하여 즉시 전투를 중지하고 그 군대를 38선으로 철퇴할 것을 명령했다. 결의안 초안은 북한 당국에게 남한에 대한 적대행위를 중지하고 북위 38도선의 경계선으로 그들의 군대를 철수시킬 것을 촉구했다. 그리고 유엔한국위원단이 북한군의 38선으로의 철수를 감시하게 될 것이라는 내용을 담고 있었다.[1]

그러나 유엔안보리의 결의안에 대해 북한은 아무런 반응을 보이지 않고 계속해서 남진했다. 미국은 이러한 북한의 남침에 대해 배후에 소련이 있지나 않을까 하는 의

구심을 갖고 있었으나 정확한 정보가 입수되지 않았기 때문에 우선적으로 미국의 해·공군 지원을 검토했다.[2] 그러나 이때까지의 해·공군 지원이 미국의 공식적인 참전을 의미하는 것은 아니었다. 이는 당시 한국에 체류 중인 자국민과 외국인의 안전한 탈출을 돕기 위한 작전에 지나지 않았다.[3]

유엔안전보장이사회는 6월 27일 밤 북한군에 대해 군사 제재를 가할 것을 요구한 미국의 결의안을 7 대 1로 채택했다.[4] 유엔안보리 결의안이 채택되기 이전에 이미 트루먼 대통령은 각료들과의 회담에서 미국의 군사작전은 38선 이남에 국한해야 하고, 38선 이북으로 군사행동을 확대해서는 안 된다는 점을 명확히 했다.[5] 미 공군 대변인도 27일 한국을 원조하기 위한 무력행사의 범위는 38선 이남에 제한되어 있다고 언명했다.[6]

당시 국무부 정책기획실장을 사임하고 고문으로 있던 케난은 소련이나 그 위성국이 공격할지도 모르는 지점을 파악하고 그와 같은 공격이 있을 경우 미국이 어떤 조치를 취해야 하는가에 대해 문제를 제기했다. 그는 이란이나 서독에 대한 공격은 곧 소련이 3차 세계대전을 시작한다는 것을 의미하는데, 한국 상황을 지켜본 결과 소련이 공개적인 개입은 피하려고 하고, 전면전을 시작하지는 않을 것이라고 생각한다고 밝혔다. 케난은 한국 문제가 중국 공산당에게 불쾌한 것이 될 가능성이 있기 때문에 그 반응을 주의 깊게 살펴야 한다고 피력했다.[7]

그러나 극동군사령관이었던 맥아더의 경우는 6월 29일 한강 전선을 시찰한 후 보다 적극적인 대응책을 주문했다. 그의 보고에 의하면 현재의 전선을 유지하고 유실된 지상군을 다시 확보하기 위한 유일한

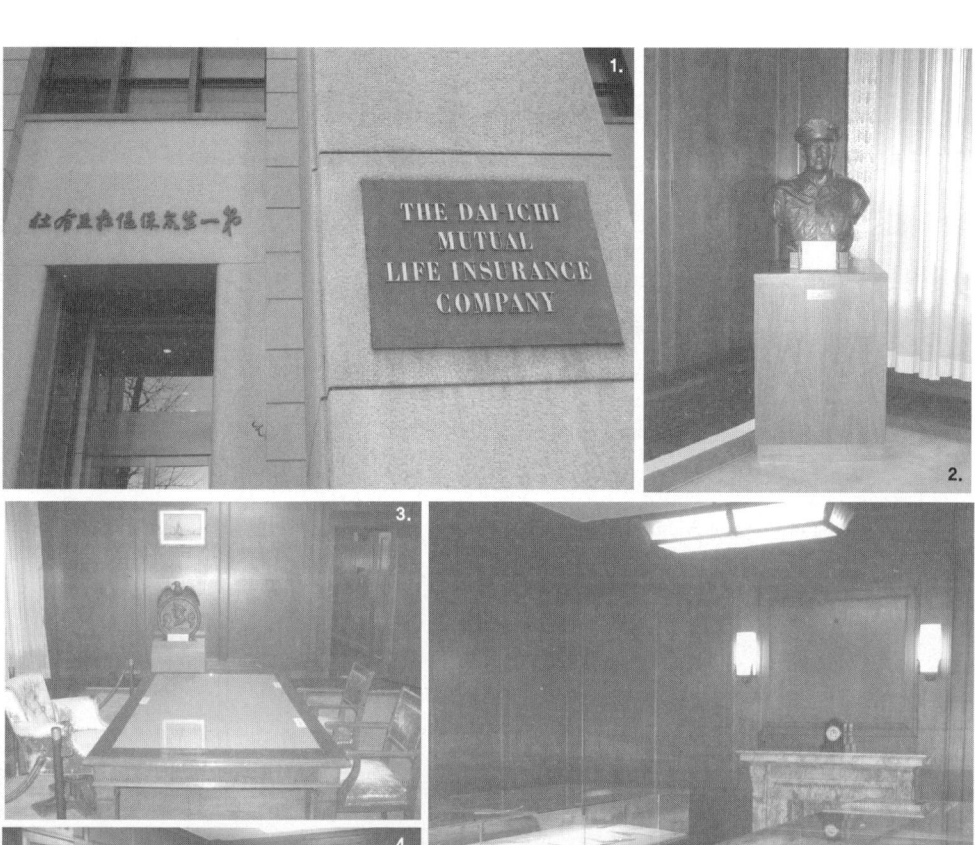

1. 맥아더가 일본 점령 당시 사무실로 사용하던 다이이치(제일) 빌딩
2. 맥아더 기념실 내부에 있는 동상
3. 맥아더가 일본 점령 시절 사용했던 집무 테이블
4. 맥아더가 일본 점령 시절 사용했던 접견실
5. 맥아더 기념실 내부의 전시물

방법은, 미 지상군을 한국 전선에 투입하는 것밖에 없다는 것이다. 효과적으로 미 지상군을 투입하지 않고서 공군과 해군을 운용하게 되면 결정적인 승리를 가져올 수 없다는 것이 그의 전반적인 평가였다.[8] 그러나 그때까지 맥아더는 북진을 통한 한반도 전역의 수복을 계획하지는 않았던 것 같다.[9]

6월 30일 트루먼 대통령은 국방·국무 양 장관 및 합참의장과 함께 한국 사태의 상황을 검토하며 미 공군에게 군사적으로 필요한 북한 내의 모든 특수 군사 목표도 공격할 것을 인가했다.[10] 그는 맥아더에게 주일미군 제24사단을 한국전쟁에 동원할 수 있는 권한을 부여하고, 공군에게는 38선 이북에 있는 군사 목표물을 공격하도록 했다.[11]

이러한 38선 이북 지역에 대한 공군의 공격은 아직 구체적으로 북한 지역의 수복을 목표로 한 것은 아니었고 단지 북한의 수송 보급로를 차단하려는 것이 주목적이었다. 이러한 결정은 한국전쟁 상황에 비추어 소련이 전면전을 상정하지는 않았다고 평가한 미 국가안보장회의 문서 NSC 73에 근거한 것이었다.[12] 당시 도쿄의 관측통에 의하면 미국 정가에서는 소련이 한국전쟁에 직접적으로 개입하지는 않을 것이고 대신 소련은 미국의 군사력을 분산시키기 위해 중국을 개입시킬 것으로 예측했다.[13]

그러나 한국전쟁이 발발한 지 얼마 지나지 않아 38선 철폐를 주장하며 북한 지역 수복을 전쟁의 목표로 삼아야 한다는 주장이 등장했다. 국무부의 덜레스, 앨리슨John M. Allison, 에머슨John K. Emmerson 등이 대표적이었다.

국무부 동북아 국장 앨리슨은 한국 문제와 관련한 트루먼의 연설문 준비 과정에서 미군과 한국군은 북한군을 단지 38선 이북으로만 축출하고 더 이상 진격하지는 않을 것이라는 방침을 듣고 이에 대해 반대했다. 그는 6월 27일 유엔안전보장이사회 결의안대로 한반도에서 영구적인 평화와 안전을 회복하는 조치가 취해져야 한다고 주장하고 38선으로 인한 인위적인 분단이 존속하는 한 이러한 목표는 실현될 수 없을 것이라고 확신했다. 그는 성명서에 38선 이북으로까지 진격할 것이라는 내용을 포함시키자는 것은 아니지만, 반대로 미국 스스로를 그렇게 하지 못하도록 제약할 필요는 없다고 주장했다. 즉, 미국이 취할 가능성이 있는 조치를 미리 제한하는 것은 현명하지 못하다는 것이다.[14]

국무장관 고문 덜레스도 국무부 정책기획실Policy Planning Staff 실장 니츠Paul Nitze에게 보낸 비망록에서 38선 북진으로 한반도를 통일할 것을 주장했다. 그에 의하면 38선은 결코 정치적인 분단선이 된 적도 없고 되어서도 안 된다는 것이다. 나아가 그는 가능하다면 38선 이북으로까지 추격해서라도 북한군을 전멸시킬 것을 주장했다. 이는 위협을 제거하는 유일한 방법으로, 이로써 새로운 한국을 건설할 수 있을 것으로 보았다.[15]

국무부 한국과장 에머슨이 니츠에게 보낸 38선 대책에 관한 비망록에서, 유엔안전보장이사회의 6월 27일 결의안은 '모든 유엔 회원국은 군사 공격을 격퇴시키고 세계 평화와 안전을 회복하기 위해 대한민국에 필요한 지원을 할 것'을 요구하고 있으므로 이 결의안에 따라 유엔안전보장이사회는 '세계 평화와 안전을 회복'하기 위해서 북한군을 38선 이북으로 몰아내는 것 이상의 다른 방안을 강구할 필요성이 있다고 주장했다. 이를 실현하기 위해서는 38선 이북 지역에 대한 상륙과 지상작전도 포함될 수 있을 것이라고 밝혔다. 북한군이 38선 이북으로 퇴각하도록 압력을 받기 전에 미 육·해·공군작전을 실시해 북한의 잠재적인 역량과 전투의지를 꺾음으로써 한반도가 유엔에 의해 통일되도록 하는 것이 바람직하다는 내용이었다.[16]

여기에 38선 이북으로의 북진을 주장하는 현지사령관 맥아더의 주장도 제기되었다. 7월 13일 맥아더는 콜린스(육군참모총장), 반덴버그(공군참모총장)와의 회동에서 7월 7일 유엔의 결의에 따라 7월 중순 유엔군을 지휘할 때 뚜렷한 지침을 받지는 않았으나 워싱턴과는 다른 의견을 밝혔다.[17] 즉 "나의 의도는 북한군을 몰아내려고 하는 것이 아니라 완전히 분쇄하려는 것이다. 따라서 북한 전역을 점령할 필요가 있을지 모른다"고 주장했다.[18]

38선 제한 철폐에 대한 문제는 국내에서도 쟁점화되었다. 7월 10일 이승만 대통령은 기자회견에서 북한군의 침략으로 38선은 이미 자동적으로 소멸했다고 말했다. 소련이 북한을 원조해서 남침을 했고 이는 국제적 신의를 파괴한 행동이므로 자연히 38선도 소멸한 것이라는 논리였다. 이승만은 더 나아가 이러한 경계선 철폐로 인해 한국은 한만 국경까지 진격할 권리를 획득한 것으로 평가했다.[19]

7월 14일 기자회견에서도 이승만은 북한이 한국을 침략함으로써 이미 38도선의 분할선을 파괴하고 말았다고 주장했다.[20]

이 전쟁은 단순한 한국의 내전이 아니라 국제공산주의와 국가주의자간의 전쟁인 것이며 소련은 한국이 일취월진日就月進하여 성장하고 있는 것을 보고 이 기회를 일실逸失하면 그 야망을 위한 기회가 없다는 의도 하에 침략전쟁을 개시한 것이다.

《민주신보》가 워싱턴발로 보도한 AP합동 통신에 의하면 미국 및 외국에서는 한국의 전황이 연합군의 공세로 전환될 경우에는 유엔군이 38선을 넘어서 이북까지 공격해야 한다는 생각이 점차 지배적인 것이 되어간다고 보도했다. 소식통은 유엔안전보장이사회의 6월 25일 결의는 유엔군의 38도선 이북에서의 군사 행동을 금지한 것은 아니라고 지적했다. 동 결의는 정전, 북한군의 38도선으로의 격퇴와 한국의 평화와 안전의 회복을 요망하고 있으나 유엔군이 전 한국을 점령하지 않는 한 한국의 평화와 안전은 회복되지 않을 것이라는 생각이 국제적으로 점차 강해지고 있다고 보도했다.[21]

7월 19일 한국 문제에 대한 특별교서에서 트루먼은 맥아더의 결의를 실천하기 위해 38선 이북 북한의 특수 군사 목표 공격에 미 공군부대와 해군을 사용할 수 있게 허락했으며 또 북한 해안을 봉쇄할 것을 지시했다.[22] 그러나 이 명령이 실제적으로 북한 지역으로의 공격을 의미하는 것은 아니었다. 우선 한국군과 미군이 전선에서 밀리고 있었기 때문에 북한 지역에 대한 점령 목표를 설정한 것도 아니었고 다만 북한 지역에 대한 폭격만이 가능했기 때문이었다.

이러한 논란이 계속되고 있는 가운데 조심스럽게 38선에 대한 경계선을 인정하지 않는다는 국무부의 백서가 7월 20일 발간되었다.[23]

한국이 고위급 전시회의에서 공식으로 분할점령 지역으로 협정된 일은 단연코 없었다. 미국으로서는 38선을 경계로 한국을 영속적으로 분할할 의사는 전무하였다. 38선으로 말하자면 전쟁의 급박한 상태에서 재래된 뜻하지 않은 경계선이었다. 1945년 8월 이후 한국의 분할을 소련 점령 당국에서는 마치 미·소 양군간의 항구적 경계인 것 같이 마치 양군사령관의 허가 없이는 넘을 수 없는 통로인 것 같이 자의로 해석하고 있는 것이 분명했다.

그러나 38선 이북 지역에 대한 실제적 공격에 대해서는 이를 인정하지 않았다. 국무부 정책기획실은 7월 22일 미국의 즉각적 목표가 적대행위의 중지와 북한군의 38선 이북으로의 철수라며 38도선 북진의 문제점을 지적했다. 미군의 개입과 전력에 비추어, 지상군 작전을 38선 이남에 국한시켜 최대한 빠른 시일 내에 수용할 만한 조건으로 적대행위를 중단시키고, 미군의 피해를 최소화시키는 환경을 조성해야 한다는 것이다. 그러면서 정책기획실은 38선 북진은 안전보장이사회의 새로운 결정이 필요하다는 점을 부각시켰다. 이러한 이유는 소련과 중국의 반응 때문이었다. 정책기획실에 따르면 만약 38선 이북에 대한 유엔군 작전이 한국 문제의 최후 해결수단으로 사용될 경우에는 소련과 중국과의 갈등을 초래할지도 모른다고 우려했고 이는 미국이 추구하는 정치적 이익을 훨씬 상회하는 손실이 될 것으로 전망했다.[24]

국무부 정책기획실은 7월 25일 미군의 38도선 돌파에 신중을 기해야 한다는 입장을 거듭 표명했다. 유엔군이 38선에 도달했을 때 직면하게 될 미국의 행동방침에 관한 결정은 군사적·정치적 진전 상황에 따라 안전보장이사회의 결정과 이에 따른 기타 유엔국가들의 지지가 확실해질 때까지 연기해야 한다는 것이다.[25] 이러한 정책기획실의 상황 분석은 38선 북진이 소련에 민감한 문제가 될 것을 우려한 때문이었다.

그러나 8월에 들어와 38선 북진에 대한 논쟁이 점차 가열되었다. 후퇴하던 연합군이 낙동강 방어선을 기점으로 전열을 재정비하기 시작했기 때문이다. 이 논쟁은 38선 이북으로의 반격rollback을 주장하는 러스크, 앨리슨, 덜레스 및 군부와 맥아더를 포함하는 태평양주의자들과 케난과 국무부의 정책기획실이 중심이 된 대서양주의자들 사이에서 치열하게 전개되었다.[26]

국무부 정책기획실장 니츠에게 보낸 8월 1일자 비망록에서 국무장관 고문 덜레스는 38선 돌파에 관한 문서와 관련해서 미국이 어떤 방식으로든 확약하지 말아야 한다는 결론에 동의하며 38선 북진을 감행했을 때 아시아 대륙에서 소련군·중국군과 전투에 돌입할 수도 있다는 점을 인정했다.[27] 그러나 통일은 대중적인 주제이기 때문에 남한정부가 한반도의 통일을 주장하도록 해야 한다고 설명했다. 왜냐하면 만일 북한이 통일을 주장하고 남한이 분단 상태로 돌아갈 것을 주장하는 것처럼 보인다면 한반도 전역에서 대중적 지지를 완전히 상실하게 될 것으로 보았기 때문이다.

1950년 8월 7일 국방부도 38선 북진 시 미국의 행동방침에 대해 국가안전보장회의에 제출할 초안을 마련했다. 이 문서에서 국방부는 38선 자체는 군사적 승리를 방해하지 않는다면 어떤 군사적 의미도 없다는 것, 통일된 한국정부 수립이라는 목표를 제한하는 중요한 요인은 지역적인 규모에서 중국군의 투입이나 유엔에서 외교적, 정치적 조치를 포함한 소련의 군사적 대응이 될 것이라고 인정했다. 따라서 미국은 한국의 통일이라는 장기 목적을 위해 첫째, 유엔군사령부는 북한군이 38선 이남이나 이북 어디에 있든지 그들을 궤멸시키고 한반도를 점령하기 위해 노력해야 하고, 둘째, 유엔군총사령관은 38선 이남·이북에 관계없이 한반도에서 군사작전을 수행할 군사적 목표를 설정해야 한다고 주장했다.[28]

한편 국무부 동북아 국장 앨리슨도 8월 12일 한반도 통일 문제에 대한 미국의 행동 초안을 작성하면서 38선 자체는 군사적 승리를 방해하지 않는다면 어떤 군사적 의미도 없다고 지적했다.[29]

장면 주미한국대사는 국무차관보 러스크와 회담하는 자리에서 한국은 더 이상 38선의 존재를 인정하지 않으며 한국의 통일과 독립에 관한 장래의 해결은 이와 관련한 유엔의 결정에 기초해야만 한다고 주장했다. 이에 대해 러스크 차관보는 미국은 현재 38선 문제에 대해 확실한 입장을 예상할 수 없고, 현 상황에서 그 문제와 관련한 미리 예정된 작전 과정을 지지하지 않고 있는데, 그 이유는 38선 문제가 적절한 시기에 유엔에 의해 결정될 사안 가운데 하나이기 때문이라고 지적했다.[30]

한편 8월 8일 케난은 국무장관을 위해 유엔군의 반격을 예상한 소련의 향후 대응을 분석한 문서에서 38선 북진을 시도하는 미군을 제압하기 위해 소련군이 북한을 재점령할 것으로 보았다. 즉 소련 지도부가 미국이 38선을 넘기 전에 행동을 취할 것이라고 예상했다.[31] 따라서 그는 국무부 차관보 매튜스에게 서한을 보내 38선에서 북한과 유엔군을 동시에 철수하자는 제섭Philip Jessup의 비망록을 찬성한다며 남한을 유엔의 신탁통치체제로 둘 것을 주장하기까지 했다.[32]

8월 21일 국무부 정책기획실은 유엔군의 공세로 전황이 바뀌기 전에 북한군이 철수할 경우 남한군과 유엔군 모두 38선 이남에 남아야 한다고 주장하며 이것이 한반도의 전쟁상태를 해결하기 위한 요구조

건이라고 보았다.[33]

결국 이러한 논의를 거쳐 국무부는 8월 23일 북한군을 38선 이북으로 축출한 이후 미국이 추구해야 할 정책을 보고하는 문서에서 미국의 정책이 한반도의 완전한 독립과 통일의 달성을 지원하지만 이를 달성하기 위해 무력을 사용하는 것은 유엔안전보장이사회로부터 위임받지 못했기 때문에, 유엔군이 38선에 접근했을 때 한국과 세계 다른 지역 상황에 관한 추가정보를 얻을 때까지 연기할 것을 주장했다.[34]

8월 30일 주유엔미국대표부는 유엔군의 38선 북진 문제에 대해 각국 대표들의 의견을 정리하여 국무부에 보고했다. 우선 미국 대표부는 영국과 프랑스 대표단에게 미국의 행동방침을 제안했다. 만약 소련군이 38선 이북을 점령한다면 유엔군은 유엔이 지시하지 않는 한 38선을 넘지 말아야 하며 만약 소련군과 중국군이 투입되거나 명확한 개입 의도가 포착된다면 향후 행동 문제는 안전보장이사회에 회부해야 한다는 것이다.

이에 대해 프랑스 대표는 유엔안전보장이사회가 이 주제에 대한 추가결의안을 통과시킬 때까지 유엔군은 38선을 넘지 말아야 한다고 주장했고 영국도 38선을 넘는 것이 공격을 격퇴하는 데 목적을 둔 6월 27일의 안전보장이사회 결의에 적합한 것인지 의문스럽다며 38선 북진이나 북한에 항구적인 점령권을 확립하는 것은 안전보장이사회가 추가결의해야 할 다른 차원의 문제라고 지적했다. 즉 38선 북진을 위해서는 그 이전에 추가적인 성명서가 만들어져야 하며 그렇지 않다면 소련의 개입 위험을 증가시킬 것이라고 주장했다.[35]

예비회의를 거쳐, 9월 14일 미국·영국·프랑스 3국 외무장관 회담에서 북한 점령을 목적으로 한 38선 이북의 작전은 오직 유엔 회원국의 찬성 이후에 진행되어야 한다는 것과 유엔군은 북한 군대를 38선 이북으로 내몰거나 축출할 목적 하에 38선 이북에 대한 작전을 수행할 권한을 갖는 것으로 합의했다. 그러나 유엔군사령관은 위험을 수반할지 모르는 반격을 수행하기 위해 상륙작전이나 공수작전, 지상작전을 시행하기 전에 워싱턴으로부터 권한을 승인받아야 한다고 밝혔다.[36]

이제 유엔군과 유엔군사령관의 역할과 전쟁 수행 목적이 명확하게 정리되었다. 38선 북진 문제도 자연스럽게 이러한 전쟁 목적에 부합되도록 조정될 것이었다. 그러나 전쟁 발발 이후 촉발된 38선 북진에 대한 논쟁은 맥아더의 인천상륙작전의 성공으로 인해 새로운 국면을 맞이했다.

38선 북진 논쟁의 해결

인천상륙작전의 성공은 그동안 논쟁이 된 38선 북진 문제를 일거에 해결했다.[37] 이러한 성공은 맥아더로 하여금 또 다른 자신감을 갖게 만들었는데 그것은 인천상륙작전으로 인해 대다수의 북한군 전열이 파괴된 것으로 보았기 때문이다.[38] 이러한 상황으로 인해 북진에 대해 소극적이던 국무부 정책기획실도 전략 목표를 변경하여 북한군의 완전 격파를 주장하기에 이르렀다.

1950년 9월 20일 국무부 정책기획실은 북한군이 저항하면 38도선 이북으로 전투를 확대해야 한다는 보고서를 작성했다. 군사적인 성공을 동반한 정치적 행동은 자유세계를 위해 최대한의 이익을 성취하고 소련과 그 위성국에 최대한의 손실을 주는 방향으로 이루어져야 한다고 주장했다. 그리고 한국에서 유엔의 정치적 목적은 1947, 1948, 1949년 유엔총회의 결의안에서 규정되고 NSC 81에 의한 미국의 정책에서 확인한 것처럼 한국의 완전한 독립과 통일을 이룩하는 것으로 규정했다. 따라서 북한군의 괴멸이나 북한군의 저항이 계속된다면, 통일은 38선 이북으로의 전투를 수행하는 것으로 이루어져야 한다는 것이다.[39]

9월 21일 장면 주미한국대사도 인천상륙작전의 성공에 힘입어 한국정부는 한국 통일을 요구한 유엔의 목표를 달성하기 위해서 유엔군이 38도선을 넘어 진군할 것을 한국 국민과 함께 열렬히 바라고 있다는 내용의 서한을 애치슨 국무장관에게 전달했다.[40]

그러나 최고 정책결정자인 트루먼 대통령은 아직까지도 북진에 대해 조심스러운 태도를 견지했다. 9월 22일 기자회견 석상에서 만일 미국 군대가 38선까지 도착했을 때에 미국은 어떠한 태도를 취할 것인가 하는 질문에 대해 "본인은 아직 이에 대해 아무런 결정도 하지 않고 있다"고 밝히며 이 문제는 유엔에서 결정할 문제라고 대답했다. 즉 미군은 유엔군의 일부이며 유엔에서 결정된 사항이라면 무엇이든지 따를 것이라고 대답하여 38선 북진에 따른 책임 문제를 다른 곳으로 돌리려고 했다.[41]

하지만 인천상륙작전의 성공은 군부와 맥아더에게 북진에 대한 자신감을 부여했다.[42] 9월 26일 맥아더는 라이트Edwin K. Wright와 합동전략기획단 장교단에게 38선 이북 지역에 상륙하는 또 다른 계획을 작성하라는 지침을 내렸다. 라이트는 9월 27일 과거 인천상륙작전에서 보여준 개념의 현실적인 적용방안으로 제8군은 서해안을 따라 평양으로, 제10군단은 원산에 상륙한다는 계획을 제시했다. 실제로 원산은 소련이 블라디보스토크로부터 북한을 지원하기 위해 보내는 물자를 들여오는 주 항구일 뿐만 아니라 육로로 지원하는 데에도 중요한 지점으로 판단되었다.[43]

국무부와 국방부는 만약에 북한이 붕괴되고 중국과 소련이 한국전쟁에 개입하지 않는다면, 맥아더로 하여금 유엔의 후원을 받아 북한을 점령하게 하자는 데 의견의 일치를 보았다.[44]

합동참모본부는 NSC 81/1에 기초하여 맥아더에게 다음과 같은 전문을 발송했다. "귀관의 군사 목적은 북한 군대의 괴멸이다. 이러한 목적을 얻는 데 있어 귀하는 상륙작전, 공수작전 그리고 38선 이북 지역에 대한 지상작전을 포함한 군사작전을 수행할 권한이 있다. 단 그러한 작전은 소련이나 중국군이 북한 지역으로 들어오거나 북한 지역에서 우리 작전에 맞설 위협을 하지 않을 때에 가능하다"고 밝혔다.[45]

마셜 국방장관은 트루먼 대통령에게 맥아더 유엔군사령관이 북한군을 격멸하기 위해 38선 이북에서 필요하다고 생각하는 군사작전을 수행할 권한을 부여하는 것이 적절하다는 내용의 건의서를 제출했다.[46]

기존에 맥아더에게 내려진 지침은 대통령의 특별한 지시가 없이는 38선을 넘어 작전할 수 없다는 내용이었다. 이에 대해 9월 27일 육군부 작전국장인 볼테Charles L. Bolte는 맥아더가 유엔군사령관으로서 그의 군사적인 목적을 달성할 수 있도록 38선을 넘어서 작전할 수 있는 권한을 주는 것이 무엇보다 중요하고 긴급하다고 보고했다.[47] 그는 콜린스 대장에게 국방장관을 움직여 맥아더의 38선 돌파를 승인하도록 촉구했다. 9월 27일 합동참모본부는 한국에서 맥아더의 작전 확대를 지시하는 전문을 보냈다.[48]

9월 30일 마셜 국방장관은 맥아더에게 다음과 같은 전문을 보냈다. "우리는 전술적이든 전략적이든 38선 이북으로 진격하는 데 아무런 제지도 귀하에게 가한 바 없다는 사실을 양해하기 바란다"는 내용이었다.[49] 이러한 전문은 유엔군이 북한으로 진격하기 위해서는 유엔 총회의 사전허락이 필요하다는 유엔의 원칙을 회피하려는 것으로 전쟁의 변화에 따라 수정하게 된 미국의 새로운 입장을 반영한 것이다.[50] 38선 북진에 대한 논쟁은 이 전문으로 인해 완전히 해결되었고 맥아더에게는 북한 지역에 대한 작전 권한이 부여되었다.

이러한 북진정책의 결정으로 결국 오스틴Warren R. Austin 주유엔미국대표는 30일 유엔총회 정치위원회에서 38선 북진을 요청하는 연설을 했다.[51] 이는 미국의 정책이 한반도의 완전한 수복을 목표로 한다는 것을 전 세계에 드러내는 것이었다.

중국의 참전 경고와 맥아더의 북진 명령

공산진영의 최고 수뇌부에서 중국 참전에 대한 논의가 진행되는 가운데 1950년 10월 1일 맥아더는 북한군 최고사령관에게 항복을 권유하는 성명서를 발표했다. 이 성명서는 북한군의 무장해제와 유엔군 감시 하에 전투행위를 중지할 것과, 전쟁포로 및 민간인 억류자에 대한

석방과 적절한 보호를 요구했다.[52]

그러나 북한의 김일성은 이러한 항복 요구에 대해 어떠한 반응도 보이지 않았다. 국무부와 국방부는 사태 전개에 맞추어 북한 점령에 대한 지침서를 작성하기 시작했다. 그 내용은 북한의 주요 도시는 유엔군이 점령해야 하며 이러한 목적을 달성하기 위해 유엔군사령관은 38선 이북 지역의 군정관으로서 점령 업무를 관장하는 데 필요한 광범위한 정책을 수립하도록 규정한 것이었다.[53]

오히려 유엔군에 대한 반응은 중국에서 먼저 나타났다. 10월 3일 저우언라이는 유엔군이 북한을 침공한다면 중국은 전쟁에 개입할 것이라고 공표했다.[54] 그러나 애치슨은 이러한 중국의 경고는 허세에 지나지 않는다고 평가절하했다.[55]

10월 1일 38선 이북으로 진격한 한국군은 10월 4일 현재 40마일 이상 진격했다. 계속해서 주인도미국대사 헨더슨Loy W. Henderson으로부터 중국의 한국전쟁 참전을 시사하는 전문이 국무부에 도착했다. 이 전문에서 헨더슨은 중국정부의 경고를 무시하고 유엔군이 북한으로 진입한다면 전쟁이 확대될 위험이 분명히 존재한다고 경고했다. 만약 중국이 참전하게 된다면 한국전쟁은 아시아 최강의 공산주의 국가인 중국과 자유진영의 전쟁으로 비화될 것이라는 내용이었다.[56]

10월 5일 극동군사령부 정보장교들은 북한에 중국군이 개입했다는 자료를 제시하면서, 만약에 유엔군이 38선을 넘을 경우 중국은 한국전쟁에 공공연히 개입할 가능성이 있다고 보았다. 윌로비Charles. A. Willoughby는 워싱턴에 보내는 보고에서 최소한 38개 중국군 사단 중에서 9개 내지 18개 사단이 한·만 국경에 집결하고 월경할 준비를 갖추었다고 지적했다.⁵⁷ 월로비는 8월 말부터 약 9개 군(25만 명)의 중국 병력이 만주로 이동했다고 보고했다. 인천상륙작전 이후에는 만주에 집결한 중국군의 수가 45만 명으로 증가했다고 그는 추가적으로 보고했다.

그러나 미국은 중국이 개입할 것인가 아닌가의 문제보다 소련이 어떻게 나올 것인가 하는 문제에 대해 더욱 관심을 기울였고 소련이 개입할 경우 유엔군사령관으로서는 어떻게 행동을 취해야 하는가 하는 문제를 더욱 심각하게 분석했다.⁵⁸ 따라서 이러한 중국의 한국전쟁에 대한 참전 시사는 미국에 대한 위협정책에 지나지 않는다고 판단했다. 중국과 소련의 반응에 대해 중앙정보국CIA 역시 과소평가했다. 미 중앙정보국은 10월 12일 유엔군이 북한 영토로 진격할 때 소련과 중국의 한국전쟁 개입 가능성을 검토했다. 그 결과 중국은 해·공군이 부족한 상태이기 때문에 전면적으로 개입할 의사가 없을 것으로 판단했다. 소련 역시 직접적인 군사 개입을 하지는 않을 것으로 보았다.⁵⁹

10월 7일 유엔총회는 미국이 내놓은 결의안을 채택했다.⁶⁰ 물론 그 결의안이 북한을 점령한다든가 정복하라든가 하는 것을 명백히 밝히지는 않았지만 은연중 그러한 사항에 동의하는 것이었다.⁶¹ 그러나 이미 이틀 전에 맥아더에게 보낸 메시지 초안에서 국무부는 유엔 총회 결의안을 두고 이 결의안이 38선 이북에 대한 작전 수행을 유엔 총회가 지지할 뿐만 아니라 1950년 6월 27일 유엔안보이사회 결의안 집행을 한층 강화시킨 것으로 평가했다.⁶² 이제 본격적으로 북진에 대한 확인이 이루어진 것이다.

10월 7일 국방장관 마셜은 대통령에게 중국군이 개입하면 맥아더가 취해야 할 조치를 건의했다. 이 전문에서 사전통보 없이 중국군이 군사작전을 감행할 시에는 유엔군사령관의 판단에 따라 작전을 계속 수행할 것을 지시했다.[63]

인천상륙작전 이후 중국은 유엔군의 38선 북진에 관한 문제를 예의 주시했다. 그들은 이미 주중인도대사 파니카K. M. Panikkar를 통해 유엔군의 북진 문제를 경고했다. 그러나 유엔군은 이에 대해 어떠한 양보도 표시하려 하지 않았다.

10월 초 유엔군이 38선에서 정지한 것은 군수 지원을 위한 일시적인 것이었다고 맥아더는 후에 언급했다.[64] 10월 17일 맥아더는 유엔군사령부 명령 제4호로 제한을 철회하고 전 유엔군 지상부대가 운영할 수 있는 선까지 북진하도록 명령했다. 10월 24일 맥아더는 국경 남쪽의 유엔군 사용에 관한 모든 제한을 철폐하고 모든 지휘관은 전 예하부대를 동원하여 한반도의 북단까지 전진할 것을 지시했다.[65]

북한 지역 점령에 대한 관할권 문제

전투가 치열하던 8월 28일 중앙정보국은 유엔군의 북한 점령에 대한 영향을 평가했다. 우선 유엔군의 북한 점령은 소련에게 중대한 외교적 패배라는 의미를 갖게 되며, 유엔과 미국의 위신을 높일 것이라고 분석했다. 그리고 유엔이 북한을 군사적으로 점령하는 것은 일본을 위협하는 소련의 전략적 전진기지를 없애는 역할을 할 것으로 보았다. 그러나 이 문서에서 더욱 중요한 것은 북한 지역을 점령하는 주체가 누구인가 하는 것에 대한 대답이었다. 중앙정보국은 이승만정부가 대다수의 한국인들에게 인기가 없기 때문에 그 대안으로 유엔 관할 하에 자유선거를 통해 신정부를 수립하거나, 미국이 참여하는 유엔 관할 하에 장기간의 신탁통치를 거론했다.[66]

북한 점령에 관한 문제는 매우 뜨거운 이슈로 자리 잡아가았다. 맥아더 역시 8월 20일경 해리만 대통령 특별보좌관과의 회담에서 북한 지역에 대해 이미 남한정부가 100석의 자리를 배정해놓고 있기 때문에 다른 대안을 찾을 필요가 없다고 언급했다.[67]

하지만 영국 및 프랑스 등 외교가의 반응은 이와 달랐다. 9월 14일 열린 미·영·프 3국 외무장관 회담에서는 대한민국의 주권은 38선 이남에서만 유지되고, 북한 지역은 유엔 감시 하의 선거를 실시해야 한다고 결론지었다.[68]

결국 이러한 논의는 인천상륙작전의 성공 이후 본격화되었다. 우선 주미한국대사 장면은 당연히 북한 지역에 대한 주권은 남한정부가 행사해야 한다고 강조했다.[69] 이에 대해 9월 26일 애치슨은 소련진영을 제외하고 대한민국이 한반도의 유일한 합법정부임을 대부분이 인정하고 있지만 그렇다고 해서 38선 이북 지역에까지 인정되지는 않는다고 주장했다. 따라서 북한 지역에 대한 주권 연장과 같은 정치적 문제는 우선 유엔군에 의해 전 국토의 통일이 완료될 때까지는 기다려야 한다고 밝혔다.[70] 웹James E. Webb 국무차관 역시 주한미대사관에 이승만 대통령이나 그 밖의 대한민국 정부 지도자들에 대해 38도선 이북에 대한민국의 권한을 일방적으로 확대한다는 등의 공개적 발언을 삼가도록 지시하는 훈령을 전달했다.[71] 하지만 임병직 외무장관은 오스틴 주유엔미국대사에게 전 한반도의 유일한 합법정부는 오로지 대한민국 정부이므로 북한에 대한 관할권 역시 한국정부에 있다고 주장했다. 그러나 국무부는 유엔의 여러 나라 대표들이 북한 지역에 대한 한국의 관할권을 인정하지 않고 있음을 오스틴에게 알려주었다.[72]

9월 27일 합동참모본부가 맥아더에게 보낸 지시에서도 이승만정권의 적절한 회복을 지시했지만, 북한의 장래에 대해서는 어떠한 정치적 문제에 관해서도 언급하지 말 것을 지시했다.[73]

38선 북진이 한국군에 의해 이루어진 다음날인 10월 2일 국무부는 북한 점령에 대한 초안을 작성했다.[74] 이 초안에서 점령군의 임무는 북한에 비북한 출신으로 구성된 행정부를 세우는 것이 되어서는 안 된다고 밝히며, 한국정부의 관할권을 인정하지 않았다. 다만 초기 단계 점령정책에 있어 남한 사람들을 이러한 점령 임무 수행에 활용하는 것만이 고려되었다. 과도기 동안 북한은 피점령국의 지위를 갖게 되며, 미국은 북한을 유엔군사령관의 관할 하에 두고자 했다.

전후 처리는 3단계로 준비되었다. 제1단계는 조직화된 저항 종식부터 유엔한국위원회의 북한 도착까지로, 이 시기에는 북한의 주요 도시에 대한 유엔군 점령을 통해 북한군 무장해제와 일반인 구호가 주요 임무로 상정되었다. 다만 점령군의 구성에서 한국군을 50퍼센트 정도 배정하는 것이 계획되었다. 제2단계는 유엔한위의 도착부터 총선 실시까지로, 유엔한위의 주도 하에 구호·재건·복구를 위한 조사와 총선 실시에 대한 권고안 준비 등이 중요 임무이다. 마지막으로 제3단계는 총선 실시부터 철수까지로 총선 이후 새로운 행정부의 안이 고려되었다. 이는 명백히 남한정부의 권한을 인정하지 않는, 새로운 총선에 의한 신정부 수립 계획안이었다.

미 육군부 역시 맥아더에게 구체적인 북한 점령정책에 관한 초안을 전달했다. 이 안에는 유엔군사령관으로서 맥아더에게 38선 이북 지역의 군정관으로서의 임무를 규정했다. 즉 맥아더는 유엔의 이름으로 북한을 점령하게 될 것이고, 이는 유엔을 최고기구로 하고 합동참모본부가 실행기구가 되어 지휘할 것으로 알려졌다. 한국과 관련하여 대한민국이 한반도에서 유일 합법정부로 승인되었지만, 38선 이북 지역에서의 주권은 일반적으로 승인된 바가 없다는 것이다.[75]

트리그브 리Trygve Lie 유엔사무총장은 10월 12일 맥아더에게 남한 정부의 권한을 38선 이남에 한정하고, 북한의 해방지구에 새로이 민간정부를 수립하도록 훈령을 보냈다. 즉 북한에 새로운 민간행정기관을 설치할 것을 지령한 것이다.[76]

이러한 움직임에 대한 한국정부의 반발은 당연히 예견할 수 있는 것이었다. 공보처장을 통해 유엔 결의안에 대해 유감을 표명한 것을 시작으로, 대한민국 정부는 공식적인 반대를 계속했다.[77] 곧 북한 점령에 대한 유엔의 결정에 항의하는 발표가 이어졌다. 이승만은 이러한 반대의사를 기자회견을 통해 대외에 표명했으며, 맥아더에게 개인 서신으로 전달하기까지 했다.[78]

하지만 미국은 유엔의 결의안을 바꿀 의향이 없었다. 애치슨은 무초에게 계속해서 이승만이 유엔 결정을 반대한다면 이승만정부에 대한 지지도 어렵다는 점을 알려줄 것을 하달했다.[79] 결국 이승만과의 회담을 통해 무초는 더 이상 북한 통치에 대해 언급을 자제할 것이라는 약속을 받아냈다.[80] 하지만 이런 공개적인 약속과 달리, 이승만은 국내적으로 북한 지역에 대한 관리 임명과 통치구상 및 정책 실행에 서북청년단을 적극적으로 활용할 것이라는 대對국민 담화를 발표했다.[81] 또한 미국의 《유에스 뉴스 앤드 월드 리포트*U. S. News and World Report*》와의 전화 인터뷰에서도 자신이 전 한반도에 걸친 통제권을 장악하고 있다고 밝혔다.[82]

8
중국군 참전에 대한 오판과
웨이크 섬 회담

맥아더사령부는 당시 중국군의 이동에 대한 내용signal을 '통상 이동'으로 이해했을 뿐 전쟁 개입noise으로 판단하지 못한 것이다. 결국 중국군 참전에 대한 맥아더사령부의 정보 분석 자체가 중국에 대한 편견과 상호 작용하여 자신의 능력을 과장했고, 이는 또 다른 오판으로 연결되었음을 확인할 수 있다.

중국군 참전의 배경

1949년 7월부터 8월에 걸쳐 북한으로 귀환한 중국인민해방군 166사단과 164사단은 북한 인민군 정규병력으로 편성되었다. 이것이 전환점이 되어 김일성은 8월 중순에 남한에 대한 방침을 '방어'에서 '무력해방'으로 전환했다.[1]

1950년에 들어서면서 중국 측이 먼저 조선인 부대의 귀환 문제를 제기했다. 1950년 조선인 사단의 귀환은 조선인 병사들의 귀국 희망에 의한 것이라는 일면도 있지만, 중국에서 전쟁이 끝났으므로 군인들을 제대시켜 군사비를 줄여야 한다는 현실적인 문제가 작용했다.[2] 중국은 북한이 주도하는 '조국해방전쟁' 준비를 동정하고 지지했으며, 조선인 부대의 귀환을 포함한 상당한 지원을 했다. 그러나 그것은 공산주의 이데올로기의 확장이라든가 사회주의 진영의 확대 같은 것을 염두에 둔 것은 아니었다. 제3세계에서의 민족해방운동에 대한 지지와 지원은 마오쩌둥 시대에 일관된 정책이었다.

한국전쟁의 개전은 안보면에서 중국에게 상당한 위협이었다. 1950년 6월 미얀마로 후퇴한 중국 국민당 패잔병들은 '부흥부대'를 조직하여 소규모로 중국 국경을 침범, 중국군과 접전을 벌였다. 특히 한국전쟁 발발을 계기로 미국은 이 부대에 군수품 등을 지원했다.[3]

중국은 6월 27일 트루먼 성명을 접하자마자 곧바로 이를 중국 침략을 목표로 한 '삼로향심우회三勞向心迂回(3방향에서 중국을 공격한다)' 전략이라고 이해했다.[4] 중국은 한국전쟁을 대만 문제와 연계시켜 고려했는데, 이는 한국전쟁에 대해 중국이 처음으로 공식적인 발언을 한 것이 제7함대의 대만해협 진주에 대한 비난이었다는 사실에서 알 수 있다.[5]

유엔군의 인천 상륙 이후 전황이 급변하자, 9월 17일 저우언라이는 선발대 5명을 북한 주재 중국대사관 무관으로 발령을 내면서 약 1개월간 향후 최전선이 될 북한 북부 지역의 지형을 조사케 했다.[6] 이를 통해 만일 미국이 북상한다면 북한 지역에서 미국의 '중국 침략 야심'을 깨뜨리는 것과 함께 전쟁을 한반도에 한정하려는 것이었다.[7]

원래 1950년 7월부터 중국 최고지도부는 한국 전장戰場에서의 대미전쟁 준비를 추진해왔지만, 마오쩌둥은 9월까지도 참전 일시나 규모에 관하여 명확한 구상을 갖고 있지 않았다. 지도부 내에서 여러 차례 대책회의가 있었지만 마오쩌둥은 8월 4일 회의에서 9월 참전을 구상했다고 생각된다. 그리고 9월 중순, 가오강高崗의 이의신청을 받아들

1. 맥아더 기념실 벽면에 게재되어 있는 당시의 연합국총사령부 건물 전경
2. 맥아더 기념실 벽면에 걸려 있는 사진들

여 참전 예정 시기를 10월로 연기했다.

9월 말, 유엔군의 북상으로 중국 자체가 위협을 받게 되고 참전이 현실화되면서 10월 1일 밤에 김일성의 구원 요청 편지를 계기로 참전 문제를 토론하는 정치국 회의가 긴급히 소집되었다. 그러나 이어진 2일의 회의에서는 마오쩌둥이 중심이 되어 추진한 참전 구상이 부결되었다. 대논쟁을 거쳐 5일의 회의에서 참전 결정에 간신히 이르렀지만, 일주일 뒤인 12일 20시에 마오쩌둥은 중국군에게 출동 중지를 명령했다. 그리고 몇 시간 뒤인 13일 새벽에 열린 정치국 회의에서 참전 결정이 다시 채택되었다.[8] 참전의 재결정이 이루어진 시각은 13일 0시 이후로 되어 있기 때문에 중국 측 연구서는 보통 '13일의 재결정'이라 부른다.[9]

공군 지원이 없다는 것과 마오쩌둥의 출병 중지 명령에 의한 시간 손실 등의 새로운 조건 아래서, 예정된 15일이라는 출병 기한 대신에 19일 출병안이 제기되었다. 이 시기 즉시 투입될 부대는 25만 여 명이고, 제2선 부대는 15만 명, 제3선 부대는 20만 명으로 총 60만 명이었다.[10]

공식적인 전사에 따르면 1950년 10월 19일 오후 5시 30분, 제40군의 도하를 시초로 하여 중국인민지원군의 주력부대는 당일 밤에 3개소의 도강 지점에서 압록강을 건너 남하했다. 중국의 참전은 이로써 본격화되었다.[11] 하지만 최근 베이징에서 공개된 자료에 의하면, "제42군 124사단 370연대가 샤오젠페이簫劍飛 부사단장의 인솔 아래 10월 16일 밤에 지안輯安에서 압록강을 건너 북한 영내 30킬로미터 남짓 들어갔다"고 언급하며, 중국군의 참전 시기를 명확히 밝히고 있다.[12]

그렇다면 중국은 왜 미국과의 전면전을 불사하고 한국전쟁에 개입했을까? 중국의 한국전쟁 개입의 배경에 대해서는 연구자들마다 그 강조점이 서로 상이하다. 그러나 기존 연구를 분류하면 국내적 요인과 국제적 요인으로 구분할 수 있다.

우선 박두복은 중국의 한국전쟁 개입은 단순한 국력의 소모라기보다는 보다 근본적인 자기 보존을 위한 혁명전략의 운용이라는 의도에서 찾을 수 있다고 보았다.[13] 정종욱은 마오쩌둥이 중소관계를 개선할 필요성이나 아시아에서 중국의 지위 향상, 미일관계의 악화 유도 등과 같은 적극적인 동기를 가지고 참전 결정을 내렸다기보다는, 미국정부에 의해 창출된 상황에 불가피하게 대응하는 차원에서 참전 결정이 이루어진 것으로 평가했다.[14] 서상문은 마오쩌둥이 군사 개입을 결정하게 된 동기를 첫째, 풍전등화에 처한 북한정권의 붕괴 방지, 둘째, 국가 안보의 보장, 셋째, 국내 전장화를 막기 위한 국외 전장화 조성 동기와 같은 복합적인 요인들이 작용한 것으로 판단했다.[15] 주지안룽에 따르면 중국이 노린 것은 미국의 '중국 침략 야심'을 깨뜨리는 것과 함께 전쟁을 한반도에 한정하는 것이 출병의 최대 의도였다고 평가했다.[16] 이들은 중국의 한국전 참전 요인에서 중국의 국내적 요인을 더욱 강조하고 있다.

한편 박명림의 경우 한국전쟁의 개전에 대해 마오쩌둥은 초기에는 내키지 않았으나, 김일성의 방문과 스탈린의 전문을 계기로 극적으로 전환한 것으로 평가했다. 이러한 극적인 전환의 이유로 첫째, 스탈린의 선제결정의 존중 및 국가 건설을 위해 그동안 불편했던 중소관계의 개선, 둘째 대만 점령과 중국 통일의 필요성, 셋째, 북중관계의 역사적 유대 등을 들었다.[17] 이완범은 중국이 미·일·남한·대만의 대對

중소 동맹체제의 형성 과정에서 돌출한 일본의 재무장에 우려를 나타내며, 일본세력의 진출을 막는다는 점을 고려하면서 한국전쟁에 개입한 것으로 평가했다.[18] 박영실은 중국의 한국전쟁 참전 원인을 단순히 안보인식이라는 단일 원인보다는 당시의 북한과 중국 양국의 역사적 관계를 통한 조명이 필요하다고 주장했다.[19]

결국 김경일이 지적한 바와 같이 중국의 한국전 개입 배경은 국공내전 시기 중국 공산당과 미국, 장제스 집단과의 투쟁의 연속선상에 놓여 있음을 확인할 수 있다.[20]

웨이크 섬 회담

중국군 참전에 대한 문제를 둘러싸고 미 당국자들 사이에 논란을 불러일으킨 최초의 사건은 웨이크 섬 회담Wake Island Conference이었다. 웨이크 섬에서 이루어진 트루먼 대통령과 맥아더 원수 사이의 회담은 한국전쟁의 전개 과정에서 중요한 위치를 점하고 있다. 그 이유는 이 회담을 둘러싸고 전쟁의 목표에 대해 현지사령관과 정책을 결정하는 워싱턴 당국자들 사이의 이해관계가 첨예하게 드러났기 때문이다.

물론 회담 시 논의된 의제에 대해서는 당시에 큰 논란이 되지는 않았다. 그러나 중국군의 대규모 개입에 의해 전황이 뒤바뀌고 한국전쟁 전략에 대한 논의가 치열하게 전개되었을 때, 이 회담은 자신들의 입장을 옹호하는 데 하나의 증거물로 활용되기 시작했다.

트루먼과 그 참모진들은 맥아더가 이 회담에서 중국군의 참전 가능성을 의도적으로 축소했다고 나중에 평가했다. 즉 중국군 개입에 관한 문제를 제기했을 때, 맥아더가 중국군 개입 시 발생할 문제에 대해 지나치게 왜곡된 정보를 제공했다는 것이다. 한편 이에 대해 맥아더는 웨이크 섬 회담에서 다루어진 문제는 세계적인 문제를 피상적으로 다루었고, 중국군 개입 가능성에 대한 대통령의 질문도 심층적이기보다는 대화 속에서 한 번 정도 의례적으로 이루어진 내용이었으므로 자신은 그 중요성을 인식하지 않았다고 항변했다.[21]

국내에서는 이 회담을 둘러싸고 당시 트루먼 행정부의 내용과 같은 주장이 제기되었다. 즉 맥아더가 중국군 개입에 관한 정보를 알고 있으면서도 의도적으로 축소 보고했다는 주장이다. 이러한 주장을 강조한 인물은 바로 정일권이었는데, 그는 자신의 회고록에서 10월 13일자 이승만 대통령과 맥아더 장군 사이의 전문을 들어 다음과 같이 주장했다.[22]

이승만 대통령은 "정 총장, 맥아더와 나는 중국군이 나온다고 보았습니다. 장군, 그는 중국군 개입 가능성을 겉으로는 부인했으나 북진전략에 대한 트루먼의 잔소리를 막기 위해서인 것입니다. 맥아더, 그는 훨씬 앞을 내다보고 있는 것이니 경우에 따라서는 원폭 사용도 불사할 각오라고 내게 굳게 약속한 바 있습니다. 그의 전략가로서의 심모는 참으로 탁월합니다." 그리고 맥아더에게 보낸 편지를 보여주었다. "중국 개입의 가능성은 매우 크다고 보는 바입니다. 트루먼 대통령을 만나더라도 이 가능성을 긍정하지 말았으면 합니다. 귀하가 긍정함으로 해서 북진을 방해하는 작전상의 제한이 가중될 우려가 있기 때문입니다." 다른 한 통은 맥아더의 답장이었다. "전적으로 동감합니다. 본관은 믿을 만한 정보통의 보고를 받고 있습니다. 중국군은 반드시 나타날 것입니다. 필요하다면 원폭도 불사할 것입니다." 편지의 날짜는 10월 13일이었다.

이러한 정일권의 회고록을 가지고 문제를 증폭시킨 것은 《월간조선》이었다. 조갑제는 니츠Paul Nitze의 회고록[23]을 인용하여 반공정신으로 무장한 이승만-맥아더가 중국군 개입을 통해 확전을 도모했다는 일종의 묵계를 주장했다.[24]

그러나 관련 사실을 살펴보면 이 주장을 뒷받침할 만한 자료가 쉽게 드러나지는 않는다. 맥아더가 중국군 개입을 알면서도 이를 은폐했는지 아니면 정말로 중국군 개입을 알지 못했는지는 연구자들 사이에서도 일치하지 않고 있다. 한 연구자는 맥아더가 중국군 참전에 대한 보고를 믿으려 하지도 않았고, 중국군의 참전을 부정하거나 그 의미를 최소한으로 축소하려 했다고 평가했다. 하지만 한편으로 그는 맥아더가 행정부 수뇌부를 속이면서까지 북진에 집착했다고 보았다.[25] 그러나 가능한 자료를 확인해보면 이러한 평가는 단정적으로 내릴 수 있는 것이 아니다.

맥아더 본인이 중국군의 참전 가능성에 대한 정보를 가지고 있었다는 주장은 그의 정보참모인 윌로비Charles A. Willoughby 소장의 저서에서도 엿보인다. 즉 맥아더사령부에서는 중국군의 이동 상황에 대해 면밀히 추적하고 있었을 뿐만 아니라 이를 워싱턴 당국에도 지속적으로 보고했다는 것이다. 하지만 윌로우비의 주장에 따르면 한 나라의 전쟁 참전 가능성에 대한 최종판단은 정치가의 몫이라는 주장을 함으로써 맥아더사령부의 정보 실패를 변명하고 있다.[26]

최근까지 웨이크 섬 회담에 관한 기존의 연구는 매우 소략했다.[27] 주로 미국 외교정책 결정 과정에서 문민우위에 따르는 원칙과 이 회담을 둘러싼 정치적 목적 등에 대한 설명이 있을 뿐,[28] 실질적으로 전쟁에 대한 워싱턴과 맥아더사령부 사이의 인식의 차이를 드러내는 연구는 아직 발표되지 않고 있다. 따라서 이하에서는 웨이크 섬 회담의 내용을 다시 한 번 검토해보도록 한다. 웨이크 섬 회담은 한반도의 완전한 독립과 통일을 완수하기 위한 절차상의 문제에서부터 중국군 참전에 따르는 대응까지 매우 상반된 전황의 변화가 예견되던 시기인 1950년 10월 15일에 개최되었다.

미국 의회 선거가 있기 3주 전에 열린 이 회담은 전쟁의 승리를 눈앞에 두고 있는 현지사령관과 대통령의 만남을 통해 선전 효과를 극대화하기 위한 백악관의 정치적 계산에서 비롯되었다.[29] 트루먼의 참모들은 11월에 열릴 의회 선거에서 민주당에 긍정적인 정치적 이익을 줄 수 있는 방법을 모색했다.[30] 당시 트루먼 대통령의 공보비서인 로스Charles Ross가 나중에 설명한 바에 따르면, 참모들 사이에서는 트루먼이 직접 한국으로 가서 맥아더와 회견하는 것이 선거가 있는 해에 좋은 일이 될 것이라는 데 의견이 모아졌다. 하지만 트루먼은 이 계획이 너무 정치적이고 쇼맨십이라며 반대했다. 그러나 10월 초 백악관 참모진은 대통령을 설득하는 데 성공했다.[31]

따라서 웨이크 섬 회담을 위한 준비는 10월 9일부터 본격적으로 이루어졌다. 대통령은 마셜 국방장관과 애치슨 국무장관으로 하여금 맥아더에게 보낼 전문을 준비하도록 명령했다. 이 명령에는 10월 14일에 하와이에서 만나고 싶다는 내용을 담고 있었다. 그러나 만약 한반도의 군사적 상황으로 인해 맥아더 장군이 그 날짜에 만나기 어렵다면, 가까운 시일 내에 다른 날짜를 잡아 달라는 요청도 담겨 있었다.[32]

대통령이 맥아더에게 보낸 전문에는 회담에서 논의할 주제로 크게 1. 현재 한반도의 군사 상황, 2. 한국 구호자금의 전망, 3. 대일평화조약, 4. 극동 지역에서의 전체적인 전략 상황 등을 제시했다.[33] 10월 10일 트루먼 대통령은 맥아더와 웨이크 섬에서 회담을 갖는다는 내용을 공식적으로 발표했다.[34] 공식 발표에 따른 여론 동향을 분석한 국무부의 한 자료는 웨이크 섬 회담에 대한 언론사의 발표를 분석했다.[35] 이에 따르면 대체적으로 대다수의 언론사들은 이 회담을 미국의 대對아시아 정책에 있어 워싱턴 당국과 맥아더사령부 사이의 갈등을 종식시킬 것으로 예상했다. 그러나 NBS방송의 루이스Fulton Lewis는 트루먼 대통령의 여행 목적은 "맥아더로 하여금 중국 공산정권을 받아들이도록 하고 대만을 그들에게 넘기도록 하는 것"이라고 혹평했다. 이는 중국에 대한 트루먼 행정부의 유화정책을 비판하는 미국 내 보수정권의 목소리를 대변하는 것이기도 했다.

이러한 분위기 속에서 웨이크 섬에서 논의할 상세한 공식적인 비망록이 작성되었다. 이 문서는 한국 항목에서 핵심사항Points for possible emphasis과 질의사항Points as possible questions으로 구성되었다. 핵심사항에서는 한국전쟁을 제한전화하기 위해 모든 노력을 기울여야 한다고 지적했다. 정치적으로 한국에서 유엔군의 군사작전이 중국과 소련에게 위협이 되지 않을 것이라는 점을 보장하고, 군사적으로 중국과 소련의 군대나 그 영토에 유엔군이 개입하지 않도록 주의를 기울여야 한다는 점을 강조했다. 이를 위해 질의사항에서는 소련과 중국의 의도에 대해 맥아더의 견해가 무엇인지를 확인해야 한다고 주장했다.[36]

하지만 트루먼은 웨이크 섬 회담이 열리기 이전인 1950년 10월 9일 참모진과의 면담에서 중국의 참전에 대해 매우 낙관적인 견해를 피력했었다. 즉 트루먼은 "중국의 한국전 개입 가능성도 생각할 수는 있지만, 그럴 것 같지 않고 인도차이나에 대한 중국의 개입도 일어날 것 같지는 않다"는 요지의 발언을 했다.[37]

10월 12일 중앙정보국CIA은 대통령에게 중국이 개입할 능력을 가지고 있으나 그렇게 되지는 않을 것 같다고 보고했다.[38] 중앙정보국에 따르면 "중국 지상군은 현재 공군 및 해군의 지원이 부족한 상태이기 때문에, 개입하더라도 결정적이지는 못할 것이고 또한 실제로 그들이 한국전쟁에 전면적으로 개입할 의사가 확고하다는 증거도 없다"고 밝혔다. 특히 "중국군의 개입 가능성을 완전히 부정하는 것은 아니지만 세계대전을 피하려는 소련의 결정을 고려한다면 1950년도에 그러한 일이 일어날 가능성은 없다"고 평가했다. 다만 "중국의 개입은 북한에 대해 은밀한 지원의 형태로만 이루어지는 제한적인 것이 될 것"으로 전망했다.[39]

결국 이 보고가 트루먼에게 맥아더와의 웨이크 섬 회담에서 중국의 개입 문제에 대한 논의를 우선순위에서 배제하게 만드는 데 일정한 역할을 했던 것으로 보인다.

10월 15일 트루먼 대통령은 브래들리Omar N. Bradley 합참의장, 페이스Frank Pace 육군장관 등 24명을 거느리고 웨이크 섬에 도착했다.

이미 전날 맥아더는 무초John J. Muccio 주한미대사, 부관인 휘트니 Courtney Whitney 준장과 벙커Laurence. E. Bunker 대령 등을 대동하고 도착해 있었다.[40]

트루먼-맥아더 회담은 오전 7시 36분에 시작되었다. 휘트니에 따르면 처음에 벙커가 이 회담에 대한 속기를 시작하려 하자, 언론 담당 비서관인 로스가 공식적으로 기록하지 않을 것이라는 말에 그만두었다고 했다. 하지만 1시간 반 이상 진행된 회의에서 참석자 대부분이 노트를 꺼내 적고 있었고, 국무부의 제섭Philip Jessup 무임소대사의 비서인 앤더슨Vernice Anderson은 옆방에 앉아 이 회담에서 오가는 내용을 속기하고 있었다.[41]

어쨌든 회담이 개시되자 주제는 한국의 전쟁 복구사업, 한반도 총선거 실시, 대일강화조약, 태평양조약, 인도차이나 사태, 필리핀과 대만 상황 등 여러 방면에 대해 논의가 이루어졌다. 특히 가장 많은 내용을 차지한 것은 인도차이나 사태와 대일강화조약이었다.[42]

한반도 문제와 관련해서 논의된 내용은 주로 한국전쟁 종결 이후 미군의 재배치에 관한 것이 주를 이루었다. 브래들리가 작성한 요지문에 따르면 한국의 전황과 관련해서 맥아더는 크리스마스 때까지 제8군을 일본으로 철수시키는 한편 제10군단은 북한 점령을 위해 재정비해 주둔시킬 것이라고 밝혔다.

다른 문제에 대해 논의가 진행되고 있을 때 갑자기 트루먼은 중국이나 러시아가 개입할 가능성에 대해 맥아더에게 질문했다. 맥아더는 "거의 없다. 두 나라가 전쟁 개시 후 1~2개월 이내에 개입했더라면 상황은 변했을 것이다. 우리는 더 이상 그들의 개입을 두려워하지 않는다. 지금은 그들에게 굽실거릴 필요가 없다. 중국은 만주에 30만 명의 군대를 보유하고 있다. 그중 아마 10만 내지 12만 5천 명 정도가 압록강을 따라 배치되어 있을 것이다. 또 그중 5만 내지는 6만 명 정도가 압록강을 넘어올 수 있을 것이다. 그들은 공군이 없다. 우리는 남한에 공군기지를 여러 개 가지고 있으며, 만약 중국이 평양으로 밀고 내려오려 한다면 대살육이 벌어질 것이다"라고 대답했다. 맥아더는 중국이 효과적으로 개입할 수 있는 기회를 이미 놓쳤다고 판단했다.[43]

브래들리 합참의장이 주한미군 제2사단이나 제3사단 가운데 1개 사단을 1951년 1월경 유럽으로 파병할 수 있겠느냐는 질문에 대해 맥아더는 보낼 수 있다고 확언하며 오히려 더 훈련이 잘되어 있는 제2사단을 추천하기까지 했다.[44]

이것이 중국군 개입 가능성에 대한 질문과 대답 전부였다.[45] 그러나 벙커가 작성한 비망록에 따르면 미묘한 차이가 엿보인다. "제8군을 일본으로 철수할 시, 그렇게 한다면 중국군의 남하에 대해 남한이 심각한 위협에 놓이게 될 것이고, 국경선에 배치된 25만의 중국군은 무시할 수 없다. 중국군은 접경 지역에 25만의 군대를 유지하려고 할 것이고 이는 짧은 시간에 이룰 수 있을 것이다"라는 맥아더의 발언이다.[46] 상황에 따라 맥아더가 중국군의 개입 가능성에 대해 주의를 기울이고 있었다고 판단할 수 있는 근거로 보인다. 하지만 이를 두고 맥아더 본인 스스로 명확히 중국의 참전을 시사하는 발언으로 생각하지는 않았던 것 같다. 문제는 국경 지역에 대한 중국군의 배치를 야전사령관으로서 보고한 것에 지나지 않았고 후에 회고록에서 밝혔듯 중국군의 참전 여부는 본인이 판단하기보다는 상부인 워싱턴 당국에서 결

정해야 할 문제로 평가했다.[47]

웨이크 섬 회담은 9시 15분에 끝났다. 대통령과의 회담 이후 맥아더는 대통령 특별보좌관인 해리먼W. Averell Harriman과 국무부 극동담당 차관보인 러스크Dean Rusk와 추가회담을 가졌다.[48] 이 회담에서 그들은 1. 인도차이나에서 프랑스가 당면한 문제, 2. 인도차이나 지역에 대한 대중적 지지와 군사적 성공과의 상관관계, 3. 한국에서의 전범 문제, 4. 중국의 참전 가능성, 5. 남한의 군사 능력 등에 대해 의견을 교환했다.

이 회담에서 러스크는 맥아더에게 만약 유엔군이 38선을 넘는다면 중국이 참전한다는 위협에 대해 어떻게 판단하고 있느냐고 질문했다. 맥아더는 중국이 그러한 위험에 대처할 각오가 되어 있는지에 대해서는 알 수 없지만, 중국이 소련의 지원 없이 미국에 대해 전쟁을 선포할 것이라고는 믿기 어렵다고 언급했다. 그러나 만일 중국이 선전포고를 한다면 미국은 그 선언을 매우 심각한 것으로 다루어야만 할 것이라고 답변했다.

웨이크 섬 회담을 마무리하고 발표된 성명에서 트루먼은 회담이 매우 만족스러웠고, 워싱턴과 야전사령부 사이에 완벽한 의견일치를 보았다고 언급했다.[49] 특히 미국의 가장 유능한 장군 중 한 사람이자 최초의 유엔군 사령관인 맥아더와 회담을 갖게 된 데에 매우 기쁘게 생각한다고 소회를 표명했다. 17일 방송연설에서도 트루먼은 "내가 무엇 때문에 웨이크 섬까지 갔는가에 대해 여러 가지 추측이 난무하고 있다. 그러나 여기에 어떤 비밀도 없다. 나는 맥아더 원수와 이야기를 하고 싶어 간 것이다. 웨이크 섬에서 우리는 극동 정세와 세계 평화와

의 관계에 대해 회담했다"고 발표했다.⁵⁰

맥아더 역시 트루먼 대통령과의 회담을 마치고 귀환한 후 하네다 공항에서 발표한 성명에서 극동 지역과 관련한 제반 문제에 대해 논의한 것을 매우 만족스럽게 생각한다고 밝혔다.⁵¹

10월 18일 워싱턴에서 열린 기자단 회견 석상에서 백악관은 토의된 의제에 대해 공식 발표했다. 논의된 주제에 대해서는 1. 한국 내의 유엔 행동의 최종적 조치, 2. 한국의 구제 및 부흥, 3. 대일강화조약, 4. 필리핀 문제, 5. 인도차이나 문제와 극동에 대한 영향, 6. 한반도에서 미군 철수, 7. 대만 문제, 8. 포로 처리에 관한 문제 등이라고 발표했다.⁵² 그러나 이상하게도 이 발표에서조차 중국과 소련의 참전 문제는 거론되지 않았다.

이 회담이 끝나자 회담에 대한 여론은 매우 호의적인 것으로 나타났다. 그러나 《뉴욕헤럴드트리뷴New York Herald Tribune》은 회담의 실제적인 성과에 대해 매우 간략한 질문만이 이루어졌다며 실망감을 표명했다.⁵³ 한편 《보스턴헤럴드Boston Herald》는 이 회담이 공산주의자들의 공격에 대해 미국의 정책을 강화하는 한 수단으로 비추어졌다고 평가했다.⁵⁴

중국군의 참전과 미군의 정보 오판

1950년 10월 15일 열린 트루먼과 맥아더의 웨이크 섬 회담에서도 중국군의 참전은 크게 고려되지 않았던 것이 분명하다. 그러나 미국에서 중국군의 참전에 대한 대비 및 검토가 전혀 없었던 것은 아니었다. 국가안보장회의NSC는 1950년 7월 29일 〈NSC 73/1〉을 통해 중국군이 개입할 경우를 대비한 보복 조치 강구와 동원령 확대 등을 검토했다.[55] 9월 27일 클럽Edmund O. Clubb 국무부 중국과장은 9월 27일 작성한 비망록에서 중국군의 이동 상황을 볼 때 린바오 산하의 제4야전군이 한국전쟁에 개입할 가능성이 가장 높다고 평가했다.[56] 9월 29일 커크Alan G. Kirk 주소련미국대사도 유엔군의 38도선 북진 시 중국군이 개입할 가능성이 높다는 정보를 국무부에 보고했다.[57] 버크Arleigh Burke 제독은 전 일본군 고위장교 노무라 기시사부로野村吉三郎와의 회담에서 만일 유엔군이 38선을 넘어 공격한다면 중국이 개입할 것이라는 의견을 전해 듣고 이를 윌로비에게 전달했다.[58] 하지만 1950년 9월 15일 전격적으로 감행된 인천상륙작전은 성공했고, 합동참모본부도 9월 27일자 훈령을 통해 유엔군의 북진을 내부적으로 결정했다.[59] 미국의 정책 결정 담당자들 사이에서는 인천상륙작전의 대성공으로 인해 전쟁 종료 후 북한 점령에 관한 문제를 논의하는 등 낙관적인 분위기가 팽배했다.

한편 1950년 10월 3일 저우언라이는 북경의 주중인도대사 파니카K. M. Panikkar에게 유엔군이 북한을 침공한다면 중국은 전쟁에 개입을 하겠지만 한국군만이 38선을 넘을 경우 개입하지 않는다는 자신의 성명을 미국에 전달해줄 것을 부탁했다.[60] 그러나 미국은 파니카 개인이 친공親共적이고 반미反美적인 경향이 짙었기 때문에 그의 말을 믿지 않았다.[61] 왜냐하면 1949년 여름, 그가 중국의 대만 공격을 알린 정보가 사실이 아닌 것으로 판명됨에 따라 더욱 신뢰할 수 없는 인물로 평

가돼왔기 때문이었다.[62]

하지만 저우언라이의 공식적 발표에 대해 국무부의 동북아시아 국장 대리인 존슨Alexis U. Jonson은 중국의 한국전쟁 개입에 대한 대안을 러스크 극동담당 차관보에게 제출했다. 존슨은 저우언라이의 성명이 과장스럽기는 하지만 단순한 협박은 아니라고 평가하며 다음과 같은 대안을 제시했다. 즉, 유엔군을 공개적으로 38선 이북으로 북진시켜서는 안 되고 한국군을 이용하여 북한의 항복을 받아내는 대신 유엔군은 해·공군 지원, 즉 병참과 전술 지원에 국한되어야 한다는 것이다.[63] 이러한 주장에 국방부도 동의하고 있었다. 국방부는 일단 적대행위가 종식되면 38선 이북에서 이루어질 물리적 점령과 평화 유지에 필요한 최소한의 미군만 투입해야 한다는 입장을 강조했다.[64]

이 당시 중국군의 참전에 대한 정보는 여러 방면으로부터 보고되고 있었다. 네덜란드 주재 미국대사인 차핀Seldon Chapin에 의하면 "저우언라이는 개인적인 대화에서 38선이 붕괴될 경우 중국이 참전할 것이라고 말했고, 중국군 참모총장인 녜룽전聶榮臻 역시 38선이 유엔군에 의해 돌파된다면 중국군이 참전하는 것 외에 달리 선택의 여지가 없고, 비록 미국과의 전쟁으로 중국의 발전이 50년 이상 후퇴한다 하더라도, 만약 지금 저항하지 않는다면 중국은 영원히 미국의 통제아래 놓이게 될 것이라는 견해를 밝혔다"고 보고했다. 이 메시지에는 중국군이 만주에 약 100만 명의 정예군을 보유하고 있는 것으로 추산되고 있다며 끝맺고 있다.[65] 또한 인도주재 미국대사인 헨더슨Loy W. Henderson도 인도로부터 접수된 보고를 통해 위와 동일한 평가를 내리고 있었다.[66]

중국군 참전 가능성에 대한 평가가 난무한 가운데, 10월 6일《알라스카프레스Alaska Press》와의 회견에서, 맥아더는 한국 문제에 대해 중국이나 소련이 직접 개입하지는 않을 것이라고 언급했다. 중국은 공군력이 충분하지 않고 소련 역시 충분한 병력을 가지고 있지 않기 때문에 지금으로써는 기회를 상실한 것이라고 평가했다.[67]

이러한 낙관적인 견해에 더욱 힘을 보태는 사건이 벌어졌다. 10월 7일 유엔총회 본회의에서는 유엔군의 월북을 가능케 하는 동시에 자유선거로 통일정부를 수립해야 한다는 주장을 담은 8개국 공동제안이 47 대 5로 통과되었다.[68] 현지사령관인 맥아더에게 보내진 메시지에는 유엔총회 결의안에서 38선 이북에 대한 작전 수행을 유엔총회가 지지할 뿐만 아니라 1950년 6월 27일의 안전보장이사회 결의안 집행을 한층 강화시킨 것으로 해석되어 전달되었다.[69]

10월 7일 마셜 국방장관은 맥아더에게 중국군이 개입할 시 취해야 할 조치를 하달했다. 이 지침에 의하면 "사전통보 없이 중국군 주력부대가 한반도에서 공개 또는 비밀리에 작전을 개시할 경우, 귀관은 귀관의 판단에 따라 현재의 군사작전을 계속 수행해야 한다. 중국 영토에서 군사작전을 하게 될 경우, 귀관은 워싱턴으로부터 반드시 승인을 받아야 한다"는 내용이었다.[70] 합동참모본부에서 맥아더에게 내린 훈령은 만일 성공 가능성이 있으면 중국군과 교전을 계속할 것을 승인한 것이었다. 그러나 상황 발생 시 벌어질 상세한 조치에 대해서는 맥아더에게 일임했다. 즉 중국군의 대병력이 뒤따를 때 정확하게 어떠한 행동을 취하라는 지시도 하지 않았고 또 맥아더로 하여금 그에 대처할 대응책을 수립하도록 지시하지도 않았다.

유엔총회의 결의안에 따라 맥아더는 김일성에게 유엔총회의 결정 조치를 통고하며 적대행위를 중지하고 항복할 것을 권유하는 메시지를 10월 1일에 이어 10월 8일 다시 한 번 발송했다.[71]

한편 10월 8일 오전 중국 중앙군사위 주석 마오쩌둥은 긴급 전보로 '중국인민의용군 설립에 관한 명령'을 내렸고,[72] 9일《인민일보》사설에는 유엔총회의 결의에 반대한다는 내용이 게재되었다.[73]

10월 10일 중국 외교부는 공식적인 성명서를 발표했다. 이 성명서에 의하면 유엔군의 38선 월경을 한반도에 대한 침략전쟁으로 규정하며, 이는 중국의 안보에 심각한 위협이라고 주장했다. 나아가 중국은 이러한 유엔군의 38선 북진을 묵과할 수 없고 또 다른 전쟁으로 비화될 위험이 있음을 지적하며, 전쟁 확대의 책임이 유엔군에 있음을 경고했다.[74]

10월 12일 중앙정보국은 중국군의 한국전쟁 개입 가능성은 희박하다고 평가했다. 중앙정보국에 따르면 중국 지상군은 현재 공군 및 해군의 지원이 부족한 상태이기 때문에, 개입하더라도 결정적이지는 못할 것이고 또한 실제로 그들이 한국전쟁에 전면적으로 개입할 의사가 확고하다는 증거도 없다고 밝혔다. 특히 중국군의 개입 가능성을 완전히 부정하는 것은 아니지만 세계대전을 피하려는 소련의 결정을 고려한다면 1950년도에 그러한 일이 일어날 가능성은 없다고 평가했다. 다만 중국의 개입은 북한에 대한 은밀한 지원의 형태로만 이루어지는 제한적인 것이 될 것으로 전망했다.[75]

10월 14일 극동군사령부 정보참모부는 장문의 일일정보요약을 제출했다. 극동군 정보참모인 윌로비 소장이 서명한 이 정보 판단에 의하면 만주에 있던 중국군 총병력은 9개군 38개 사단이며, 만일 이들이 전쟁에 투입된다면 이는 소련으로서는 가장 경제적인 방법이라고 적고 있다. 하지만 이 보고서에는 중국과 소련이 그들의 지속적인 이해관계와 공식성명에도 불구하고 승산이 없는 전쟁에 자신들의 국력을 투자함으로써 막대한 손실을 입으려 하지 않으리라고 평가했다. 미국의 정보기관은 소련과 중국이 모두 전쟁에 개입하지 않을 것이라는 직접적인 정보를 가지고 있었다.[76]

10월 15일 육군부는 맥아더에게 한국전쟁이 끝난 다음 극동군의 병력 감축 규모를 연구하여 보고하도록 지시했다. 극동군 내에서는 이러한 지시에 따라서 지휘 문제에 대한 조치를 취하게 되었다.[77] 이로 미루어 전쟁이 곧 끝날 것이라고 판단한 것은 육군부뿐만이 아닌 것 같다. 10월 22일 제8군사령관이었던 워커Walton Walker는 맥아더에게 10월 20일 이후에 한국에 도착하는 탄약 수송선을 다시 일본으로 되돌려 보내도록 요청했다.[78] 무분별하게 낙관적인 견해와 움직임으로 중국의 개입 가능성에 대한 관심은 부차적인 것으로 남게 되었다.

중앙정보국은 유엔군의 북진 직후 중국군의 병력 상황을 조사했다. 중앙정보국의 10월 16일자 일일보고서에 의하면 만주로부터 남쪽 국경으로 이동하는 트럭대열이 포착되었고 이는 북한군에 대한 소련과 중국의 병참 지원이 계속되고 있음을 보여주는 것이라고 평가했다. 그러나 만주에서 훈련 중인 조선인을 전장에 투입시킬 가능성에 대해서는 명확한 판단을 내리지 않았다.

미 정보 당국이 중국군 출현을 공식적으로 탐지한 것은 1950년 10월 27일이었다. 중앙정보국 정보보고서에 따르면 중국군이 공개적으로 개입했다는 공식적인 보고는 없지만 운산 지역에서 중국군 포로가 생포되었다고 밝혔다.[79] 이러한 중국군 포로에 대한 정보는 이후 지속적으로 나타났다. 28일자 보고서에서는 온정리에서 한국군 제6사단이 중국군 포로 3명을 생포했음을 밝히고 있고,[80] 주한미대사관에서도 중국군의 참전 증거로 중국군 포로를 확인하는 내용의 보고서를 국무장관에게 계속하여 보고했다.[81] 이 보고서에 따르면 포로들의 심문 결과 이들이 10월 19일경 만주에서 월경했으며 중국군 제40군에 소속된 것으로 밝혀졌다. 하지만 당시 주한미대사관 드럼라이트Everett F. Drumright 참사관은 아직까지도 제8군이 한국전쟁에 중국군이 실질적으로 개입하고 있다는 사실을 받아들이려고 하지 않는다고 지적했다.

10월 28일 맥아더의 정보참모인 윌로비는 "최상의 개입 시기는 이미 오래전에 지나갔다. 만약 계획된 것이라면 그와 같은 행동(중국군의 참전)이 북한군 잔당이 거의 소멸될 지경에 이르는 현재 이루어지는 것이라고는 믿기 어렵다"고 보고했다. 3일 후 브래들리 합참의장도 국방부에서 가진 기자회견에서 "중국의 정책은 우리 군사지도자들이 예상한 바에 의하면 전면적 개입도 형식상의 개입도 아닌 '중간 수준'인 것 같다"고 발언했다.[82]

제8군 정보부는 10월 31일에야 제8군 군사작전 지역 내에 약 2,000여 명의 중국군이 개입한 것으로 판단했으나 이는 실제와 너무 동떨어진 판단이었음이 얼마 지나지 않아 밝혀졌다.[83]

11월 1일 국무부 중국과장인 클럽은 중국군이 북한에 주둔하고 있음이 확실하며 중국인민해방군이 정규군을 참가시킨 것이 분명하다고 주장했다. 그에 따르면 만약 중국이 직접적으로 한국전쟁에 참전한다면 상당한 군사력으로 개입할 것이고, 이 결과로 인해 소련 역시 전쟁에 개입할 수 있는 가능성을 경계해야 한다고 강조했다. 11월 4일자 보고에서 클럽은 중국의 개입 목적을 다음과 같이 제시했다. 1. 압록강 발전시설에 대한 중국의 이익 보호, 2. 만주 및 소련과 인접한 국경 지역에 '방역선' 수립, 3. 북한을 한국전쟁 개시 이전으로 회복하도록 원조, 4. 한반도로부터 유엔군 축출, 5. 일본의 개입에 대한 사과 요구, 6. 3차 세계대전을 위한 발판 제공 등이다.[84] 그러나 문제는 이 보고 역시 중국군의 이동과 개입에 대한 정보를 바탕으로 이루어진 평가가 아니라 전반적인 상황에 대한 예측에 지나지 않았기 때문에 주목받지 못했다.

중앙정보국 역시 중국의 한국전 개입 문제에 관해 공식적으로 대통령에게 보고했다. 1만 5천 명 내지 2만 명으로 구성된 중국군이 북한에서 작전하고 있고 같은 수의 부대가 만주에 주둔한다는 것이다. 그러나 이러한 행동이 전면전을 예상하는 것은 아니고 중국의 주요 목적이 압록강 남쪽에 제한적인 '방역선'을 만들려고 하는 것으로 평가했다.[85] 중앙정보국도 중국군의 한국전쟁 개입에 대해 오판을 하고 있었던 것이다.

11월 2일 윌로비는 북한에 주둔 중인 중국군의 병력 수를 1만 6,500명이라고 추산했고, 만주 지역에는 정규군 31만 6,000명과 비정규군 27만 4,000명이 있다고 보고했다. 윌로비의 보고 때문이었는지는 모르지만, 11월 3일 합동참모본부가 맥아더에게 한국전쟁의 상황에 대한 평가를 요구했을 때, 맥아더는 중국이 취할 가능성이 있는 네 가지 대응을 제시했다. 첫째, 전면적인 개입, 둘째, 북한에 대한 비밀 지원, 셋째, 북한군을 증강할 수 있도록 중국 인민해방군을 지원, 넷째, 국경 지역에서 한국군에게만 대응하는 임시적인 개입 등이다. 이 가운데에서 맥아더는 자신의 판단으로는 첫 번째 대응방법은 실현 가능성이 없고, 적어도 세 가지 가운데 한 가지 아니면 혼합된 방식으로 이루어질 것으로 예측했다.[86]

11월 4일 제8군 사령부 대변인은 중국군이 한반도에서 유엔군과 교전 중이라고 정식으로 확인하며 최소한 2개 사단 이상이 참전했음을 밝혔다.[87] 맥아더사령부 역시 중국군 개입에 대해 11월 5일에서야 공식적으로 특별보고서를 작성해 유엔에 제출했다. 맥아더는 북한 지역 내에 북한군 이외의 부대가 존재한다는 사실을 확인했다고 밝혔다. 그에 따르면 중국군의 참전은 10월 20일경에 이루어진 것으로 평가했다.[88] 그러면서 11월 6일 이를 공식성명으로 발표했다.[89] 이승만 대통령 역시 11월 6일 경무대 출입기자단과의 주례회견에서 중국군 참전에 대해 "조치 방법은 유엔사령부에서 결정되기 전에는 나로서는 무엇이라고 말할 수 없으나 우리로서는 끝까지 투쟁하는 것밖에는 없다"고 밝혔다.[90]

11월 7일 새로운 전황의 변화로 인해 맥아더는 만주 지역에 대한 폭격을 허용해 달라는 요구를 합동참모본부에 발송했다. 맥아더는 작전 지역의 제한조건으로 만주와 북한 국경을 넘어가는 적의 공군기는 일종의 완벽한 성역을 갖게 되어 유엔군의 공군과 지상군의 사기가 저하된다는 것을 밝히고 새로운 지침을 내려주기를 요청했다.[91] 11월 10일 또다시 맥아더는 압록강을 넘어 대규모로 증강되는 적군을 격퇴

할 수 있도록 만주 지역으로의 확전을 요청했다.[92]

이 당시 맥아더는 자신의 정치고문인 시볼드William J. Sebald와의 대화에서 한국전쟁에 대한 자신의 인식을 다음과 같이 피력했다.[93]

특히 제5공군에게 국경은 엄격히 준수해야만 한다는 명령을 내렸으나 대다수의 공군 장교들은 적기가 만주를 자신들의 작전 성역으로 이용하며 편리할 때에 후퇴하는 지역으로 이용하고 있음을 불평하고 있다. …… 현재 유엔군은 중국군을 압록강 너머로 몰아내기 위하여 계획된 총공격을 위한 준비에 모든 노력을 기울이고 있다. 중국군이 만주로부터 북한으로 계속 들어온다면, 군사적 관점에서는 만주 지역에 대한 폭격 이외에는 다른 대안이 없다.

맥아더의 한국전쟁에 대한 인식은 중국 전역에 대한 확전론으로 급변하고 있었다. 맥아더는 중국군을 패배시키기 위해 공격을 개시할 것이며 그가 국경선에 도달할 때까지 계속 진격할 것임을 시사했다. 하지만 국무장관 애치슨은 11월 15일 중국에 대해 미국은 군사적 의도를 가지고 있지 않다고 공식적으로 표명했고,[94] 다음날인 16일 트루먼 대통령 역시 주례기자단 회견에서 어느 때나 미국은 중국과 전쟁을 할 의사는 결코 없다고 언명했다.[95]

1950년 11월 17일의 시점에서도 맥아더는 중국의 의도를 오판했다. 무초 주한미대사와의 대담에서 그는 중국의 의도에 대해 이는 주로 중국의 제국주의적 열망이 소련으로부터의 독립적인 행보로 나타나고 있는 것이며, 2만 5천 명 내지는 많아야 3만 명의 군대를 파병했을 것으로 본다고 확신했다. 그리고 만약 자신이 전력을 기울인다면 북한과 중국이 차지하고 있는 지역을 10일 이내에 점령할 수 있을 것이라고 말했다.[96]

11월 23일까지 중국군의 한국 투입 병력은 약 30만 명에 달했다. 중국군은 부대를 식별하기 위해 암호를 사용했다. 가장 특징적인 위장법은 사단을 대대로 호칭하는 것이었다. 11월 23일까지 유엔군은 12개 중국사단이 있음을 인정했으나 실제는 30개 사단을 가진 9개군이 있었다.

11월 25일에 보고된 제8군의 정보 보고는 중국군의 증가를 보고했으나 새로운 숫자는 이전에 평가했던 것보다 6,000명이 많은 5만 4,000명에 지나지 않았다. 적의 가능한 행동을 검토하면서 제8군의 정보참모인 타켄튼James C. Tarkenton은 방어를 위해 지역적 반격을 전개할 것이라고 평가했을 뿐이다.[97] 같은 날 월로비도 한국에서의 유엔군은 8만 2,000명의 북한군과 4만에서 7만에 이르는 중국군의 저항을 받을 것으로 예측했다.[98]

1950년 11월 25일 맥아더는 'Home by Christmas' 라는 총공격 개시를 발표했다.[99] 그러면서 합동참모본부에 다음과 같은 전문을 보냈다.[100]

한반도 분쟁의 확대를 억제하는 방법을 모색하려는 생각에 대해서는 본 사령부에서도 전폭적으로 동의한다. 한반도 전체의 평화와 통일을 위해 한반도의 최북단 경계선 이남에서 모든 적군을 괴멸시키는 것이 목표라고 공개적으로 천명한 입장에서 그것을 위한 군사적 행동을 우리 스스로 하지 못한다면, 파국적인 결과를 초래할지도 모른다. 중국의 전쟁 개입은 우리가 미리 계산하던 위험요소이다. 우리가 대구, 부산의 좁은 지역에 몰려 있던 초기에 중국이 개입했더라면 현재 직면한 것보다 훨씬 위태로웠을 것이다. 우리 군은 이제 국경 지역을 전부 장악하기 위한 작전 중에 있다.

이 전문으로 인해 맥아더가 워싱턴 당국의 지시를 무시하고 중국과의 전면전을 계획했다고 평가하는 학자들이 존재한다. 하지만 윌로비는 이 11월 25일의 작전, 즉 "크리스마스 때까지 병사들을 집으로 돌려보낸다"는 성명 자체가 워싱턴 상부로부터 승인을 받은 것이고, 더 나아가 유엔군이 중국 영토로 진격하지 않고 전쟁을 종결하겠다는 의도를 중국에 간접적으로 알림으로써 중국군의 참전을 억제하려는 심리전의 일환이었다고 주장했다.[101]

하지만 맥아더사령부의 의도와 달리 중국군의 한국전쟁 개입은 지속적으로 이루어지고 있었고, 같은 날 한반도 북부에 진출했던 중국군의 총병력 수는 40만 명 이상이었다.[102] 새로운 전쟁이 시작된 것이다.

맥아더의 호기는 3일이 지나서 특별성명서를 발표하는 것으로 사라졌다. 맥아더는 이 발표에서 "총합계 20만 이상으로 조직된 중국군의 주력부대가 현재 북한에 있는 유엔군과 대치하고 있다. 우리는 완전히 새로운 전쟁에 직면해 있다"고 주장하며 한국전쟁이 국제전화되었음을 발표했다.[103]

웨이크 섬 회담에서 맥아더는 "전사戰史상 어떠한 지휘관도 자신처럼 워싱턴에 있는 모든 기관들로부터 완전하고 적절한 지원을 받은 적이 없다"고 말했다. 그러나 12월 초순에 발표된 성명에서 맥아더는 자신의 작전 수행에 대한 제한조치는 전사에서 유래가 없는 엄청난

장애물이라고 비난했다.[104]

유엔군사령부의 이러한 오판은 어떻게 된 것이며 상당한 수의 중국군이 투입된 후에도 왜 정확한 결론에 이르지 못했을까? 이에 대해 애플맨Roy Appleman은 1. 미국은 중국의 참전성명을 외교적 협박수단으로만 알았고, 2. 중국군의 부대 이동이 야간에만 이루어져 이를 파악할 수 없었으며, 3. 미군 정보기관이 중국군의 대부대가 월경하고 있다는 민간인의 보고를 부인했다는 점을 들고 있다.[105]

슈나벨James Schnabel은 맥아더가 계속 진격하기로 결정한 데에는 세 가지 측면에서 편견이 작용한 것 같다고 판단했다. 즉, 첫째로 맥아더는 분명히 중국의 병력 개입과 위협태세는 허세의 일부에 지나지 않으며 중국은 미국과 전쟁을 할 만한 능력을 갖고 있지 않기 때문에 자신의 군대를 공격하지 않을 것이라고 생각했다는 점이다. 또한 맥아더는 중국군에 비해 유엔군의 전투역량을 과대평가했다고 한다. 중국군은 2차 세계대전 중 일본군에 비해 열등했던 것으로 나타났으며 따라서 미군에 비해서도 약할 것으로 예측했다는 것이다. 슈나벨에 의하면 맥아더의 신념에 중요하게 작용했던 요소 중의 하나는 공군력이 전선을 고립시킬 수 있다는 것이었다.[106] 이는 맥아더의 아시아인에 대한 인종적 편견과 중국인에 대한 차별의식이 복합적으로 작용한 결과였다.

그렇다면 정보 실패에 대한 책임은 누구에게 있을까? 웨인트럽Stanley Weintraub은 중국의 참전을 예측하지 못한 책임이 극동군사령부나 중앙정보국 양쪽 모두에게 있다고 지적했다.[107] 반면에 제임스는 이렇게 중국군의 개입을 예측하지 못한 책임은 북한 내에 이미 진주해 있던 중국군의 배치 상황을 파악하지 못한 맥아더와 윌로비의

공동책임이라고 비판했다.[108]

　고야나기 주니치小柳順一는 중국군 개입에 대한 미국 정보기관의 실패에 대해 중국군의 동향을 가장 주목해야만 했던 맥아더사령부의 실패에 그 책임이 있다고 주장했다.[109] 고야나기에 의하면 정보에는 기본적으로 두 가지 타입이 있다고 한다. 하나는 상대방의 의도와 활동을 나타내는 징후를 포함하는 시그널signal이고, 다른 하나는 그 시그널을 통해 유의미한 정보를 뽑아내는 노이즈noise라는 것이다. 이러한 기준으로 볼 때 맥아더사령부는 당시 중국군의 이동에 대한 내용signal을 '통상 이동'으로 이해했을 뿐 전쟁 개입noise으로 판단하지 못한 것이다. 결국 중국군 참전에 대한 맥아더사령부의 정보 분석 자체가 중국에 대한 편견과 상호 작용하여 자신의 능력을 과장했고, 이는 또 다른 오판으로 연결되었음을 확인할 수 있다.

9
대만 국부군 이용과
맥아더의 핵무기 투하계획

핵무기 사용에 대한 맥아더의 의도는
중국과의 전면전 내지 미국의 대아시아정책의 선회를 요구한 것이지
핵무기 사용 그 자체를 심각하게 고려한 것은 아니라고 판단된다.
결국 한국전쟁에서의 핵무기 사용은
최악의 경우 군부와 맥아더사령부 내 강경파의 최후 수단이었던 것이다.

대만 국부군 활용에 대한 맥아더의 구상

1949년 장제스 정권이 대륙으로부터 철수한 것은 미국을 중심으로 하는 자유진영 국가에 커다란 충격이었다. 그러나 이러한 대만의 상실에 대해 당시 미국은 이를 기정사실화하는 방향으로 전략을 수정하고 있었고, 이러한 전략 하에 발표된 것이 1950년 1월 12일 애치슨의 도서방위전략이었다. 하지만 미국의 의도와는 달리 대만의 장제스 정권은 권토중래를 다짐하고 있었다. 특히 중국 본토 탈환의 기회를 한반도에서의 분쟁과 연계하고 있었다.

따라서 이러한 대만의 본토 회복 움직임은 남한과의 밀접한 관련 속에서 움직이고 있었다. 1950년 4월 21일 보도에 따르면 장제스는 한국과의 군사동맹을 체결할 의도

를 가지고 있었다.[1] 즉 대만 국부군의 작전을 위해 한국의 군사기지를 이용하려고 한 것이다.

1949년 9월 9일 중화인민공화국이 수립되었지만, 대만으로 철수한 국부군과의 전투는 계속되고 있었다. 1949년 6월부터 진행되고 있던 대만의 중국에 대한 봉쇄전략은 서해 및 화남의 중국 항구에 대해 일정 정도의 성과를 거두고 있으나 화북 항구에 대해서는 별다른 성과를 거두지 못했다. 이러한 상황에서 장제스는 대한민국과 군사동맹을 체결하여 군사기지를 확보할 수 있다면 이를 통해 만주 및 화북의 공업기지를 폭격하고 중국공산당 지배 하의 서해안 연안까지 봉쇄정책을 시행할 수 있을 것으로 판단했다. 이를 위해 대만은 고위급 군사사절 3명을 한국에 파견했다. 당시 신문 보도에 따르면 이들의 계획은 매우 구체적이었던 것으로 판단된다.[2]

> 보도된 바에 의하면 그들은 대한민국 대통령에게 한국의 소규모 내전에 있어서 북한 공산군에 대항하기 위한 공군 지원을 제의했다 하는데, 이와 교환조건으로 중공에 대항해 전개되고 있는 한층 대규모의 내전에 있어 장개석 총통을 원조하기 위한 해공군 기지를 한국에서 획득할 것을 희망하고 있는 것이라 한다. 서울에 있는 국부사절은 장개석 총통 고문 오철성吳鐵城 씨, 주일중국사절단 단장 주세명朱世明 씨 및 조曺 소장이다. 조 소장은 전 국부國府 상해 및 남경위수사령관이며 현재 주일중국사절단 단원이다.

결국 장제스의 의도는 남한과의 협력을 통해 중국에 대한 국부군의 해군 봉쇄력 범위를 화북 지역으로까지 확산하려는 것이었다. 특히

1. 버지니아 주 노폭Norfolk에 있는 맥아더 기념관 전경
2. 맥아더 기념관 전경과 맥아더 동상
3. 맥아더 기념관 정면에 위치한 맥아더 동상
4. 맥아더 기념관 홀의 벽면

이러한 분쟁 지역 확대를 통해 장제스가 노리는 최후의 목적은 미국으로부터의 군사 지원을 다시 획득하는 것이었다.[3]

오철성·주세명·하오시첸 세 장군의 중국 국민정부 사절단은 방금 남한에서 기지건설 허가를 구하고 있다 한다. 오철성吳鐵城 장군을 수반으로 한 동 사절단은 동경으로 갔으며, 그들은 동경에서 맥아더사령부 당국자들과 남한에 기지를 건설할 계획을 토의하였다 한다. 그리고 맥아더 원수로부터 허가를 받은 것으로 보인다. 장개석蔣介石 총통은 중국의 연안 봉쇄를 강화하고 만주의 발전소를 폭격하여 중공의 경제를 일층 저해하려고 기도하고 있는 것으로 생각된다. 그리고 한국은 태평양조약을 열렬히 제창하고 있는 데 비추어 동 정부는 국민정부를 위한 기지 설치에 반대하지 않을 것으로 생각되고 있다. 그러나 당지에서는 상기한 바와 같은 조치로 국부군國府軍 폭격기들이 소련 선박 및 항공기와 마찰을 일으켜 극동에 대한 소련의 직접적 무장간섭을 초래하는 사건을 야기할까 두려워하고 있다. 또한 일부에서는 오래전부터 장총통이 국민정부를 회복하는 최선의 방법으로 3차 대전을 일으킬 의도 하에서 소련에 도전할 계획을 가진 것으로 추측되어 왔다고 말하였다. 그리고 그들은 미국이 모택동毛澤東의 공산주의정권을 승인할 징후를 보일 경우에는 장 총통은 소련에 대하여 전쟁을 선포할 것이라고까지 말하였다. 장 총통은 소련의 간섭행동을 비난할 수 있는 사태를 양성함으로써 전쟁을 선언하고 미국으로 하여금 자기편에 가담케 하기를 바라고 있다는 것이다.

이러한 상황에서 한국전쟁의 발발은 대만에게 새로운 기회를 제공하는 것이었다. 1950년 6월 25일 한국전쟁이 발발하자 워싱턴 당국에서는 한국에 대한 해·공군 지원을 감행하며 추가적인 조치로 제7함대의 대만해협 배치를 결정했다. 이러한 미국의 조치는 중국 인민해방군의 대만 공격을 차단하기 위한 의도에서 비롯된 것이었다.[4]

한국전쟁이 발발한 지 3일이 지난 6월 28일 장제스는 국부군 파병을 공식적으로 미국에 제의했다. 주미대만대사가 극동 지역 담당 부차관보인 머천트Livingston T. Merchant를 방문한 자리에서 해·공군력은 파병할 여력이 없지만, 야전장비를 갖춘 3개 사단을 파병할 용의가 있다는 것이었다.[5] 하지만 맥아더와 합동참모본부는 대만 국부군의 활용에 반대했다. 국부군의 한국전선 활용은 한국에 중국군의 개입을 불러일으키고 자칫 대만의 방어를 약화시킬지 모른다는 판단에서였다.[6]

한국전쟁이 한참 치열하게 전개되던 7월 31일 맥아더가 수행원을 이끌고 전격적으로 대만을 방문했다. 워싱턴에 보낸 그의 전문에서 그는 이번 방문이 단순히 대만의 방위력을 평가하고 대만 주둔 미군 사고문단과의 연락관계를 점검하기 위한 것이라고 알렸다.[7] 맥아더는 대만 방문을 마치고 공식적으로 발표한 회견문에서 자신의 대만 방문에 대한 견해를 다음과 같이 밝혔다.[8]

1. 이 여행은 사전에 미정부 및 중국정부에 모든 기관과 충분한 협의를 통해 공식적으로 준비된 것이다.
2. 이 여행의 목적은 전일에 발표한 나의 공식성명에서 말한 것과 같이 전혀 군사 문제에 한한 것으로 미 대통령의 지령에 준하여 대만에의 군사

적 침공을 방지할 문제만을 취급한 것이며 대통령 지령을 집행하는 것은 나의 책임이었다. 이번 대만 여행은 정치 문제와는 전혀 관계가 없다.

3. 중국정부의 장차 중국 본토에 있어서의 제문제 내지는 나 자신의 군사 경험 이외의 것은 아무런 것도 토의하지 않았으며 또는 문제를 가져오지도 않았다.

4. 나의 대만 방문 결과에 관한 완전한 보고는 즉시 워싱턴에 제출되었다.

그동안 일각에서는 이런 맥아더의 대만 방문을 중국과의 전면전을 모색하기 위한 일련의 계획에 따른 것으로 평가했다. 하지만 대만 당국이 소장한 맥아더의 대만 방문 회의록에 의하면 이러한 평가는 상당히 사실과 다른 것으로 보인다. 이하에서는 대만 국방부 소장 〈맥아더 원수 대만방문회의록 美國麥克阿瑟將軍訪華會談紀錄〉을 중심으로 구체적인 사실을 살펴보자.[9]

1950년 7월 31일 맥아더는 수행원 16명을 동반하고 대만의 장제스 총통을 국방부 본부 공기실共棋室로 방문했다. 이날 회의는 오후 4시에서 6시까지 진행되었다. 대만 측에서는 장제스 총통과 부인, 주체 조우周志柔 참모총장, 구어치차오郭寄嶠 참모차장, 왕쉬에팅王雪艇 비서장, 쿠어크柯克 상장, 호우장텅候長騰 정보국장, 쉬유첸徐汝誠 작전국장, 숭타宋達 군수국장 등 총 25명이 참가했다. 극동군사령부에서도 맥아더를 위시하여, 알몬드Edward M. Almond, 윌로비Charles A. Willoughby, 마퀘트William F. Marquat, 휘트니Courtney Whitney 등 일명 '바탄 갱'이라고 불리는 그의 참모들과, 해군에서 조이Turner C. Joy와 스트러블Arthur D. Struble, 공군에서 스트레이트메이어George E.

Stratemeyer 등이 참여했다.

이 회의에서 집중적으로 논의된 주제는 크게 보면 두 가지였다. 우선 대만 침공을 준비하는 중국군의 동향에 대한 정보와 이에 대한 대만의 방어태세였다. 대만 측 보고에 의하면, 중국군은 200여 만에 달하는 육군과 소련 측에서 훈련받고 있는 공군 그리고 해군으로 무장하고 있다고 설명했다. 또한 상당수의 수송기와 도하 장비를 소련으로부터 제공받은 중국이 7월 25일 이전에 대만 침공 준비를 거의 완료했고, 8월 어느 시기에 대만을 세 방향에서 공격할 것으로 예측했다. 물론 이는 미국으로부터 더 많은 지원을 받기 위한 대만 측의 계산이 어느 정도 반영된 것이다.

대만의 방어태세에 대한 질문에서, 대만은 육·해·공군 68만 명이 완전 편성되어 있다고 답변했다. 육군이 48만 명, 공군과 해군이 13만 명, 기타 부대 7만 명이다. 대만 측 정보 보고에 따르면 중국군의 이동 소요 시간은 상하이에서 배로 2일 정도, 푸저우에서는 10시간 정도 걸리기 때문에, 대만의 방어태세가 매우 급박한 것으로 평가했다.

보고를 청취한 맥아더는 대만 보호에 최선을 다할 것과, 자신의 사령부에서 더 많은 연구와 참모들과의 회합 이후 다시 방문할 것을 약속했다. 회의 직후 대만 국방부 정보국에서 제출한 적정 제9호에 의하면 현재(1950년 7월 당시)까지 중국 대륙 내의 게릴라 부대는 160만 명으로 한국전쟁 발발 이후 더욱 늘어났다고 보고했다. 즉 한국전쟁 발발은 중국 본토인들에게 중국 공산당의 종말을 더욱 확신하게 만들었고, 더 많은 사람들이 반공활동에 종사하도록 자극을 주었다는 것이다. 이에 대해 특별한 평가는 없지만, 대만은 이런 보고를 통해 제2

전선을 개설하도록 맥아더에게 넌지시 암시한 것으로 보인다.

　맥아더의 대만 방문을 둘러싸고 여러 가지 추측이 난무하자, 그는 8월 10일 특별성명을 발표했다. 즉 대만 방문은 군사적 성질의 것으로 정치적 문제와는 하등의 관계가 없고, 국민당 정권의 중국 본토에 대한 문제는 자신의 범위 이외의 것이므로 회담에서는 거론도 하지 않았다고 밝혔다.[10]

　8월 10일경 대통령 특사로 방문한 해리만W. Averell Harriman은 맥아더에게 트루먼의 전언을 전달했다. 트루먼은 두 가지를 지적했는데 하나는 장제스 정권을 고립시키는 것이고, 또 하나는 절대로 중국 본토를 침략하지 말라는 것이었다.[11]

　한동안 대만 문제는 공식적으로 표면화되지 않았다. 그러나 중국군의 개입으로 인해 대만 문제는 다시 논란의 대상이 되기 시작했다. 맥아더는 중국의 전쟁 개입으로 상황이 변화했다고 판단하고 11월 28일 합동참모본부에 장제스 군대의 파병을 요청했다. 그는 애초 대만 국부군를 반대한 것은 적어도 한국에서 국부군의 투입이 중국의 한국전쟁 개입을 위한 구실을 주게 된다는 이유에서였다고 주장했다.[12] 따라서 현재 중국군이 개입한 상태에서 대만 국부군의 참전은 문제될 것이 없다는 주장이었다.

　12월 3일 맥아더는 한국전쟁에 대만 국부군을 활용하자는 장제스의 제안을 받아들이자고 상부에 건의했다.[13] 7월에 피력했던 자신의 견해를 완전히 뒤집는 제안이었다. 워싱턴에 보내는 건의안에서 맥아더는 남쪽으로 국부군의 공격을 위해 중국 본토는 널리 개방되어 있다고 말했다. 그는 한국에 대한 중국군의 압력을 약화시킬 수 있기 때문에 그와 같은 공격은 이루어져야 한다고 제의했다.

　12월 7일 맥아더는 다시 한 번 대만 국부군을 한국전선에 이용할 수 있도록 허용해줄 것을 요청했다. 그는 장제스가 자신에게 6만 내지 10만 명 정도를 지원할 수 있을 것으로 보았다. 맥아더의 국부군 이용에 대한 부정적 평가는 더 이상 유효하지 않았고, 즉각 자신에게 유용한 훈련된 부대는 국부군 이외에는 없는 것으로 판단한 것이다.[14]

　1950년 12월 30일, 맥아더는 그가 가능하다고 믿고 또한 중국의 군사력을 상대적으로 줄이게 될 4가지 보복 조치를 제의했다. 첫 번째 조치는 중국 해안을 봉쇄하는 것이었다. 둘째는 해군의 함포 사격과 공중 폭격을 통하여 중국의 군수산업을 파괴시키는 것이며, 세 번째는 대만에 있는 국부군의 일부를 동원해 한국의 병력을 증강시키는 것이었다. 그리고 네 번째는 중국 본토 중 취약 지역에 대해 대만이 견제작전을 전개하도록 허용하는 일이었다.[15]

　그렇다면 과연 맥아더는 중국으로의 확전을 통해 3차 세계대전을 구상했던 것일까? 고든 섬너Gordon Sumner에 의하면 맥아더는 한국을 통일시키고 싶어 했을 뿐 결코 중국으로까지 확전하려 하지 않았다고 밝히고 있다.[16] 리지웨이Matthew B. Ridgway 역시 맥아더가 아시아 대륙의 전면전에 미국을 끌고 들어가려고 했다는 등의 논쟁은 전혀 근거가 없다고 주장했다. 오히려 맥아더가 희망한 것은 중국의 전쟁 수행 능력을 파괴하려는 예방전쟁에 지나지 않았다는 것이다.[17]

한국전쟁에서의 미국의 초기 핵무기 사용계획

맥아더가 전쟁을 확전하려 했다고 주장하는 이들이 근거로 제시하는 것 중의 하나는 대만 국부군 활용이고, 다른 하나는 원자폭탄 사용에 관한 문제이다. 여기서는 한국전쟁에서 원폭 사용이 제기된 시기와 근거가 무엇인지 살펴보도록 하자.

한국전쟁에서 원자폭탄 사용에 대한 최초의 구상은 미군의 개입 이후 첫 전투에서 패배한 직후인 7월 초부터 고려된 것으로 보인다. 현재 확인할 수 있는 자료는 미국 육군부와 공군부의 문서철이다. 한국전쟁기 미국의 핵정책에 대한 연구는 부분적으로 이루어져 왔다. 특히 그 가운데 한국전쟁과 핵무기 투하계획에 관한 자세한 연구는 로저 딩먼Roger Dingman과 김상배, 브루스 커밍스Bruce Cumings 및 아카기 칸지赤木完爾의 선구적 논문이 있다.[18] 대부분의 연구 모두 한국전쟁 전 시기를 대상으로 미국의 핵 사용계획을 치밀하게 고증하고 있다. 하지만 선행연구들이 갖고 있는 문제점은 워싱턴 당국의 정책 결정만을 집중적으로 다루고 있기 때문에 실제 현지사령부인 맥아더사령부의 핵무기 사용에 대한 인식에 대해서는 분석하고 있지 못하다는 점이다. 물론 핵정책에 대한 전반적인 결정은 고위당국자에 의해서 이루어지는 것이기는 하지만, 전쟁 상황에 직면하고 있던 현지사령부의 인식을 이해하는 것도 중요한 연구 주제 가운데 하나라고 판단된다.

한국전쟁기 맥아더사령부에서는 핵무기 사용에 대한 논의를 진지하게 고려했다. 특히 극동군사령부의 정보참모부(G-2), 작전참모부(G-3), 작전조사국Operations Research Office(ORO) 극동지부 등에서 많은 연구보고서를 작성했다.

결과적으로 여러 부서에서 제출된 핵무기 투하계획에 관한 내용에서는 장소의 부적절함, 효과에 대한 의문 등 다양한 요인에 대한 분석을 통해 한국전쟁에서 핵무기는 사용하기에 적당한 전술무기가 아니라고 결론내렸다. 만일 미군이 한반도에서 전면적으로 철수하는 경우에도 일본에 대한 보복 공격을 염려하여 재래식 무기 사용으로 한정하기도 했다. 이러한 문제에 대해서는 맥아더사령부 역시 동의하고 있었다.

2차 세계대전에서 핵무기의 사용은 전쟁의 양상을 근본적으로 변화시켰다. 히로시마와 나가사키에 투하된 2발의 원자폭탄은 대규모의 살상력과 파괴력으로 일본의 전쟁 의지를 완전히 소진시켜 전쟁의 종결을 가져왔다. 하지만 핵무기의 파괴력은 실제 그것의 사용보다는 전쟁에서의 위협 요소로 더욱 크게 작용했다. 아카기는 "핵무기는 그것이 지닌 막대한 파괴력에 의해서 그때까지 국제관계에서 전쟁이 지니고 있었던 정책수단으로서의 합리성을 빼앗았다"고 밝히고 있다.[19] 딩먼 역시 "핵무기 사용을 결정할 수 있는 인사들은 이를 활용하려는 능력보다도 자제라고 하는 책임감을 더 느끼게 된다"고 결론지었다.[20]

물론 핵무기 보유 자체가 잠재적 적국에게 심리적 불안을 가져다주는 효과는 무시할 수 없다. 미·소 냉전이 가시화되던 1940년대 후반, 미국은 자국의 핵무기 우위를 통해 장차 벌어질 소련과의 전쟁에서 사용할 계획을 추진했다. 이러한 대소전쟁계획은 한국전쟁 발발 시점까지 다양하게 준비되어 있었다. 이 가운데 대표적인 것이 1946년 3월부터 착수된 핀처PINCHER 계획, 1948년의 브로일러BROILER 계획(1948

년 3월 완성), 1949년의 오프태클OFFTACKLE 계획 등이다. 핀처 계획에서는 20~30발로 20개 도시를 목표로 하고, 브로일러 계획에서는 34발로 24개의 도시를, 오프태클 계획에서는 104개의 도시에 대해서 220발과 함께 재공격용 핵무기 72발을 사용하는 것으로 계획했다.[21]

하지만 이러한 계획은 단지 긴급한 상황에 따른 도상圖上 계획에 지나지 않았다. 트루먼 정권 당시, 미국의 군사전략에서 핵무기의 가치는 자리매김을 하지 못했다. 미 군부에서도 재래식 군비를 중시했기 때문에 핵무기의 중요성에 대해서는 여러 가지 견해가 있었고, 또한 새로운 무기의 역할과 외교정책은 충분히 정리되지 못했다. 아카기는 이러한 핵무기의 다양한 특성으로 인해 핵정책과 전략은 오히려 제대로 구사되지 못하는 대안이었다고 평가했다. 즉 핵무기의 강력한 파괴력 때문에 소유 그 자체가 자기억제를 강요하는 성격을 지니고 있다는 점이다.[22]

따라서 실제 소련과의 적대적 긴장이 고조되었을 때에는 주로 핵무기를 사용할 수도 있다는 위협정책으로 대응했다. 이러한 예를 대표적으로 보여주는 사례가 바로 '베를린 사건'이었다. 베를린 봉쇄로 인해 미국의 공수작전이 진행되던 1948~1949년, 미국은 소련에 대한 공갈정책을 구체화했다. 미국은 베를린 위기가 장기화하자 60대의 B-29 폭격기를 영국에 배치했다.[23] 소련에 대한 미국의 핵 우위는 베를린 봉쇄에서 효과적으로 작용했고, 이를 두고 미국의 정치가와 군사전문가들은 독점적 핵 지위에서 이러한 핵 위협이 장래의 위기에서도 효과적일 것으로 판단했다.[24]

하지만 미국의 핵 우위시대는 얼마 지나지 않아 마감되었다. 1949년 소련이 핵 실험에 성공하고 공식적인 핵 경쟁시대를 열었기 때문이다. 이제 미국은 소련의 핵 위협에 대해 군비경쟁으로 대응해야 했다. 특히 2차 세계대전 직후 미국은 1,200만에 달하는 미군의 소집 해제를 통해 전력이나 재래식 무기에 있어서는 소련에 필적할 수조차 없었기 때문에 군비증강이 급박하게 되었다.[25] 만일 소련이 서유럽으로 침공한다면 전투 지역에서 우방국의 군대와 접전을 벌일 것이기 때문에 핵무기를 사용하기에는 어려움에 직면할 수밖에 없었다.

한국전쟁이 발발하기 이전인 이 시기에 대소전쟁계획의 구체적 준비를 위한 국가 차원의 마스터플랜이 준비되기 시작했다. 바로 〈NSC 68〉이었다.[26] 이 보고서에서는 현 위기의 배경을 소련 등의 국가가 대규모 살상무기를 개발했기 때문에 파멸의 가능성에 직면하게 되었고 이에 따라 총력전의 국면으로 접어들게 되었다고 밝히고 있다. 특히 핵전쟁의 위기에 직면한 가운데, 소련의 계획을 견제하기 위한 적절한 수단이 없다고 평가했다. 소련은 세계 지배계획을 지원하기 위해 군사적 역량을 발전시키고 있는데, 미국의 육·해·공군 및 원자력조사위원회 그리고 중앙정보국의 판단으로는 소련이 다음과 같이 핵 능력을 발전시킬 것으로 전망했다.[27]

[표 IX-1] 소련의 핵무장 능력(단위: 개)

1950년 중반	10~20
1951년 중반	25~45
1952년 중반	45~90
1953년 중반	70~135
1954년 중반	200

출전: "A Report to the President Pursuant to the President's Directive of January 31, 1950" (1950. 4. 7), FRUS, 1950, vol. Ⅰ: National Security Affairs; Foreign Economy Policy (Washington: USGPO, 1977), p. 251

이러한 핵무장 능력에다 소련이 이를 실행할 수 있는 항공기도 보유하고 있음을 지적하며, 그들이 200개의 폭탄을 보유하게 되는 시점, 즉 1954년에 만일 소련 보유 핵무기 가운데 100개 정도가 미국의 도시에 떨어진다면 미국은 심각한 위기에 직면할 것으로 이 보고서는 판단했다. 더욱이 핵폭탄에 이은 소련의 수소폭탄 개발은 더욱 심각한 피해를 가져올 것으로 예측했다.

따라서 미국은 소련이 1954년까지 가능하게 될 것으로 예상되는 공격 능력으로 만일 선제 기습 공격을 가할 경우, 이를 방지하기 위해 자유세계의 안전을 보장하고 나아가 목표 달성을 위해 육군·해군 및 공군력의 대규모 증강과 방공 및 민방위계획을 증강하는 것이 필요하다고 판단했다.

결국 이러한 미국의 대소전쟁 준비계획안의 구체화와 함께 이를 준비하기 위한 종합계획이 마련되던 시기에 한반도에서 전쟁이 발발했다. 한국전쟁이 발발했을 때 워싱턴 당국은 이 전쟁의 배후에 소련의 개입이 있지 않는가를 예의주시했다.

이러한 분위기에서 열린 1950년 6월 25일 블레어하우스의 대책회의에서 극동 주둔 소련 공군력을 묻는 트루먼 대통령의 질문에 대해 반덴버그Hoyt S. Vandenberg 공군참모총장은 상하이에 기지를 두고 있는 소련 제트기에 대해 보고하며 "소련 공군기지를 제거하기 위해 시간이 필요하며, 그 경우 원자탄의 사용이 필요하다"고 대답함으로써 핵무기 사용을 공식적으로 처음으로 언급하기도 했다.[28] 이후 전쟁 상황의 변화에 따라 미 당국은 핵무기 사용에 대한 구체적인 협의를 여러 차례 개최했다.

딩먼은 한국전쟁 초기 1년간 미국 내에서 핵무기 사용에 대한 논의가 적어도 4번 정도 있었다고 밝혔다. 첫 번째와 두 번째는 1950년 7월이고, 세 번째는 중국의 대규모 개입으로 미국이 '완전히 새로운 전쟁'에 직면했던 11월 말이며, 마지막은 가장 심각했던 상황으로 1951년 4월이라는 것이다.[29] 한편 김상배는 한국전쟁에서 다섯 차례에 걸쳐 핵 사용의 문제가 제기되었는데 1950년 6월 말과 7월 초, 1950년 7월 말, 중국의 참전 직후인 11월 30일, 1953년 5월 말에 이르러 '만일 한국에서의 사태가 악화된다면' 핵무기를 사용해 전쟁을 확대한다는 데에 미국 수뇌진이 의견의 일치를 보았다고 평가했다.[30] 두 연구자는 미국이 한국전쟁에서 최초로 핵무기 사용을 검토했던 시기를 6~7월인 전쟁 초기로 주장하고 있는 것이다. 반면 아카기는 한국전쟁에서 미국이 최초로 핵무기 사용을 심각하게 검토한 것은 중국군 참전으로 유엔군이 철수했던 12월, 즉 1950년부터 1951년에 걸친 겨울이라고 주장했다.[31] 어쨌든, 미국은 한국전쟁이 발발한 직후부터 북한의 전쟁 배후에 소련이 개입되어 있음을 의심하며 핵무기 사용에 대한 계획을 다각도로 검토하고 있었다.

우선 당시 미국이 소련을 상대로 핵전쟁을 개시하려고 했는지를 살펴보기 전에 당시 양국의 핵무기 보유량을 살펴보도록 하자. 최근에서야 한국전쟁 전후 시기 미국·영국·소련의 핵무기 보유량이 어느 정도 상세히 파악되고 있다. 그 당시는 엄격한 보안조치로 인해 군부의 계획 담당자도 완전히 파악하고 있지 못했기 때문이다.[32]

아래의 [표 IX-2]는 1945년부터 1953년까지 미·소·영 3국의 핵무기 보유량을 나타낸 것이다.

[표 IX-2] 미국·소련·영국의 핵무기 저장량 비교(1945~1953)[33]

	미국	소련	영국
1945	6	–	–
1946	11	–	–
1947	32	–	–
1948	110	–	–
1949	235	1	–
1950	369	5	–
1951	640	25	–
1952	1,005	50	–
1953	1,436	120	1

출전: Robert S. Norris and Hans M. Kristensen, "Global nuclear stockpiles, 1945~2006" *The Bulletin of the Atomic Scientists*, vol. 62 (Jul/Aug, 2006), pp. 64~66에서 축약 인용

한국전쟁이 발발한 1950년 당시 미국은 약 400여 개의 핵무기를 보유하고 있었다.[34] 이 숫자는 미국 본토와 서유럽에서 소련의 공격을 억지할 수 있는 수준이었다.[35] 그렇다면 한국전쟁에서 핵무기 사용은 본격적으로 언제부터 계획되었을까? 현재 확인할 수 있는 자료로는 7월 초 미군의 개입 이후 첫 전투인 스미스특임대대의 오산전투 패배 직후부터 고려된 것으로 보인다. 이는 미국 육군부와 공군부가 작성한 문서철에서 확인할 수 있다.

육군부 산하 작전참모부(G-3)는 이미 1950년 7월 전쟁 초기 단계에서 한국에서의 원자폭탄 사용을 검토했다.[36] 작전참모부는 7월 7일 정보참모부(G-2)에 한반도에 원폭을 투하한다면 세계와 소련의 반응이 어떨지에 대한 평가를 요구했다.[37] 이 문서에서 작전참모부는 1. 38선 이북으로 북한군을 철수하도록 하고, 2. 1항이 성공한다면 북한군을

38선 이북에 잔류시키도록 하며, 3. 유엔군의 북한 공격과 점령을 지원하기 위해 핵무기를 사용한다는 목표 하에, 이에 대한 세계 여론을 평가해주도록 요청했다.

정보참모부는 7월 13일의 회답에서, 1. 한국에서의 핵 사용은 서유럽과 라틴아메리카, 중근동, 그리고 극동의 친미국가들과의 관계를 악화시키고, 2. 정치적이고 선전적 차원에서 소련을 유리하게 할 것이며, 3. 소련 군부의 반응이 어떨지는 정보 차원에서 확인할 수 없고, 4. 절대무기로 평가받고 있는 핵무기는 확실한 상황에서 사용되어야 하는데, 현재 한국의 상황이 그렇지 못하다는 이유를 들어 핵무기 사용에 반대했다.[38]

특히 서유럽의 경우 미국이 유엔의 경찰행동Police Action을 지원한다는 원칙에 대해 의구심을 가질 것이고, 또한 핵무기가 사용될 경우 소련이 서유럽을 직접 침공하고 유럽의 주요 도시에 핵무기를 사용할지 모른다는 두려움 때문에 핵무기 사용을 반대할 것이라고 예상했다. 아시아 각국의 경우 핵무기 사용은 커다란 반향을 불러올 수 있는데, 이는 공산주의자들이 '백인종 대 황인종'의 투쟁으로 이용할 수 있다는 것이다. 소련의 경우, 그동안 스톡홀름 평화대회에서 핵무기 금지와 핵무기 사용 국가를 범죄국가로 상정하자는 자신들의 제안을 강화시킬 수 있는 기회로 활용할 것으로 보았다.[39] 더 나아가 소련에게 '미국은 핵무기를 통해 세계 지배를 획책하는 국가'로 공격할 수 있는 빌미를 제공할 것으로 예측했다.

그러나 이에 대해 또 다른 견해가 존재한다. 커밍스에 따르면 7월 9일 맥아더가 '긴급메시지'로 당시 합동참모본부 차장이었던 리지웨이에게 원폭 사용에 관해 전문을 보냈다는 것이다.[40] 하지만 이에 대해 커밍스 본인 스스로도 이 긴급메시지를 확인하지 못했고 다만 리지웨이의 비망록에서 확인했다고 밝히고 있다.[41] 그런데 앞의 7월 13일자 정보참모부 문서에서 이러한 평가는 극동 지역에 핵무기 배치를 바라는 맥아더의 의견에 대한 합참의장의 메시지로 적혀 있는 것으로 보아,[42] 맥아더가 자기의 관할 하에 핵무기 배치 가능성을 타진했던 것으로 보인다. 그러나 이를 두고 맥아더가 초기 핵무기 사용을 적극적으로 주장했다고 보기는 어렵다.

한편 워싱턴에서는 1950년 7월 8일 전략공군사령부Strategic Air Command(SAC) 사령관 르메이Curtis LeMay에게 1948년 베를린 봉쇄 당시의 B-29 위협을 사실상 되풀이하라는 명령이 내려졌다. '소련 내 목표를 겨냥한 핵무기'를 탑재할 수 있는 항공기를 영국에 보내기로 한 것이다. 물론 핵탄두는 여전히 미국 내에 존재했다.[43]

핵무기 사용에 대해 전적으로 찬성한 인물은 당시 육군부 작전참모 부장 볼테Charles L. Bolte[44]였다. 그는 7월 13일 더 많은 보병사단을 지원해 달라는 맥아더에게 추가적인 사단 지원을 반대하며 '지상전투의 직접적 지원'으로 10 내지 20개의 핵무기 사용을 제안했다.[45]

원자탄에 대해 공개된 최초의 언급은 7월 21일 미국의 군부에 의해 시작되었다. 하지만 이 시기 미 군부는 원자탄을 사용해도 한반도에서는 그다지 효과가 없을 것으로 전망했다.[46] 당시 작전에서 사용 가능한 원자탄은 '공중폭발형air-burst type'뿐이었으므로 비행장에 있는 항공기나 집결된 인원 및 물자를 목표로 하는 것 외에는 그 사용이 효과적일 수 없었다.[47]

1950년 7월 27일 공군부에서는 한국에서의 핵무기 사용에 관한 비망록을 작성했다.[48] 군사전략가 파서니Stefan T. Possony가 작성한 이 비망록에서는 우선 핵무기 사용에 대해 우려를 전달했다. 핵무기가 효과적인지의 여부가 문제시된다는 것이다. 북한군의 보급이 북한 국경선이 아니라 외부에서 이루어지기 때문에 '산업 지역'에 대한 전략 폭격은 의미가 없다고 밝혔다. 또한 만일 북한도시를 핵으로 공격할 경우 다수의 북한 주민들이 사망할 것이고, 이는 한국인에게 미국에 대한 역효과를 불러일으킬 것으로 예상했다. 마지막으로 북한군에 대한 전략적 핵 공격 역시 북한군이 대규모로 한 곳에 집결하여 적절한 공격 목표를 제공하지 않는 한 그 효과를 장담할 수 없고, 이런 경우에도 10 내지 20개의 핵무기가 필요할 것으로 보았다. 따라서 핵무기의 비효율적 사용은 미국에 대한 비난만 초래할 뿐이라고 주장했다. 더욱이 만일 핵 공격이라고 하는 최후의 일격이 효과를 내지 못한다면, 이는 미국에 대한 서방진영의 신뢰성에 큰 타격을 줄 것으로 예상했다.

　따라서 핵무기의 사용은 다음과 같은 전략적 이점이 있을 경우에만 고려 대상으로 삼았다. 첫째, 필요할 경우 미국의 결의를 확고히 보여주기 위해, 둘째, 국제연합이 핵무기의 사용을 지지할 때 등이다. 하지만 이 보고서에서는 국제연합의 지지를 얻는다고 하더라도 핵무기를 사용해서는 안 된다고 강조했다. 왜냐하면 미국은 소련에 의해 희생양이 되고 있는 북한인 사상자를 줄이기를 원하기 때문이라는 것이다. 따라서 대통령은 핵무기 사용을 허가해서는 안 된다고 주장했다.

　최종적으로 이 보고서는 4개항의 결론을 제시하고 있다.

1. 핵무기를 한반도에서 사용해서는 안 된다.
2. 미국은 핵무기 사용을 하지 않는다는 점을 널리 알려야 한다.
3. 대통령은 북한인들이 미국과 우호적인 관계에 있다는 점을 알리는 연설을 해야 한다.
4. 대규모 작전을 알리는 선전물을 준비해야 한다.

이 가운데 특히 네 번째 항은 부수적으로 북한의 여성, 청년, 아동들에게 핵 위협이나 강제노동을 피해 탈출을 부추겨 게릴라 단체를 조직시킬 수 있을 것으로 보았다.

한편 1950년 7월 30일 국방장관 존슨Louis A. Johnson은 워싱턴 해군기지에서 트루먼 대통령을 만나 핵무기를 사용할 것을 강력히 주장했다. 이는 받아들여지지 않았지만, 트루먼은 핵무기를 탑재할 수 있는 B-29 10대를 괌에 배치했다.[49] 이러한 결정에 대해 딩먼은 1950년 7월 말의 결정이 비록 명백히 의도를 설명하지 않고도 이 같은 무기의 배치만으로 소련군사력에 대한 억지에 기여할 수 있을 것이라는 데 대해 워싱턴이 굳게 믿고 있었음을 보여주는 사례라고 밝혔다.[50] 즉, 핵탄두 부분이 그대로 미국에 있는 상태에서 기계적 조립품만을 실은 핵폭격기의 파견은 미국이 '군사적으로 핵무기를 사용하겠다는 의지'가 있었던 것이라기보다는 오히려 '정치적인 유용성에 초점을 둔 공갈'이나 '억지효과'를 노린 '견제책'이라는 것이다.[51]

1950년 8월 2일 공군부의 심리전 부대장인 그로버O. L. Grover 역시 파서니가 제시한 논리와 비슷한 시각에서 핵무기 사용을 제한하고 이를 앞의 네 번째 항과 같이 북한에 대한 심리전으로 활용할 것을 주장

했다.[52]

작전조사국과 핵무기 사용계획안의 구체화

1950년 8월과 9월은 한국전쟁에서 중요한 전환점이었다. 잘 알려져 있듯, 8월에는 북한군이 한반도 전역을 점령하기 위해 최후의 일격을 가하고 있었으며, 이에 대해 미군은 돌파구를 모색하던 시기였다. 특히 이때에는 인천상륙작전을 비롯해 다수의 작전계획안이 준비되고 있었다.

이 가운데 현지사령부에서 추진한 핵무기 사용계획안의 중심에는 바로 미 작전조사국Operations Research Office(ORO)이 있었다. 우선 작전조사국ORO에 대해 간략히 정리해보자.

2차 세계대전이 시작되었을 때, 재능 있는 학자들 대부분은 대학이나 기업체에 종사하고 있었다. 미군은 대규모의 연구조사 기구를 갖추지 못하고 있었지만, 점점 학문적 지식의 필요성을 느끼고 있었다. 2차 세계대전은 총력전의 성격을 띠고 있었기 때문에, 연합국들은 인구 및 경제력의 자원을 총동원하고 있었고, 기술 및 학문적 지식도 예외일 수 없었다.[53]

이러한 취지에서 전략분석가인 부시Vannervar Bush에 의해 국방조사위원회Defense Research Committee(NDRC)가 창설되었고, 민간연구기관으로 과학조사개발국Office of Scientific Research and Development(OSRD)이 만들어졌다. 2차 세계대전이 끝난 후 이 과학조사개발국은 폐쇄되

었다.[54]

하지만 2차 세계대전 종전 후 미군에서는 민간조직 연구기관의 필요성을 절감하게 되었고, 이러한 필요성에 의해 해군의 작전평가단 Operations Evaluation Group(OEG), 공군의 랜드RAND[55] 연구소, 육군의 작전조사국Operations Research Office 등 연구조사 기관이 신설되었다.

해군의 작전평가단은 해군작전연구단Naval Operations Research Group(ORG)의 명칭이 변경되어 1945년 11월 1일 창설되었다. 작전평가단에는 25명의 과학자들과 30만 달러의 예산이 배정되었다. 공군 역시 육군항공대[56] 사령관인 아놀드H. H. Arnold 장군의 주도로 민간 연구기관의 설립을 추구했다. 1945년 12월 1일 연구개발을 위해 르메이 장군이 주도하는 새로운 사령부가 창설되었고, 이후 정식으로 랜드 연구소가 창설되었다.[57]

한편 육군도 1946년 4월 30일 당시 육군참모총장이던 아이젠하워 Dwight D. Eisenhower에 의해 육군 외부에 민간 조사기구 설립안의 논의가 본격화되었다. 이러한 논의는 매콜리프A. C. McAuliffe 중장의 주도로 이루어졌고, 1948년 6월 랜드 연구소와 유사한 일반조사국 General Research Office이 신설되었다. 이 기구는 동년 12월 작전조사국 Operations Research Office으로 명칭을 변경했다. 작전조사국ORO은 존스 홉킨스Johns Hopkins 대학과 계약을 맺고 실제 업무에 착수했다.[58] 작전조사국은 1972년 6월까지 존속했다.[59]

미 육군부는 한국전쟁기 이러한 작전조사국의 일부를 극동군에 파견했다. 따라서 극동군 작전조사국(ORO, FECOM)은 극동군사령부에서 연구·조사를 담당하는 주체가 되었다.

미국 군부의 공인 하에서 극동군사령부가 핵무기 사용 연구에 착수했던 것은 1950년 9월 6일에 육군부가 극동군 작전참모부에 준 〈군사 목표에 대한 핵무기 사용〉이라는 전문에 기초했다. 인천상륙작전 전후인 9월 중순에 작전조사국 국장 존슨Ellis. A. Johnson[60]을 비롯한 핵심 멤버들이 극동군사령부에 배속되었다. 이들의 배속이 결정되자 9월 18일 극동군사령부에서 임무가 확정되었다. 작업을 위해 G-3 산하 작전조사국ORO이 설치되어 전체를 총괄했지만, 주요 그룹은 제8군 G-3에, 심리전 담당은 극동군 G-2에 배속되었다.[61] 참고로 작전조사국의 연구 및 그 우선순위는 극동군사령관이 육군부에 승인을 얻어 최종적으로는 육군부가 결정하는 것으로 되어 있었다.[62]

작전조사국은 한국전쟁이 발발한 직후 2년 동안 현지팀을 파견해 한국과 일본에서 활동했다.[63] 작전조사국 국장인 존슨은 4개 팀을 이끌고 한국에 입국했고, 연구팀은 점차 40여 명의 전문가들로 구성된 8개 팀으로 늘어났다. 작전조사국의 연구팀은 한국전쟁에서 근무 지원의 평가,[64] 한국인의 활용방안,[65] 효율적인 삐라 작성, 핵무기 사용에 대한 평가 등 다양한 작업을 수행했다.[66] 연구조사를 위해 작전조사국의 연구자들은 적 후방에 침투하여 조사를 수행하기도 했다.[67] 이들의 한국전쟁기 연구 현황을 보면 다음과 같다.

[표 IX-3] 한국전쟁기 작전조사국ORO의 연구프로젝트 현황

연구주제	연구 번호	연구내용
핵무기의 전술적 사용 Tactical Employment of A-Bomb	ORO-T-1, FEC	Tactical Use of Atomic Bomb In Korea
	ORO-S-4, FEC	Notes On CCF Area Targets Based on CCF Tactics
	ORO-S-12, EUSAK	Atomic Defense of Chongchon
	ORO-R-2, EUSAK	Tactical Employment of Atomic Weapons
심리전 Psychological Warfare	ORO-T-2, FEC	Possible Operations Research in FEC Psychological Warfare
	ORO-S-3	Possible Expansion of Psywar Operations
	ORO-S-6, FEC	Leaflet Dropping in Korea
	ORO-S-7, FEC	A Suggested Reorganization of Psywar Operations for the Korean War
	ORO-S-8, FEC	Critical Notes on Foreign Radio Program Addressed to Korea
	ORO-T-1, EUSAK	Radio in Korea
	ORO-T-10, EUSAK	Organization and Activities of Psywar Personnel in Lower Echelons of Eighth Army, 24 Jan.~5 Apr. 51
	ORO-T-11, EUSAK	Immediate Improvement of Theater Level Psychological Warfare in the Far East
	ORO-T-12, EUSAK	An Evaluation of Psywar Influence on North Korean Troops
	ORO-S-35, EUSAK	Possible Expansion of Tactical Psywar in Korea
	ORO-S-36, EUSAK	Summary Version of ORO-S-35, EUSAK
	ORO-S-40, EUSAK	Civilian Reaction to Imminent Invasion
	ORO-S-1A, EUSAK	Proposed Use of Airborne Loudspeakers In Korea
	ORO-S-39	Influence of Korean Villagers on Enemy Troops
근접항공지원 Close Air Support	ORO-S-5, FEC	USe of B-29 Aircraft for Night Tactical Air Close Support
	ORO-T-13, EUSAK	A Study of the Effectiveness of Air Support Operations in Korea
	ORO-R-3, EUSAK	Preliminary Evaluation of Close Air Support Operations in Korea

중국군 전술 CCF Tactics	ORO-S-25, EUSAK	CCF Tactics in the Envelopment of a Column
	ORO-S-26, EUSAK	CCF in the Attack
	ORO-S-41, EUSAK	Notes on Chinese Company Tactics
지뢰 Land Mine	ORO-S-33, EUSAK	Proposed Use of Land Mine in the Present Phase of the War in Korea
적 병참 공격 Attack of Hostile Logistics	ORO-S-37, EUSAK	Proposed Method of Attack on NK and CCF Logistics
	ORO-T-8, EUSAK	North Korean Logistics and Methods of Accomplishment
철수 Evacuation 기타	ORO-S-1, FEC	ORO Special Project SAMPAN
	ORO-T-6	Services Support in Korea
	ORO-T-7	Notes on Infantry Tactics in Korea
	ORO-R-4	Utilization Indigenous Manpower in Korea

출전: "CG, Office of the Commanding General, HQ, EUSAK to CINCFE: Operations Research Activities"(1951. 2. 19), NARA, RG 349, Box 783, Operations Research Office, 1950.; NARA, RG 338, Eighth U.S. Army, 1944~1956, Adjutant General Section, Security-Classified General Correspondence, 1951, Entry 8th Army, 319.1 (ORO) to 319.1 (PDS), Box 754.

작전조사국 프로젝트는 1에서 8까지였지만, 이 가운데 1은 원폭 투하 연구였다. 정식 명칭은 '프로젝트 1: 근접지원에 대한 원자폭탄의 전술 사용'이다. 프로젝트 1은 1950년 10월에 극동군 참모장인 알몬드 중장, 육군 참모총장인 콜린스Lawton J. Collins 대장으로부터 승인을 받았다.[68]

작전조사국의 프로젝트는 당초 8개였지만, 제8군 관계 최종보고서는 1. 원폭의 전술 사용, 2. 심리전, 3. 근접항공 지원, 4. 공산중국군, 5. 지뢰, 6. 적병참 공격, 7. 후퇴 등이었다. 이 가운데 원폭의 전술 사용은 1. 한국에서 원자폭탄의 전술적 사용(ORO-T-1, FEC), 2. 중국 공산군의 전술에 기초한 점령 지역의 표준에 관한 보고서(ORO-S-4,

FEC), 3. 원자폭탄의 전술 사용(ORO-S-12, EUSAK), 4. 청천강의 핵 방어(ORO-S-2, EUSAK) 등이다.[69]

작전조사국의 보고서에 의하면, 핵무기 사용 여부에 관한 것은 합동참모본부나 대통령의 결정에 따를 것이지만 맥아더사령부가 긴급 사용 시의 이점에 대해 평가할 필요가 있다며 그 조사의 이유를 밝혔다. 따라서 조사·연구는 육·해·공군이 포함된 전역 차원에서의 전략적 문제와 적(소련을 암시)이 일본에 대해 보복 공격할 가능성을 염두에 두어야 한다고 강조했다. 작전조사국의 원폭 투하 연구는 1950년 9월 18일 극동군 방첩대CIC, FEC에 보낸 작전조사국 비망록 프로젝트 1과 극동군 참모장의 승인(1950. 9. 18)을 얻고 1950년 10월 28일 육군부에 의해 승인을 받아 이루어졌다.[70]

1950년 10월 말 중국군의 대규모 참전에 따른 전세 변화로 낙관적인 상황은 급변했다. 11월 4일 국무부 정책기획실장인 니츠Paul Nitze는 육군부 병참부의 원자력 보좌관인 로퍼Herbert B. Loper 장군과 핵무기 사용 문제에 대해 협의했다. 하지만 이 회의에서 한국전쟁에서는 원자탄을 사용하는 것이 바람직하지 않으며, 또한 만약 핵무기를 사용한다면 소련의 참전을 자극할 가능성이 있어 부정적이라는 결론에 도달했다.[71] 국무부 극동과의 에머슨John K. Emmerson 역시 핵무기 사용에 대해 부정적이었다. 그는 비망록에서 중국에는 핵무기 목표로써 적당한 대상이 없다는 합동참모본부의 견해에 동의하며, 오히려 핵무기 사용 시 등장할 불리한 반응을 묘사했다. 즉, 대량살상 무기인 핵의 특수한 성격으로 인해 이를 사용 시 미국의 도덕적 지위가 타격을 받을 것이고, 유엔에서 우방국과의 협조관계를 깨뜨릴 것이며, 소련의 선전에 이용될 것으로 예측했다. 나아가 또다시 아시아인들에게 핵무기를 사용한다면 아시아인들 사이에 분노를 촉발시킬 것으로 보았다.[72]

하지만 1950년 11월 20일 합동전략조사위원회Joint Strategic Survey Committee(JSSC)가 합동참모본부에 보고한 문서 〈JCS 2173〉은 한국 전선에 핵무기 배치에 관한 내용을 담고 있었다.[73] 합동전략조사위원회는 한국에 핵무기 배치를 고려해야 할 상황이 임박했다고 평가했다. 즉, 중국군의 개입으로 유엔군이 핵무기를 사용해야 할 새로운 입장에 놓여 있다는 것이다. 특히 병력과 물자 집결지에 대한 핵무기 공격은 유엔군이 현재의 방어선을 유지하거나 혹은 만주 국경 유역으로 진격하기에 결정적 요소로 작용할 것이라고 주장했다.

이때 육군부의 작전참모부(G-3)도 새로운 주장을 전개하고 있었다. 11월 후반 작전참모부는 새로운 정세를 배경으로 하여 "유엔군의 작전을 지원하기 위해 원자탄의 사용이 결정되는 경우에 대비해서 맥아더 장군에게 사용 능력을 부여하기 위한 준비가 마련되어야 한다"는 결론에 도달했다. 작전참모부는 중국군이 한반도로 계속 이동하는 경우에 만주 국경의 바로 북쪽에 핵방사능에 의한 띠 모양의 '방역선'을 설정하여 한국의 전장戰場을 만주로부터 고립시키는 가능성까지도 상정하고 있었다.[74]

결국 이러한 논의 끝에 11월 30일 트루먼은 공개적으로 중국군에 대해 핵무기를 사용할 수도 있음을 시사했다. 이 시기 미국은 핵 보유량에서 소련의 25발에 비해 450발이라는 압도적 우위를 가지고 있었다.[75] 또한 그는 이 핵무기 사용에 대한 권한을 맥아더에게 부여할 것

이며, 따라서 맥아더가 이를 언제·어디서 사용할지를 결정할 것이라고 언론에 발표했다.[76]

하지만 트루먼의 발표에 대해 전 세계적으로 논란이 일자, 백악관은 "법률상 대통령만이 원자탄의 사용을 승인할 수 있으며, 야전사령관에게는 그러한 승인 권한이 주어져 있지 않은 점이 강조되어야 한다. 만일 승인이 주어지면 그때에 야전사령관은 무기의 전술적인 운반에 대해서만 책임을 질 것이다"라고 긴급히 해명했다.[77] 트루먼의 발언 가운데 '핵무기 사용의 권한을 야전사령관에게 부여한다' 는 부분은 사실과 달랐다. 왜냐하면 원자탄 사용의 권한은 원자력법Atomic Energy Act에 따른 대통령의 고유권한이었기 때문이다.[78]

12월 1일 맥아더는 자신의 집무실에서 열린 회의에서 만일 자기에게 핵무기 사용 권한이 주어진다면, 공격 목표는 다음과 같은 순위가 될 것이라고 언급했다. 단둥, 무크덴[센양瀋陽의 만주국 명칭], 베이징, 톈진, 상하이, 난징이라는 것이다. 여기에 다음 우선순위로 블라디보스토크, 하바롭스크, 지린 등을 거론했다.[79] 하지만 영국 수상 애틀리 Clement Attlee가 미국을 방문하여 핵무기 사용에 관해 강력하게 항의하자 미국은 이에 대해 어느 정도 양보하는 수순을 밟았다.

그러나 합동전략조사위원회는 12월 3일 국방장관에게 제출한 각서에서 "한국에서 진행되고 있는 상황은 미군의 크나큰 재앙을 막기 위해 필요한 유일한 무기가 핵무기로 되어 가고 있다"고 언급했다.[80] 그러면서 대통령이 언론을 통해 중국에 핵무기를 사용할 것을 고려했다는 점을 알리도록 추천했다. 군부는 '유엔군이 한국에서 철수할 필요성에 직면할 경우 한국이나 중국 내의 목표물은 군사적 재앙을 막기 위해 핵무기 공격의 목표물이 될 것'이라는 입장을 가지고 있었다.

하지만 함흥 지역에 있는 제10군단이 안전하게 철수하게 되자 합동참모본부와 국방부는 12월 13일 앞에서 언급한 핵무기 사용에 관한 합동전략조사위원회의 제안을 철폐했다.[81]

워싱턴에서의 이러한 결정에도 불구하고, 현지사령부인 극동군사령부는 핵무기 사용에 대한 보고서를 여전히 작성하고 있었다. 극동군사령부 작전참모부는 12월 13일 알몬드 참모장에게 '전술 핵무기의 긴급 시 사용'의 연구가 19일까지 완료될 것이라고 통보했다. 이 보고서는 〈한국에서 원자폭탄의 전술적 사용(ORO-T-1, FEC, 1950. 12. 22)〉이라는 정식명칭을 부여받고 완성되었다.[82]

작전조사국의 연구는 우선 한국에서 핵무기를 전략적으로 사용하기 이전에 고려되어야 할 것들을 열거했다. '핵무기가 소련을 억제할 수 있는 효율성은 어느 정도인가', '핵무기를 미국이 사용하면 소련은 공개적으로 전쟁에 개입할까' 등을 검토하며, 소련의 핵 보복 능력으로 인해 특히 일본에서 미국의 취약성이 나타날 것으로 예측했다. 따라서 한국전쟁에 핵무기의 배치가 주요 세계전략의 한 부분으로 필요한 것인가를 자문하고 있었다. 또한 문제점으로는 연구팀이 당시에도 미국의 핵 보유량이나 생산 능력을 모른다고 언급하며, 가장 큰 문제점으로 정보 취득의 어려움을 지적했다. 왜냐하면 지역적으로 가장 중요한 것은 핵 공격을 위해 적절한 목표에 대한 인식과 정확한 위치인데 현재의 정보력에 의하면 이는 불가능하기 때문이라는 것이다. 따라서 정보체계의 개선이 필요하다고 지적했다.

한편 핵 공격을 위해서는 재래식 공격보다 더욱 자세하고 시간이 많이 소요되는 준비가 필요하고, 부수적으로 적군 사상자의 치료와 소개에 관한 정책을 수립하기 위해 다수의 사상자를 처리할 수 있는 의료부대를 준비해야 한다고 권유했다. 더욱이 여기에는 민간인 치료를 위한 의료 지원 역시 고려되어야 한다는 것이다. 피폭방어radiological defense에서는 핵 공격에 대비해 유엔군의 조직과 훈련을 완비해야 한다고 지적했다. 한편 이 보고서에서 작전조사국은 120발의 전술 핵무기가 요코다橫田와 오키나와沖繩에 들어와 있고, 표적 확정부터 투하까지 11시간이 소요된다고 밝히고 있다.[83]

작전조사국의 연구보고서는 극동군사령부의 참모부에서 논란을 불러 일으켰다. 특히 극동군 작전참모부는 이에 대해 다음과 같이 지적했다.[84]

작전조사국 연구는 평야 지역에서의 핵무기의 효과를 크게 평가하고 있지만 반면에 한국은 거의 구릉과 산악지대이다. 작전조사국 연구는 현존하는 군 정보조직 하에 원자폭탄을 배치하는 효과에 대해 의문을 제기하고 있다. 정보 수집과 분석 그리고 투하까지는 11시간 내에 이루어져야 한다고 밝히고 있지만 원자폭탄의 최대한의 효과를 위해서는 현재의 정보 수준에서 이는 불가능하다. 민간인 희생자에 대한 의료 지원 역시 고려되어야 한다. 피폭 방어를 위해서는 원자폭탄을 사용하기 전에 극동군사령부가 충분한 방어 장비와 측정 장비 그리고 이를 수리·보수할 수 있는 인력을 보유해야만 한다.

특히 작전참모부와 함께 극동공군사령부는 적의 보복 능력, 일본

내 기지의 취약점 등의 문제점을 제기했다.

작전조사국ORO 연구 보고에 대한 찬성은 제8군사령부와 제10군단 등 현지 전투사령부로부터 제기되었다. 제8군사령부는 "본 사령부는 원폭 사용이 결정되면, 강제피난을 지원하는 현재의 상당한 열세가 상쇄될 것으로 생각한다"고 밝히고, 그 후 합동참모본부에도 "다수의 미 8군 장교는 원자폭탄의 전술 사용이 실행 가능하며 그 효과가 높은 무기라고 판단하므로, 사용이 권고되리라고 생각한다"고 보고했다.[85] 대다수의 8군 장교들은 핵무기의 전술적 사용이 가능하다고 생각했다. 왜냐하면 핵무기는 효율적이기 때문에 추천할 만하다고 여기고 있었기 때문이다.[86]

원폭 사용 문제와 맥아더

하지만 원폭 사용에 대한 작전조사국의 연구에 대해 휘하 부대 내에서 찬반양론이 비등해지자 '극동군사령관은 권고에 동의하지 않는다'는 육군부에 보내는 초안이 1951년 1월 18일 히키Doyle O. Hickey에 의해 작성되었고, 1월 23일 맥아더는 콜린스 육군참모총장에게 '극동군사령관은 권고의 동의를 유보한다'고 하는 서신을 발송했다.[87]

날짜가 확인되지는 않지만 이 시기 육군부에 보낸 전문으로 추정되는 자료에는 그 이유를 다음과 같이 밝히고 있다.[88]

극동군사령관은 핵무기가 경제적이고 효과적이라는 전술적 목적 때문에 특정한 상황에서 결정적일 수 있다는 의견이다. 하지만 유엔의 목적이 현재 불명확하기 때문에 본 사령부에서는 한국에서 핵무기를 즉각 전술적으로 사용하는 것에 대해 추천하지 않는다. 극동군사령관은 다음과 같은 사항을 추천한다. 첫째, 비축된 핵무기는 장래 전술적 사용을 위해 극동에 배치한다. 둘째, 극동군사령부의 요청에 핵무기의 신속한 사용을 위해 필요한 예비 조처를 고려한다. 셋째, 필요한 참모와 기술팀을 본 사령부에서 조직, 훈련한다.

한편 이 당시 극동군사령부 내에서뿐만 아니라 육군부 작전참모부에서도 핵무기 사용에 대해 논의를 진행시키고 있었다. 육군부 작전참모부는 맥아더와 핵무기 사용을 위한 타격지점 선정에 대해 논의했다. 문제는 학계의 일부에서 이러한 논의를 기초로 맥아더가 핵무기 사용에 대해 적극적인 의도를 가지고 있었다고 평가하고 있다는 점이다.

커밍스는 영국 외무성 자료를 근거로 1950년 12월 9일 당시 유엔군사령관 맥아더가 핵무기 사용을 위한 재량권을 요청했다고 주장했고, 12월 24일 26개의 핵무기가 필요한 "보복 목표 리스트"를 제출했다고 밝혔다.[89]

그러나 이는 사실과 일부 다른 것으로 보이는데 맥아더가 공식적으로 핵무기 사용을 요구한 문서는 아직 확인되고 있지 않기 때문이다. 12월 20일 육군부 작전참모부장 볼테는 핵무기 사용을 전제한 새로운 비상계획을 준비하기 시작했다.[90] 다음날인 1950년 12월 21일 볼테는 맥아더에게 이 비상계획을 알렸다.[91]

미 군부는 중국군의 대규모 참전에 따른 전황 변화를 소련의 배후조

종에 의한 것으로 판단한 듯하다. 따라서 미 군부 당국에서는 소련의 참전에 대비한 비상작전계획인 '셰이크다운SHAKEDOWN' 전략을 세웠다. 이는 소련의 극동 지역 참전에 대한 보복전략으로 전략공군에 20개 핵무기의 배치를 잠정적으로 승인한 합동참모본부의 지시에 의한 것이다. 합동참모본부는 셰이크다운 계획에 입각해 각 부대에 소련과 전면전이 발발할 시 소련에 대한 보복 공격으로 핵무기를 사용할 지역에 관한 목록을 제출하도록 지시했다. 이 지시에 따라 육군부 작전참모부에서는 우선순위에 따르는 목표 지역을 맥아더가 선정해주기를 요청했다.

볼테의 요청에 따라 맥아더는 극동 지역에서 소련의 참전에 대한 보복 공격보다 소련의 전쟁 잠재력을 감소시킬 목적에서 타격 지역 목록을 제출했다.[92] 그는 적어도 21개 지역에 26개의 핵무기가 필요할 것으로 계산했다.

[표 IX-4] 핵무기 목표 타격 지역(단위: 개)

타격 지역	핵무기 수요량	타격 지역	핵무기 수요량
블라디보스토크	2	무크덴	2
보로실로프	1	소베츠카야 가반	1
하바롭스크	2	하얼빈	1
뤼순	1	이르쿠츠크	1
베이징	1	치타	1
다롄	2	울란우데	1
사할린	1	페트로파블롭스크	1
콤소몰스크	2	나홋카	1
블라고베셴스크	1	칭다오	1
미하일롭카	1	아르템	1
쿠이비셰프	1		

위 [표 IX-4]에 따르면 맥아더는 소련 영토 15개 지역, 중국 영토 6개 지역을 선정했다. 물론 중국 영토 가운데 뤼순 및 다롄 지역은 소련의 조차지이므로, 실질적인 중국 지역은 4개 지역에 한정된다. 그러나 하얼빈, 칭다오 지역 역시 소련의 군사고문단이 주둔해 있었으므로 맥아더는 이 지역을 소련의 전진기지로 예상했던 것으로 보인다.

맥아더는 이 지역에 대한 공격이 도시 지역에 위치한 소련의 전략 비축 기지와, 통신센터, 잠수함 기지 등을 파괴함으로써 소련의 작전 능력을 감소시킬 것으로 보았다. 특히 목표 지역의 선정에는 극동군의 전략 목표 조사와 함께 연합번역통신부Allied Translator and Interpreter Section(ATIS)에서 이루어진 일본인 송환자들의 심문에 의해 선정했다고 밝혔다. 다만 더 구체적인 정보와 자료가 주어진다면 이러한 타격 지역은 바뀔 수 있다고 보았다.

즉, 이 문서를 통해 판단해보면, 맥아더가 핵무기 사용을 적극적으로 주장하며 26발의 핵무기를 요구한 것이 아니라 육군부 작전참모부의 요청에 대해 답변한 것에 지나지 않는 것이다.

맥아더의 핵무기 사용 주장에 대한 진위는 확인하기 어려운 문제이다. 왜냐하면 그가 한국전쟁을 수행하며 핵무기 사용을 진지하게 고려했다는 증거는 찾기 어렵기 때문이다. 단지 중국으로의 확전을 감행했을 때 당연히 소련도 참전하게 될 것이고 이로써 전쟁이 전면화되면, 선택 사항 가운데 하나로 선정할 수도 있는 문제였다.

한편 1951년 1월 11일 사이밍턴Stuart Symington 국가안보자원위원회 위원장은 트루먼에게 권고안을 제출했다. '현재의 중대한 국제정세를 감안하여 취할 정책과 조치에 관한 권고(〈NSC 100〉)'라는 제목의 문서에서 미국의 국익이 걸린 지역에 소련이 침략하면 즉각 핵 공격으로 대응한다는 내용이었다.[93] 하지만 트루먼은 애치슨으로 하여금 그 사용 위협으로 소련에게 걱정을 주기는커녕, '우방국들만 놀라게 하는 정치적 부담'이라고 반박하게 했다.[94] 또한 이 당시 맥아더도 유엔군 철수를 위해 핵무기를 전진배치하자는 제안 자체도 고려하기를 거부했다.[95]

1951년 4월 6일 트루먼은 원자무기 완제품을 탑재한 B-29폭격기를 괌에 파견하기로 결정했다.[96] 1951년 4월 7일에 제9중거리폭격비행단the 9th Medium Bomb Wing은 핵폭탄을 괌으로 이송하도록 명령받았다. 4월 10일 의회 주요 의원들은 1945년 이후 처음으로 핵무기가 해외에 배치되었음을 행정부로부터 통보받았다. 또한 트루먼은 핵무기를 이동시키는 결정과 조건부로 맥아더 해임에 대한 합동참모본부의 지지를 얻어냈다.[97]

맥아더가 해임되고 난 이후인 4월 말 트루먼은 핵 장착 가능 폭격기를 태평양으로 증파하는 명령을 승인했다. 그리고 워싱턴은 맥아더의 후임자인 리지웨이 장군에게 한반도 밖으로부터의 공중 공격에 대해 핵 보복 공격을 가할 수 있는 '제한된 권한'을 주는 명령을 하달하였다.[98] 여기에 더하여 후임이 된 전 제8군사령관 리지웨이 중장은 5월에 38발의 원자폭탄을 새로이 요구했다.[99] 원자폭탄 투하라는 점에서는 오히려 리지웨이가 맥아더보다 더욱 적극적이었던 것이다.

한국전쟁에서 미국이 핵무기 사용을 적극적으로 고려했을 것이라는 문제에 대해서는 쉽게 단언할 수 없다. 왜냐하면 미국은 만일 한국전쟁에서 핵무기를 사용하면 이는 극동전쟁으로 확대되고, 나아가 소

련과의 전쟁을 초래할 것이라고 예상했기 때문이다.[100]

딩면은 미국이 한국전쟁 전 시기에 걸쳐 전투 시 사용 가능 지역에 핵무기를 하나도 배치하지 않았고, 이러한 사실은 워싱턴이 한국에서 핵폭탄을 전술적으로 사용하려 하지 않았음을 보여주는 것이라고 평가했다. 다만 미국의 정치가들이 핵무기를 전쟁에서의 정치·외교관계에 사용하려 했었다는 것이다.[101] 그렇다면 한국전쟁기 맥아더사령부에서의 핵무기 투하 논의는 무엇을 의미하는가? 앞에서도 언급했지만, 맥아더사령부에서는 핵무기 사용에 대해 정보참모부, 작전참모부, 작전조사국, 제8군, 제10군단 등 각 하위부대 및 관련부서에서 지속적으로 연구를 진행했다.

하지만 다양한 논의가 진행되는 가운데에서 찬반양론이 대립하고 있었고, 전황의 변화에 따라 그 필요성도 변화되었다. 따라서 맥아더 역시 이러한 변화에 영향을 받아 한때는 핵무기를 강력히 요구하기도 했지만, 한편으로는 이에 대한 사용을 거부했다. 즉 미국정부와의 관계에서 맥아더는 원폭 투하의 주창자였지만, 그것은 현지부대의 강한 요구를 반영한 것이었다.[102]

핵무기 사용에 대한 맥아더의 의도는 중국과의 전면전 내지 미국의 대아시아정책의 선회를 요구한 것이지 핵무기 사용 그 자체를 심각하게 고려한 것은 아니라고 판단된다. 결국 한국전쟁에서의 핵무기 사용은 최악의 경우 군부와 맥아더사령부 내 강경파의 최후 수단이었던 것이다.

10
맥아더의 해임과 청문회

맥아더의 해임은 그의 상관이었던 트루먼과의 갈등에서 비롯된 것이었다. 《뉴욕타임스》는 〈대논쟁Great Debate〉이라는 기사에서, 문제의 초점을 세 가지로 요약했다. 여기에는 한국전쟁의 전략에 관한 문제로 제한전-전면전Limited War vs. Big War, 문민-군인 사이의 관계Civil Power vs. Military, 유럽과 아시아 가운데 어느 지역을 미국의 우선순위로 삼아야 하는가Europe vs. Asia등을 거론했다. 맥아더의 해임은 그 내용에 있어 명령계통에 관한 문제 등이 복합적으로 얽힌 사항이었다.

맥아더와 워싱턴의 충돌, 그리고 해임

맥아더를 해임시키라는 최초의 요구는 1950년 8월에 나타났다. 대만 방문을 마치고 돌아온 맥아더는 8월 20일 해외참전군인회Veterans of Foreign Wars(VFW)에 보낸 전문에서 대만은 '가라앉지 않는 항공모함'으로 서태평양에서의 미국의 전진 교두보가 되어야 한다고 강조하면서, 대만을 지원하지 않는 워싱턴 당국을 비난했다. 맥아더에 따르면 대만의 상실은 미국으로 하여금 그 방어선을 5,000마일이나 후퇴시켜 서부 태평양 연안으로 축소시킨다는 주장이었다.[1] 국방장관 존슨에 따르면 트루먼은 매우 화가 나 맥아더를 유엔군사령관에서 해임하려고 했으나 그 당시 이 논의는 더 이상 진전되지 않았다고 한다.[2]

12월 1일 맥아더의 인터뷰는 다시 한 번 트루먼을 분노케 했다. 맥아더는 《유에스 뉴스 앤드 월드 리포트U. S. News and World Report》와의 인터뷰와 UP통신의 휴 베일리Hugh Baillie에게 보낸 전문에서 '자신의 상관이 부여한 제한은 거대한 핸디캡으로 군 역사에서 이전에는 한 번도 없었던 일'이라고 밝혔다. 이 메시지는 8월의 VFW와의 회견 때보다도 더욱 트루먼을 분노케 했다.[3]

　트루먼은 12월 5일 두 가지 명령을 하달했다. 첫째는 외교정책에 관한 언론 발표는 국무부에 의해서, 그리고 군사정책에 관한 문제는 국방부에 의해 사전에 미국정부의 공식적 정책과 일치되는지 여부를 검토한 이후에야 가능하다는 것이고, 둘째는 해외에 거주하는 정부

Douglas MacArthur

▼맥아더는
자신의 부친이
고종황제로부터
받았던 잃어버린
청동 황로와 똑같은
황로를
이승만으로부터
선물 받았다.

▲맥아더와 그의 부인
진Jean의 무덤

▶맥아더 기념관 안의
자료관

관리와 사령관들은 공식적인 발표에 주의를 기울일 것이며, 미국 내의 신문사, 잡지사, 기타 언론매체와 군사 및 외교정책에 관해서는 직접적인 의견 교환을 삼가라는 것이었다.⁴ 물론 이러한 지시사항은 명백히 맥아더를 목표로 한 것이었다.

12월 이후 워싱턴은 중국의 한국전쟁 개입이 소련을 세계대전으로 이끌어가는 한 단계일 뿐이라는 데 관심이 집중되었다. 이러한 점을 걱정하여 미국의 모든 주요 사령부에 임전태세를 갖추도록 통고했고 12월 16일에 트루먼 대통령이 국가의 비상사태를 공식적으로 선포했다. 훗날 청문회에서 맥아더는 동아시아에서의 전쟁 확산에 소련이 개입하지는 않을 것으로 예측했으며, 설사 소련이 개입하더라도 그

맥아더 기념관의 아키비스트인 제임스 조벨James Zobel과 필자

맥아더 기념관의 자료관 내부

규모는 한반도 내로 한정된 제한전이 될 것으로 판단했다고 밝혔다.[5]

1950년 12월 30일 맥아더는 중국에 대해 네 가지 보복대책을 제안했다. 중국의 해안을 봉쇄하여 함포와 공중 폭격으로 중국의 군수산업을 파괴하는 것과 대만에 있는 국부군의 일부를 한국에 파견하는 것 그리고 대만의 국부군으로 중국 본토에 견제작전을 하도록 하는 것 등이다.[6] 1951년 1월 6일 맥아더는 한국군에 무기를 추가로 지원하는 것에 대해 오히려 시급한 것은 일본 경찰예비대의 증강이라고 강조했다. 즉 한정된 자원에서 일본 경찰예비대와 한국군에 대한 무기 제공이 동시에 가능하지 않다면 한국군보다는 일본의 안전 보장을 강화하는 데 사용하는 것이 오히려 전반적인 미국의 이익이 될 것으로 보았다.[7]

이러한 사정을 알 리 없는 이승만은 맥아더에게 50만 명의 한국군을 무장시킬 수 있는 무기를 요구했다. 여기에 덧붙여 5만 명의 중국 국민당 군대의 유엔군 가담이 허용되어야 한다고 제안했다. 만일 맥아더가 파병 요청을 직접 하지 못한다면 이승만 자신이 직접 장제스에게 파병을 요청할 것이라는 내용도 추가적으로 밝혔다.[8]

영국은 한국전쟁에서 진짜 주적은 소련이므로, 대만 국부군을 이용하여 중국을 불필요하게 자극할 필요는 없다고 주장했다.[9] 이에 대해 트루먼은 중국 국민당 군대를 이용하여 중국 본토에 대한 전복운동이나 게릴라전을 구사하지는 않을 것이라고 밝혔다.[10] 그러나 한국정부는 주미한국대사 장면을 통해 지속적으로 대만 국부군의 활용을 주장했다. 장면은 중국 본토 공격을 대만에게 허용하거나 이를 지원한다면 한국 내 유엔군의 상황에 도움이 될 것이라고 주장했다.[11]

1월 9일 국무부는 한국정부 및 관료들의 소개계획을 합동참모본부와 논의했다. 이 자리에서 철수에 관한 문제는 대규모 철수 인원(약 80만~100만)을 제주도로 옮기느냐 혹은 소규모 인원을 철수 가능한 세계의 각 지역으로 분산 수용하느냐의 선택 문제로 보았다. 다만 제주도가 용이치 않을 경우 한국군을 일본으로 후송시키는 것은 한일 간의 민족 문제로 비화될 것으로 우려되는바 오키나와 기지에 주둔시키는 것이 효과적일 것으로 예상했다.[12] 여기에 대해 무초 주한미대사는 제주도 지역을 가장 우선적으로 고려해줄 것을 요청하며 이러한 계획이 한국인들에게 알려지지 않도록 주의를 촉구했다.[13]

1월 9일 합동참모본부는 맥아더에게 중국군에 대한 대응 및 군사방침에 대해 다음과 같이 지령했다. 우선 중국 해안 봉쇄는 한국에서 유엔군의 지위가 확고해지거나 아니면 완전 철수가 이루어진 다음에 실행되어야 하고, 중국에 대한 공격 역시 중국군이 한반도 이외 지역에서 미군을 공격하는 경우에 허가되어야 한다고 밝혔다. 또한 대만 국부군의 이용에 대해 이들이 한국에서 중요한 역할을 할 가능성이 없으므로 이들을 한국에 파병하자는 제안에 대해서도 긍정적인 반응을 보이지 말 것을 주문했다.[14]

맥아더는 자신이 요청한 제안이 아무것도 받아들여지지 않자 1월 10일 육군부에 보낸 전문에서 최대한 신속히 한반도로부터 철수하자고 제안했다.[15] 즉 자신의 기본적 임무는 1차적 우선순위로 일본 방위를 맡고 있는데 이를 위해서는 자신의 군대를 일본으로 철수시켜야 한다는 내용이었다. 병력의 추가 파견도 없고 중국 국민당 군대의 이용도 허용되지 않고 있으며 중국 본토의 군사력에 대해 아무런 조치도 없이 한국과 중국 지역에 대규모의 중국군이 집결하고 있는 현재의 상황은 결국 유엔군사령부의 지위를 위태롭게 만들 것이라는 이유에서였다.[16]

이러한 상황에서 워싱턴 당국은 한반도 전황을 휴전으로 이끌려는 계획을 구상하고 있었다.[17] 또한 합동참모본부는 중국과 한국에서의 행동방침이 되는 〈NSC 101〉을 작성했다. 이 문서에서 합동참모본부는 해안 방어선을 유지하고 대만을 사수하되, 한국에서 철수할 경우 한국 망명정부를 수립할 것을 건의했다. 또한 중국군을 침략자로 규정하는 유엔 결의를 요구하며, 중국 내에서 활동 중인 게릴라를 비밀리에 지원할 것을 주장했다.[18]

후에 밝혀진 사실이지만, 합동참모본부가 이 시기에 전쟁을 국지화하려고 하지는 않았던 것 같다. 맥아더청문회에서 논쟁이 되었지만, 1월 12일에는 한국의 철수 문제뿐만이 아니라 합동참모본부도 전쟁을 확전하려는 계획을 준비했었음이 드러났다.

1월 12일자로 된 각서에서는 '대만 국부군의 작전에 대한 제반 제한사항을 일소하여 효율적인 대공작전에 기여하게 될 군수 지원을 대만군에 제공한다'는 내용이 담겨 있었다.[19] 후에 청문회에서는 이 문제를 가지고 맥아더와 다른 고위급 장성들과 의견 차이가 나타났다. 맥아더는 자신이 이 문서에 기초하여 대중국 확전을 주장했다는 것이다. 하지만 당시 국방장관이던 마셜George C. Marshall은 맥아더의 이런 주장을 반박했다. 그 문서는 유엔군이 한반도에서 철수하게 될지 모른다는 급박한 상황 아래서 작성된 것으로 잠정조치에 지나지 않는다는 것이다. 따라서 1월 중순에 들어와 한국의 군사적 상황이 호전됨에 따라 이 제안이 무효화된 것이라고 주장했다.[20] 1월 13일 트루먼은 맥아더에게 한국 문제에 대해 다음과 같은 메시지를 전달했다. 우선 교전 지역을 확대하는 문제는 신중하게 다루어져야만 한다고 강조했다. 맥아더의 대중국 확전 주장을 거부한 것이다.[21] 이러한 메시지와 함께 맥아더 주장의 타당성을 판단하기 위해 워싱턴은 고위 군장교단을 파견하기로 결정했다.

1951년 1월 15일 콜린스Lawton J. Collins 육군참모총장, 반덴버그Hoyt S. Vandenberg 공군참모총장이 한국에서의 군대 철수를 맥아더와 논의하기 위해 도쿄에 도착했다. 1월 17일 회의에서 맥아더는 한국에서 자신의 군사적 위치는 견딜 수 없는 상태라고 말했으나 이제 상황이 한국에서 교두보를 유지할 만큼 개선되었다는 점에 있어서는 동의했다. 콜린스가 보기에 맥아더의 주장과 달리 유엔군의 사기는 매우 높았다. 따라서 이들은 자신들이 목격한 한국에서의 희망적인 내용들을 1월 17일 워싱턴에 전달했다. 리지웨이Matthew B. Ridgway가 지휘하는 제8군의 상태는 맥아더가 주장했던 절망적인 상태와는 전혀 상반된 것이었다.[22]

1월 29일 맥아더는 《런던 텔레그래프London Telegraph》와의 회견에서 "아시아의 자유를 위한 전투는 계속될 것"이라고 발언했다. 이것은 휴전을 모색하고 있는 미국정부로서는 매우 곤혹스러운 발표였다. 영국정부도 이에 대해 미국의 대한정책이 무엇인지 그리고 이를 영국정부가 신뢰해도 되는지를 문의해왔다. 국무부는 맥아더의 발언은 말그대로 단순한 발언으로 받아들여줄 것을 요청하며 미국의 정책은 조금도 변함이 없다고 밝혔다.[23]

2월 1일 미국은 유엔총회에서 중국을 침략자로 규정하는 데 성공했다. 하지만 이를 통해 미국이 의도한 것은 적대행위를 중단하고 평화적 방법, 즉 휴전을 모색하는 것이었다.[24] 당시 국무부 극동담당 차관보였던 러스크가 작성한 〈한국에 대한 유엔군의 행동지침Outline of Action Regarding Korea〉을 보면 여러 가지 대안을 상정해놓고 있었다. 이 대안 가운데 유엔군의 군사력 강화나 즉각 철수, 전면 개입을 통한 중국정부의 전복 및 군사적인 교착상태의 지속 등은 미국의 정책으로 선정해서는 안 된다고 강조했다. 아울러 그는 12월에 제안한 휴전협정을 받아들이는 것만이 현 상황에서 미국의 이익에 가장 부합한 마지막 대안이라고 주장했다.[25] 이는 합동참모본부에 의해서도 받아들여졌는데 1950년 6월 25일 이전의 상태로 돌려놓는 것이 주요 목적이라는 것이다.[26]

   그러나 한국 내부에서는 계속적인 전투를 강조하고 있었다. 우선 참모총장인 정일권은 압록강까지 진격해야 할 뿐만이 아니라 북경과 남경까지도 점령해야 한다는 등 중국 본토로 공격해 들어가야 한다고 주장했다. 이에 대해 중앙정보국은 이러한 발언을 미숙하고, 무책임하며, 바보 같은 한국 지도자들이 가진 민족주의적 열망이라고 비난했다.[27] 이승만 역시 이후 NBC방송과의 회견에서 38선 이북 진격은 당연한 것이고 필요하다면 대만군의 사용에 대해서도 환영한다고까지 말했다.[28]

   2월 15일 트루먼은 신문기자 회견석상에서 38선 문제에 대해 이는 전적으로 맥아더에게 권한을 부여했다고 강조했다. 물론 작전상 38선 돌파뿐만 아니라 다른 어떠한 지역에 대해서도 공격할 수 있는 권한

을 그가 가지고 있다는 점까지 지적했다.[29] 이러한 보도에 대해 맥아더는 매우 만족했다.[30]

그러나 38선 이북에 대한 군사작전을 워싱턴이 지지한 것은 결코 아니었다. 트루먼의 한국에 관한 성명서 초안을 준비 중이던 국무부 정책기획가 터프츠Robert Tufts는 그 초안에서 미국정부는 유엔군의 우선적 목표가 38선 이남 지역에 대한 침략으로부터 남한을 보호하고 개전 이전 상황으로 복귀하는 데 있다고 기술했다.[31] 이러한 38선 이북 지역에 대한 반격작전의 금지에 국무장관 역시 동의했다.[32] 하지만 군부는 이에 대해 부정적인 입장을 견지했다. 38선 문제에 대한 국무부의 초안을 검토한 국방부는 유엔군과 미군이 정치적인 이유 때문에 38선을 넘어서 진격하는 것을 금지해서는 안 되고, 개전 이전 상태로의 복귀 역시 정치적인 관점에서 보았을 때 받아들일 수 없을뿐더러 군사적인 입장에서도 전혀 받아들일 수 없다고 밝혔다. 즉 군부의 입장은 현재의 군사적 행동이 계속되어야 한다고 주장했다.[33]

3월 7일 맥아더는 중국 지상군과 물자의 유입에 대한 공격을 제한한다면 한국에서 유엔군은 궁지에 몰릴 것이고 따라서 군 사령관으로서 자신의 권한 이상의 결정이 필요하다는 성명서를 발표했다.[34]

일주일 뒤인 3월 15일 맥아더는 휴 베일리와의 전보를 통한 회견에서 다시 전쟁의 확대를 주장했다. 즉 유엔군을 보전하며 공산군에게 최대한도의 응징을 주는 데 필요하다면 38선을 월경할 용의가 있다고 밝혔다. 또한 유엔군의 군사적 불리함을 언급했는데, 그 하나는 자신이 한 손을 뒤에 묶인 채 싸우고 있다는 것이다. 중국군의 병력과 물자는 대부분 만주로부터 나오고 있기 때문에 만일 만주 지역을 폭격할 수 있다면 이러한 적의 보급로를 완전히 괴멸할 수 있다는 주장이었다.[35]

하지만 워싱턴 당국은 이때야말로 중국과 휴전이라는 평화적 해결방법을 원하고 있었다. 즉 리퍼RIPPER 작전[36]으로 이룩한 전과로 인해 38선 이북에서 작전하는 것이 새로운 정치적 문제로 대두되었다. 국무부와 국방부는 리지웨이의 최근 승리가 중국이나 북한이 군사적으로 승리할 수 없다고 믿게 하고 만일 이것이 사실이라면 그들이 휴전협상에 동의해올 것이라고 믿었다. 이러한 관리들의 권고를 받은 트루먼 대통령은 유엔이 전쟁을 끝낼 의사가 있음을 암시하는 내용의 성명서를 공표할 것을 계획했다. 이 성명서는 협박의 분위기를 피하여 그들로 하여금 좋은 답변을 할 수 있도록 용어 선정부터 신중히 검토되었다. 3월 20일 합동참모본부는 맥아더에게 이러한 대통령의 계획을 통보했다. 대통령의 호소가 공개되어 적의 반응이 나타날 때까지 유엔군사령부는 38선 이북으로 주된 진격을 하지 않는 것이 옳다는 유엔의 일반적인 분위기를 통보했다.[37]

이에 대해 맥아더는 전쟁에 대한 해결은 외교적인 것보다는 군사적인 해결책이 이롭다는 결정을 워싱턴에 주장했다. 3월 24일 맥아더는 휴전을 준비하기 위해 적의 총사령관과 회의할 것을 제안한다는 공식 성명을 발표했다. 하지만 그 내용은 중국의 반감을 불러일으키기에 충분한 것이었다. 맥아더는 중국이 현대전에 필요한 산업자원의 부족을 겪고 있고, 만일 유엔군에 대한 제한이 철폐된다면 중국은 군사적으로 붕괴할 수밖에 없다는 내용도 같이 언급했다.[38] 즉 맥아더는 휴전을 제안하면서도 중국의 군사력을 하찮게 보았고, 중국군은 한국에서 승리할 수 없으며 만일 적대행위가 계속된다면 유엔이 중국을 공격할 것이라는 일종의 협박으로도 받아들일 수 있는 성명을 발표한 것이다. 그러자 국무부는 맥아더의 성명을 중국으로의 확전 위협으로 받아들였다.[39]

맥아더의 발표가 있자마자 워싱턴 당국은 당황했다. 우선 러스크는 우방국 13개국 대사들에게 맥아더의 성명은 독단적이고 갑작스러운 것이라고 언급하며 이러한 일이 다시는 일어나지 않도록 수단을 취할 것이라고 알려주었다. 한편 국무부 대변인 역시 맥아더의 성명은 갑작스러운 것이었고 워싱턴의 승인을 받지 않았다는 점을 언론에 지적했다.[40] 맥아더의 성명에 대해 미 언론도 부적절하고 비현실적인 것으로 평가했다.[41]

결국 이러한 견해는 미국이 대외정책을 변경할 가능성에 대한 외국 정부의 질문을 유발시켰고, 트루먼은 자기가 준비한 성명서의 어조와 모순되는 것이므로 국제적인 혼란이 일어날까 두려워 자신의 성명서를 발표하지 않기로 결정했다.[42]

맥아더는 계속해서 자신의 발언을 강조하며 만일 아시아에서 공산주의자들과의 전쟁에서 패한다면, 유럽의 몰락 역시 피할 수 없을 것이라고 주장했다. 승리 이외에 대안은 없다는 것이다.[43]

1951년 4월 9일 맥아더의 발언을 놓고 심각한 토의를 한 끝에, 합동참모본부는 맥아더의 해임에 대해 만장일치의 견해를 보았다. 합동참모본부 의장인 브래들리는 트루먼에게 맥아더의 해임을 공식으로 건의했다.[44]

결국 트루먼은 합동참모본부의 건의를 받아들여 4월 11일 맥아더를 전격적으로 해임했다. 트루먼이 맥아더 해임에 관해 기자들에게 배포한 성명서에 의하면, 그 관련 문건은 7가지였다. 첫째, 트루먼이 12월 5일 언론 발표에 관해 주의를 촉구하는 내용을 합동참모본부를 통해 맥아더에게 전했던 메시지, 둘째, 합동참모본부가 1951년 3월 20일 평화를 모색하고 있다는 내용을 맥아더에게 전달한 메시지, 셋째, 맥아더가 중국에 전달한 3월 24일의 최후통첩, 넷째, 트루먼의 지시에 의해 3월 24일 합동참모본부가 맥아더에게 지난 12월에 하달한 지령을 준수하라는 내용의 전문, 다섯째, 3월 20일 마틴에게 보낸 맥아더의 서신, 여섯째, 한국군의 무장에 관해 합동참모본부가 맥아더의 견해를 물은 1월 5일의 전문, 일곱째, 한국군의 증강은 불필요하다는 1월 6일 맥아더의 답변 등이었다.[45]

맥아더에 비판적인 샬러는 맥아더가 남긴 유산은 실패로 판정받아야 한다고 주장했다. 필리핀, 오스트레일리아, 일본 등의 사령부를 지휘하고 아시아태평양에서 20여 년을 복무하면서, 자신의 이기적인 목적, 즉 정치적인 목적을 이루기 위해 정보를 왜곡하고 사태를 조작했기 때문이라고 밝혔다. 따라서 '동양인의 심리에 관한 한 미국의 가장 위대한 전문가'인 맥아더는 아시아 현실에 관해 아는 게 거의 없었고 미국 정치에 대해서도 마찬가지라고 혹평했다.[46]

맥아더의 해임은 그의 상관이었던 트루먼과의 갈등에서 비롯된 것이었다. 《뉴욕타임스》는 〈대논쟁Great Debate〉이라는 기사에서, 문제의 초점을 세 가지로 요약했다. 여기에는 한국전쟁의 전략에 관한 문제로 제한전–전면전Limited War vs. Big War, 문민–군인 사이의 관계Civil

Power vs. Military, 유럽과 아시아 가운데 어느 지역을 미국의 우선순위로 삼아야 하는가Europe vs. Asia 등을 거론했다. 맥아더의 해임은 그 내용에 있어 명령계통에 관한 문제 등이 복합적으로 얽힌 사항이었다.[47]

맥아더 청문회

맥아더의 해임이 보도되자 가장 먼저 이에 대해 반발한 세력은 공화당 보수파 의원들이었다. 1951년 4월 11일 태프트Robert A. Taft, 훼리Kenneth S. Wherry, 마틴Joseph W. Martin, 할렉Charles A. Halleck 등 공화당 지도부 인사들이 모임을 갖고 미국의 군사·외교정책에 대한 전반적인 재조사와 맥아더의 증언을 듣는 청문회를 개최하기로 결의했다. 이들은 이 회합을 알리는 기자회견에서 맥아더 소환에 대한 책임을 물어, 대통령 트루먼과 국무장관 애치슨의 탄핵결의안까지 언급했다.[48]

상원 군사위원회 위원장인 러셀Richard B. Russel은 1951년 4월 12일 국방장관 마셜을 통해 맥아더에게 4월 18일 열리게 될 청문회에 참석하도록 통보했다. 그리고 이는 상원 군사위원회 위원 전원의 합의 하에 이루어진 청문회라는 것도 공식적으로 밝혔다. 또한 위원회는 맥아더에게 청문회에 출석하여 극동의 정세에 관한 견해와 해임에 이르게 된 상황에 대해 의견을 피력하도록 요청했다.[49]

하지만 맥아더는 아이젠하워Dwight D. Eisenhower나 클레이Lucius D. Clay 같이 해외에서 귀환한 사령관에게 주어지는 의회 초청 연설을 이유로 그 시일을 늦추어 달라고 요청했다.[50] 한편 이때 상원 외교위원회가 청문회를 공동으로 개최할 것을 상원 군사위원회에 요구했으므로 청문회는 군사위원회와 외교위원회가 합동으로 개최하게 되었다. 청문회 준비에 있어 합동위원회 구성이라는 절차상의 이유와 맥아더의 요구로 인해 개최 일자는 5월 3일로 결정되었다.[51]

1951년 4월 17일 맥아더는 샌프란시스코에 도착하여 대대적인 환영을 받았다. 그는 워싱턴을 거쳐 뉴욕으로 가서 거처를 정한 후 워싱턴으로 돌아와 4월 19일 상하양원합동회의에서 그 유명한 고별연설을 했다. 맥아더는 이 연설에서 아시아는 유럽만큼 중요한 지역이며, 유럽과 아시아 두 지역에서 동시에 전쟁이 일어난다면 어느 한 쪽도 포기할 수 없는 지역이라고 역설했다. 여기에 더하여 그는 태평양 지역의 전략적 중요성에 대해서도 강조했다.[52]

미국의 안전에 보다 직접적이고 즉각적인 영향을 주는 것은 지나간 대전 중에 나타난 태평양의 전략적인 가치의 변화이다. 그 이전까지는 미국 서해안의 전략적 경계선은 남북아메리카 대륙의 해안선과 하와이, 미드웨이, 괌 및 필리핀을 연결하는 섬의 돌출부로 형성되어 있었다. 이 돌출부는 우리 전투력의 전초기지가 아니라 적이 공격할 수 있고 또 실제로 공격당한 통로에 지나지 않는다는 것이 증명되었다. 태평양은 적이 전진할 수 있는 잠재적 지역이다. 우리는 알류산 열도와 마리아나 제도에 이르기까지 미국 또는 우방국들이 영유하고 있는 활 모양의 섬들에 의해 아시아 해안을 통제할 수 있게 되었다. 미국은 이 섬들에 기지를 둔 해군과 공군으로 블라디보스토크에서 싱가포르에 이르는 아시아의 모든 항구를 지배할 수 있으며 태평양으로 진출하려는 적의 의도를 저지할 수 있다.

또한 아시아 각국의 정세에 대해서도 나름대로 자신의 견해를 표명했다. 맥아더는 현재 일본은 정치·경제·사회적으로 개혁을 달성하여 어떤 민주국가보다도 모범적인 국가로 재탄생되었으며, 필리핀 역시 전쟁의 폐허를 극복하고 기독교 국가로 다시 탈바꿈했다고 주장했다. 대만에 대해서는 본토에 대해 그 정치적 영향력을 다시 찾을 수 있는 기회를 가지고 있으므로 한국전쟁을 통한 본토 수복전략을 은연중에 지지했다. 맥아더는 의회 연설에서 현재 진행 중인 한국전쟁의 해결책으로 중국에 대한 압박정책을 다시 한 번 강조했다. 그는 1. 중국에 대한 경제 봉쇄 강화, 2. 중국의 해안 봉쇄, 3. 중국 연안 및 만주 지역에 대한 공중 정찰 제한 폐지, 4. 대만 국부군에 대한 제한조치 해제와 병참 지원을 통한 공동작전 등을 요구했다. 그는 이런 조치들만이 전쟁을 최단시일 내로 종식시키고, 유엔군의 인명 손실을 최소화할 것이라고 주장했다. 끝으로 맥아더는 전쟁에서 승리를 대신하는 것은 아무것도 없다고 밝히고, 그 유명한 '노병은 죽지 않고 다만 사라질 뿐이다'라는 구절을 읊으며 의회 연설을 마무리했다.[53]

요약하자면, 맥아더는 중국과의 전면전까지 요구하는 것은 아니었지만, 한국전쟁에 중국이 참전하고 있으므로 그들의 역량을 최대한 파괴하는 방법을 모두 동원해 전쟁을 승리로 이끌자고 주장한 것이다.

맥아더의 의회 연설은 트루먼과 행정부에게는 매우 곤혹스러운 것이었다. 여론은 점점 더 맥아더청문회에 대한 관심으로 모아졌다.

상원 합동위원회는 맥아더를 포함하여 13명의 증인(마셜 국방장관,

브래들리 합동참모본부 의장, 콜린스 육군참모총장, 반덴버그 공군참모총장, 셔먼 해군참모총장, 애치슨 국무장관, 존슨 전前국방장관, 웨드마이어 육군중장, 배저 해군중장, 헐리 육군소장, 바 육군소장, 오도넬 공군소장)을 소환해 청문회를 개최할 것에 합의했다.[54] 청문회 소환의 첫 번째 대상자는 맥아더였고, 그는 5월 3일부터 5일까지 3일 동안 의회에서 증언했다.

맥아더를 대상으로 한 청문회의 주요 내용은 소련의 한국전 참전 의도와 실제 극동 지역에 있어서 소련 군사력에 대한 문제, 대만 국부군 이용과 대만의 전략적 지위 문제, 중국군 참전에 대한 문제, 중국 본토에 대한 확전전략 등이 그 대상이었다.

의장인 러셀은 극동 지역에서 소련의 군사력에 대해 질문하며 소련이 한국전쟁에 참전할 의도를 가지고 있는지를 맥아더에게 질문했다. 이에 대해 맥아더는 극동 지역의 소련군은 대체로 방어적으로 편성되어 있으며, 그들의 군수 지원은 소련의 서부 지역에 의지하고 있기 때문에, 그 참전 가능성이 낮다고 부정적으로 평가했다.[55]

그리고 국부군 이용과 대만의 전략적 문제에 있어서는 자신이 국부군의 이용을 한시적으로 제안했음을 밝혔다. 맥아더는 대만을 위협하던 중국군 제3야전군과 제4야전군이 한국전쟁에 개입했으므로, 만일 대만 국부군을 한국전쟁에 이용한다거나, 혹은 대만으로 하여금 중국 본토에 대한 상륙작전을 감행하게 한다면 한반도에서 중국의 압력을 충분히 줄일 수 있을 것으로 보았다고 진술했다.[56]

중국 본토에 대한 폭격 문제에 대해서도 러셀은 1951년 1월 12일자 합동참모본부 문서를 가지고 질문했다. 러셀은 합동참모본부의 1월

12일자 문서는 단지 중국 지역에 대한 정찰을 허용한 것이지, 폭격까지 고려한 것은 아니라는 점을 지적했다. 즉 중국 본토에 대한 폭격은 오키나와 필리핀 등 한반도 이외의 미군기지가 공격받고, 한반도로부터 미군이 철수할 상황이라는 급박한 상태가 아니면 허용되지 않는 것이 아니냐는 질문이었다. 하지만 맥아더는 1월 12일의 합동참모본부의 지시는 명백히 중국에 대한 폭격을 허용한 것으로 해석될 수 있다고 강조했다. 그리고 현재 미국은 중국과 전쟁을 하고 있는 것이 아니라고 주장했다. 따라서 중국을 평화회담으로 끌어들이려면, 경제적·군사적 제재를 통해 제어해야 한다고 밝혔다.[57]

여기서 소련의 군사적 의도나 대만 국부군 활용 및 중국 본토에 대한 폭격 문제 등의 질문은 맥아더가 전쟁을 확대시켜 3차 세계대전을 불러올 수 있는 위험성을 지적한 것이었다. 하지만 맥아더는 이에 대해 명확한 대답을 하지 못했다. 오히려 이러한 문제로 인한 세계대전으로의 비화는 자신이 대답하거나 해결할 사안이 아니라는 애매한 답변으로 일관했다. 그러면서 자신의 구상은 한반도 내에서의 전쟁의 승리가 목적일 뿐, 중국과의 전면전을 의미하는 것은 아니라고 주장했다.

뒤이어 상원의원 윌리Alexander Wiley가 맥아더에게 본인이 소환된 이유에 대해 질문했다. 이것은 앞에서 러셀이 질문한 내용과 관련하여 워싱턴 당국과 맥아더 본인의 전쟁 수행전략의 차이로 인해 발생한 것이 아닌가라는 의미가 담긴 질문이었다. 그러나 맥아더는 자신이 소환된 이유는 미국과 유엔의 정책에 전폭적인 지지를 하지 않았기 때문이라고 밝히며 질문의 의도를 무시하고 정확한 답변을 회피했다.[58]

히켄루퍼Bourke B. Hickenlooper 상원의원이 한국에서의 전쟁이 장기간 결정적인 해결을 보지 못한 채 지속된다면 아시아 각국에 미칠 영향을 평가해 달라고 요청하자, 맥아더는 "만일 미국이 한국전쟁을 승리로 이끌지 못한다면, 미국은 파멸과 같은 패배의 결과를 받아들여야 할 것"이라고 강조했다.[59] 의도된 것인지 그렇지 않은지는 확인할 수 없지만, 맥아더의 답변은 오로지 '승리'라는 구상에만 몰두해 있을 뿐 전쟁의 확산에 대해서는 아무런 설명을 하지 않았다.

다른 의원과 달리 맥마흔Brien McMahon 상원의원은 맥아더의 불확실하고 불충분한 답변에 대해 핵심을 짚어가며 맥아더의 빈약한 논리를 추궁하기 시작했다.

맥마흔은 한국전쟁에서 핵무기 사용을 제안한 적이 있는지를 질문했다. 맥아더는 즉답을 회피하며, 핵무기를 사용할 수 있는 권한은 대통령에게 있음을 강조했다. 하지만 재차 반복된 질문에서 맥아더는 단지 극동 지역에서 핵무기를 사용할 계획이 있는지에 대한 정보를 요구했을 뿐이라고 답변했다.[60]

계속해서 맥마흔이 현재 미국의 가장 중요한 적은 누구인지를 묻자, 맥아더는 공산주의communism라고 대답했다. 맥마흔은 공산주의라고 하면 중국인가 아니면 소련인가를 구체적으로 질문했다. 이에 대해 맥아더는 자유주의 국가 내부의 공산주의를 포함하여 전 세계 모든 공산주의라고 대답했다.[61] 맥아더의 답변은 자칫 한국전쟁은 공산주의에 대한 전면전의 시발점이라고 주장하는 것으로 받아들여질 수 있는 대답이었다.

다시 맥마흔은 맥아더가 제안하는 중국에 대한 작전이 곧 중국과의 전면전을 의미하는 것인지를 물었다. 모스Wayne Morse 상원의원 역시 같은 질문을 맥아더에게 던졌다. 이에 대해 맥아더는 자신은 중국과의 전면전을 요구하는 것은 아니라고 대답했다. 그러면서 미 지상군을 중국에 투입하려고 하는 생각은 완전히 미친 짓이 될 것이라고 주장했다. 다만 자신이 주장하는 중국에 대한 작전은 중국을 압박하여 평화회담으로 나오게 만드는 것이라고 주장했다.[62] 하지만 맥아더의 주장에는 일관성이 없었다. 공산주의를 주적으로 간주하며, '전쟁에서 승리 이외에는 아무것도 없다'고 외치던 그가 중국과의 협상을 위해 확전을 주장하고 있는 모순에 빠지게 된 것이다.

결국 5월 5일 맥아더에 대한 3일간의 청문회가 마무리되었다. 맥아더청문회는 아시아에 대한 인식이나 한국전쟁에 대한 맥아더의 전략이 구체성을 갖고 있지도 않은 모호한 것이라는 것을 세상에 알린 것뿐이었다.

맥아더청문회 종료 이후 계속된 다른 인사들의 청문회에서는 점점 맥아더의 주장이 신빙성이 떨어진다는 것을 입증하는 것으로 확인되었다. 마셜 국방장관은 맥아더와 트루먼과의 기본적인 시각 차이에 대한 질문을 받았을 때, 이러한 시각 차이는 "대통령은 미국의 전반적인 안전 보장을 책임지고 또한 이를 유지하기 위해 지구상의 한 지역의 문제를 다른 지역의 문제와 함께 전체적으로 균형을 이루도록 고려한 반면, 야전사령관은 특정한 지역과 특정한 문제에 국한되어 있기 때문"이라고 답변했다. 그리고 맥아더의 해임에 대해서는 "맥아더가 상부의 정책을 따르지 않기 때문에, 그를 해임하는 것 이외에 다른 대안이 없었다"고 밝혔다.[63]

브래들리 합동참모본부 의장 역시 맥아더가 요구하는 대對중국 행동에 대한 정책은 세계대전으로 확산될 수 있는 위험을 수반하고 있었다고 주장하며, 맥아더의 주장을 바람직하지 못하다면서 다음과 같이 결론지었다.[64]

우리는 현재의 상황에서 어떠한 확전 조치에도 반대하는 건의를 제안했다. 중국과의 제한전쟁이라는 수단 역시 결국은 전략적으로 중요하지도 않은 지역에 우리의 군사력을 너무 많이 투입하게 됨으로써 우리가 무릎 써야 할 위험을 증가시키게 될 것이다. 합동참모본부의 견해에 의하면, 맥아더의 전략은 미국을 잘못된 전쟁을 위해 잘못된 장소에서 잘못된 시간에 잘못된 적에게 몰아넣게 될 것이다.

맥아더청문회에서 확인된 것은 맥아더에게 한국전쟁을 종결할 확고한 전략이 없다는 사실과 그가 상부의 정책을 제대로 이해하고 있지 못했다는 사실이었다.

결론

해방 이후 한국현대사에서 미국의 영향력은 정치, 경제, 사회, 문화 등 여러 방면에서 그 강도를 달리한 채 매우 깊숙하게 자리 잡고 있다. 이러한 상황 하에서 미국에 대한 한국인의 인식도 친미에서 반미까지 다양한 스펙트럼을 가지고 있다. 이러한 인식의 차이에 논란의 대상이 되고 있는 인물 가운데 하나가 바로 맥아더이다. 한편에서는 친미주의자들의 숭배 대상으로, 다른 한편에서는 반미주의자들의 비판 대상으로 간주되는 맥아더를 좀 더 객관적으로 규명해 보고자 하는 것이 이 책의 목표이다.

해방 이후 한반도의 정치질서를 구축해나가는 과정에서, 주한미군사령부의 상위기관으로 정책 집행의 연계선상에 있던 맥아더는 논란의 중심부에 위치해 있었다.

맥아더의 생애와 그의 사상을 살펴보면, 군인 집안이라는 가계와 기독교라는 사상적 배경을 확인할 수 있다. 한평생을 군인으로 살았던 맥아더는 군인 집안에서 태어나 아버지를 따라 여러 군영을 돌아

다니면서 어려서부터 자연스럽게 군사문화에 익숙해졌다. 이러한 배경에서 자라난 맥아더는 1899년 육군사관학교에 입학해 직업군인의 길을 선택했다. 미 육사를 매우 우수한 성적으로 졸업한 그는 공병 및 공보 연락장교를 거친 후 1차 세계대전에 참전해 14개의 무공훈장을 받는 등 자신의 분야에서 탁월한 전공을 기록했다.

1차 세계대전이 끝나자 본국으로 귀환한 맥아더는 최연소로 육군사관학교 교장에 임명되었다. 그는 새로운 교과목을 도입하고 새로운 시스템을 도입하는 등 육군사관학교의 근대화에 큰 영향을 미친 인물로 평가될 정도로 탁월한 재능을 발휘했다.

이후 마닐라 군관구 사령관, 3군관구 사령관직을 거쳐, 1930년에 육군의 최고봉이라 일컬어지는 육군 참모총장에 임명되었다. 그러나 이 시기는 한편으로 맥아더에게 시련의 시기였다. 뉴딜정책을 표방한 루즈벨트 정권에서 군비 축소에 맞서 힘겨운 싸움을 해야 했기 때문이다. 특히 이 시기 '보너스 행진' 사건을 겪게 된 그는 사회의 기본 질서를 저해하는 요소 가운데 하나로 공산주의를 지목하며, 이를 자신이 평생 맞서 싸워야 할 절대악으로 인식하면서 자신의 반공주의를 내재화했다.

맥아더는 그 자신이 오랫동안 근무한 지역적 특성도 있겠지만, 아시아우선주의를 대표하는 인물로 평가되었다. 초급장교 시절부터 필리핀 지역에 근무했던 그는 태평양전쟁과 일본 점령 통치 및 한국전쟁을 수행하며 20여 년이 넘는 기간을 아시아에서 근무했다. 이러한 장기간의 근무 경험이 맥아더로 하여금 미국인 가운데 가장 아시아인을 잘 이해할 수 있는 인물로 주장하게 한 계기가 되었다.

또한 군인으로서 맥아더는 기독교 사상으로 무장된 인물이다. 그는 늘 동아시아 지역에서 자신의 영향력이 관철될 수 있었던 필리핀, 일본, 대만 및 한국의 지도자들을 기독교도로 개종시키겠다고 호언장담했다.

2차 세계대전이 발발했을 때 맥아더는 태평양전구사령관으로 일본에 맞서 전쟁을 수행했고, 태평양전쟁의 승리 후 일본과 남한 점령의 최고 책임자가 되었다. 맥아더는 태평양전쟁이 종결되었을 때, 일본 점령을 전담하는 연합국최고사령관총사령부GHQ/SCAP의 직위뿐 아니라 미 태평양육군총사령관GHQ/AFPAC 및 미 극동육군사령관USAFFE의 직위를 겸직했다.

맥아더는 이러한 위치에서 일본을 포함하여 일본의 식민지였던 한국 및 류큐 제도 등의 관할권을 행사했다. 특히 초기에는 군사부문을 비롯해 민정 문제까지도 담당했다. 따라서 당시 지휘계통을 보면 남한 지역을 점령 통치하던 주한미군사령부는 그 상위기관으로 맥아더사령부의 지휘를 받았다. 하지만 맥아더는 대한인식과 정책에 있어 한국전쟁 이전에는 특별한 관심을 기울이지 않았다. 오히려 그의 입장에서는 일본을 중시한 나머지 한국 문제에 있어서는 부정적인 견해를 표출하곤 했다.

일례로 일본의 식민 지배에 대한 전후 보상 문제 있어 맥아더의 입장은 일관되게 일본의 입장을 지지했다. 일본의 전후 배상은 식민지 시기 일제에 의해 고통 받던 식민지 국가들에게는 자립경제를 이룰 수 있는 기본 재원이었다. 하지만 맥아더는 일본의 경제부흥을 위해 이러한 전후 배상 문제를 거부했다. 또한 식민지 각국에서 강탈된 문화재 반환에 대해서도 일본 국내의 반발이라는 이유를 들어 이를 거부했다.

또한 냉전의 최전선이었던 한반도의 안보에 대해 맥아더는 '미국의 서부인 캘리포니아를 보호하듯이 한국을 보호하겠다'고 말해왔으나, 이러한 그의 언술은 수사학적 허구에 지나지 않는 것이었다. 애치슨선언으로 잘 알려진 도서방위선 전략은 맥아더의 전략적 개념에서 도출된 이론이었다. 이 방위선은 알류산 열도를 지나 일본 열도를 거쳐 괌으로 이어지는 U자형으로, 여기에서 한국과 대만은 제외되었다.

한반도의 전략적 중요성을 인식하지 못한 채 주한미군의 철수를 주장한 인물도 역시 맥아더였다. 맥아더는 한국이 '미군부대의 주둔지로서 적합하지 않다'고 평가하며, 주한미군의 조기 철수를 주장했고, 한국의 야전군 창설 역시 '미 점령군의 전력 감퇴'를 이유로 거부했을 정도였다.

그러나 한국전쟁이 발발하자 맥아더는 유엔군사령관으로 한국전쟁을 지휘하게 되고, 이는 맥아더에게 한반도의 가치를 새롭게 인식하는 계기가 되었다. 자신의 군사적 능력을 발휘함으로써 향후 정치적 계산까지도 고려할 수 있는 시기가 도래한 것이다.

맥아더는 그때까지 자신의 성공신화로 남아있던 '섬 건너뛰기 작전'을 이용하여 인천상륙작전을 계획했다. 지형적 조건의 열세를 극복한 인천상륙작전은 북한군에게는 예상치 못한 기습작전이었고 이에 따라 전선에 배치된 북한군은 괴멸상태에 이르렀다. 인천상륙작전의 성공은 맥아더로 하여금 전쟁의 주도권을 갖게 했으며, 이러한 자신감은 그의 38선 북진 주장에 힘을 실어주었다.

유엔군의 북진은 중국에게 안보상 상당한 위협이 되기에 충분했다. 따라서 중국 수뇌부는 유엔군이 만약 38선 이북으로 북진한다면, 중국 역시 이에 맞서 개입할 것이라는 경고를 여러 차례 대외에 천명했다. 하지만 맥아더는 이를 단순한 외교적 협박으로 간주했다. 1950년 10월 15일 웨이크 섬에서 열린 트루먼 및 고위 정책결정자들과의 회담에서도 맥아더는 중국군 참전 가능성에 대한 질문에 대해 중국은 개입하지 않을 것이고, 개입하더라도 그 수가 매우 적어 유엔군에 큰 위협이 되지 않을 것이라는 요지의 설명을 개진했다.

더 나아가 그는 크리스마스 때까지 제8군을 일본으로 철수시키는 한편 제10군단은 북한 점령을 위해 재정비해 주둔시킬 것이라고 밝히기까지 했다. 중국의 참전 위협을 허풍에 지나지 않는 것으로 과소평가하며 사태를 낙관적으로 예상했다.

하지만 중국은 대규모의 중국인민지원군을 만주로 이동시켰고, 공식적으로 10월 25일 한국전쟁에 참전했다. 그러나 이후 한 달이 지날 때까지도 맥아더사령부에서는 중국군의 전체적인 규모나 전술에 대해 제대로 파악조차 하지 못했다. 후에 중국군 참전에 대한 정보 실패를 변명했지만, 이는 명백히 맥아더사령부의 커다란 실책이었다. 결국 11월 25일 유엔군의 총공격은 중국군에 의해 좌절되었고, 전세는 급격히 반전되어 유엔군은 전면 철수할 수밖에 없었다.

맥아더는 중국군이 참전하자 한국전쟁은 완전히 새로운 전쟁으로 변화했다고 주장하며, 대만 국부군의 이용과 최후의 수단으로 핵무기를 통한 만주로의 확전을 제안했다. 국부군을 활용해 중국 남부 지역에 제2전선을 구축함으로써 중국의 압력을 약화시킨다는 전략이었다. 맥아더는 중국에 대한 경제 봉쇄와 해안 봉쇄, 중국의 산업 지역에 대한 폭격, 그리고 국부군을 활용한 견제작전을 주장했다.

맥아더는 자신의 전역에서 핵무기 사용까지도 고려했다. 다만 이러한 핵무기 사용에 관한 전제를 소련의 참전을 가정하여 전면전으로 비화될 경우를 상정한 '셰이크다운SHAKEDOWN' 작전 시의 한 선택사항으로 검토했다.

1951년 미국 수뇌부는 전쟁을 제한전화하고자 했고 중국과의 휴전을 모색하기 시작했다. 이러한 제한전은 '전쟁에서 승리 이외에 대안은 없다' 고 주장한 맥아더에게 일종의 유화정책으로 인식되었다. 맥아더는 자신의 발언을 공개적으로 언론에 발표하며 불만을 표명하기에 이르렀다. 그는 '만일 아시아에서 공산주의자들과의 전쟁에서 패한다면, 유럽의 몰락 역시 피할 수 없을 것' 이라고 주장하며 중국으로의 전쟁 확대를 주장했다. 이는 명백히 자신의 상관인 대통령에 대한 공개적 도전이었다.

1951년 4월 11일 트루먼은 맥아더를 전격적으로 해임했다. 맥아더의 해임은 그의 상관이었던 트루먼과의 갈등에서 비롯된 것이다. 이후 맥아더의 해임을 둘러싸고 미국 국내는 물론 해외에서도 다양한 논쟁이 전개되었다.

결국 이러한 논쟁이 1951년 5~6월 사이에 '맥아더청문회' 라고 일컬어지는 상원 주도의 의회 청문회 개최로 연결되었다. 그러나 청문회를 통해 밝혀진 사실은 맥아더의 주장이 논리적 모순과 자기 확신에 빠져 있었다는 사실을 확인시켜줄 뿐이었다. 한국전쟁을 승리로 이끌기 위해서는 중국과의 전면전도 불사해야 한다고 주장했던 맥아더에게는 이 전쟁이 3차 세계대전의 전조가 될지도 모른다는 위협에 대해서는 구체적인 인식이 결여되어 있었다.

이상으로 맥아더의 대한인식과 한국전쟁 시기 그의 활동을 살펴보았다. 해방 이후 한국전쟁 발발 이전까지 맥아더의 대한인식은 호의적이기보다는 오히려 부정적이었다. 그렇다면 한국전쟁을 통해 보여준 맥아더의 전쟁 수행전략에서 나타난 한국에 대한 우호적 태도는 과연 진정성이 있었던 것인지 회의하게 한다. 오히려 한국인들의 맥아더에 대한 선의의 일방적 해석은 맥아더의 의도를 제대로 파악하지 못한 것이라고 할 수 있다. 맥아더는 단지 자신의 입장에서 전쟁을 승리로 이끌고자 한 전형적인 군인의 한 사람에 지나지 않았다.

주석

서론

[1] 대일전쟁을 위해 국내진공작전을 계획했던 한국광복군 계열과 미 전략첩보국Office of Strategic Services(OSS) 소속 재외한인의 국내 침투공작인 냅코 작전은 실제로 이루어지지 못했다. 한시준,《한국광복군연구》(서울: 일조각, 1993); 국가보훈처,《*NAPKO Project of OSS*-재미한인들의 조국 정진 계획》: 해외의 한국독립운동사(24) 미주편 ⑥(서울: 국가보훈처, 2001).

[2] 준비부족론에 관한 비판은 이길상,《해방전후사자료집》1~2(서울: 원주문화사, 1992)의 해제 부분을 참조. 서중석은 연합국의 대한정책에서 '무지'란 2차적인 것이고, 현상유지를 바라는 미국 측과 그것의 변화를 바라는 소련 측이 38선을 경계로 각각 자신이 추구하는 바를 관철시키는 방향으로 나아갔다고 주장했다. 서중석,《한국현대민족운동연구―해방 후 민족국가 건설운동과 통일전선》(서울: 역사비평사, 1991), 257쪽.

[3] 데이비드 콩드,《분단과 미국: 1945~1950》1, 2 (서울: 사계절, 1988);《한국전쟁: 또 하나의 시각》1, 2(서울: 과학과 사상, 1988); 제임스 I. 매트레이 저·구대열 역,《한반도의 분단과 미국》(서울: 을유문화사, 1989); William Stueck, Jr. *The Korean War – An International History* (New Jersey: Princeton University Press, 1995) [윌리엄 스툭 지음·김형인 외 공역,《한국전쟁의 국제사》(서울: 푸른역사, 2001)]; 도널드 맥

도널드 저·한국역사연구회 역,《한미관계 20년사》(서울: 한울 아카데미, 2001).

[4] 미국의 외교정책에 관한 연구서로는 다음과 같은 저술들이 있다. William A. Williams, *The Tragedy of American Diplomacy* (New York; The World Publishing Company, 1959); Hans J. Morgenthau, *A New Foreign Policy for the United States* (New York: Council on Foreign Relations, 1968); Thomas H. Buckley and Edwin B. Strong, Jr, *American Foreign and National Security Policies, 1914~1945* (Knoxville: The University of Tennessee Press, 1987); Warren I. Cohen, *The Cambridge History of American Foreign Relations, vol. 4—America in the Age of Soviet Power, 1945~1991* (New York: Cambridge University Press, 1993); 이삼성,《현대미국외교와 국제정치》(서울: 한길사, 1993); Gorden Martel ed., *American Foreign Relations Reconsidered, 1890~1993* (New York: Routledge, 1994); Michael J. Hogan ed., *America in the World: The Historiography of American Foreign Relations since 1941* (Cambridge University Press, 1995); Charles W. Kegley, Jr. and Eugene R. Wittkopf, *American Foreign Policy: Pattern and Process* (New York: St. Martin's Press, 1996) ; 제임스 E. 도거티·로버트 L. 팔츠그라프 저, 이수형 옮김,《미국외교정책사: 루즈벨트에서 레이건까지》(서울: 한울아카데미, 1997); 권용립,《미국대외정책사》(서울: 민음사, 1997).

[5] 정수용,〈한국의 베트남전 파병과 한·미 동맹체제의 변화〉, 고려대학교 정치외교학과 박사학위논문, 2001.

[6] 따라서 이 책에서는 '한–미관계' 나 '미국의 대외관계' 라는 용어보다는 강대국이 약소국에 대한 일방적 외교행위로써 미국의 '대한정책對韓政策' 을 살펴보려고 한다.

[7] 정용욱,《해방전후 미국의 대한정책》(서울: 서울대학교출판부, 2003); 이완범,《38선 획정의 진실》(서울: 지식산업사, 2001).

[8] 최장집,《한국민주주의의 조건과 전망》(서울: 나남, 1996); 박찬표,《한국의 국가형성과 민주주의》(서울: 고려대학교출판부, 1997). 이들이 주장하는 미국의 한계선이라는 개념은 1960년에 일본인 학자가 주장했던 interlude의 개념과 그 설명에 있어 상당히 유사하다. 아마도 한국학자들이 이러한 일본인 학자의 주장을 무비판적으로 차용했을 것으로 보인다. Kazuo Kawai, *Japan's American Interlude* (Chicago: The

University of Chicago Press, 1960).

9 최근에 미국과 일본의 관계를 Big Brother와 Little Brother로 구분한 연구도 나온 바 있다. Mac Masakatsu Horino, *Japan's Denial and MacArthur's Secret Deal* (New York: iUniverse, Inc., 2004). 한편 이러한 미국의 한국에 대한 인식을 배후에서 감시하는 판옵티콘Panopticon으로 보는 경향도 있다.

10 박광주 외 공저, 《미국의 대외관계: 법과 제도의 변화》(서울: 서울대학교출판부, 1990).

11 한국현대사 연구의 연구사적 검토는 다음을 참조. 역사문제연구소, 《해방3년사 연구입문》(서울: 까치, 1989); 서중석, 〈회고와 전망-현대〉, 《역사학보》 제140집(역사학회, 1993); 정재정, 〈회고와 전망-현대〉, 《역사학보》 제152집(역사학회, 1996); 한시준, 〈회고와 전망-현대〉, 《역사학보》 제159집(역사학회, 1998); 반병률, 〈회고와 전망-현대〉, 《역사학보》 제163집(역사학회, 1999); 한홍구, 〈회고와 전망-현대〉, 《역사학보》 제167집(역사학회, 2000); 김광운, 〈회고와 전망-현대〉, 《역사학보》 제171집(역사학회, 2001); 정병준, 〈회고와 전망-현대〉, 《역사학보》 제175집(역사학회, 2002); 전현수, 〈회고와 전망-현대〉, 《역사학보》 제179집(역사학회, 2003); 홍석률, 〈회고와 전망-현대〉, 《역사학보》 제183집(역사학회, 2004); 염인호, 〈회고와 전망-한국현대사 연구영역의 확장〉, 《역사학보》 제187집(역사학회, 2005).

12 제임스 I. 매트레이 저·구대열 역, 《한반도의 분단과 미국》(서울: 을유문화사, 1989); 차상철, 《해방전후 미국의 한반도정책》(서울: 지식산업사, 1992); 구대열, 《한국 국제관계사 연구》, vol. 2: 해방과 분단(서울: 역사비평사, 1995); 신복룡, 《한국분단사연구》(서울: 한올아카데미, 2001).

13 리처드 E. 라우터백 지음, 국제신문사출판부 옮김, 《한국미군정사》(서울: 도서출판 돌베개, 1983); 브루스 커밍스 저, 김자동 역, 《한국전쟁의 기원》(서울: 일월서각, 1986); 최상용, 《미군정과 한국민족주의》(서울: 나남, 1988); 리차드 로빈슨 저·정미옥 옮김, 《미국의 배반—미군정과 남조선》(서울: 과학과 사상, 1989); 김철범·제임스 매트레이 편, 《한국과 냉전》(서울: 평민사, 1991); 서중석, 《한국현대민족운동연구》I, II (서울: 역사비평사, 1991, 1996); 金雲泰, 《美軍政의 韓國統治》(서울: 博

英社, 1992); 그란트 미드 지음, 안종철 옮김,《주한미군정 연구》(서울: 공동체, 1993); 박명림,《한국전쟁의 발발과 기원》1, 2 권(서울: 나남출판사, 1996); 박찬표,《한국의 국가형성과 민주주의》(서울: 고려대학교출판부, 1997); 최영희 외,《미군정기 한국의 사회변동과 사회사》1, 2(춘천: 한림대학교아시아문화연구소, 1999); 정용욱,《존 하지와 미군 점령통치 3년》(서울: 중심, 2003).

14 오코노기 마사오小此木政夫 저·현대사연구실 역,《韓國戰爭—美國의 介入過程》(서울: 청계연구소, 1986); 피터 로우 저·김시완 역,《한국전쟁의 기원》(서울: 인간사랑, 1989); 한국정치연구회,《한국전쟁의 이해》(서울: 역사비평사, 1990); 김학준,《한국전쟁—원인·과정·휴전·영향》(서울: 박영사, 1993); 김철범,《한국전쟁과 미국》(서울: 평민사, 1995); 한국정치외교사학회 편,《한국전쟁과 휴전체제》(서울: 집문당, 1998); 와다 하루키 저·서동만 역,《한국전쟁》(서울: 창작과 비평사, 1999); 이완범,《한국전쟁—국제전적 조망》(서울: 백산서당, 2000); 한국전쟁연구회,《탈냉전시대 한국전쟁의 재조명》(서울: 백산서당, 2000); 박명림,《한국 1950: 전쟁과 평화》(서울: 나남출판, 2002).

15 五百旗頭眞,《米國의 日本占領政策》(東京: 中央公論社, 1985); 菅 英輝,《米ソ冷戰とアメリカのアシア政策》(京都: ミネルヴァ書房, 1992); 李鍾元,《東アシア冷戰と韓米日關係》(東京: 東京大學出版會, 1996); Takemae Eiji, *Inside GHQ: The Allied Occupation of Japan and Its Legacy* (New York: Continuum, 2002). 다케마에의 책은 1983년 그의 일본어판 저서인《GHQ》를 수정·보완하여 영문으로 발간한 것이다. 2003년에는 이 책이 거의 같은 내용으로 제목만 변경된 채 *Allied Occupation of Japan and Its Legacy*로 재출간되었다.

16 맥아더에 관한 대표적인 연구들을 살펴보면 맥아더를 미국의 상징적인 군인으로 설정하고 그를 평가하는 일련의 저서들이 있다. 대표적으로 군터John Gunther와 맨체스터William Manchester를 들 수 있는데 군터의 경우 전술적인 측면에서 "역사상에서 병사들의 손실을 그처럼 최소화시킨 지휘관은 없다"고 기록하였다. 또한 맨체스터의 경우 맥아더를 로마의 카이사르Julius Caesar와 같은 인물로 대비시키며 대담하고 냉정하며 침착하고 자신만만한, 굳센 의지의 인간으로 묘사하고 있다. John

Gunthur, *The Riddle of MacArthur* (New York: Harper & Brothers, 1951); William Manchester, *American Caesar* (New York: Laurel, 1978)[윌리엄 맨체스터 저·육군사관학교인문사회과학처 역, 《(미국의 씨이저) 맥아더 元帥》(서울: 병학사, 1984)]. 20여 년간의 연구 성과로 맥아더에 대해 가장 방대한 저서인 총 3부작 2,600여 페이지를 저술한 제임스D. Clayton James 역시 개인적 삶과 군사적 능력을 긍정적으로 묘사하고 있다. D. Clayton, James, *The Years of MacArthur: Triumph and Disaster 1880~1941* (Boston: Houghton Mifflin Company, 1970); *The Years of MacArthur: Triumph and Disaster 1941~1945* (Boston: Houghton Mifflin Company, 1975); *The Years of MacArthur: Triumph and Disaster 1945~1964* (Boston: Houghton Mifflin Company, 1985). 맥아더에 대한 긍정적인 평가는 주로 맥아더의 참모장을 지냈던 인물들의 회고록에서도 나타난다. 극동군사령부의 정보참모였던 윌로비Charles A. Willoughby는 맥아더를 진정한 군인의 표상이라고 칭송하였고, 극동공군사령관이었던 스트레이트메이어George E. Stratemeyer는 "미국 역사상 가장 위대한 지도자요, 가장 위대한 지휘관"이라고 극찬하였다. William T. Y' Blood ed. *The Three Wars of Lieutenant General George E. Stratemeyer, His Korean War Diary* (Hawaii: University Press of the Pacific, 2005, reprint)[조지 E. 스트레트마이어 저, T. 와이블러드 편저·문관현 외 공역, 《한국전쟁일기》(서울: 플래닛 미디어, 2011)]. 인천상륙작전 시 제10군단장이었던 알몬드Edward M. Almond는 맥아더를 "살아있는 가장 위대한 인간"으로 묘사하였다. 맥아더가 연합국최고사령관 직위를 가지고 일본을 통치했을 때, 일본 내각의 요시다 수상은 그를 '위대한 은인', '일본의 구원자' 라는 극존칭으로 표현했다. Takemae Eiji, *Inside GHQ: The Allied Occupation of Japan and Its Legacy* (New York: Continuum, 2002), p. 5. 한편 냉전이라는 용어를 처음으로 사용한 월터 리프만Walter Lippman은 맥아더를 넓고 심오한 철학을 가지고 있는 위대한 지휘관으로 또한 휘하 병사들을 지휘할 때 올바른 사람들을 찾아낼 줄 아는 사람으로 평하였다. 그러나 이와는 상반되는 평가로 맥아더를 독선적이며 이기적 기회주의자이자 자아도취적 소아병 환자라고 혹평하는 샬러Michael Schaller의 연구가 있다. Michael Schaller, *Douglas MacArthur: The Far Eastern General* (New York: Oxford University

Press, 1989)[마이클 샬러 저·유강은 옮김, 《더글러스 맥아더》(서울: 이매진, 2004)]. 한편 스미스Robert Smith는 맥아더의 언론 플레이는 자신의 정치적 목표를 달성하기 위한 수단이었고, 자신의 참모가 언론에 주목을 받는 것도 매우 싫어하는 지독한 에고이스트라고 평하였고, 월터 밀리즈Walter Milis는 맥아더를 '정치적인 군인'으로 묘사하였다. Robert Smith, *MacArthur in Korea—The Naked Emperor* (New York: Simon and Schuster, 1982). 또한 웨인트롭의 저서를 들 수 있는데 그는 맥아더의 군사적 능력은 분명 과장되었고 지나치게 찬사 위주로 평가되었다고 비판했다. Stanley Weintraub, *MacArthur's War: Korea and the Undoing of an American Hero* (New York: The Free Press, 2000). 한편 동아시아 연구의 권위자인 존슨은 그를 가장 대표적인 미국의 군국주의자로서 미 제국주의 확산의 한 단면으로 묘사하고 있다. 찰머스 존슨 지음·안병진 옮김, 《제국의 슬픔―군국주의, 비밀주의, 그리고 공화국의 종말》(서울: 삼우반, 2004). 한편으로 중국의 학자 리옌은 맥아더를 매우 위대한 전략가이자 정치가였다고 평가했다. 그러나 중국의 역량을 간과하여 압록강 근처까지 무모한 진격을 감행한 것은 그의 커다란 실책 가운데 하나였다고 비판했다. 李言 主編, 《二戰將帥, 麥克阿瑟, 剛烈將軍》(北京: 中國長安出版社, 2003).

[17] Richard H. Revere, Arthur M. Schlesinger, *General MacArthur and President Truman: The Struggle for Control of American Foreign Policy* (Transaction Publish, 1992).

[18] Nam G. Kim, *From Enemies to Allies: The Impact of the Korean War on U.S. – Japan Relations* (SF: ISP, 1997).

[19] Trumbull Higgins, *Korea and the Fall of MacArthur—A Precis in Limited War* (New York: Oxford University Press, 1960).

[20] Bruce Cumings, "Introduction: The Course of Korean-American Relations, 1943~1953", Bruce Cumings, ed., *Child of Conflict: The Korean-American Relationship, 1943~1953* (Seattle: University of Washington Press, 1983)[브루스 커밍스 저·박의경 역, 《한국전쟁과 한미관계》(서울: 청사, 1987)].

[21] Bruce Cumings, *The Origins of the Korean War, vol. 2—the Roaring of the Cataract 1947~1950* (New Jersey: Princeton University Press).

22 김남균, 〈더글라스 맥아더 재평가〉, 《군사》 제59호, 2006. 6; 조성훈, 〈맥아더와 한국전쟁: 인천상륙작전의 재평가〉, 《한국전쟁의 성격과 맥아더 논쟁의 재조명》(한국전쟁학회 2006년 춘계학술회의, 2006년 3월 31일).

23 김수남은 트루먼과 맥아더의 논쟁을 통해 미국의 문민통제에 관한 문제를 다루었고, 최상룡은 천황제 유지와 관련한 맥아더의 일본정책을, 그리고 한태호는 맥아더의 대일점령정책의 개요를 논의하였음으로 맥아더를 주제로 한 인물 연구라고 보기는 어렵다. 김수남, 〈한국전쟁기간중 미국의 문민통제〉, 《國際政治論叢》, vol. 30, no. 2, 1991; 최상용, 〈맥아더의 일본점령과 천황제〉, 《亞細亞研究》, vol. 33, no. 1, 1990; 한태호, 〈美國의 對日占領政策과 Douglas MacArthur〉(1), 《日本學報》, vol. 14, no. 1, 1985; 〈美國의 對日占領政策과 Douglas MacArthur〉(2), 《日本學報》, vol. 16, no. 1, 1986; 〈美國의 對日占領政策과 Douglas MacArthur〉(3), 《日本學報》, vol. 18, no. 1, 1987.

24 최상용, 《미군정과 한국민족주의》(서울: 나남, 1988).

25 이와 관련된 문서는 국사편찬위원회 소장 〈SCAPIN 한국관련문서〉 1, 2를 참조.

26 차상철, 〈미국의 극동정책과 아시아에서의 냉전의 기원〉, 《북미주학연구》, 충남대학교북미주연구소, 2000년 2월.

27 최영진, 《동아시아 국제관계사—제2차 세계대전 이후 미·중 관계를 중심으로》(서울: 지식산업사, 1996).

28 이미 미국의 대한정책에 관한 구상과 그것이 구체화되어 가는 과정은 다음의 저서에 상세히 논의되어 있으므로 이 책에서는 실제로 그 정책이 구상단계에서 현실화되어 가는 시기, 즉 전후계획위원회의 출범 이후부터 논하기로 한다. 정용욱, 《해방전후 미국의 대한정책》(서울: 서울대학교출판부, 2004).

29 미국립문서기록관리청에 소장된 각 문서의 성격과 분류에 대해서는 다음을 참조, 잭 샌더즈, 〈1945~1950년의 미국립문서처의 한국관계 자료〉, 최장집 편, 《한국현대사》 1 (서울: 열음사, 1984); 방선주, 〈미국의 한국관계 현대사 자료〉, 한국사학회 편, 《한국현대사론—한국독립운동의 전개와 근대민족국가의 수립》(서울: 을유문화사, 1986); 방선주, 〈미국 제24군 G-2 군사실 자료 해제〉, 《아시아문화》 제3호(춘천:

한림대학 아시아문화연구소, 1987); 정용욱, 〈해방 이전 미국의 대한정책구상 자료〉 《역사와 현실》 제9호(서울: 역사비평사, 1993); 정병준, 〈미국내 한국현대사 관련자료의 현황과 이용법—미 국립문서기록관리청을 중심으로〉, 《역사와 현실》 제14호(서울: 역사비평사, 1994); 정병준, 〈해제〉, 《한국관련해외사료소장목록집》 1. 미국편(과천: 국사편찬위원회, 1995); 김기섭, 〈미국내 한국관계 자료연구〉, 《국사관논총》 제73집(과천: 국사편찬위원회, 1997); 방선주, 〈미국 국립공문서관 국무부서류 개요〉, 《국사관논총》 제79집(과천: 국사편찬위원회, 1998); 정용욱, 《미국 국립문서기록청의 한국근현대사 관련자료 소장 현장과 이용 실태 조사》(정책연구과제: 99-9-8-1); 정병준, 〈해외사료총서 2: 미국소재 한국사자료 조사보고 I, NARA 소장 RG59 · RG84외〉(과천: 국사편찬위원회, 2002); 정용욱, 《미군정 자료연구》(서울: 선인, 2002).

[30] 맥아더기념관의 한국관련 문서 해제에 대해서는 다음을 참조. 이상호, 〈미국 맥아더기념관 소장 한국관련 자료조사 및 해제〉, 《해외사료총서 13: 미국소재 한국사 자료 조사보고 V》(국사편찬위원회, 2007).

[31] 이 자료집은 《미군정활동보고서》(서울: 원주문화사, 1990)의 제목으로 영인·출간되었다.

[32] 이 점령사 시리즈의 전체적인 해설은 제1권 다케마에 에이지가 정리하였다. 竹前榮治 解說·今泉眞理 譯, 《GHQ日本占領史 1: GHQ日本占領史序說》(東京: 日本圖書センター, 1996).

[33] 《뉴욕타임스》의 성격과 경향에 관해서는 다음 논문을 참조. Myung Jun Kim, "Coverage of the Korean War by the New York Times and Asahi Shimbun: Foreign Policy as the Key Constraint on the War Reporting", A Ph. D Dissertation of Temple University, August, 1991.

[34] 방선주, 〈노획 북한필사문서 해제(1)〉, 《아시아문화》 창간호, 한림대학교, 1986; 방선주, 〈미국 국립공문서관 소장 RG 242 내 '선별노획문서' 조사연구〉, 《미국소재 한국사자료 조사보고 III: NARA 소장 RG 242 '선별노획문서'》, 국사편찬위원회, 2002.

35 Roy E. Appleman, *South to the Naktong, North to the Yalu* (Washington D. C.: United States Government Printing Office, 1961), p. 652.[애플맨 저·육군본부 역,《낙동강에서 압록강까지: 유엔군전사 1》(서울: 육군본부, 1963)].

36 Robert Smith, *MacArthur in Korea* (New York: Simon and Schuster, 1982) p. 62.

37 리지웨이Matthew B. Ridgway도 자신의 회고록에서 6월 29일 맥아더의 한국 방문 시 단속적으로 비가 내렸는데 어떻게 '먼지에 뒤덮인 사람들' 이라는 구절이 있는지 이해할 수 없다고 지적했다. 매듀 B. 리지웨이·김재관 역,《한국전쟁》(서울: 정우사, 1981), 35쪽.

1장 맥아더의 생애

1 Clark and Henschel Lee, *Douglas Macarthur* (New York: Henry Holt and Company, 1952) pp. 10~12; D. Clayton James, *The Years of MacArthur, vol. I: 1880~1941* (Boston: Houghton Mifflin Company, 1970), p. 7.

2 Douglas MacArthur, *Reminiscences* (New York: Mcgraw-Hill Book Company, 1964), p. 4. [더글러스 맥아더 저·구범모 역,《더글러스 맥아더》(서울: 한림출판사, 1971)]; D. Clayton James, *ibid.*, pp. 8~9.

3 Douglas MacArthur, *ibid.*, p. 11; D. Clayton James, *The Years of MacArthur, vol. I*, pp. 12~18.

4 박정기,《남북전쟁》(서울: 삶과 꿈, 2002) 118쪽.

5 D. Clayton James, *The Years of MacArthur, vol. I*, p. 18.

6 D. Clayton James, *ibid.*, pp. 19~21.

7 말콤은 홍역으로 다섯 살이던 1883년에 사망했다.

8 William Manchester, *American Caesar* (New York: Laurel, 1978), p. 39.

9 D. Clayton James, *The Years of MacArthur*, vol. I, pp. 41~42.

10 D. Clayton James, *ibid.*, p. 43, p. 300.

[11] Douglas MacArthur, op. cit., p. 17; D. Clayton James, *ibid.*, pp. 44~47쪽. 아더 2세는 5형제를 두었는데 그 가운데 나중에 주일미국대사를 역임한 아더 맥아더 Arthur MacArthur가 있다.

[12] Douglas MacArthur, *ibid.*, p. 336.

[13] Douglas MacArthur, *ibid.*, p. 16.

[14] 맥아더는 4년간의 재학기간에 2470점 만점에 2424.2점을 따내어 평균 98.14로 당시 역대 3위에 해당하는 성적을 받았다.

[15] D. Clayton James, *The Years of MacArthur*, vol. I, p. 88.

[16] Douglas MacArthur, op. cit., p. 60.

[17] 1789년 설립된 전쟁부War Department는 1947년 7월 육군부Department of Army로 개칭되었다.

[18] D. Clayton James, *The Years of MacArthur*, vol. I, p. 91.

[19] William Manchester, op. cit., p. 84.

[20] D. Clayton James, *The Years of MacArthur*, vol. I, p. 129.

[21] William Manchester, op. cit., p. 89.

[22] D. Clayton James, *The Years of MacArthur*, vol. I, pp. 139~195.

[23] William Manchester, op. cit., p. 124.

[24] D. Clayton James, *The Years of MacArthur*, vol. I, p. 261.

[25] D. Clayton James, *ibid.*, p. 294.

[26] William Manchester, op. cit., p. 148.

[27] *New York Times* 1930년 8월 17일.

[28] D. Clayton James, *The Years of MacArthur*, vol. I, pp. 351~363.

[29] 이주영·김형인 지음, 《미국 현대사의 흐름―뉴딜에서 현재까지》(서울: 비봉출판사, 2003), 18~24쪽.

[30] Frazier Hunt, *The Untold Story of Douglas MacArthur* (New York: Devin-Adair, 1954) p. 185.

[31] William Manchester, op. cit., p. 198.

32 윌로비|Charles A. Willoughby(1892~1972)는 1892년 독일 하이델베르크에서 출생했다. 그는 1910년 미국으로 이민했고, 그해 미군에 입대했다. 원래 본명은 아돌프 바인덴바흐Adolphe C. Weidenbach였고, 1916년 윌로비로 개명했다. 1차 세계대전 때 1사단에 소속되어 프랑스 전선에 참전했고, 멕시코 국경지대 및 푸에르토리코에서 근무했으며, 베네수엘라, 콜롬비아, 에콰도르에서 군사사절단을 역임했으며 1929년 조지아 주의 포트 베닝Fort Benning에서 보병학교를 졸업했고, 1931년 캔사스의 포트 레벤워스Fort Leavenworth에서 지휘참모대학을 졸업했다. 맥아더와의 첫 만남은 지휘참모대학에서였다. 1940년에 윌로비는 맥아더의 군사참모로 선발되어, 필리핀에서 맥아더의 정보참모로 근무했다. 태평양 전쟁기 맥아더사령부의 정보참모와 전쟁 이후 연합국총사령부, 극동군사령부 및 유엔군사령부에서 정보관계 업무를 담당했다. 1951년 4월 맥아더의 해임과 함께 군직을 벗은 그는 맥아더사령부에 대한 몇 편의 책을 저술했고, 1972년 플로리다에서 사망했다. Spencer C. Tucker, Editor, Encyclopedia of the Korean War—A Political, Social, and Military History (Santa Babara: ABC-CLIO, 2000), pp. 739~740.

33 휘트니Courtney Whitney(1897~1969)는 1897년 메릴랜드에서 출생했다. 1917년 그는 메릴랜드 주방위군에 사병으로 입대했다. 1927년 제대 후 마닐라에서 13년 동안 기업 법률가로 활동했다. 1940년 그는 필리핀 방위군에서 소령으로 재입대 후 공군 법무보좌관이 되었다. 2차 세계대전이 발발하자 그는 맥아더의 최측근이 되어 호주로 탈출한 후 맥아더의 남서태평양사령부에서 필리핀 게릴라들을 지원하고 일본군의 동향을 탐지하는 필리핀국Philippine Regional Section의 담당자가 되었다. 1946년 준장으로 도쿄의 연합국총사령부에 합류하여 민정국장Chief of the Government Section으로 활약했다. 민정국장 시절 휘트니는 일본의 군국주의자들을 제거하였고, 일본의 신헌법을 제정하는 데 주도적인 역할을 하였다. 한국전쟁이 발발하자 그는 맥아더의 군사보좌관으로 임명되었다. 1951년 4월 맥아더가 해임되자, 그는 미국으로 귀환하였고, 맥아더의 개인비서로 활동했다. 맥아더가 레밍턴 랜드Remington Rand사에 취업하자 그를 보좌하기 위해 휘트니 역시 이 회사에 중역으로 취업했다. 맥아더의 가장 최측근으로 알려진 그는 강경파인 윌로비의 반공정

책과 보수주의적 정책에 반기를 든 유일한 인물로 평가되고 있다. Spencer C. Tucker, Editor, *ibid.*, pp. 738~739.

34 D. Clayton James, *The Years of MacArthur*, vol. I, pp. 565~569.

35 D. Clayton James, *ibid.*, pp. 577~578.

36 Clark and Henschel Lee, *Douglas Macarthur* (New York: Henry Holt and Company, 1952), p. 137.

37 D. Clayton James, *The Years of MacArthur*, vol. II: *1941~1945* (Boston: Houghton Mifflin Company, 1975), p. 3.

38 William Manchester, op. cit., p. 210.

39 "George C. Marshall to MacArthur"(1942. 4. 8), MA, RG 4, Records from GHQ/USAFPAC, Box 15, Folder 2; William Manchester, op. cit., p. 326; D. Clayton James, *The Years of MacArthur*, vol. II, p. 100, pp. 121~122.

40 D. Clayton James, *ibid.*, vol. II, p. 179.

41 小柳順一, 〈朝鮮戰爭におけるGHQの情報の失敗〉《Intelligence》第3号 (東京: 20世紀メディア硏究所, 2003), 100~110쪽; Stanley Weintraub, *MacArthur's War: Korea and the Undoing of an American Hero* (New York: The Free Press, 2000), p. 20.

42 "MacArthur to George C. Marshall"(1943. 3. 28), MA, RG 4, Records from GHQ/USAFPAC, Box 16, Folder 2 ; D. Clayton James, *The Years of MacArthur*, vol. II, pp. 318~319.

43 D. Clayton James, *ibid.*, vol. II, p. 346.

44 이를 두고 소련의 《이즈베스치아*Izvestia*》지에서는 맥아더가 반공주의자이자 고립주의자인 맥코믹의 지원을 받고 있다고 신랄하게 비난했다. Frazier Hunt, op. cit., pp. 320~321; D. Clayton James, *ibid.*, pp. 410~411.

45 William Manchester, op. cit., pp. 354~355, 410~411.

46 이외에도 1942년부터 1944년까지 맥아더에 관한 책이 13권이나 출판되었다. 대표적으로는 밀러Francis T. Miller가 쓴 *General Douglas MacArthur: Fighter for Freedom and MacArthur the Magnificent* (1942)와 헌트Frazier Hunt가 저술한 *MacArthur and*

War Against Japan (1944) 등이 있다.

47 D. Clayton James, *The Years of MacArthur*, vol. II, p. 138.

48 D. Clayton James, *ibid.*, pp. 251~253.

49 William Manchester, op. cit., pp. 417~418.

50 포터E. B. Potter 지음·김주식 옮김, 《태평양전쟁, 맥아더, 그러나, 니미츠》(서울: 신서원, 1997), 561~562쪽.

51 William Manchester, op. cit., p. 509.

52 Michael Schaller, *The American Occupation of Japan* (New York: Oxford University Press, 1985) p. 8; D. Clayton James, *The Years of MacArthur*, vol. II, p. 776.

53 D. Clayton James, *ibid.*, p. VIII, 748.

54 Robert Smith, *MacArthur in Korea—The Naked Emperor* (New York: Simon and Schuster, 1982), p. 97; Trumbull Higgins, *Korea and the Fall of MacArthur—A Precis in Limited War* (New York: Oxford University Press, 1960), p. 75.

55 D. Clayton James, *The Years of MacArthur*, vol. II, pp. 697~698.

56 D. Clayton James, *ibid.*, pp. 700~701.

57 맥아더의 일본 점령정책에 대한 긍정적이고 부정적인 평가에 대해서는 다음을 참조. 竹前榮治, 《GHQ》(東京: 岩波書店, 1983)[다카마에 에이지 저·송병권 역, 《GHQ연합국최고사령관총사령부》(서울: 평사리, 2011)], 竹前榮治 解説·今泉眞理 譯, 《GHQ日本占領史 1: GHQ日本占領史序説》(東京: 日本圖書センター, 1996), John W. Dower, *Embracing Defeat: Japan in the wake of World War II* (New York: W. W. Norton & Company, 1999), Takemae Eiji, *Inside GHQ: The Allied Occupation of Japan and Its Legacy* (New York: Continuum, 2002), 이혜숙, 〈일본현대사의 이해—전후 일본사회와 미국의 점령정책〉, 《해외지역연구》 vol. 8 (경상대학교 해외지역연구센터, 2003).

58 D. Clayton James, *The Years of MacArthur*, vol. III, pp. 9~10.

59 청문회 부분은 10장에서 상술함.

60 D. Clayton James, *The Years of MacArthur*, vol. III, pp. 647~652.

⁶¹ D. Clayton James, *ibid.*, pp. 687~688.

⁶² Spencer C. Tucker, op. cit., pp. 399~403.

2장 맥아더의 중심사상

¹ John W. Spanier, *The Truman-MacArthur Controversy and the Korean War* (New York: W. W. Norton & Company Inc., 1965), pp. 65~68; 김지영, 〈Truman의 MacArthur 해임에 대한 일고찰〉, 《이대사원》 제15집(이화여자대학교사학과, 1978), 86~89쪽; George C. Herring and Richard H. Immerman, "Eisenhower, Dulles, and Dienbienphu: "The Day We Didn't Go to War" Revisited", *The Journal of American History*, vol. 71. no. 2 (September, 1984), p. 350.

² John W. Spanier, *ibid.*, p. 66.

³ U.S. Congress, *Military Situation in the Far East-Hearings before the Committee on Armed Services and the Committee on Foreign Relations United States Senate, Eighty-Second Congress First Session, Part 1* (Washington: United States Government Printing Office, 1951), p. 372, 754.

⁴ Takemae Eiji, *Inside GHQ: The Allied Occupation of Japan and Its Legacy* (New York: Continuum, 2002), p. 4.

⁵ William Manchester, op. cit., p. 50.

⁶ 찰머스 존슨 지음·안병진 옮김, 《제국의 슬픔—군국주의, 비밀주의, 그리고 공화국의 종말》(서울: 삼우반, 2004), 68~69쪽.

⁷ D. Clayton James, *The Years of MacArthur, vol. I*, p. 94.

⁸ Douglas MacArthur, op. cit., p. 32. 이러한 맥아더의 주장은 19세기 후반부터 20세기 초기에 미국의 팽창주의자들이 주창하던 논리와 일맥상통한다. 대표적 팽창주의자로는 해군사관학교 교장을 역임하고 후에 미국 역사학회 회장을 역임한 마한 Alfred Mahan이 있다. 이상호, 〈미국의 태평양안보정책과 한국전쟁〉, 《미국사연구》

제9집, 한국미국사학회, 1999.

[9] D. Clayton James, *The Years of MacArthur*, vol. I, p. 346.

[10] Robert Smith, op. cit., p. 142.

[11] Trumbull Higgins, op. cit., pp. 113~114.

[12] Russel D. Buhite, "Major Interests: American Policy toward China, Taiwan, and Korea, 1945~1950", *Pacific Historical Review*, vol. XLVII, no. 3, August, 1978, pp. 425~426.

[13] Russel D. Buhite, *ibid.*, pp. 427~428.

[14] U. S. Congress, *Military Situation in the Far East*, part 1, pp. 123~124, 128, 181~182, 183~184, 278, 317~318.

[15] *Military Situation in the Far East*, part 1, pp. 117~118.

[16] D. Clayton James, *The Years of MacArthur*, vol. I, p. 317.

[17] *New York Times* 1931년 6월 3일.

[18] D. Clayton James, *The Years of MacArthur*, vol. II, pp. 382~385.

[19] 맥아더는 그가 죽을 때까지 이 보너스 행진 사건을 공산주의의 음모로 확신했다. Douglas MacArthur, op. cit., pp. 96~97.

[20] Michael Schaller, *Douglas MacArthur: The Far Eastern General* (New York: Oxford University Press, 1989), pp. 14~15.

[21] D. Clayton James, *The Years of MacArthur*, vol. I, p. 408.

[22] 맥아더의 아시아우선주의와 반공주의가 해방 후 미군정에 미친 영향에 대해서는 다음을 참조. 정용욱, 《해방 전후 미국의 대한정책》(서울: 서울대학교출판부, 2003), 143~144쪽.

[23] Robert Smith, op. cit., p. 33.

[24] D. Clayton James, *The Years of MacArthur*, vol. I, p. 575.

[25] D. Clayton James, *The Years of MacArthur*, vol. II, pp. 257~258.

[26] Robert Smith, op. cit., pp. 227~228.

[27] Takemae Eiji, op. cit., p. 130.

28 Takemae Eiji, *ibid.*, pp. 6~7.

29 D. Clayton James, *The Years of MacArthur*, vol. III, p. 568.

30 Robert Smith, op. cit., p. 212.

31 프리메이슨의 직위는 33단계로 이루어져 있는데 33도가 최고이다. 이 당시 맥아더는 32도인 기사단장Knight Commander of the Court of Honor의 직위를 받았다. 후에 맥아더는 이 단체의 최고 직위인 명예감찰관Inspector General Honorary의 직위에 올랐다. 자세한 내용은 D. Clayton James, *The Years of MacArthur*, vol. I, pp. 559~560 참조.

32 Takemae Eiji, op. cit., p. 7.

33 Robert Smith, op. cit., p. 223.

34 Michael Schaller, *The American Occupation of Japan* (New York: Oxford University Press, 1985), p. 69.

35 Michael Schaller, op. cit., pp. 69~70.

36 John Gunther, *The Riddle of MacArthur* (New York: Harper & Brothers, 1950), p. 75.

37 최재건, 〈맥아더 장군의 전후 일본에서의 종교정책과 그것이 한국에 끼친 영향〉《성결교회와 신학》제12호 (성결교회역사연구소, 2004), 49쪽.

38 최재건, 위의 글, 74~78쪽.

3장 해방과 분단 그리고 맥아더사령부

1 下斗米伸夫,《アシア冷戰史》(中央公論新社, 2004) 14~16쪽.

2 김성보, 〈소련의 대한정책과 북한에서의 분단질서 형성, 1945~1946〉, 역사문제연구소 편,《분단 50년과 통일시대의 과제》(서울: 역사비평사, 1995), 56~57쪽; 전현수, 〈소련군의 북한 진주와 대북한정책〉《한국독립운동사연구》제9집 (독립기념관 한국독립운동사연구소, 1995), 9~10쪽.

3 Laurence H. Shoup & William Minter, *Imperial Brain Trust-The Council on Foreign*

Relations and United States Foreign Policy (New York: Authors Choice Press, 2004 Reprinted), pp. 117~118.

[4] 이는 세계 자본주의 체제에 대한 미국의 전반적 통제를 강조하는 미국 국제주의의 핵심적인 논리이다. 이혜정, 〈미국 패권의 논리—제2차 세계대전과 미국의 '대영역'〉, 국제관계연구회 엮음, 《국제정치와 한국 2: 동아시아 국제관계와 한국》(서울: 을유문화사, 2003), 30쪽.

[5] Laurence H. Shoup & William Minter, op. cit., pp. 135~141.

[6] Laurence H. Shoup & William Minter, *ibid.*, pp. 154~155.

[7] 자세한 논의는 정용욱, 《해방 전후 미국의 대한정책》(서울: 서울대학교출판부, 2003), 19~33쪽 참조.

[8] C. L. 호그 지음, 신복룡·김원덕 옮김, 《한국분단보고서》 상(서울: 풀빛, 1992), 40~44쪽.

[9] 2차 대전기 중요한 미국의 정책결정 기구가운데 하나로 국무부–전쟁부–해군부 삼부조정위원회State–War–Navy Coordinating Committee(SWNCC)를 들 수 있다. 1944년 12월에 정식으로 설립된 삼부조정위원회는 군부와 외교부서간의 종전과 전후 세계 질서와 관련된 긴밀한 협조의 필요성에 따라 설립되었다. 설립 초기에 삼부조정위원회는 차관 보급의 협의·조언기관에 불과했으나, 1945년에 그 위상이 크게 강화되어 이 위원회는 정치·안보의 통합적인 정책을 결정하는 기관이 되었다. 이후 1947년 7월 26일 승인된 국가안보법National Security Act에 따라 대통령 직속 하에 국내외 안보 문제를 결정할 최고 협의체로서 국가안보회의National Security Council(NSC) 및 중앙정보국Central Intelligence Agency(CIA)이 설치되었다. 군부는 공군부가 설치되어 육군부–해군부–공군부로 재편되었으며, 이들을 통합 조정하기 위해 국방부Department of Defence가 신설되었다. 기존 SWNCC도 군부의 재편에 따라 1947년 10월 국무부–육군부–해군부–공군부 4부조정위원회State–Army–Navy–Air Force Coordinating Committee(SANACC)로 확대·개편되었다. 이후 SANACC의 임무는 NSC로 이관되었다. "History of the National Security Council, 1947~1997," http://www.whitehouse.gov/nsc/history.html (검색일: 2007. 1. 23).

[10] 이완범, 〈미국 내쇼날아카이브와 한국분단사 자료〉《한국분단관련 미국내쇼날아카이브 자료집》(성남: 한국학중앙연구원, 2005), p. XVIII.

[11] "Occupation and Control of Japan in the Post-Defeat Period", NARA, RG 165, ABC File, 014 Japan, Sec. 4-A, Box 21. 이 문서는 신복룡, 《한국분단사자료집》 IV (서울: 원주문화사, 1992), 163~177쪽에도 수록되어 있다. 원래 이 문서는 1945년 2월 16일자로 알려져 왔으나, 이완범은 자신의 저서에서 그렇게 일찍 도게에 따른 분할 점령계획이 작성되었다는 것은 획기적인 일로써 날짜의 신빙성에 의문을 제기했다. 그는 독일의 각 주州 경계선에 의한 분할이라고 언급한 부분을 지목하며 이 문서의 작성일은 최소한 독일 패망 후인 1945년 5월 이후, 구체적으로는 7월경일 것이라고 지적했다. 따라서 필자 역시 이 지적에 따라 이 문서의 작성 시기를 7월 초로 상정하여 언급한다. 이완범, 《삼팔선 획정의 진실》(서울: 지식산업사, 2001), 70~72쪽.

[12] "American Aims and Interests in the Far East" (1945. 7. 5), 신복룡, 《한국분단사자료집》 IV (서울: 원주문화사, 1992), 193~210쪽.

[13] "Korea(Implications of Quadripartite Trusteeship)", 신복룡, 위의 책, 68쪽.

[14] 竹前榮治, 《GHQ》(東京: 岩波書店, 1983), 16쪽.

[15] C. L. 호그 지음, 신복룡·김원덕 옮김, 《한국분단보고서》 상(서울: 풀빛, 1992), 54~55쪽.

[16] E. B. 포터 지음·김주식 옮김, 《태평양전쟁, 맥아더, 그러나 니미츠》(서울: 신서원, 1997), 588쪽.

[17] D. Clayton James, *The Years of MacArthur*, vol. II (Boston: Houghton Mifflin Company, 1975), pp. 771~772.

[18] C. L. 호그 지음, 신복룡·김원덕 옮김, 위의 책, 54~55쪽; 竹前榮治, 앞의 책, 14~19쪽.

[19] 竹前榮治, 위의 책, 22쪽.

[20] "Memorandum for the Chief of Staff" (1945. 8. 1) 신복룡, 《한국분단사자료집》 IV, (서울: 원주문화사, 1992), 233~235쪽.

[21] D. Clayton James, *The Years of MacArthur*, vol. II, p. 771.

22 Michael Schaller, *Douglas MacArthur: The Far Eastern General* (New York: Oxford University Press, 1989), p. 114.

23 C. L. 호그 지음, 신복룡·김원덕 옮김, 앞의 책, 77쪽.

24 C. L. 호그 지음, 신복룡·김원덕 옮김, 위의 책, 82~83쪽.

25 *New York Times* 1945년 8월 12일; William Manchester, *American Caesar* (New York: Laurel, 1978), p. 514.

26 "Examination of the Practicability of Concurrent Occupation of Tokyo, Dairen and Keijo, and Early Occupation of a North China Port"(JWPC 264/11, 1945. 8. 14) 신복룡, 《한국분단사자료집》IV, (서울: 원주문화사, 1992), 237~239쪽.

27 앞의 글.

28 《매일신보》 1945년 8월 16일.

29 《매일신보》 1945년 8월 16일.

30 "Operations Instructions: Number 4" (1945. 8. 15) 신복룡, 《한국분단사자료집》III-3 (서울: 원주문화사, 1992), 325~340쪽.

31 Chief of Military History, *Reports of MacArthur—MacArthur in Japan: The Occupation: Military Phase*, vol. I Supplement (Washington D. C.: Government Printing Office, 1994), p. 14.

32 정용욱, 《존 하지와 미군 점령통치 3년》(서울: 중심, 2003), 14~15쪽.

33 정용욱, 《해방 전후 미국의 대한정책》(서울: 서울대학교출판부, 2003), 125~126쪽.

34 "Ultimate Occupation of Japan and Japanese Territory"(JWPC 385/1, 1945. 8. 16) Annex "A" "An Outline Plan for the Allied Control and Ultimate Occupation Forces of the Main Japanese Islands and Korea", 신복룡, 《한국분단사자료집》 IV (서울: 원주문화사, 1992), 264~277쪽.

35 고모리 요이치 지음·송태욱 옮김, 《1945년 8월 15일, 천황 히로히토는 이렇게 말하였다》(서울: 뿌리와이파리, 2004), 90~91쪽.

36 "Memorandum for the Chairman, State—War—Navy Coordinate Committee"(1945. 8. 24), 신복룡, 《한국분단사자료집》 IV (서울: 원주문화사, 1992), 81쪽; "Memorandum

by the State-War-Navy Coordinating Committee to Brigadier General Andrew J. McFarland, Secretary of the Joint Chiefs of Staff"(1945. 8. 24), FRUS, 1945, vol. VI, p. 1040.

[37] "Ultimate Occupation of Japan and Japanese Territory"(1945. 8. 28), 신복룡, 위의 책, 291~293쪽.

[38] United States Armed Forces in Korea, *History of the United States Armed Forces in Korea*. Manuscript in Office of the Chief of the Military History, Washington D. C. Part. I, Chapter I, 69~66쪽 [《주한미군사》 1~4 (서울: 돌베개, 1988)로 영인].

[39] "Basic Initial Directive to the Commander in Chief U.S. Army Forces in the Pacific for the Administration of Civil Affairs in Korea South of 38degree North Latitude" (SWNCC 176/3, 1945. 9. 1), 신복룡, 《한국분단사자료집》 IV(서울: 원주문화사, 1992), 294~306쪽.

[40] Chief of Military History, op. cit., p. 29.

[41] 《매일신보》 1945년 8월 30일.

[42] Takemae Eiji, op. cit., p. 57.

[43] 《매일신보》 1945년 9월 2일.

[44] "General Order No. 1, Military and Naval"(1945. 9. 2) 신복룡, 《한국분단사자료집》 III-3(서울: 원주문화사, 1992), 357~361쪽.

[45] "Korea: Problems of U.S. Army in Occupation 1945~1947", MA, RG 5, Box 75, Folder 12.

[46] Takemae Eiji, op. cit., pp. 4~5.

[47] Chief of Military History, op. cit., p. 41.

[48] 1945년 9월 8일 미군의 상륙 환영대회에 참석한 인천보안대원과 조선 노동조합원 가운데 일본 경찰의 발포로 인해 노동조합위원장 권평근과 보안대원 이석우 2명이 즉사하고 14명의 부상자가 발생했다. 《매일신보》 1945년 9월 12일.

[49] 정용욱, 앞의 책, 21쪽.

[50] 《매일신보》 1945년 9월 1일.

51 C. L. 호그 지음·신복룡·김원덕 옮김,《한국분단보고서》상 (서울: 풀빛, 1992), 111쪽.

52 《매일신보》1945년 9월 9일자 호외.

53 《매일신보》1945년 9월 9일자 호외.

54 《매일신보》1945년 9월 11일.

55 박찬표,《한국의 국가형성과 민주주의》(서울: 고려대학교출판부, 1997), 37쪽.

56 D. Clayton James, *The Years of MacArthur*, vol. III, pp. 390~392.

57 "Memorandum by the Acting Chairman of the State-War-Navy Coordinating Committee"(1945. 9. 10), FRUS, 1945, vol. VI, pp. 1044~1045.

58 "The Political Adviser in Korea(Benninghoff) to the Secretary of State"(1945. 9. 15), FRUS, 1945, vol. VI, pp. 1049~1053.

59 "CINCAFPAC to WD"(1945. 9. 18) 신복룡,《한국분단사자료집》IV (서울: 원주문화사, 1992), 91쪽.

60 《매일신보》1945년 9월 19일. 주한미군정청이 이때 출범했지만, 공식적으로 조직된 것은 3개월이 지난 1946년 1월 4일이었다. 양동안,《대한민국건국사: 해방 3년의 정치사》(서울: 현음사, 2001), 121쪽.

61 박찬표, 앞의 책, 53~54쪽.

62 박찬표, 위의 책, 73~74쪽.

63 "Basic Initial Directive to the Commander in Chief, U.S. Army Forces, Pacific, for the Administration of Civil Affairs in Those Areas of Korea Occupied by U.S. Forces" (undated), FRUS, 1945, vol. VI, pp. 1073~1091.

64 "Lieutenant General John R. Hodge to General of the Army Douglas MacArthur, at Tokyo"(1945. 11. 2), FRUS, 1945, vol. VI, p. 1106.

65 "Memorandum by the Director of the Office of Far Eastern Affairs (Vincent) to Colonel Russell L. Vittrup, War Department"(1945. 11. 7), FRUS, 1945, vol. VI, pp. 1113~1114.

66 "The Assistant Secretary of War(McCloy) to the Under Secretary of State(Acheson)" (1945. 11. 13), FRUS, 1945, vol. VI, pp. 1122~1124.

67 "General of the Army Douglas MacArthur to the Chief of Staff(Eisenhower)" (1945. 11. 26), FRUS, 1945, vol. VI, pp. 1136~1137.

68 "From SCAP to USAFIK" (1945. 12. 24), MA, RG 9, Reel 248.

69 정용욱, 《해방 전후 미국의 대한정책》(서울: 서울대학교출판부, 2003), 155~171쪽.

70 GHQ/SCAP, "Summation of Non-Military Activities in Japan and Korea", No. 2 (1945. 11), GHQ/SCAP, "Summation of Non-Military Activities in Japan and Korea", No. 3 (1945. 12), 이길상, 《미군정활동보고서》 vol. no. 1 (서울: 원주문화사, 1996), 362쪽, 417쪽.

71 "The Joint Chiefs of Staff to General of the Army Douglas MacArthur, at Tokyo" (1946. 1. 5), FRUS, 1945, vol. VI, pp. 607~608.

72 "Memorandum on Meeting of Secretaries of State, War, and Navy" (1946. 5. 22), FRUS, 1946, vol. VIII, pp. 681~682.

73 "Memorandum by the Assistant Secretary of State for Occupied Areas(Hilldring) to the Operations Division, War Department" (1946. 6. 6), FRUS, 1946, vol. VIII, pp. 692~699.

74 "Tokyo to Secretary of State" (1947. 1. 22), RG 59, 740.00119 Control (Korea).

75 "Memorandum by the Director of the Office of Far Eastern Affairs(Vincent) to the Secretary of State" (1947. 1. 27), FRUS, 1947, vol. VI, pp. 601~603.

76 "CG USAFIK to CINCFE" (1947. 1. 18), "CG USAFIK to CINCFE" (1947. 1. 21), "CG USAFIK to CINCFE" (1947. 1. 23), MA, RG 9, Radiogram, Blue Binder Series, Korea.

77 "Memorandum by the Special Inter-Departmental Committee on Korea" (1947. 2. 25), FRUS, 1947, vol. VI, pp. 608~618; "The Acting Secretary of State to the Secretary of War(Patterson)" (1947. 3. 28) FRUS, 1947, vol. VI, pp. 621~623; "The Secretary of War(Patterson) to the Acting Secretary of State" (1947. 4. 4), pp. 625~628.

78 "SWNCC 176/30-United States Policy in Korea" (1947. 8. 7), 정용욱·이길상 편, 《해

방전후 미국의 대한정책사 자료집》4 (서울: 다락방, 1995), 255~311쪽.

79 "SWNCC 176/29-Interim Directive for Military Government in Korea"(1947. 7. 24), 정용욱·이길상 편, 위의 책, 162~193쪽.

80 "Report by the Ad Hoc Committee on Korea"(SWNCC 176/30, 1947. 8. 4), FRUS, 1947, vol. VI, pp. 738~741.

81 《서울신문》 1947년 9월 20일.

82 김남식, 《남로당연구》(서울: 돌베개, 1984) 311쪽.

83 국방부 군사편찬연구소, 《소련 군사고문단장 라주바예프의 6·25전쟁 보고서》 1 (서울: 국방부군사편찬연구소, 2001), 185쪽.

84 차상철, 《해방전후 미국의 한반도정책》(서울: 지식산업사, 1991) 203쪽.

85 Takemae Eiji, op. cit., pp. 48~49.

86 GHQ(General Headquarters의 약어)라는 단어는 맥아더가 만든 용어였다. 원래 그가 육군참모총장이던 시절 전술항공부대 설치를 구상하며 만든 용어였다. 맥아더는 1942년 4월 남서태평양군을 조직했을 때 그 사령부에 GHQ라는 명칭을 사용했다. 이 용어는 태평양육군이 설치되고 후에 극동군으로 개칭되었을 때, 일본 점령을 위한 연합국총사령부(GHQ/SCAP)가 존재하는 동안에도 사용되었다. 이 용어는 10여 년에 걸쳐서 사용되었으며 특히 맥아더와 깊은 관계가 있던 용어였다. 竹前榮治, 앞의 책, 205쪽.

87 D. Clayton James, *The Years of MacArthur*, vol. III, p. 40.

88 Takemae Eiji, op. cit., pp. 48~49.

89 요약보고서의 간행책임은 제1권(1945년 9~10월)~제5권(1946년 2월)까지는 연합국총사령부, 제6권(1946년 3월)~제15권(1946년 12월)까지는 태평양육군총사령부, 제16권(1947년 1월)~제22권(1947년 7월)까지는 극동군사령부, 그리고 제23권(1947년 8월)부터 제34권(1948년 7~8월)까지는 주한미군군정청에서 간행했다. 이길상, 《미군정활동보고서》(서울: 원주문화사, 1996), 서문.

90 Chief of Military History, op. cit., p. 69.

91 D. Clayton James, *The Years of MacArthur*, vol. III, p. 35.

92 Takemae Eiji, op. cit., XXVIII..

93 Chief of Military History, op. cit., p. 71.

94 이혜숙, 〈일본현대사의 이해—전후 일본사회와 미국의 점령정책〉, 《해외지역연구》, vol. 8 (경상대학교 해외지역연구센터, 2003), 40쪽.

95 GHQ/SCAP, "Summation of Non-Military Activities in Japan and Korea", No. 1 (1945. 9~10), 이길상, 《미군정활동보고서》, vol. no. 1 (서울: 원주문화사, 1996), 3~5쪽.

96 D. Clayton James, *The Years of MacArthur*, vol. III, p. 44.

97 D. Clayton James, *ibid.*, p. 49.

98 Takemae Eiji, op. cit., p. 123.

99 이혜숙, 앞의 글, 28쪽.

100 Takemae Eiji, op. cit., p. 126.

101 James F. Schnabel, *Policy and Direction*: *The First Year* (Washington: Office of the Chief of Military History, United States Army, 1972), pp. 73~74. [슈나벨 저, 육군본부 역, 《정책과 지도》(서울: 육군본부, 1973)].

102 竹前榮治, 앞의 책, 60~70쪽.

103 竹前榮治, 위의 책, 88~90쪽.

104 C. L. 호그 지음·신복룡·김원덕 옮김, 앞의 책, 285쪽.

105 C. L. 호그 지음·신복룡·김원덕 옮김, 위의 책, 348쪽.

106 C. L. 호그 지음·신복룡·김원덕 옮김, 위의 책, 263쪽 각주 52.

107 Clark Lee and Richard Henschel, *Douglas MacArthur* (New York: Henry Holt and Company, 1952), p. 184; John Gunther, *The Riddle of MacArthur* (New York: Harper & Brothers, 1950), p. 125; William Manchester, op. cit., p. 549.

108 John Gunther, *ibid.*, p. 83; William Manchester, *ibid.*, p. 552.

109 로버트 T. 올리버 저·박일영 역, 《李承晩秘錄》(서울: 1982), 117~119쪽.

110 "Lieutenant General John R. Hodge to General of the Army Douglas MacArthur, at Tokyo"(1945. 11. 25), FRUS, 1945, vol. VI. pp. 1133~1134; "General of the Army

Douglas MacArthur to Lieutenant General John R. Hodge, at Seoul, FRUS, 1945, vol. VI. p. 1134.

[111] 데이비드 콩드 지음·편집부 역, 《분단과 미국》 1(서울: 사계절, 1988), 34쪽; 최상용, 앞의 책, 63쪽.

[112] 차상철, 앞의 책, 70쪽.

[113] 신복룡·김원덕 편역, 《한국분단보고서》 하(서울: 풀빛, 1992), 305~336쪽.

[114] "Draft Report of Special Interdepartmental Committee on Korea"(1947. 2. 25), FRUS, 1947, vol. VI, pp. 610~618.

[115] 高野和基, 《GHQ日本占領史 2—占領管理の體制》(東京: 日本圖書センター, 1996), 72쪽.

[116] "The Acting Secretary of State to the Secretary of War (Patterson)"(1947. 3. 28), FRUS, 1947, vol. VI, pp. 621~623.

[117] "The Secretary of War(Patterson) to the Secretary of State"(1947. 4. 4), FRUS, 1947, vol. VI, pp. 625~628.

[118] "The Secretary of State to the Secretary of War(Patterson)"(1947. 5. 23), FRUS, 1947, vol. VI, p. 649.

[119] "Interim Directive to General of the Army Douglas MacArthur, at Tokyo, for Lieutenant General John R. Hodge, at Seoul"(1947. 7. 24), FRUS, 1947, vol. VI, pp. 714~731.

[120] 박찬표, 앞의 책, 241~242쪽.

[121] D. Clayton James, *The Years of MacArthur*, vol. III, pp. 69~72.

[122] Douglas MacArthur, op. cit., pp. 319~320.

[123] James F. Schnabel, op. cit., p. 56.

[124] 마틴 하트-렌즈버그 지음·신기섭 옮김, 《이제는 미국이 대답하라: 한반도의 분단과 통일》(서울: 당대, 2000), 126쪽.

[125] Bruce Cumings, *The Origins of the Korean War, vol. II—The Roaring of the Cataract 1947~1950* (New Jersey: Princeton University Press, 1990), pp. 252~253.

¹²⁶ 김득중, 〈여순사건과 이승만 반공체제의 구축〉 성균관대학교 사학과 박사학위논문, 2004, 134~135쪽.

¹²⁷ "Memorandum for General Schuyler: Revolt in South Korean Constabulary"(1948. 10. 20), RG 319, P&O 091 Korea, Section V, Cases 66, History of the Rebellion of the Korean Constabulary at Yosu and Taegu.

4장 미국의 동아시아 전략과 역코스

¹ 논자에 따라 워싱턴의 대일정책 방향이 '역코스'로 전환한 시점을 다양하게 제시하고 있다. 곧 ① 맥아더사령관이 1947년 2월 1일 예정된 전후 일본의 최대 총파업에 대해 금지명령을 내린 시점 ② 1948년 1월 육군 장관 로열K. C. Royall이 일본에서 반재벌 캠페인을 중단하고 일본경제의 조속한 회복을 주장한 샌프란시스코 연설 시점 ③ 국무부 정책기획국장 케난의 1948년 3월 일본 방문 ④ 국가안전보장회의NSC가 1948년 10월 미국의 대일정책 방향을 전환한 정책문서(NSC 13/2)를 채택한 시점 ⑤ SCAP이 1950년 한국전쟁 발발을 전후해 시행한 '레드퍼지'의 시점 등이다. 필자는 이 논문에서 앞에서 제시한 특정시점을 선택하지는 않는다. 다만 1947년과 1948년 사이에 점진적으로 미국의 역코스 정책이 구체화된 것으로 판단한다. 자세한 논의는 다음 저서를 참조. 김정기, 《전후 일본정치와 매스미디어》(서울: 한울아카데미, 2006), 99~100쪽.

² 미 국무부 刊·이영희 編譯, 《중국백서》(서울: 전예원, 1982), 27쪽.

³ "The Secretary of State to General of the Army Douglas MacArthur, at Tokyo"(1947. 7. 7), FRUS, 1947, vol. VI, p. 690. 웨드마이어 사절단의 파견에 대한 공식 발표는 7월 11일에 있었다.

⁴ William Stueck, *The Wedemeyer Mission—American Politics and Foreign Policy during the Cold War* (Athens: University of Georgia Press, 1984), p. 5.

⁵ William Stueck, *ibid.*, p. 13.

6 William Stueck, *ibid.*, p. 21.

7 William Stueck, *ibid.*, pp. 24~25.

8 William Stueck, *ibid.*, p. 27.

9 William Stueck, *ibid.*, pp. 35~36.

10 William Stueck, *ibid.*, pp. 54~55.

11 "Verbatim Transcript of Gen. Hodge's Discussion with Wedemeyer Mission"(1947. 8. 27), 정용욱·이길상,《해방전후 미국의 對韓정책사 자료집》10 (서울: 다락방, 1995), 7~53쪽.

12 앞의 글, 12~15쪽.

13 앞의 글, 17쪽.

14 앞의 글, 25~29쪽.

15 앞의 글, 47~52쪽.

16 William Stueck, op. cit., pp. 68~69.

17 William Stueck, *ibid.*, p. 73.

18 William Stueck, *ibid.*, pp. 74~75.

19 "Report to the President submitted by Lt. Gen. A. C. Wedemeyer"(September, 1947), 신복룡,《한국현대사관계 미국관문서자료집》(서울: 원주문화사, 1992), 293~325쪽.

20 William Stueck, op. cit., p. 81.

21 Trumbull Higgins, *Korea and the Fall of MacArthur* (New York: Oxford University Press, 1960), p. 7.

22 제임스 I. 매트레이 지음·구대열 옮김,《한반도의 분단과 미국》(서울: 을유문화사, 1989), 158~159쪽.

23 차상철, 앞의 책, 169쪽.

24 William Stueck, op. cit., p. 100.

25 William Stueck, *ibid.*, p. 102.

26 William Stueck, *ibid.*, pp. 122~123.

27 Michael Schaller, *The American Occupation of Japan* (New York: Oxford University

28 Press, 1985), p. 103.
28 Michael Schaller, *ibid.*, p. 106.
29 이 보고서의 내용은 성명서 형태로 발표되었다. "대통령 특사(마셜 장군)의 개인 성명", 미 국무부 刊·이영희 編譯, 《중국백서》(서울: 전예원, 1982), 271~274쪽.
30 D. Clayton James, *The Years of MacArthur*, vol. III, p. 222.
31 Michael Schaller, op. cit., p. 51.
32 Michael Schaller, *ibid.*, p. 109.
33 Takemae Eiji, op. cit., xl.
34 Richard Finn, *Winners in Peace–MacArthur, Yoshida, and Postwar Japan* (CA: University of California Press, Ltd, 1992), p. 195.
35 Richard Finn, *ibid.*, p. 196.
36 소토카 히데토시·혼다 마사루·미우라 도시아키 지음, 진창수 옮김, 《미일동맹: 안보와 밀약의 역사》(파주: 한울, 2006), 23~24쪽.
37 Richard Finn, op. cit., p. 197.
38 이완범, 《한국전쟁—국제전적 조망》(서울: 백산서당, 2000), 55~56쪽.
39 Takemae Eiji, op. cit., pp. 131~132.
40 "Report by the Director of the Policy Planning Staff (PPS 28)" (1948. 3. 25), FRUS, 1948, vol. VI, pp. 691~719.
41 Richard Finn, op. cit., p. 198.
42 소토카 히데토시·혼다 마사루·미우라 도시아키 지음, 진창수 옮김, 앞의 책, 25~26쪽.
43 D. Clayton James, *The Years of MacArthur*, vol. III, p. 140.
44 D. Clayton James, *ibid.*, p. 226.
45 D. Clayton James, *ibid.*, p. 288.
46 D. Clayton James, *ibid.*, p. 229.
47 Michael Schaller, *Douglas MacArthur: The Far Eastern General* (New York: Oxford University Press, 1989), p. 285.

⁴⁸ Richard Finn, op. cit., p. 198.

⁴⁹ 미 국무부 刊·이영희 編譯, 《중국백서》(서울: 전예원, 1982), 357쪽.

⁵⁰ Michael Schaller, op. cit., p. 169.

⁵¹ 미 국무부 刊·이영희 編譯, 앞의 책, 29쪽.

⁵² 미 국무부 刊·이영희 編譯, 위의 책, 432~442쪽.

⁵³ 와다 하루키 지음·서동만 옮김, 《한국전쟁》(서울: 창작과 비평사, 1999), 143쪽.

⁵⁴ "A Report to the National Security Council"(NSC 48/1, 1949. 12. 23), 국방군사연구소, 《한국전쟁 자료총서 1: 미국가안전보장회의 문서》(서울: 국방군사연구소, 1996), 72~114쪽.

⁵⁵ 박태균, 《우방과 동맹, 한미관계의 두 신화》(서울: 창비, 2006), 91~92쪽.

⁵⁶ "Memorandum by the Director of the Office of Far Eastern Affairs (Vincent) to the Secretary of State"(1947. 1. 27), FRUS, 1947, vol. VI, p. 603.

⁵⁷ 이혜숙, 앞의 글, 213쪽.

⁵⁸ Michael Schaller, *The American Occupation of Japan* (New York: Oxford University Press, 1985), pp. 72~74.

⁵⁹ Bruce Cumings, "The Origins and Development of the Northeast Asian Political Economy: Industrial Sectors, Product Cycles, and Political Consequences", *International Organization*, vol. 38, no. 1 (Winter, 1984), pp. 16~20; Bruce Cumings, *The Origins of the Korean War, vol. 2—the Roaring of the Cataract 1947~1950* (New Jersey: Princeton University Press), pp. 45~58, 168~175.

⁶⁰ Ronald McGlothlen, *Controlling the Waves: Dean Acheson and U.S. Foreign Policy in Asia* (New York: Norton & Company, 1993), pp. 50~85; 김정배, 〈딘 애치슨과 미국의 아시아 방파정책〉 연세대학교 현대한국학연구소, 《해외한국학 평론》 2 (서울: 일조각, 2001), 178~179쪽.

⁶¹ 이종원, 〈6·25전쟁과 미국의 동아시아 지역통합전략의 변천〉, 유영익·이채진 편, 《한국과 6·25전쟁》(서울: 연세대학교출판부, 2002), 308쪽.

⁶² 李種元, 〈戰後米國の極東政策と韓國の脫植民地化〉, 大江志乃夫 外 編, 《岩波講座

近代日本と植民地 8: アジアの冷戰と脫植民地化》(東京: 岩波書店, 1993), 21~32쪽.

63 "Korea: Problems of U.S. Army in Occupation 1945~1947", MA, RG 5, Box 75, Folder 12.

64 D. Clayton James, *The Years of MacArthur*, vol. III, pp. 333~334.

65 나카무라 마사노리 지음·유재연·이종욱 옮김, 《일본 전후사 1945~2005》(파주: 논형, 2006), 64쪽.

66 주한미군 철수에 대한 연구사 정리에 대해서는 다음 논문을 참조. 이원덕, 〈한국전쟁 직전의 주한미군 철수〉, 하영선 편, 《한국전쟁의 새로운 접근》(서울: 나남, 1990); 정용욱, 〈1947년의 철군논의와 미국의 남한 점령정책〉《역사와 현실》제14호 (한국역사연구회, 1994).

67 오코노기 마사오 저·청계연구소 편집부 역, 《한국전쟁》(서울: 청계연구소, 1986), 17쪽; 도진순, 《한국민족주의와 남북관계》(서울: 서울대학교출판부, 1997), 125쪽.

68 Trumbull Higgins, *Korea and the Fall of MacArthur* (New York: Oxford University Press, 1960), p. 6.

69 "Memorandum by the Secretary of Defense(Forrestal) to the Secretary of State"(1947. 9. 26), FRUS, 1947, vol. VI, pp. 817~818; Trumbull Higgins, *ibid.*, pp. 7~8.

70 Michael Schaller, op. cit., p. 184.

71 《조선일보》1947년 9월 29일.

72 《경향신문》1947년 10월 19일.

73 Trumbull Higgins, op. cit., pp. 8~11.

74 박찬표, 앞의 책, 249~250쪽.

75 "Report by the National Security Council on the Position of the United States with respect to Korea"(NSC 8, 1948. 4. 2), FRUS, 1948, vol. VI, pp. 1164~1169.

76 《한성일보》1948년 9월 12일.

77 《서울신문》1948년 9월 14일.

78 《서울신문》1948년 9월 17일.

79 《조선일보》1948년 9월 16일.

80 《서울신문》 1948년 10월 16일.

81 《경향신문》 1948년 9월 22일.

82 "The Assistant Secretary of State for Occupied Areas(Saltzman) to the Director of Plans and Operations, Department of the Army(Wedemeyer)"(1948. 11. 9), FRUS, 1948, vol. VI, p. 1324.

83 "The Under Secretary of the Army(Draper) to the Assistant Secretary of State for Occupied Areas(Saltzman)"(1948. 12. 22), FRUS, 1948, vol. VI, pp. 1341~1343; 제임스 I. 매트레이 지음·구대열 옮김, 《한반도의 분단과 미국》(서울: 을유문화사, 1989), 215쪽.

84 차상철, 앞의 책, 124쪽.

85 미국의 GNP 대비 국방비 지출은 1945년 35.5퍼센트에서 매년 감소하여 1949년에는 5.3퍼센트까지 하락하였다. 이원덕, 〈한국전쟁 직전의 주한미군철수〉, 하영선 편, 《한국전쟁의 새로운 접근—전통주의와 수정주의를 넘어서》(서울: 나남, 1990), 201쪽.

86 D. Clayton James, *The Years of MacArthur*, vol. III, p. 401.

87 "CINCFE to Department of Army(1949. 1. 19)" RG 319, Army Staff Plans & Operations Division Decimal File, 1946~1948, 091. Korea TS Sec. IV & V, Box 22, Folder #1; 제임스 I. 매트레이 지음·구대열 옮김, 앞의 책, 217~218쪽.

88 "Executive Secretariat Files: NSC 8/2(Position of the United States with Respect to Korea), Report by the National Security Council to the President", FRUS, 1949, vol. VII, pp. 969~978.

89 《한성일보》 1949년 1월 15일.

90 《조선중앙일보》 1949년 7월 2일.

91 박태균, 앞의 글; CRABAPPLE 작전에 관해서는 다음 책을 참조. 오코노기 마사오 저·청계연구소 편집부 역, 앞의 책, 30~34쪽.

92 Roy E. Appleman, *South to the Naktong, North to the Yalu* (Washington D. C.: United States Government Printing Office, 1961), p. 2.

[93] "Secretary of State to the Embassy in Korea", FRUS, 1949, vol. VII, pp. 997~998.

[94] 서울신문사 편저, 《주한미군 30년》(서울: 행림출판사, 1978), 117~118쪽.

[95] Robert K. Sawyer, *Military Advisors in Korea: KMAG in Peace and War* (Washington D. C.: Center of Military History, United States Army, 1962), p. 46.

[96] 방위선 개념이 언제 설정되었는지에 대한 해명이 필요하다. 방위선 개념은 냉전이 시작된 후 CIA가 처음으로 1947년 여름에 토의하였으며, 맥아더 역시 1948년 3월 케난과의 대화에서 이 방위선을 언급하였다. "George F. Kennan to General MacArthur"(1948. 3. 5), 국방군사연구소, 《한국전쟁자료총서 7: 미국무부 정책기획실 문서》 Country & Area Files, Japan & U.S.S.R. (1947~1954)(서울: 국방군사연구소, 1997), 10~12쪽.

[97] Dean Acheson, "Crisis in Asia: An Examination of U. S. Policy", The Department of State Bulletin, 1950. 1. 16, 申福龍 編,《韓國解放前後史論著》1: Journals (서울: 先人文化社, 1998), 265~272쪽.

[98] Bruce Cumings, *The Origins of the Korean War*, vol. II—The Roaring of the Cataract 1947~1950 (New Jersey: Princeton University Press, 1990), p. 414.

[99] 개디스는 애치슨의 방어선은 부주의에 의한 것이 아니라 그 이전의 상당한 계획에 의존하고 있다고 밝히고 있다. John L. Gaddis, *The Long Peace: Inquiries into the History of the Cold War* (New York: Oxford University Press, 1987), pp. 72~73. 커밍스는 애치슨이 순진하게 공산권에게 청사진을 제시했거나 미국의 전쟁억제가 실패한 것이라는 판단은 잘못된 것이라고 평가하였다. Bruce Cumings, *ibid.*, p. 427.

[100] "Paper, To Secretary of State from George F. Kennan"(1948. 3. 14), 국방군사연구소, 《한국전쟁자료총서 7: 미국무부 정책기획실 문서》 Country & Area Files, Japan & U.S.S.R. (1947~1954)(서울: 국방군사연구소, 1997), 21~30쪽; 커밍스는 방위선 개념을 설명할 때 애치슨이 이행 당사자인 군부와 토의하지 않았다고 주장하나 이는 설득력이 부족한 분석으로 보인다. Bruce Cumings, ibid., p. 421.

[101] "Conversation between General of the Army MacArthur and Mr. George F. Kennan"(1948. 3. 5), FRUS, 1948, vol. VI, pp. 699~706.

[102] 도진순의 경우 애치슨 연설은 〈NSC 48〉 등 당시 미국 행정부의 정책을 대변한 것이었으나, 아시아에서 분명한 군사적 반공정책과 새로운 방어선을 주장하는 맥아더 등의 주장과는 분명한 차이가 있다고 설명하였다. 그러나 이는 본질적인 차이라기보다는 정책의 시행에 있어 군사 문제를 담당하는 군부와 국제 문제를 담당하는 국무부간의 정책 이해도의 차이에 지나지 않는다고 할 수 있다. 신복룡, 〈한국전쟁과 미국 유도설: D. 애치슨의 연설을 둘러싼 논쟁을 중심으로〉, 《한국분단사연구, 1943~1953》(서울: 한울아카데미, 2001), 601~624쪽; 박명림, 《한국전쟁의 발발과 기원 II—기원과 원인》(서울: 나남출판, 1996), 551~569쪽; 도진순, 〈1950년 1월 애치슨의 프레스클럽 연설과 하나의 전쟁논리〉, 《한국사연구》 제119집, 2003, 225쪽.

[103] 미국의 해양력 이론에 의한 태평양 지배전략은 다음 논문을 참고. 이상호, 〈미국의 태평양안보정책과 한국전쟁〉, 《미국사연구》 제9집, 한국미국사학회, 1999.

[104] Bruce Cumings, ibid., p. 423.

[105] 오코노기 마사오小此木政夫 저·현대사연구실 역, 앞의 책, 60~61쪽.

[106] 전문은 다음과 같다. Now the Pacific has become an Anglo-Saxon lake and our line of defense runs through the chain of islands fringing the coast of Asia. "It starts from the Philippines and continues through the Ryukyu Archipelago, which includes its main bastion, Okinawa. Then it bends back through Japan and the Aleutian Island chain to Alaska" New York Times 1949. 3. 2, p. 22; Trumbull Higgins, op. cit., p. 8; William Manchester, op. cit., p. 642.

[107] William Manchester, ibid., p. 639.

[108] 《동아일보》·《조선일보》·《경향신문》 1947년 2월 25일.

[109] New York Times 1905. 8. 27, p. 2. 《뉴욕타임스》 기사에 의하면 1905년 8월 26일 당시 고종황제를 알현한 미국의 군 관계자는 아더 맥아더Arthur II, MacArthur 소장과 그의 부관인 웨스트Parker W. West 대위였다. 더글러스 맥아더는 그해 10월에 부친인 아서 2세의 부관으로 임명되었고 당시 교통수단을 감안한다면 그는 적어도 1905년 말이나 1906년 초에 부친인 아더 2세와 합류했을 것이다. 그러나 그 당시에 아더 2세는 동남아시아 지역을 순방하고 있었으므로 만약 더글러스가 한국에

왔다면 그것은 1906년 초일 것이다. 더욱이 러일전쟁은 1905년 5월 대한해협에서의 해전에 의해 이미 승패가 결정되었고 강화조약은 1905년 9월 5일에 체결되었으므로 맥아더 자신이 러일전쟁 시기에 한국에 왔다는 것은 사실과 다르다고 할 수 있다.

[110] 이왕가 소장의 이 질동제 향로는 18세기 초에 제작된 것으로, 이전에 아더 맥아더가 고종으로부터 받은 것과 같은 종류이다. 《서울신문》 1948년 8월 16일.

[111] 《한성일보》 1948년 8월 16일.

[112] 《한성일보》 1948년 10월 23일.

[113] 《경향신문》 1950년 6월 21일.

[114] 국홍주, 〈맥아더 그 두 개의 얼굴〉, 《마당》 11월호, 1984, 92~97쪽.

[115] Douglas MacArthur, *Reminiscence* (New York: Mcgraw-Hill Book Company, 1964), pp. 321~322.

[116] Douglas MacArthur, *ibid.*, p. 319; William Manchester, op. cit., pp. 639~640.

[117] William Manchester, *ibid.*, pp. 636~637.

[118] Michael Schaller, *The American Occupation of Japan* (New York: Oxford University Press, 1985), p. 66.

[119] D. Clayton James, *The Years of MacArthur*, vol. III, p. 399.

[120] Michael Schaller, *Douglas MacArthur: The Far Eastern General* (New York: Oxford University Press, 1989), pp. 160~161.

[121] "Memorandum on Formosa"(1950. 6. 14), MA, RG 5, Sub-Series 1: General, Box 1: General, Folder 5, Official Memos on Formosa, Peace Treaty, and Security in Post-War Japan.

[122] D. Clayton James, *The Years of MacArthur*, vol. III, p. 410.

[123] "A Report to the President Pursuant to the President's Directive of January 31, 1950"(1950. 4. 7), FRUS, 1950, vol. I, pp. 235~292.

[124] D. Clayton James, *The Years of MacArthur*, vol. III, p. 77.

[125] Michael Schaller, op. cit., p. 231.

126 "A Report to the President Pursuant to the President's Directive of January 31, 1950"(1950. 4. 7), FRUS, 1950, vol. I, pp. 249~250.

127 D. Clayton James, *The Years of MacArthur*, vol. III, p. 405.

128 제임스 I. 매트레이 지음·구대열 옮김,《한반도의 분단과 미국》(서울: 을유문화사, 1989), 269쪽.

129 Michael Schaller, op. cit., p. 223.

5장 한국전쟁의 발발과 맥아더사령부의 초기 대응

1 "The Far East Command, 1 Jan. 1947—30 June 1957", MA, RG 6, Series 5 Printed Material, Box 107, Folder 3, 62쪽. 1950년 12월 5일 맥아더는 류큐 제도의 총독의 자리까지 겸직하여 그가 1951년 4월 11일 해임되었을 당시에는 5개의 공직을 갖고 있었다.

2 Roy E. Appleman, op. cit., pp. 50~51.

3 James F. Schnabel, *Policy and Direction: The First Year* (Washington: Office of the Chief of Military History, United States Army, 1972), p. 49.

4 James F. Schnabel, *ibid.*, p. 77.

5 Roy E. Appleman, *South to the Naktong, North to the Yalu* (Washington D. C.: United States Government Printing Office, 1961), pp. 42~43.

6 D. Clayton James, *The Years of MacArthur*, vol. III, p. 415.

7 James F. Schnabel, op. cit., p. 93.

8 D. Clayton James, *The Years of MacArthur*, vol. III, p. 416.

9 "Muccio to Secretary of State"(1950. 6. 24), 국방군사연구소,《한국전쟁 자료총서 39: 미국무부한국국내상황관련문서 I》(서울: 국방군사연구소, 1999), 270쪽.

10 "Army to Secretary of State"(1950. 6. 25), 국방군사연구소,《한국전쟁 자료총서 39: 미국무부한국국내상황관련문서 I》(서울: 국방군사연구소, 1999), 274쪽.

[11] "Muccio to Secretary of State"(1950. 6. 25), 국방군사연구소, 《한국전쟁 자료총서 39: 미국무부한국국내상황관련문서 I》(서울: 국방군사연구소, 1999), 271쪽.

[12] "Dulles & Allison to SecState"(1950. 6. 25), MA, RG 6, Box 9, General Order, January 1951, Folder 4, Korea No. 1 File: June-October 1950.

[13] "DA to CINCFE"(1950. 6. 26) MA, RG 6, Box 9, General Order, January 1951, Folder 4, Korea No. 1 File: June-October 1950.

[14] "DA to CINCFE"(1950. 6. 27) MA, RG 6, Box 9, General Order, January 1951, Folder 4, Korea No. 1 File: June-October 1950.

[15] James F. Schnabel, op. cit., p. 98.

[16] James F. Schnabel, *ibid.*, p. 106.

[17] 《조선일보》 1950년 6월 28일.

[18] 《동아일보》 1950년 6월 26일.

[19] 《경제신문》 1950년 6월 27일 호외판.

[20] "Memorandum of Conversation: Korean Situation"(1950. 6. 26), 국방군사연구소, 《한국전쟁 자료총서 39: 미 국무부 한국 국내상황 관련문서 I》(서울: 국방군사연구소, 1999), 372~379쪽.

[21] "Intelligence Estimate Prepared by the Estimates Group, Office of Intelligence Research, Department of State: Korea"(1950. 6. 25), FRUS, 1950, vol. VII, pp. 148~154.

[22] "The Secretary of State to the Embassy in the Soviet Union"(1950. 6. 26), FRUS, 1950, VII, pp. 176~177.

[23] Trumbull Higgins, *Korea and the Fall of MacArthur* (New York: Oxford University Press, 1960), p. 22.

[24] "The Acting Political Adviser in Japan(Sebald) to the Secretary of State"(1950. 6. 25), FRUS, 1950, VII, p. 140.

[25] "The Ambassador in Korea(Muccio) to the Secretary of State"(1950. 6. 25), FRUS, 1950, VII, p. 129.

26 "The Ambassador in Korea(Muccio) to the Secretary of State"(1950. 6. 26), FRUS, 1950, VII, pp. 140~141.

27 "DA to CINCFE"(1950. 6. 27) MA, RG 6, Box 9, General Order, January 1951, Folder 4, Korea No. 1 File: June-October 1950.

28 "DA to CINCFE"(1950. 6. 28) MA, RG 6, Box 9, General Order, January 1951, Folder 4, Korea No. 1 File: June-October 1950.

29 "Operation Plan "Culdesac", Feb, 1949", MA, RG 6, Records of General Headquarters, Far East Command(FECOM), Series 3: Operation and Plans, Box 100, Folder 12.

30 "Operation Plan "Chow Chow", 1949~1950", MA, RG 6, Records of General Headquarters, Far East Command(FECOM), Series 3: Operation and Plans, Box 100, Folder 12.

31 자세한 논의는 다음 글을 참조. Nam G. Kim, *From Enemies to Allies—The Impact of The Korean War on U.S.-Japan Relations* (San Francisco: ISP, 1997).

32 이상호, 〈미국의 한국전쟁개입과 태평양안보정책〉, 《미국사연구》 제9집 (한국미국사학회, 1999), 179~180쪽.

33 원래 제한전limited war이라는 개념은 전쟁의 현실을 포착하기 위하여 클라우제비츠가 절대전absolute war이라는 개념과 대비시켜 발전시킨 것이다. 김영호, 《한국전쟁의 기원과 전개과정》(서울: 두레, 1998), 63쪽.

34 James F. Schnabel, op. cit., p. 23.

35 "CINCFE to Secretary of State"(1950. 6. 27), 국방군사연구소, 《한국전쟁 자료총서 39: 미국무부한국국내상황관련문서 I》(서울: 국방군사연구소, 1999), 438쪽.

36 "Teleconference-Washington and CINCFE"(1950. 6. 24~30), MA, RG 6, Box 9, General Order, January 1951, Folder 4, Korea No. 1 File: June-October 1950.

37 한국전쟁 발발 당시 합동참모본부는 의장에 브래들리Omar N. Bradley, 육군참모총장 콜린스J. Lawton Collins, 공군참모총장에 반덴버그Hoyt S. Vandenberg, 해군참모총장에 셔먼Forrest P. Sherman 제독으로 구성되었다. D. Clayton James, *The*

Years of MacArthur, vol. III, p. 413.

[38] "JCS to CINCFE"(1950. 6. 30), MA, RG 9, Radiogram, Blue Binder Series, Box 45, JCS Incoming.

[39] D. Clayton James, *The Years of MacArthur*, vol. III, p. 420; James F. Schnabel, 앞의 책, p. 97.

[40] "CINCFE to DA"(1950. 6. 30), MA, RG 6, Box 9, General Order, January 1951, Folder 4, Korea No. 1 File: June - October 1950.

[41] "The Joint Chiefs of Staff to the Commander in Chief, Far East (MacArthur)"(1950. 6. 29), FRUS, 1950, VII, pp. 240~241.

[42] D. Clayton James, op. cit., p. 428; Stanley Weintraub, *MacArthur's War* (New York: The Free Press, 2000), p. 56.

[43] James F, Schnabel, op. cit., p. 115.

[44] "Memorandum of Conversation, by the Acting Deputy Director of the Office of Chinese Affairs(Freeman): Chinese Offer of Military Aid to the Republic of Korea"(1950. 6. 30), FRUS, 1950, vol. VII, pp. 262~263; 서상문,《모택동과 6·25전쟁―파병 결정과정과 개입동기》(서울: 국방부 군사편찬연구소, 2006), 45~46쪽.

[45] "JCS to CINCFE"(1950. 7. 1), MA, RG 6, Box 9, General Order, January 1951, Folder 4, Korea No. 1 File: June-October 1950.

[46] Trumbull Higgins, *Korea and the Fall of MacArthur* (New York: Oxford University Press, 1960), p. 28; James F. Schnabel, op. cit., pp. 161~162.

[47] D. Clayton James, *The Years of MacArthur*, vol. III, pp. 452~453; Trumbull Higgins, *ibid.*, p. 36.

[48] 《민주신보》 1950년 7월 4일;《부산일보》 1950년 7월 7일;《민주신보》 1950년 7월 26일.

[49] 일본육전사연구보급회 편·이원복 역,《한국전쟁》1권―38선 초기전투와 지연작전 (서울: 명성출판사, 1991), 131~158쪽.

[50] 미국의 주요 군사연구기관인 합참 산하의 Joint History Office에서 발간한 *Joint*

*Military Operations Historical Collection*은 Task force의 정의를 다음과 같이 적고 있다. 1. 특수한 작전이나 임무를 수행할 목적으로 한 지휘관 하에 임시적으로 조직된 부대, 2. 지속적으로 특수 임무를 수행할 목적으로 한 지휘관 하에 반영구적으로 조직된 부대, 3. 특수한 임무를 달성하기 위해 함대사령관에 의해 조직된 연합함대 등이다. Joint Military Operations Historical Collection (1997), p. GL-18.

51 Douglas MacArthur, *Reminiscence* (New York: Mcgraw-Hill Book Company, 1964), p. 336.

52 Robert Smith, *MacArthur in Korea* (New York: Simon and Schuster, 1982), p. 67.

53 Robert Smith, *ibid.*, p. 67.

54 중앙일보사 편,《민족의 증언》(서울: 중앙일보사, 1983), 146~147쪽; 국방부 전사편찬위원회 편저,《한국전쟁사》제11권-UN군 참전 (서울: 국방부, 1980), 562~568쪽.

55 국방부 군사편찬연구소,《6·25전쟁사 3—한강선 방어와 초기 지연작전》(서울: 국방부 군사편찬연구소), 411~412쪽.

56 Roy E. Appleman, op. cit., pp. 59~60.

57 William W. Stueck Jr., *The Korean War—An International History* (New Jersey: Princeton University Press, 1995), pp. 47~48; 중앙일보사 편, 앞의 책, 255~267쪽. 당시 스미스부대의 대전차 로켓은 2.36인치에 불과했다. 당시 미군은 소련제 T-34의 장갑을 뚫을 수 있는 3.5인치를 개발하였으나 설계에만 그치고 실전 배치는 이루지 못했던 것이다. 당시 스미스부대의 무장에 대해서는 미국 국방부 한국전쟁 50주년 기념사업회(http://korea50.army.mil/ history factsheets.html) 참조.

58 1950년 7월 6일 맥아더의 극동군사령부와 미국 국방부 사이의 전문회담에서는 스미스부대의 희생을 약 15~20퍼센트로 보고하였다. "Daily Summary of Developments in the Far East"(July 6, 1950), Department of State Policy Information Section Bureau of Far Eastern Affairs.

59 국방군사연구소, 앞의 책, 208~211쪽.

60 허종호, 위의 글, 167쪽.

61 당시 조선인민보 기사에는 미 21사단 24연대라고 칭하고 있으나 이는 미 24사단

21연대의 오기이다. 《조선인민보》 1950년 7월 8일; 《해방일보》 1950년 7월 8일.

62 "MacArthur to DA"(1950. 7. 7), MA, RG 6, Box 9, General Order, January 1951, Folder 4, Korea No. 1 File: June–October 1950.

63 "CINCFE to DA"(1950. 7. 14), MA, RG 6, Box 9, General Order, January 1951, Folder 4, Korea No. 1 File: June–October 1950.

64 국방군사연구소, 앞의 책, 238~239쪽.

65 《민주신보》 1950년 7월 11일.

66 Spencer C. Tucker Editor, *Encyclopedia of the Korean War—A Political, Social, and Military History, volume II* (Santa Babara: ABC-CLIO, 2000), pp. 633~634.

67 《부산일보》 1950년 7월 16일.

68 "Muccio to Secretary of State"(1950. 7. 15), 국방군사연구소, 《한국전쟁 자료총서 43: 미국무부한국국내상황관련문서 V》(서울: 국방군사연구소, 1999), 340쪽.

69 《민주신보》 1950년 7월 26일.

70 "〈트루만〉大統領 韓國問題에 關하여 特別敎書"(1950. 7. 19), 대한민국국방부 정훈국전사편찬회,《한국전란일년지》(서울: 대한민국국방부 정훈국전사편찬회, 1951), C 93~96쪽.

71 "Douglas MacArthur to Harry S. Truman" (1950. 7. 19), MA, RG 6, Box 9, General Order, January 1951, Folder 4, Korea No. 1 File: June – October 1950.

72 "DA to CINCFE"(1950. 8. 1), MA, RG 6, Box 9, General Order, January 1951, Folder 4, Korea No. 1 File: June – October 1950.

73 "Memorandum of Conversation, by Lieutenant General Matthew B. Ridgway, Deputy Chief of Staff for Administration, United States Army"(1950. 8. 8), FRUS, 1950, VII, pp. 540~541.

74 "韓國作戰 第一段階完了, 〈맥아더〉元帥, 聲明"(1950. 7. 20), 대한민국국방부 정훈국전사편찬회, 앞의 책, C 96~97쪽.

75 U.S. Congress, Military Situation in the Far East–Hearings before the Committee on Armed Services and the Committee on Foreign Relations United States Senate, Eighty-

Second Congress First Session, Part 1 (Washington: United States Government Printing Office, 1951), pp. 231~232.

[76] 국방부 군사편찬연구소, 《6·25전쟁사 3—한강선 방어와 초기 지연작전》(서울: 국방부 군사편찬연구소, 2006), 411~412쪽.

6장 인천상륙작전과 북한의 대응

[1] Roy E. Appleman, *South to the Naktong, North to the Yalu* (Washington D. C.: United States Government Printing Office, 1961), p. 488.

[2] 국방부전사편찬위원회 편, 《한국전쟁전투사—인천상륙작전》(서울: 국방부전사편찬위원회, 1983), 10쪽.

[3] Roy E. Appleman, op. cit., pp. 488~489.

[4] Roy E. Appleman, *ibid.*, p. 196.

[5] 국방부전사편찬위원회 편, 앞의 책, 12~17쪽.

[6] James F. Schnabel, *Policy and Direction: The First Year* (Washington: Office of the Chief of Military History, United States Army, 1972), p. 140.

[7] 국방부전사편찬위원회 편, 앞의 책, 35쪽.

[8] "The Far East Command, 1 Jan. 1947-30 June 1957", MA, RG 6, Series 5 Printed Material, Box 107, Folder 3; James F. Schnabel, op.cit., p. 103.

[9] Roy E. Appleman, op. cit., p. 262.

[10] James F. Schnabel, op. cit., p. 157.

[11] HQ X Corps, War Diary Summary for Operation Chromite, 15 August-30 Sept. 1950, MA, RG 38, Papers of Edward M. Almond, Box 3, Folder 1.

[12] 국방부전사편찬위원회 편, 앞의 책, 59~60쪽.

[13] James F. Schnabel, op. cit., p. 144.

[14] 국방부전사편찬위원회 편, 앞의 책, 51쪽.

15 강석희,《조국해방전쟁사》 2 (평양: 과학백과사전종합출판사, 1993), 11쪽. 이에 따르면 "1950년 9월 중순 2,000여 명씩 3차례에 걸쳐 6,000여 명의 일본침략군 무력이 미제침략군 7보병사단을 비롯한 10군단의 여러 사단과 연대들에 분산 배치되어 인천상륙작전에 참가하였다"는 것이다.

16 남정옥,《한미군사관계사, 1871~2002》(서울: 국방부군사편찬연구소, 2002), 454쪽.

17 국방부전사편찬위원회 편, 앞의 책, 41쪽.

18 국방부전사편찬위원회 편, 위의 책, 61쪽.

19 Unmarked "How Inchon was Chosen, etc", Selections, MA, RG 38, Papers of Edward M. Almond, Box 3, Folder 5.

20 HQ X Corps, War Diary Summary for Operation Chromite, 15 August-30 Sept. 1950, MA, RG 38, Papers of Edward M. Almond, Box 3, Folder 1.

21 Roy E. Appleman, op. cit., pp. 493~494.

22 James F. Schnabel, op. cit., p. 148.

23 James F. Schnabel, *ibid.*, pp. 149~150.

24 James F. Schnabel, *ibid.*, p. 136.

25 Roy E. Appleman, op. cit., p. 383.

26 James F. Schnabel, op. cit., pp. 158~159.

27 Roy E. Appleman, op. cit., p. 253.

28 NA, RG 242, SA 2009, Box 7, item 80. 107보련 참모부,〈전투명령 No. 92〉(극밀),《상급명령서철》[박명림,《한국 1950: 전쟁과 평화》(서울: 나남출판, 2002), 404~405쪽에서 재인용].

29 국방부전사편찬위원회 편, 앞의 책, 84~88쪽.

30 Eugene Clark, *The Secrets of Inchon: The untold story of the most daring covert mission of the Korean War* (N. Y.: Berkley Books, 2002), pp. 203~231.

31 국방부전사편찬위원회 편, 앞의 책, 107~108쪽.

32 "MacArthur to JCS"(1950. 9. 6), MA, RG 6, Box 9, General Order, January 1951, Folder 4, Korea No. 1 File: June-October 1950.

33 "CINCFE to DA"(1950. 9. 8), MA, RG 6, Box 9, General Order, January 1951, Folder 4, Korea No. 1 File: June–October 1950.

34 Roy E. Appleman, op. cit., p. 495.

35 "JCS to MacArthur"(1950. 9. 9), MA, RG 6, Box 9, General Order, January 1951, Folder 4, Korea No. 1 File: June–October 1950.

36 HQ X Corps, War Diary Summary for Operation Chromite, 15 August–30 Sept. 1950, MA, RG 38, Papers of Edward M. Almond, Box 3, Folder 1.

37 북한노획문서에 의하면 경기도 방어지역군사위원회는 8월 중에 실재했던 것으로 보인다. 그러나 정확히 어떠한 지시에 의하여 창설되었는지는 확인할 수 없다. 〈경기도방어지역군사위원회 조직요강〉, 국사편찬위원회, 《북한관계사료집》 11 (과천: 국사편찬위원회, 1991), 222~226쪽.

38 강석희, 앞의 책, 20~22쪽.

39 강석희, 위의 책, 30쪽.

40 국방군사연구소, 《한국전쟁》 上 (서울: 국방군사연구소, 1995), 433~434쪽.

41 HQ X Corps, War Diary Summary for Operation Chromite, 15 August–30 Sept. 1950, MA, RG 38, Papers of Edward M. Almond, Box 3, Folder 1.

42 NA, RG 242, SA 2009, Box 7, Item 81.

43 NA, RG 242, SA 2009, Box 7, Item 80 인천방어지구사령부 〈전투명령 No. 3〉 107 보연, 《상급명령서철》.

44 NARA, RG 242, SA 2009, Box 7, Item 133.

45 1950년 6월 맥아더 휘하의 전투 병력은 일본에 있는 4개의 보병사단과 7개의 대공포대대, 오키나와에 있는 1개의 보병연대와 2개의 대공포대대에 불과하였다. 그중에서 주 전투부대는 일본 중부 지방에 있는 제1기병사단과 북부 지방과 홋카이도에 위치한 제7보병사단, 큐슈의 제24보병사단, 남부 중앙에 위치한 제25보병사단과 오키나와에 있는 제9대공포 여단들이었다. 극동군 예하의 주 전투부대인 8군은 1950년 6월 25일경 원래 인가된 병력의 93퍼센트를 유지하였다. James F. Schnabel, op. cit., p. 54.

46 1950년 7월 2일, 대한민국외무부, 《한국전쟁관련 러시아외교문서》(1994. 7. 20. 내

부용 번역본).

47 1950년 8~9월 초순, 대한민국외무부, 《한국전쟁관련 러시아외교문서》(1994. 7. 20. 내부용 번역본).

48 주지안룽 지음·서각수 옮김, 《마오쩌둥은 왜 한국전쟁에 개입했을까》(서울: 도서출판 역사넷, 2005), 220쪽.

49 逢先知·李捷, 《毛澤東与抗美援朝》(北京: 中央文獻出版社, 2000) 12~13쪽; 김경일 지음·홍면기 옮김, 《중국의 한국전쟁 참전 기원—한중관계의 역사적·지정학적 배경을 중심으로》(서울: 논형, 2005), 395쪽.

50 주지안룽 지음·서각수 옮김, 앞의 책, 164~166쪽.

51 이 전문은 7월 4일 새벽 0시 5분에 발송하여 오전 3시 15분에 수령한 것으로 되어 있다. 따라서 외무부 번역본의 오기인 것으로 보인다.

52 슈티코프가 핀시(스탈린)에게 보내는 비밀전보, 1950년 7월 4일, 대한민국외무부, 《한국전쟁관련 러시아문서: 기본문헌, 1949~1953》.

53 핀시가 평양 소련대사에게 보내는 암호전보 75021호, 1950년 8월 28일, 대한민국외무부, 《한국전쟁관련 러시아문서: 보충문헌, 1949~1953》.

54 조선민주주의인민공화국 각료회의 의장 김일성이 조선민주주의 인민공화국 주재 소비에트 사회주의공화국연맹 특명전권대사 떼. 에프. 슈티코프 동지에게 보내는 서신, 1950년 7월 9일, 대한민국외무부, 《한국전쟁관련 러시아문서: 보충문헌, 1949~1953》.

55 국방부전사편찬위원회 편, 《한국전쟁전투사—인천상륙작전》(서울: 국방부전사편찬위원회, 1983), 130~131쪽.

56 국방부전사편찬위원회 편, 위의 책, 123쪽.

57 국방부전사편찬위원회 편, 위의 책, 139쪽.

58 국방부전사편찬위원회 편, 위의 책, 179쪽.

59 국방부전사편찬위원회 편, 위의 책, 210쪽.

60 주지안룽 지음·서각수 옮김, 《마오쩌둥은 왜 한국전쟁에 개입했을까》(서울: 도서출판 역사넷, 2005), 188~189쪽.

61 1950년 9월 18일, 대한민국외무부, 《한국전쟁관련 러시아외교문서》(1994. 7. 20. 내부용 번역본).

62 국방부전사편찬위원회 편, 앞의 책, 217~220쪽.

63 경비사령부 참모부 '전투명령' NA, RG 242, SA 2009, Box 9, Item 66.2 《5656부대 참모부 상급명령서철》.

64 107연대 '전투보고' 1950년 9월 21일, NA, RG 242, SA 2009, Box 9, Item 66.3 《5656부대 참모부 상급보고서철》.

65 108연대 36대대 '보고' 1950년 9월 21일, NA, RG 242, SA 2009, Box 9, Item 66.3 《5656부대 참모부 상급보고서철》.

66 '작전참모 장인준이 문화부사령관 앞으로 보내는 보고문' 1950. 9. 21. 23.00, NA RG 242, SA 2009, Box 9, Item 66. 3 《5656부대 참모부 상급보고서철》.

67 국방부전사편찬위원회 편, 《한국전쟁전투사—인천상륙작전》(서울: 국방부전사편찬위원회, 1983) 247~248쪽.

68 1950년 9월 20일 대한민국외무부, 《한국전쟁관련 러시아외교문서》(1994. 7. 20. 내부용 번역본).

69 바실리예프스키가 스탈린에게 보내는 전문, 1950년 9월 21일 대한민국외무부, 《한국전쟁관련 러시아문서: 기본문헌, 1949~1953》.

70 '107연대 참모장 대리 박근만이 107연대장에게 보내는 보고' 1950. 9. 22. 8.00, NA, RG 242, SA 2009, Box 9, Item 66. 3 《5656부대 참모부 상급보고서철》.

71 107연대 참모부 '전투보고 No. 3' 1950. 9. 24. NA, RG 242, SA 2009, Box 9, Item 66.3 《5656부대 참모부 상급보고서철》.

72 '107연대 참모부가 문화부사령관에게 보내는 보고' 1950. 9. 24. NA, RG 242, SA 2009, Box 9, Item 66.3 《5656부대참모부 상급보고서철》.

73 '문화부사령관이 전선지구 경비사령관에게 보내는 적정보고 No. 1' 1950. 9. 26. NA, RG 242, SA 2009, Box 9, Item 66.3 《5656부대 참모부 상급보고서철》.

74 박명림, 앞의 책, 440~442쪽. 박명림의 경우 북한이 철저한 준비를 하였음에도 인천상륙작전 성공 이후 북한군의 괴멸상태가 상상외로 심각하였다고 평가하여 서로

상이한 평가를 하고 있다. 즉 철저한 준비가 있었다면 북한군의 퇴각도 자연스럽게 조직적으로 이루어져야 하는 것이 논리적으로 설명이 된다.

75 국방부전사편찬위원회 편, 《한국전쟁전투사—인천상륙작전》(서울: 국방부전사편찬위원회, 1983), 59~60쪽.

76 국방부전사편찬위원회 편, 위의 책, 166~167쪽.

77 국방부전사편찬위원회 편, 위의 책, 286쪽.

78 국방부전사편찬위원회 편, 위의 책, 342~344쪽.

79 HQ X Corps, War Diary Summary for Operation Chromite, 15 August–30 Sept. 1950, MA, RG 38, Papers of Edward M. Almond, Box 3, Folder 1.

80 HQ X Corps, War Diary Summary for Operation Chromite, 15 August–30 Sept. 1950, MA, RG 38, Papers of Edward M. Almond, Box 3, Folder 1.

81 강석희, 《조국해방전쟁사》 2 (평양: 과학백과사전종합출판사, 1993), 17쪽.

82 마트베에프는 M. V. 자하로프의 가칭.

83 마트베에프가 핀시(스탈린)에게 보내는 암호문 No. 600262/N, 1950년 9월 27일, 대한민국외무부, 《한국전쟁관련 러시아문서: 기본문헌, 1949~1953》.

84 강석희, 앞의 책, 83~84쪽.

85 강석희, 위의 책, 85쪽.

86 김광수, 〈인천상륙 이후 북한군의 재편과 구조변화〉, 《한국전쟁시 한·미 군사적 역할과 주변국의 대응》, 2003년 6월 26일 국방부 군사편찬연구소 국제학술세미나, 185~186쪽.

87 Roy E. Appleman, op. cit., p. 395.

88 조성훈, 〈한국전쟁중 유엔군의 포로정책에 관한 연구〉, 한국정신문화연구원 한국학대학원 역사전공 박사학위논문, 1998. 9, 10~17쪽.

89 "CINCFE to DEPTAR"(1950. 11. 6), MA, RG 6, Box 9, Folder 6, Korea No. 3 File: November 1950~April. 1951.

90 마트베에프가 핀시(스탈린)에게 보내는 암호문 No. 600262/N, 1950년 9월 27일, 대한민국외무부, 《한국전쟁관련 러시아문서: 기본문헌, 1949~1953》.

⁹¹ 슈티코프가 외무성 그로미코에게 보내는 암호전문, 1950년 9월 29일, 대한민국외무부, 《한국전쟁관련 러시아문서: 기본문헌, 1949~1953》.

⁹² 조선로동당중앙위원회 김일성·박헌영이 스탈린에게 보내는 서신, 1950년 9월 29일, 대한민국외무부, 《한국전쟁관련 러시아문서: 보충문헌, 1949~1953》.

⁹³ 조선로동당중앙위원회 김일성·박헌영이 스탈린에게 보내는 서신, 1950년 9월 29일, 대한민국외무부, 《한국전쟁관련 러시아문서: 보충문헌, 1949~1953》.

⁹⁴ 슈티코프가 외무성 그로미코에게 보내는 암호전문, 1950년 9월 29일, 대한민국외무부, 《한국전쟁관련 러시아문서: 기본문헌, 1949~1953》.

⁹⁵ 필리포프(스탈린)가 주북경대사에게 보내는 전문, 1950년 10월 1일, 대한민국외무부, 《한국전쟁관련 러시아문서: 기본문헌, 1949~1953》.

⁹⁶ 창푸가 마트베에프에게 보내는 전문, 1950년 10월 2일, 대한민국외무부, 《한국전쟁관련 러시아문서: 기본문헌, 1949~1953》. 창푸는 스탈린이 사용했던 가명 가운데 하나이다.

⁹⁷ 국방부 군사편찬연구소, 《소련 군사고문단장 라주바예프의 6·25전쟁 보고서》 2 (서울: 국방부군사편찬연구소, 2001) 312쪽.

⁹⁸ 베빈 알렉산더 지음·김형배 옮김, 《위대한 장군들은 어떻게 승리하였는가》(서울: 홍익출판사, 2000) 414쪽.

7장 38선 돌파와 북진정책

¹ "Resolution Adopted by the United Nations Security Council"(1950. 6. 25), FRUS, 1950, vol. VII, pp. 155~156.

² "Immediate Release—Statement by the President"(1950. 6. 27), 국방군사연구소, 《한국전쟁 자료총서 39: 미국무부한국국내상황관련문서 I》(서울: 국방군사연구소, 1999), 448쪽.

³ Allan R. Millett, Crossing the 38th Parallel, 1950: Collective Decision—Making in the

Amercian Armed Forces, Eighth United States Army History Office Historical Monograph 98-1, HQ, EUSA, August 1998; Operation Plan "Chow-Chow" 1949~1950, MA, RG 6, Series 3: Operations and Plans, Box 100, Folder 11.

4 "Resolution Adopted by the United Nations Security Council"(1950. 6. 27), FRUS, 1950, vol. VII, p. 211;《민주신보》1950년 6월 30일.

5 "Memorandum of Conversation: Korean Situation"(1950. 6. 26), 국방군사연구소, 《한국전쟁 자료총서 39: 미국무부한국국내상황관련문서 I》(서울: 국방군사연구소, 1999), 372~379쪽.

6 《민주신보》1950년 6월 30일.

7 "Memorandum of NSC Consultants Meeting"(1950. 6. 29), 국방군사연구소,《한국전쟁 자료총서 12: 미 국무부 정책기획실 문서》(서울: 국방군사연구소, 1997), 665~667쪽.

8 "The Commander in Chief, Far East(MacArthur) to the Secretary of State"(1950. 6. 30), FRUS, 1950, vol. VII, pp. 248~250.

9 6월 27일 제2차 블레어하우스에서 미국이 해·공군을 지원한 결정을 듣고 맥아더의 입장이 대대적으로 전환되었다는 도진순의 주장은 이후의 사태 전개에 비추어 볼 때 어느 정도 타당성을 갖고 있으나 바로 그 시점에서 맥아더가 38선 북진을 통한 반격을 계획했다고 판단되지는 않는다. 도진순, 〈한국전쟁의 기본개념으로서 제한전limited war의 성립과 분화〉,《한국사연구》125집, 한국사연구회, 2004년 6월, 264~266쪽.

10 《민주신보》1950년 7월 2일.

11 "Memorandum of Conversation, by Mr. Frederick E. Nolting, Special Assistant to the Deputy under of State(Matthews)"(1950. 6. 30), FRUS, 1950, vol. VII, pp. 258~259.

12 "A Report to the National Security Council (NSC 73)", 국방군사연구소,《한국전쟁 자료총서 1: 미국가안전보장회의 문서》(서울: 국방군사연구소, 1996), 355~370쪽.

13 《부산일보》1950년 7월 9일.

14 "Allison to Rusk: Korean Speech for President Truman"(1950. 7. 1), 국방군사연구소,

《한국전쟁 자료총서 41: 미국무부한국국내상황관련문서 III》(서울: 국방군사연구소, 1999), 91쪽.

[15] "Dulles to Nitze"(1950. 7. 14), 국방군사연구소, 《한국전쟁 자료총서 4: 미국무부정책기획실문서 Country & Area Files, Korea I》(서울: 국방군사연구소, 1997), 85~87쪽.

[16] "Emmerson to Nitze: Policy Toward the 38th Parallel"(1950. 7. 14), 국방군사연구소, 《한국전쟁 자료총서 4: 미국무부정책기획실문서 Country & Area Files, Korea I》(서울: 국방군사연구소, 1997), 82~84쪽.

[17] Allan R. Millett, op. cit..

[18] James F. Schnabel, *Policy and Direction: The First Year* (Washington: Office of the Chief of Military History, United States Army, 1972), p. 179.

[19] 《경제신문》1950년 7월 14일.

[20] 《경제신문》1950년 7월 15일.

[21] 《민주신보》1950년 7월 27일.

[22] 〈트루만〉大統領 韓國問題에 關하여 特別敎書"(1950. 7. 19), 대한민국국방부 정훈국전사편찬회, 앞의 책, C 93~96쪽.

[23] "美國務省 對韓白書 全文"(1950. 7. 20), 대한민국국방부 정훈국전사편찬회, 위의 책, C 98~102쪽; 국방부 전사편찬위원회, 《한국전쟁사》 제2권 지연작전기(1950. 7. 5~1950. 7. 31) (국방부 전사편찬위원회, 1979), 1015~1016쪽.

[24] "Second Draft: 38th Parallel"(1950. 7. 22), 국방군사연구소, 《한국전쟁 자료총서 4: 미국무부정책기획실문서 Country & Area Files, Korea I》(서울: 국방군사연구소, 1997), 309~317쪽.

[25] "S/P Paper on U. S. Policy regarding the Advance beyond the 38th parallel of U. S. Forces now engaged in Korea as a part of the U. N. Forces"(1950. 7. 25), 국방군사연구소, 《한국전쟁 자료총서 4: 미국무부정책기획실문서 Country & Area Files, Korea I》(서울: 국방군사연구소, 1997), 53~61쪽.

[26] 도진순, 앞의 글, 266~275쪽.

[27] "Memorandum by Mr. John Foster Dulles, Consultant to the Secretary of State, to

the Director of the Policy Planning Staff(Nitze)"(1950. 8. 1), FRUS, 1950, vol. VII, p. 514.

28 "Draft Memorandum Prepared in the Department of Defense for National Security Council Staff Consideration Only"(1950. 8. 7), FRUS, 1950, vol. VII, pp. 528~537.

29 "Draft Memorandum by the Director of the Office of Northeast Asian Affairs(Allison)" (1950. 8. 12), FRUS, 1950, vol. VII, pp. 567~573.

30 "Problems Relating to Korea", Memorandum of Conversation, by the Officer in Charge of Korean Affairs(Emmons)"(1950. 9. 8), FRUS, 1950, vol. VII, pp. 709~711.

31 "Memorandum for Secretary of State"(1950. 8. 8), 국방군사연구소, 《한국전쟁 자료총서 29: 미국국무부정책연구과문서*Korea Project File vol. IV*》(서울: 국방군사연구소, 1998), 680~689쪽.

32 "Memorandum by the Counselor(Kennan) to the Deputy Under Secretary of State(Matthews)"(1950. 8. 21), FRUS, 1950, vol. VII, p. 615.

33 "Proposed Terms for a Settlement of the Korean Conflict Prior to the Assumption of the Offensive by UN Forces" Draft Memorandum Prepared by the Policy Planning Staff"(1950. 8. 21), FRUS, 1950, vol. VII, pp. 615~616.

34 "Future U. S. Policy with respect to Korea", Draft Memorandum Prepared in the Department of State for National Security Council Staff Consideration Only"(1950. 8. 23), FRUS, 1950, vol. VII, pp. 635~639.

35 "Preliminary Conversations for September Foreign Ministers Meeting, August 30, 1950" United States Delegation Minutes: SFM Pre 4"(1950. 8. 30), FRUS, 1950, vol. VII, pp. 667~671.

36 "Memorandum Prepared in the Department of State: September Foreign Minister Meetings—Summary for Briefing of the Secretary on Korea"(1950. 9. 14), FRUS, 1950, vol. VII, pp. 726~727.

37 김영호, 앞의 책, 249쪽.

38 Stanley Weintraub, *MacArthur's War* (New York: The Free Press, 2000), p. 162.

39 "Program for Bringing Korean Hostilities to an end"(1950. 9. 20), 국방군사연구소, 《한국전쟁 자료총서 9: 미국무부정책기획실문서 *Working Papers I*》(서울: 국방군사연구소, 1997), 653~659쪽.

40 "The Korean Ambassador(Chang) to the Secretary of State"(1950. 9. 21), FRUS, 1950, vol. VII, pp. 748~750.

41 《부산일보》 1950년 9월 23일.

42 Allan R. Millett, op. cit.

43 James F. Schnabel, op. cit., p. 188.

44 James F. Schnabel, *ibid.*, p. 193.

45 "The Acting Secretary of State to the United States Mission at the United Nations"(1950. 9. 26), FRUS, 1950, vol. VII, pp. 781~782.

46 "The Secretary of Defense(Marshall) to the President"(1950. 9. 27), FRUS, 1950, vol. VII, pp. 792~793.

47 볼테는 강경주의자로 한국전쟁을 확전시키고자 한 인물이었다. Stanley Weintraub, op. cit., p. 34.

48 James F. Schnabel, op. cit., pp. 181~182.

49 "The Secretary of Defense(Marshall) to the Command in Chief, Far East(MacArthur)" (1950. 9. 30), MA, RG 6, Series 1, Box 9, Folder 5.

50 윌리엄 스툭 지음·김형인 외 공역,《한국전쟁의 국제사》(서울: 푸른역사, 2001), 192쪽.

51 《부산일보》 1950년 10월 3일.

52 "The Commander in Chief, Far East(MacArthur) to the Joint Chiefs of Staff"(1950. 9. 28), FRUS, 1950, vol. VII, p. 796.

53 "Memorandum: The Occupation of North Korea"(1950. 10. 2), 국방군사연구소, 《한국전쟁 자료총서 49: 미국무부한국국내상황관련문서 XI》(서울: 국방군사연구소, 1999) 239~241쪽; "Draft Paper Prepared in the Department of the Army(1950. 10. 3), FRUS, 1950, vol. VII, pp. 854~857.

54 James F. Schnabel, op. cit., p. 198.

55 Stanley Weintraub, op. cit., p. 176.

56 "The Ambassador in India(Henderson) to the Secretary of State"(1950. 10. 4), FRUS, 1950, vol. VII, pp. 869~873.

57 James F. Schnabel, op. cit., p. 200.

58 James F. Schnabel, *ibid.*, p. 199.

59 "Memorandum by the Central Intelligence Agency"(1950. 10. 12), FRUS, 1950, vol. VII, pp. 933~936.

60 "The Problem of the Independence of Korea, Resolution adopted by the General Assembly at its 294th Plenary Meeting on 7 October 1950"(1950. 10. 7), 국방군사연구소, 《한국전쟁자료총서 50: 미 국무부 한국국내 상황관련 문서 XII》(국방군사연구소, 1999), 90~92쪽.

61 James F. Schnabel, op. cit., p. 194.

62 "Letter from Secretary of Defense(Marshall), Enclosure, Draft Message to General MacArthur"(1950. 10. 4), 국방군사연구소, 《한국전쟁 자료총서 49: 미 국무부 한국국내 상황관련 문서 XI》(서울: 국방군사연구소, 1999), 328쪽.

63 "Marshall to the President"(1950. 10. 7), 국방군사연구소, 《한국전쟁 자료총서 49: 미 국무부 한국국내 상황관련 문서 XI》(서울: 국방군사연구소, 1999), 340~341쪽.

64 Roy E. Appleman, *South to the Naktong, North to the Yalu* (Washington D. C.: United States Government Printing Office, 1961), p. 608.

65 Roy E. Appleman, *ibid.*, p. 670.

66 "Memorandum Prepared in the Central Intelligence Agency"(1950. 8. 18), FRUS, 1950, vol. VII, pp. 600~603.

67 "Extracts of Memorandum of Conversations, by Mr. W. Averell Harriman, Special Assistant to the President, With General MacArthur in Tokyo on August 6 and 8, 1950"(1950. 8. 20), FRUS, 1950, vol. VII, pp. 542~544.

68 "Memorandum Prepared in the Department of State"(1950. 9. 14), FRUS, 1950, vol. VII, pp. 726~727.

69 "Memorandum of Conversation, by Mr. John M. Allison of the United States Delegation to the United Nations General Assembly"(1950. 9. 18), FRUS, 1950, vol. VII, pp. 735~736.

70 "The Secretary of State to the Acting Secretary of State"(1950. 9. 26), FRUS, 1950, vol. VII, p. 785.

71 "The Acting Secretary of State to the Embassy in Korea"(1950. 9. 26), FRUS, 1950, vol. VII, p. 785.

72 "Memorandum by Mr. John Allison of the United States Delegation to the United Nations General Assembly to the United States Representative at the United Nations(Austin)"(1950. 9. 27), FRUS, 1950, vol. VII, pp. 789~790.

73 D. Clayton James, *The Years of MacArthur*, vol. III, p. 482.

74 "Memorandum: The Occupation of North Korea"(1950. 10. 2), 국방군사연구소, 《한국전쟁 자료총서 49: 미 국무부 한국국내 상황관련 문서 XI》(서울: 국방군사연구소, 1999), 239~241쪽.

75 "Draft Paper Prepared in the Department of the Army"(1950. 10. 3), FRUS, 1950, vol. VII, pp. 854~857.

76 《부산일보》1950년 10월 14일.

77 《경향신문》1950년 10월 16일; 《서울신문》1950년 10월 16일.

78 "The Commander in Chief, Far East(MacArthur) to the President"(1950. 10. 16), FRUS, 1950, vol. VII, pp. 963~964.

79 "The Secretary of State to the Embassy in Korea"(1950. 10. 18), FRUS, 1950, vol. VII, pp. 979~980.

80 "The Ambassador in Korea(Muccio) to the Secretary of State"(1950. 10. 20), FRUS, 1950, vol. VII, pp. 984~986.

81 《경향신문》1950년 10월 24일.

82 "The Secretary of State to the Embassy in Korea"(1950. 10. 23), FRUS, 1950, vol. VII, pp. 994~995.

8장 중국군 참전에 대한 오판과 웨이크 섬 회담

[1] 和田春樹,《朝鮮戰爭全史》(東京: 岩波書店, 2002) 42~61쪽; 주지안롱 지음·서각수 옮김,《모택동은 왜 한국전쟁에 개입했을까》(서울: 도서출판 역사넷, 2005), 41쪽.

[2] 주지안롱 지음·서각수 옮김, 위의 책, 43~45쪽.

[3] 서상문,《모택동과 6·25전쟁—파병 결정과정과 개입동기》(서울: 국방부 군사편찬연구소, 2006), 60쪽.

[4] 주지안롱 지음·서각수 옮김, 앞의 책, 96쪽.

[5] 서상문, 앞의 책, 34~38쪽.

[6] 서상문, 위의 책, 145~146쪽.

[7] 주지안롱 지음·서각수 옮김, 앞의 책, 193쪽.

[8] 주지안롱 지음·서각수 옮김, 위의 책, 336~337쪽.

[9] 주지안롱 지음·서각수 옮김, 위의 책, 321쪽.

[10] 주지안롱 지음·서각수 옮김, 위의 책, 333쪽.

[11] 주지안롱 지음·서각수 옮김, 위의 책, 355쪽.

[12] 주지안롱 지음·서각수 옮김, 위의 책, 357쪽.

[13] 박두복, 〈중국의 한국전쟁 개입의 원인에 관한 연구〉,《한국전쟁의 정치외교사적 고찰》(서울: 평민사, 1989), 142쪽.

[14] 정종욱, 〈중국의 한국전쟁 참전〉,《국제문제연구소논문집》17, 1993, 58쪽.

[15] 서상문, 앞의 책, 359쪽.

[16] 주지안롱 지음·서각수 옮김, 앞의 책, 193쪽.

[17] 박명림,《한국전쟁의 발발과 기원 I—결정과 발발》(서울: 나남출판, 1996), 221~222쪽.

[18] 이완범,《한국전쟁—국제전적 조망》(서울: 백산서당, 2000), 157쪽.

[19] 박영실, 〈'중국인민지원군'과 북·중 관계〉, 한국학중앙연구원 한국학대학원 박사학위논문, 2010, 66~76쪽.

[20] 김경일 지음·홍면기 옮김,《중국의 한국전쟁 참전 기원: 한중관계의 역사적·지정학적 배경을 중심으로》(서울: 논형, 2005), 416쪽.

²¹ Harry Truman, *Year of Trial and Hope 1946~1952* (New York: Signet Book, 1965); Dean Acheson, *Present At the Creation: My Years in the State Department* (New York: Doubleday & Company, 1969), pp. 456~457; Douglas MacArthur, *Reminiscences* (New York: Mcgraw-Hill Book Company, 1964). 미 해병대 역사가인 에드윈 시몬스 Edwin Simons에 따르면 트루먼은 중국군이 사실상 한국전에 참전할 기회를 놓쳤다는 확신으로 웨이크 섬을 떠난 반면에, 맥아더는 자신은 그런 발언을 한 적이 없다고 부인하였다. 〈MBC 이제는 말할 수 있다 녹취록, Tape 2: 에드윈 시몬스〉.

²² 정일권,《정일권회고록》(서울: 고려서적, 1996), 305~306쪽.

²³ Paul H. Nitze with Ann M. Smith and Steven L. Rearden, *From Hiroshima to Glasnost: At the Center of Decision, A Memoir* (New York: Grove Weidenfeld, 1989), pp. 109~110.

²⁴ 조갑제, 〈두 반공투사는 중공군 개입을 기다리고 있었다〉,《월간조선》 2000년 7월호, 314~319쪽.

²⁵ 이희진, 〈중국의 한국전쟁 개입과 맥아더의 북진의도〉,《한국민족운동사연구》 제41집 (과천: 한국민족운동사학회, 2004) 61~62쪽.

²⁶ Charles A. Willoughby and John Chamberlain, *MacArthur 1941~1951* (New York: McGraw-Hill Book Company Inc., 1954). 윌로비는 1953년 이러한 정보 실패 비난에 대해 소책자를 발간하여 이를 반박했다. 그는 맥아더사령부가 중국군의 참전 가능성 위협을 일일보고서로 워싱턴에 보냈지만 특별한 반응을 얻지 못했고, 자세한 정보 획득을 위해 압록강 유역에 대한 전략정찰tactical reconnaissance을 하려고 하였지만 워싱턴 당국의 정치적 반대로 인해 불가능했다고 항변했다. "Aid and Comfort to the Enemy", MA, RG 6, Box 3, File 8, p. 2.

²⁷ John Edward Wiltz, "Truman and MacArthur: The Wake Island Meeting", *Military Affairs*, vol. 42, no. 4, 1979; John W. Spanier, *The Truman-MacArthur Controversy and the Korean War* (New York: W. W. Norton & Company Inc., 1965).

²⁸ Ronald J. Caridi, *The Korean War and American Politics: The Republican Party as a Case Study* (Philadelphia: University of Pennsylvania Press, 1968).

29 William W. Stueck, Jr. *The Korean War-An International History* (New Jersey: Princeton University Press, 1995) p. 106; Trumbull Higgins, *Korea and the Fall of MacArthur* (New York: Oxford University Press, 1960), p. 52.

30 Ronald J. Caridi, op. cit., pp. 93~103.

31 Michael Schaller, *Douglas MacArthur: The Far Eastern* General (New York: Oxford University Press, 1989), pp. 204~205.

32 "Memorandum for the President: Proposed Flight to Hawaii"(1950. 10. 9), Papers of George M. Elsey, Truman Library.

33 "Memorandum for the President: Proposed Flight to Hawaii"(1950. 10. 9), Papers of George M. Elsey, Truman Library.

34 "Immediate Release: Statement by the President"(1950. 10. 10), Papers of George M. Elsey, Truman Library;《서울신문》1950년 10월 12일.

35 "Daily Opinion Summary: Truman-MacArthur Conference"(1950. 10. 11), No. 1474, Papers of George M. Elsey, Truman Library.

36 "Notes on the Wake Conference"(1950. 10. 13), President's Secretary's Files, Papers of Harry S. Truman, Truman Library.

37 "Meeting with the President: President's Proposed Trip to Hawaii"(1950. 10. 9), Papers of Dean Acheson, Truman Library.

38 Trumbull Higgins, op. cit., p. 58.

39 "Memorandum by the Central Intelligence Agency"(1950. 10. 12), FRUS, 1950, vol. VII, pp. 933~934.

40 D. Clayton James, *The Years of MacArthur, volume III: Triumph and Disaster 1945~1964* (Boston: Houghton Mifflin Company, 1985), pp. 500~503.

41 D. Clayton James, *ibid.*, p. 506.

42 회담의 전문에 대해서는 다음을 참조. 웨이크 섬 회담에 관한 기록은 두 가지가 존재하는데 브래들리 합참의장에 의해 완성된 것과 벙커에 의해 작성된 것으로 나누어진다. 대체적으로 대동소이 하지만 중국군 참전 문제에 관해서는 미묘한 차이를

보이고 있다. "Substance of Statements Made at Wake Island Conference on 15 October 1950, Compiled by General of the Army Omar N. Bradley, Chairman of the Joint Chiefs of Staff, from Notes kept by the Conferees from Washington",《한국전쟁 자료총서 50: 미 국무부 한국국내상황관련 문서 XII》(서울: 국방군사연구소, 1999), 63~86쪽; "Colonel Bunker's Notes on the Conference Wake Island, 15 Oct. 1950", MA, RG 45, Papers of Col. L. E. Bunker, Box 2, Folder 1; "Substance of Statements Made at Wake Island Conference on 15 October 1950", FRUS, 1950, vol. VII, pp. 948~960.

[43] 맥아더의 비서장이었던 프랭크 색턴Frank Sacton에 의하면 맥아더의 이러한 대답은 정보참모였던 윌로비 장군으로부터 받은 정보에 의거한 것 같다고 평가했다. 〈MBC 이제는 말할 수 있다 녹취록, Tape 12: 프랭크 색턴〉; James Schnabel, F., Policy and Direction: The First Year (Washington: Office of the Chief of Military History, United States Army, 1972), p. 278.

[44] "Substance of Statements Made at Wake Island Conference on 15 October 1950, Compiled by General of the Army Omar N. Bradley, Chairman of the Joint Chiefs of Staff, from Notes kept by the Conferees from Washington", 국방군사연구소, 앞의 책, 63~86쪽.

[45] 이희진은 트루먼이 맥아더와 웨이크 섬 회담을 추진하게 된 주요 원인 가운데 하나가 중국·소련의 한국전쟁 개입 가능성을 타진하려는 것이라고 평가했다. 하지만 웨이크 섬 회담록 전체를 자세히 살펴 보면 중국 참전 문제보다는 한국전쟁의 종전 및 부흥과 동북아시아의 전반적 문제가 중요한 논의 대상이었음을 확인할 수 있다. 즉 웨이크 섬 회담에서는 한국전쟁의 확전보다는 전쟁의 종결과 그에 따른 제반 문제가 더욱 중요한 문제였다. 이희진, 앞의 논문, 52쪽.

[46] "Colonel Bunker's Notes on the Conference Wake Island, 15 Oct. 1950", MA, RG 45, Papers of Col. L. E. Bunker, Box 2, Folder 1.

[47] Douglas MacArthur, op. cit., p. 366.

[48] "Addendum to Notes on Wake Conference"(1950. 10. 14), Papers of Dean Acheson,

Truman Library.

49 "Immediate Release: Statement by the President"(1950. 10. 15), Papers of George M. Elsey, Truman Library.

50 《민주신보》1950년 10월 20일.

51 《부산일보》1950년 10월 17일.

52 《경향신문》1950년 10월 20일.

53 "Daily Opinion Summary: Truman-MacArthur Meeting"(No. 1477, 1950. 10. 16), Truman Library.

54 "Daily Opinion Summary: Truman-MacArthur Meeting"(No. 1478, 1950. 10. 17), Truman Library.

55 "A Report to the National Security Council: NSC 73/1"(1950. 7. 29), 국방군사연구소, 《한국전쟁 자료총서 1: 미 국가안전보장회의 문서》(서울: 국방군사연구소, 1996), 555~576쪽.

56 "Memorandum by the Director of the Office of Chinese Affairs (Clubb) to the Assistant Secretary of States for Far Eastern Affairs (Rusk)"(1950. 9. 27), FRUS, 1950, vol. VII, pp. 795~796.

57 "The Ambassador in the Soviet Union (Kirk) to the Secretary of State"(1950. 9. 29), FRUS, 1950, vol. VII, pp. 821~822.

58 Stanley Weintraub, *MacArthur's War* (New York: The Free Press, 2000), p. 181.

59 이상호, 〈한국전쟁기 38선 북진과 냉전의 고착화〉《정신문화연구》제28권 제4호(통권 101호) (2005. 12).

60 "저우언라이 총리의 중국 주재 인도대사 파니카와의 담화: 미군이 만약 38선을 넘어 북진한다면 우리는 관여할 것이다"(1950. 10. 3), 행정자치부정부기록보존소, 《한국전쟁관련 중국자료선집: 한국전쟁과 중국 I》(대전: 행정자치부정부기록보존소, 2002) 39~42쪽; 주지안롱 지음·서각수 옮김, 앞의 책, 226쪽; James F. Schnabel, op. cit., p. 262.

61 James F. Schnabel, *ibid.*, p. 263.

62 서상문, 앞의 책, 176쪽.

63 "Memorandum by the Deputy Director of the Office of Northeast Asian Affairs(Johnson) to the Assistant Secretary of State for Far Eastern Affairs(Rusk)"(1950. 10. 3), FRUS, 1950, vol. VII, p. 849.

64 "Secretary of Defense(Marshall) to the Secretary of State"(1950. 10. 3), FRUS, 1950, vol. VII, pp. 853~854.

65 "The Ambassador in the Netherlands(Chapin) to the Secretary of State"(1950. 10. 3), FRUS, 1950, vol. VII, pp. 858~859.

66 "The Ambassador in India(Henderson) to the Secretary of State"(1950. 10. 4), FRUS, 1950, vol. VII, pp. 869~873.

67 《부산일보》1950년 10월 10일.

68 《경향신문》1950년 10월 9일; William W. Stueck, Jr., op. cit., p. 94.

69 "Message from D. Rusk to George C. Marshall"(1950. 10. 6), 국방군사연구소, 《한국전쟁 자료총서 49: 미 국무부 한국국내 상황관련 문서 XI》(서울: 국방군사연구소, 1999), 328쪽.

70 "Message from JCS to Commander in Chief of Staff"(1950. 10. 7)-Enclosure, 국방군사연구소, 《한국전쟁 자료총서 49: 미 국무부 한국국내 상황관련 문서 XI》(서울: 국방군사연구소, 1999), 341쪽.

71 "CINCFE to Department of Army"(1950. 10. 9), 국방군사연구소, 《한국전쟁 자료총서 49: 미 국무부 한국국내 상황관련 문서 XI》(서울: 국방군사연구소, 1999), 349쪽; 《부산일보》1950년 10월 11일.

72 주지안룽 지음·서각수 옮김, 앞의 책, 256쪽.

73 정부기록보존소 편, 앞의 책, 42~44쪽.

74 정부기록보존소 편, 위의 책, 45~48쪽; "The Consul General at Hong Kong(Wilkinson) to the Secretary of State"(1950. 10. 7), FRUS, 1950, vol. VII, pp. 912~914.

75 "Memorandum by the Central Intelligence Agency"(1950. 10. 12), FRUS, 1950, vol. VII, pp. 933~934.

76 U.S. Congress, *Military Situation in the Far East—Hearings before the Committee on Armed Services and the Committee on Foreign Relations United States Senate, Eighty-Second Congress First Session*, Part 3 (Washington: United States Government Printing Office, 1951), p. 1832.

77 James F. Schnabel, op. cit., p. 229.

78 James F. Schnabel, *ibid.*, pp. 229~230.

79 "Daily Korean Summary"(1950. 10. 27), 국방군사연구소, 《한국전쟁자료총서 16: 미국 중앙정보국 정보보고서 Daily Report I》(서울: 국방군사연구소, 1997), 282~283쪽.

80 "Daily Korean Summary"(1950. 10. 28), 국방군사연구소, 《한국전쟁자료총서 16: 미국 중앙정보국 정보보고서 Daily Report I》(서울: 국방군사연구소, 1997), 292~293쪽.

81 "Seoul(Drumright) to Secretary of State"(1950. 10. 29), 국방군사연구소, 《한국전쟁자료총서 50: 미 국무부 한국 국내상황 관련문서 XII》(서울: 국방군사연구소, 1999), 315쪽.

82 William W. Stueck, Jr., op. cit., pp. 111~112.

83 "Seoul(Drumright) to Secretary of State"(1950. 10. 31), 국방군사연구소, 《한국전쟁자료총서 50: 미 국무부 한국 국내상황 관련문서 XII》(서울: 국방군사연구소, 1999) 345쪽.

84 "Memorandum by the Director of the Office of Chinese Affairs(Clubb) to the Assistant Secretary of State for Far Eastern Affairs(Rusk)"(1950. 11. 1), FRUS, 1950, vol. VII, pp. 1023~1025; "Memorandum by the Director of the Office of Chinese Affairs(Clubb) to the Assistant Secretary of State for Far Eastern Affairs(Rusk)"(1950. 11. 4), FRUS, 1950, vol. VII, pp. 1038~1041.

85 "Memorandum by the Director of the Central Intelligence Agency(Smith) to the President"(1950. 11. 1), FRUS, 1950, vol. VII, pp. 1025~1026.

86 D. Clayton James, *The Years of MacArthur*, vol. III, pp. 510~520.

87 《경향신문》 1950년 11월 6일.

88 "The Secretary of State to the United States Mission at the United Nations"(1950.

11. 5), FRUS, 1950, vol. VII, pp. 1046~1047.
89 《경향신문》 1950년 11월 7일.
90 《경향신문》 1950년 11월 8일.
91 "The Commander in Chief, Far East(MacArthur) to the Joint Chiefs of Staff"(1950. 11. 7), FRUS, 1950, vol. VII, pp. 1076~1077.
92 "The Commander in Chief, Far East(MacArthur) to the Joint Chiefs of Staff"(1950. 11. 9), FRUS, 1950, vol. VII, pp. 1107~1110.
93 "Memorandum of Conversation, by the Political Advisor in Japan(Sebald): General MacArthur's Concept of the Korean Campaign"(1950. 11. 14), FRUS, 1950, vol. VII, pp. 1148~1149.
94 《경향신문》 1950년 11월 17일.
95 《경향신문》 1950년 11월 18일.
96 D. Clayton James, The Years of MacArthur, vol. III, p. 528; "Memorandum of Conversation, by the Ambassador in Korea(Muccio): North Korean Military Action" (1950. 11. 17), FRUS, 1950, vol. VII, pp. 1175~1176.
97 Billy C. Mossman, *Ebb and Flow: November 1950~July 1951* (Washington D. C.: Center of Military History, United States Army, 1990), p. 65 [모스맨 지음·백선진 옮김, 《밀물과 썰물》(서울: 대륙연구소출판부, 1995)].
98 James F. Schnabel, *ibid.*, p. 348.
99 《경향신문》 1950년 11월 26일.
100 "The Commander in Chief, United Nations Command(MacArthur) to the Joint Chiefs of Staff"(1950. 11. 25), FRUS, 1950, vol. VII, pp. 1231~1233.
101 "Aid and Comfort to the Enemy", MA, RG 6, Box 3, File 8, p. 3.
102 주지안롱 지음·서각수 옮김, 앞의 책, 375쪽.
103 《경향신문》 1950년 11월 30일; "The Commander in Chief, Far East (MacArthur) to the Joint Chiefs of Staff"(1950. 11. 28), FRUS, 1950, vol. VII, pp. 1237~1238.
104 맥아더는 한국전쟁의 전세가 중국군의 참전으로 변화되자 자신은 만주라는 성역

을 가진 공산주의자들과의 전쟁에서 어려움을 겪고 있다고 주장했다. 하지만 리지웨이Matthew B. Ridgway가 밝혔듯 연합군도 역시 '특권을 가진 성역'을 가지고 있었다. 중국군과 북한군은 연합군의 후방기지 역할을 하던 일본 지역에 대한 공격을 자제했다. 매듀 B. 리지웨이·김재관 역, 《한국전쟁》(서울: 정우사, 1981), 91쪽; James F. Schnabel, op. cit., pp. 468~469. 반덴버그Hoyt S. Vandenberg의 지적처럼 '성역 문제는 쌍방에 다 같이 적용' 되고 있었다. 에드워드 월츠, 〈한국전을 둘러싼 맥아더청문회 비밀증언의 평가〉, 북한연구소, 《북한》 1976년 7월호(통권 55호), 199, 207쪽.

[105] Roy E. Appleman, *South to the Naktong, North to the Yalu* (Washington D. C.: United States Government Printing Office, 1961), pp. 769~770.

[106] James F. Schnabel, op. cit., pp. 355~356. 이에 대해 커밍스Bruce Cumings는 맥아더가 중국군 개입을 미리 알고 있었지만 중국인들의 전쟁 능력을 과소평가하고 있었다고 주장했다. 〈MBC 이제는 말할 수 있다 녹취록, Tape 20: 브루스 커밍스〉.

[107] Stanley Weintraub, op. cit., p. 191.

[108] D. Clayton James, *The Years of MacArthur*, vol. III, p. 564.

[109] 小柳順一, 〈朝鮮戰爭におけるGHQの情報の失敗 – なぜ中共軍の介入を予測できなかったのか〉, 《Intelligence》第3号, 2003, 100~106쪽.

9장 대만 국부군 이용과 맥아더의 핵무기 투하계획

[1] 《자유신문》 1950년 4월 23일.

[2] 《자유신문》 1950년 4월 23일.

[3] 《자유신문》 1950년 4월 29일.

[4] "Memorandum of Conversation: Korean Situation"(1950. 6. 26), 국방군사연구소, 《한국전쟁자료총서 39: 미 국무부 한국 국내상황 관련문서 I》(국방군사연구소, 1999), 372~379쪽.

⁵ "Memorandum by the Deputy Assistant Secretary for Far Eastern Affairs(Merchant) to the Secretary of State"(1950. 6. 29), FRUS 1950, p. 239.

⁶ "〈맥아더〉將軍, 臺北서 성명"(1950. 8. 1), 대한민국국방부 정훈국전사편찬회,《한국전란일년지》(서울: 대한민국국방부 정훈국전사편찬회, 1951), C 103쪽; William T. Y' Blood ed., *The Three Wars of Lieutenant General George E. Stratemeyer, His Korean War Diary* (Hawaii: University Press of the Pacific, 2005, reprint), p. 338.

⁷ 서상문,《모택동과 6·25전쟁—파병 결정과정과 개입동기》(서울: 국방부 군사편찬연구소), 45쪽.

⁸《부산일보》1950년 8월 12일.

⁹ 自由中國 國防部 史政編譯局, "美國麥克阿瑟將軍訪華會談紀錄" (檔號: 003.7/8043).

¹⁰《부산일보》1950년 8월 12일.

¹¹ Stanley Weintraub, *MacArthur's War: Korea and the Undoing of an American Hero* (New York: The Free Press, 2000), p. 123.

¹² "The Joint Chief of Staff to the Commander in Chief, Far East (MacArthur)"(1950. 11. 29), FRUS, 1950, vol. VII, pp. 1253~1254; James F. Schnabel, op. cit., p. 377.

¹³ D. Clayton James, *The Years of MacArthur*, vol. III, p. 537.

¹⁴ William T. Y' Blood ed. op. cit., p. 338.

¹⁵ Trumbull Higgins, *Korea and the Fall of MacArthur* (New York: Oxford University Press, 1960), p. 94.

¹⁶〈MBC 이제는 말할 수 있다 녹취록, Tape 14: 고든 썸너〉.

¹⁷ 매듀 B. 리지웨이·김재관 역,《한국전쟁》(서울: 정우사, 1981), 128, 163쪽.

¹⁸ Roger Dingman, "Atomic Diplomacy during the Korean War", International Security, vol. 13, No. 3 (Winter, 1988-1989); 김상배,〈한국전쟁에서 미국의 핵정책에 대한 연구〉, 서울대학교 외교학과 석사학위논문, 1991; Bruce Cumings, *The Origins of the Korean War, vol. II: The Roaring of the Cataract, 1947~1950* (New Jersey: Princeton University Press, 1990); "Spring thaw for Korea's cold war", Bulletin of the Atomic Scientists, vol. 48, no. 3, April, 1992; 赤木完爾,〈核兵器と朝鮮戰爭〉, 赤木完爾 編著,

《朝鮮戰爭: 休戰50周年の檢証·半島の內と外から》(東京: 慶應義塾大學出版, 2003) [이 논문은 서상문 편저, 《동아시아 전쟁사 최근연구 논문선집》에 〈핵무기와 6·25 전쟁〉으로 번역·게재되어 있다].

[19] 赤木完爾, 위의 글, 353~354쪽.

[20] Roger Dingman, op. cit., p. 91.

[21] 김상배, 앞의 글, 20~24쪽; 赤木完爾, 앞의 글, 364쪽.

[22] 赤木完爾, 위의 글, 355쪽.

[23] 김상배, 앞의 글, 25쪽.

[24] Roger Dingman, op. cit., p. 51~52.

[25] D. Clayton James, *The Years of MacArthur, vol. III: Triumph and Disaster, 1945-1964* (Boston: Houghton Mifflin Co. 1985), p. 77.

[26] "A Report to the President Pursuant to the President's Directive of January 31, 1950" (1950. 4. 7), FRUS, 1950, pp. 235~292.

[27] *Ibid*.

[28] "Memorandum of Conversation, by the Ambassador at Large(Jessup)" (1950. 6. 25), FRUS, 1950, vol. VII, pp. 159~161.

[29] Roger Dingman, op. cit., p. 55.

[30] 김상배, 앞의 글, 153~154쪽.

[31] 赤木完爾, 앞의 글, 366~367쪽. 그러나 아카기 칸지의 주장에는 사료에 대한 면밀한 접근이 결여되어 있다는 비판을 제기할 수 있다. 이 책에서 밝혔듯이 미국의 핵무기 사용계획은 개전 직후부터 고려되고 있었다는 사실을 사료로 통해 확인할 수 있기 때문이다.

[32] 赤木完爾, 위의 글, 364쪽.

[33] 아카기 칸지의 논문에는 1994년 *The Bulletin of the Atomic Scientist* 50호에 게재된 논문을 인용하고 있다. 하지만 2006년도 논문에 의하면 1994년 논문의 수치와 달리 최근에 밝혀진 숫자를 전재하고 있다. 따라서 본 논문에서도 2006년도 논문을 인용하여 표를 작성했다.

³⁴ 물론 표에 의하면 1950년 미국의 핵무기 보유량은 369개이다. 하지만 이것이 1950년 말인지 아니면 1950년 초인지는 명확하지 않다. 김상배에 의하면 미국은 대략 2개월에 100여 개의 핵무기를 생산하고 있었다고 밝히고 있으므로 이에 추정해 한국전쟁 개전 당시인 6월경에는 약 400여 개 이상의 핵무기를 보유하고 있었다고 추정해 볼 수 있다.

³⁵ 김상배, 앞의 글, II쪽.

³⁶ 荒 敬 編集, 《朝鮮戰爭と原爆投下計畫──米極東軍トップ・シークレット資料》(東京: 現代史料出版, 2000), X쪽.

³⁷ "Utilization of Atomic Bombardment to Assist in Accomplishment of the U. S. Objectives in South Korea"(1950. 7. 7), NARA, RG 319, Records of the Army Staff, General Decimal File 1950~1951, 091. Korea, TS (Section II), Entry 97, Box 34.

³⁸ "Intelligence Estimate of World-Wide and Soviet Reaction to the Use of Atomic Bombardment in the Korean Conflict"(1950. 7. 13), NARA, RG 319, Records of the Army Staff, General Decimal File 1950~1951, 091. Korea, TS (Section II), Entry 97, Box 34.

³⁹ 1950년 11월 스톡홀름에서 열린 세계평화옹호대회International Partisans of Peace Movement에서 평화옹호운동조직은 핵무기 금지를 위한 국제관리 실현을 요구했다. 특히 이들은 전 세계적으로 서명운동을 진행하여 3억 명에 달하는 서명인을 확보했다고 주장했다. 미국은 이러한 행동을 소련의 사주에 의해 움직이는 위장된 평화공세로 판단하고 있었지만, 세계 여론이라는 측면에서 무시할 수 없었다. "The International Partisans of Peace Movement and Its Campaigns after the Korea Attack" OIR Report, No. 5319 (1950. 8. 18), 국사편찬위원회, 《한국현대사자료집성 55: 미국무부 정보조사국OIR 한국관련보고서 3》(과천: 국사편찬위원회, 2002), pp. 1~36.

⁴⁰ Bruce Cumings, op. cit.(1990), p. 749.

⁴¹ Bruce Cumings, *ibid*., p. 915 note 133.

⁴² 1950년 7월 9일 합참은 맥아더로 하여금 핵무기를 사용할 수 있도록 하자는 합참의

장 브래들리의 제안을 거부했다. James F. Schnabel and Robert J. Watson, *The History of the Joint Chiefs of Staff: the Joint Chiefs of Staff and National Policy* (Wilmington: Michael Glazier, 1979), pp. 185~186.

43 Roger Dingman, op. cit., p. 57.

44 볼테Charles L. Bolte(1895~1989)는 일리노이 공과대학에서 화학을 전공하고 1916년 중위로 군대에 입대했다. 2년 후 1차 세계대전기 그는 프랑스 전선에서 상 미엘 St. Mihiel전투에 참전하고 뮤즈-아르곤Meuse-Argone 공격에 4사단 58연대의 일원으로 참가했다. 1919년 대위로 진급하여 미국으로 돌아온 그는 포트 베닝에서 1930년 보병 진급과정을 이수한 후 1932년 지휘참모대학Command and General Staff School을 졸업했다. 볼테는 육군대학Army War College을 졸업한 후 1940년까지 그 대학의 학장으로 재직했다. 1941년 중령이었던 볼테는 육군참관단을 이끌고 런던을 시찰했으며, 1942년 영국의 미군참모장으로 활약했다. 1943년에 소장으로 진급하여 69사단을 지휘했고, 1944년 7월에는 이탈리아에서 34사단 보병사단장을 역임했다. 이탈리아 재직 시 아펜니노Appenines 산맥 돌파와 볼로냐Bologna 함락 등 성공적인 작전을 이끌었다. 이러한 작전 성공으로 볼테는 2차 세계대전에서 두 개의 수훈장과 은성무공훈장, 상이기장 등을 받았다. 2차 세계대전이 끝난 후 볼테는 육군참모장, 합참 작전기획국장 등 다양한 직위에서 근무했다. 1952년과 53년에는 서독에서 제7군과 유럽주둔 육군사령관을 지냈다. 1953년부터 1955년까지 육군참모차장을 끝으로 군에서 예편한 그는 일반 회사에 대표이사를 지낸 후 사임하여 육군 및 해군 클럽의 회장을 역임했다. 1989년 2월 11일 마운트버논Mount Vernon 병원에서 심장발작으로 사망한 후 알링톤Arlington 국립묘지에 묻혔다. (http://www.arlingtoncemetery.net/clbolte.htm, 2008년 4월 28일 검색).

45 Stanley Weintraub, op. cit., p. 252.

46 《민주신보》1950년 7월 23일.

47 김상배, 앞의 글, 42쪽

48 "The Use of Atomic Weapons in Korea"(1950. 7. 27), NARA, RG 341, Records of the Headquarters U. S. Air Force (Air Staff), Air Force Plans Decimal File 1942~1954,

Korea, Headquarters U. S. Air Force, E. 335, Box 906.

[49] Roger Dingman, op. cit., p. 60. 그러나 이 B-29편대는 중국군이 압록강을 넘은 직후에 미국으로 귀환했다.

[50] Roger Dingman, ibid., p. 65.

[51] 김상배, 앞의 글, 45~46쪽.

[52] "The Use of Atomic Weapons in Korea"(1950. 8. 2), NARA, RG 341, Records of the Headquarters U.S. Air Force (Air Staff), Air Force Plans Decimal File 1942~1954, Korea, Headquarters U.S. Air Force, E. 335, Box 906.

[53] U.S. Congress, Office of Technology Assessment, A History of the Department of Defense Federally Funded Research and Development Centers, OTA-BP-ISS-157 (Washington, DC.: U.S. Government Printing Office, June 1995), p. 13.

[54] U.S. Congress, ibid., p. 14.

[55] 랜드RAND는 연구 및 조사Research and Development의 약자이다.

[56] 미 공군은 2차대전 전후 육군의 관할 하에 육군항공대로 설치되어 있었지만, 1947년 이후 정식독립부서인 공군으로 개편되었다.

[57] U.S. Congress, op. cit., p. 15.

[58] Ron T. Robin, The Making of the Cold War Enemy: Culture and Politics in the Military-intellectual complex (New Jersey: Princeton University Press, 2001), p. 171.

[59] U.S. Congress, op. cit., pp. 15~16; W. L. Whitson, "The Growth of the Operations Research Office in the U. S. Army", Operations Research, vol. 8, no. 6 (Nov. – Dec., 1960), pp. 809~824.

[60] 존슨의 일대기에 대해서는 다음 논문을 참조. Thorton Page, George S. Pettee, William A. Wallace, "Ellis A. Johnson, 1906~1973", Operations Research, vol. 22, no. 6 (Nov. – Dec., 1974), pp. 1141~1155.

[61] "Ellis A. Johnson to CINCFE: Far East Command Operations Research Problems" (1950. 9. 18), NARA, RG 349, Box 783, Operations Research Office, 1950.

[62] 荒 敬 編集, 앞의 책, IX~X쪽.

63 荒 敬 編集, 위의 책, V쪽.

64 "ORO-T-6, Technical Memorandum, An Evaluation of Service Support in the Korean Campaign", NARA, RG 338, Eighth U.S. Army, 1944~1956, Adjutant General Section, Security-Classified General Correspondence, 1951, Entry 8th Army, 319.1 (ORO) to 319.1 (PDS), Box 754.

65 "ORO-R-4, Utilization of Indigenous Manpower in Korea", NARA, RG 338, Eighth U.S. Army, 1944-1956, Adjutant General Section, Security-Classified General Correspondence, 1951, Entry 8th Army, 319.1 (ORO) to 319.1 (PDS), Box 754.

66 다음을 참조, William E. Dougherty, *A Psychological Warfare* Casebook (Baltimore: The Johns Hopkins Press, 1958), pp. 225~227, 309~314, 612~614, 681~715, 828~843.

67 U.S. Congress, op. cit., pp. 20~21.

68 荒 敬 編集, 앞의 책, X쪽.

69 荒 敬 編集, 위의 책, XIV쪽.

70 "Memorandum from Director, ORO(E. A. Johnson) to Chief of Staff, GHQ: Emergency Use of Atomic Bombs in Close support of Ground Forces in Korea"(1950. 11. 29), NARA, RG 349, Box 783, Operations Research Office, 1950.

71 "Memorandum by the Director of the Policy Planning Staff(Nitze)"(1950. 11. 4), FRUS, 1950, vol. VII, pp. 1041~1042.

72 "Memorandum by the Planning Adviser, Bureau of Far Eastern Affairs(Emmerson) to the Assistant Secretary of State for Far Eastern Affairs(Rusk)"(1950. 11. 8), FRUS, 1950, vol. VII, pp. 1098~1100.

73 "Possible Employment of Atomic Bombs in Korea"(JCS 2173, 1950. 11. 20), NARA, RG 341, Records of the Headquarters U.S. Air Force(Air Staff), Air Force Plans Decimal File 1942~1954, Korea, Headquarters U.S. Air Force, E. 335, Box 906.

74 김상배, 앞의 글, 51~52쪽. 여기서 언급된 방사선 폐기물 지대에 관한 논의에 주목할 필요가 있다. 어느 학자는 이러한 방사선 폐기물 지대 논의가 맥아더에 의해 시작된 것으로 평가하기도 하지만, 이러한 주장은 정확히 테네시(Tennessee) 주 하원의원

앨버트 고어(Albert Gore)와 육군부 작전참모부에서도 이미 제기된 바 있었다.

75 荒 敬 編集, 앞의 책, XII쪽.

76 "The President News Conference"(1950. 11. 30), Public Papers of the Presidents of the United States: Harry S. Truman, 1950 (http://www.trumanlibrary.org/publicpapers/ 2008년 4월 28일 검색).

77 김상배, 앞의 글, 49쪽.

78 김상배, 위의 글, 55쪽.

79 William T. Y' Blood ed., op. cit., p. 321.

80 "Use of Atomic Bomb"(JCS 2173/3, 1950. 12. 4), NARA, RG 341, Records of the Headquarters U. S. Air Force(Air Staff), Air Force Plans Decimal File 1942~1954, Korea, Headquarters U.S. Air Force, E. 335, Box 906.

81 "Memorandum for General Edwards"(1950. 12. 13), NARA, RG 341, Records of the Headquarters U. S. Air Force(Air Staff), Air Force Plans Decimal File 1942~1954, Korea, Headquarters U.S. Air Force, E. 335, Box 906.

82 荒 敬 編集, 앞의 책, XII쪽.

83 "Comments on Technical Memorandum ORO-T-1(FEC) 21 Dec. 1950: Tactical Employment of the Atomic Bomb in Korea", NARA, RG 349, Box 783, Operations Research Office, 1950.

84 "Doyle O. Hickey to Chief of Staff, U. S. Army: Tactical Employment of the Atomic Bomb in Korea"(Undated), NARA, RG 349, Box 783, Operations Research Office, 1950.

85 荒 敬 編集, 앞의 책, XIII~XIV쪽.

86 "G-3, FEC to AG, FEC, Incl.: Army Operational Evaluation Activities in the Far East"(1951. 2. 9), NARA, RG 349, Box 783, Operations Research Office, 1950.

87 荒 敬 編集, 앞의 책, XIV쪽.

88 "FECOM(Doyle O. Hickey) to The Chief of Staff, US Army: Tactical Employment of the Atomic Bomb in Korea"(Undated), NARA, RG 349, Box 783, Operations Research Office, 1950.

[89] Bruce Cumings, op. cit.(1990), p. 750; Bruce Cumings, op. cit.(1992), p. 18. 커밍스의 연구를 인용하여 다수의 연구자들이 이를 지적하고 있다. 김상배, 앞의 글, 57~58쪽; 荒 敬 編集, 앞의 책, XIV쪽.

[90] Stanley Weintraub, op. cit., p. 256.

[91] "C. L. Bolte to D. MacArthur"(1950. 12. 21), MA, RG 9, Box 121, Folder Personal for No. 1.

[92] "CINCFE to DA"(1950. 12. 24), MA, RG 9, Box 121, Folder Personal for No. 1.

[93] 赤木完爾, 앞의 글, 370쪽.

[94] Roger Dingman, op. cit., p. 69.

[95] Roger Dingman, ibid., p. 68.

[96] "Memorandum by the Joint Chiefs of Staff to the Secretary of Defense(Marshall)" (1951. 4. 6), FRUS, 1951. vol. VII, p. 309.

[97] Roger Dingman, ibid., pp. 72~73; 김상배, 앞의 글, 72~73쪽.

[98] "The Joint Chiefs of Staff to the Commander in Chief, Far East(Ridgway)"(1951. 4. 28), FRUS, 1951. vol. VII, pp. 386~387; "The Joint Chiefs of Staff to the Commander in Chief, Far East(Ridgway)"(1951. 5. 1), FRUS, 1951. vol. VII, pp. 394~398. Roger Dingman, op. cit., pp. 75~76.

[99] 荒 敬 編集, 앞의 책, XV쪽.

[100] 赤木完爾, 앞의 글, 375쪽.

[101] Roger Dingman, op. cit., p. 89.

[102] 荒 敬 編集, 앞의 책, VIII쪽.

10장 맥아더의 해임과 청문회

[1] Trumbull Higgins, *Korea and the Fall of MacArthur* (New York: Oxford University Press, 1960), p. 39.

² D. Clayton James, *The Years of MacArthur, vol. III: Triumph and Disaster, 1945~1964* (Boston: Houghton Mifflin Co. 1985), p. 462.

³ D. Clayton James, *ibid.*, p. 541.

⁴ D. Clayton James, *ibid.*, p. 542.

⁵ U.S. Congress, *Military Situation in the Far East—Hearings before the Committee on Armed Services and the Committee on Foreign Relations United States Senate, Eighty-Second Congress First Session*, Part 1 (Washington: United States Government Printing Office, 1951), pp. 6~7.

⁶ James Schnabel, F., *Policy and Direction: The First Year* (Washington: Office of the Chief of Military History, United States Army, 1972), p. 315.

⁷ "〈맥〉元帥, 對美合同參謀部 書翰"(1951. 1. 6), 대한민국국방부 정훈국전사편찬회, 《한국전란일년지》(서울: 대한민국국방부 정훈국전사편찬회, 1951), C 167쪽.

⁸ "Daily Korean Summary"(1951. 1. 8), 국방군사연구소, 《한국전쟁자료총서 16: 미국 중앙정보국 정보보고서 Daily Report I》(서울: 국방군사연구소, 1997), 446~447쪽.

⁹ "The British Prime Minister(Atlee) to President Truman"(1951. 1. 8) FRUS, 1951, vol. VII, pp. 37~39.

¹⁰ "The Secretary of State to the Embassy in the United Kingdom"(1951. 1. 18) FRUS, 1951, vol. VII, pp. 39~40.

¹¹ "Memorandum of Conversation: Korea"(1951. 1. 8), 《남북한관계사료집 16—대한민국 내정에 관한 미 국무부 문서I, 795B Series(1950~1951)》(과천: 국사편찬위원회, 1995), 590~592쪽.

¹² "Outline for Discussion with JCS"(1951. 1. 9), 국방군사연구소, 《한국전쟁 자료총서 53: 미 국무부 한국 국내상황 관련문서 XV》(서울: 국방군사연구소, 1999), 623~628쪽.

¹³ "Muccio to Secretary of State"(1951. 1. 10), 국방군사연구소, 위의 책, 650~651쪽.

¹⁴ "The Joint Chiefs of Staff to the Commander in Chief, Far East"(1951. 1. 9), FRUS, 1951, vol. VII, pp. 41~43.

15 "MacArthur to DA"(1951. 1. 10), 국방군사연구소, 앞의 책, 661~662쪽.

16 "The Commander in Chief, United Nations Command(MacArthur) to the Department of the Army"(1951. 1. 10), FRUS, 1951, vol. VII, pp. 55~56.

17 "Memorandum of Conversation with the President, Item No. 6 – Cease Fire Principles"(1951. 1. 11), 국방군사연구소, 《한국전쟁 자료총서 54: 미 국무부 한국 국내상황 관련문서 XVI》(서울: 국방군사연구소, 1999), 40~46쪽.

18 "Memorandum by the Joint Chiefs of Staff to the Secretary of Defense (Marshall)" (1951. 1. 12), FRUS, 1951, vol. VII, pp. 70~72.

19 "Courses of Action Relative to Communist China and Korea"(1951. 1. 12), G-3 Division 381. China TS, case 4, RG 319, Records of the Army Staff (에드워드 윌츠, 〈한국전을 둘러싼 맥아더청문회 비밀증언의 평가〉, 북한연구소, 《북한》 1976년 7월호(통권 55호), 203쪽에서 재인용).

20 에드워드 윌츠, 위의 글, 203쪽.

21 "JCS to CINCFE"(1951. 1. 13), 국방군사연구소, 앞의 책, 107~110쪽.

22 Michael Schaller, *Douglas MacArthur: The Far Eastern General* (New York: Oxford University Press, 1989) p. 413; "Memorandum of Conversation" (1951. 1. 19), 국방군사연구소, 앞의 책, 257~261쪽.

23 "Memorandum of Conversation: Statement made by Gen. MacArthur"(1951. 1. 30), 국방군사연구소, 앞의 책, 630쪽; "Memorandum of Telephone Conversation, by the Deputy Assistant Secretary of State for Far Eastern Affairs (Merchant)"(1951. 1. 30), FRUS, 1951, vol. VII, p. 146.

24 "Resolution 498(V), Adopted by the United Nations General Assembly, February 1, 1951", FRUS, 1951, vol. VII, pp. 150~151.

25 "Memorandum by the Assistant Secretary of State for Far Eastern Affairs(Rusk)" (1951. 2. 11), FRUS, 1951, vol. VII, pp. 165~167.

26 "Memorandum for the Record of a Department of State-Joint Chiefs of Staff Meeting"(1951. 2. 13), FRUS, 1951, vol. VII, pp. 174~177.

27 "Daily Korean Bulletin"(1951. 2. 13), 국방군사연구소, 《한국전쟁자료총서 16: 미국 중앙정보국 정보보고서 Daily Report I》(서울: 국방군사연구소, 1997), 504~505쪽.

28 《동아일보》 1951년 3월 16일.

29 《경향신문》 1951년 2월 17일.

30 《경향신문》 1951년 2월 18일.

31 "Memorandum by Robert W. Tufts of the Policy Planning Staff"(1951. 2. 22), FRUS, 1951, vol. VII, pp. 188~189.

32 "The Secretary of State to the Secretary of Defense (Marshall)"(1951. 2. 23), FRUS, 1951, vol. VII, pp. 189~194.

33 "The Secretary of Defense (Marshall) to the Secretary of State"(1951. 3. 1), FRUS, 1951, vol. VII, pp. 202~207.

34 U.S. Congress, Military Situation in the Far East, Part 5, pp. 3540~3541.

35 《동아일보》 1950년 3월 17일.

36 1951년 3월 7일 제8군이 주도한 반격작전으로 춘천 지역에 대한 공격을 통해 서부의 중국군과 동부의 북한군을 분리하는 데 그 목적을 두었다. 이 작전의 영향 때문에 서울 재탈환에 성공한 것으로 합동참모본부는 평가했다. 국방부전사편찬위원회 역, 《미국합동참모본부사―한국전쟁 上》(서울: 국방부전사편찬위원회, 1990), 364쪽.

37 "Joint Chiefs of Staff to General MacArthur"(1951. 3. 20), U.S. Congress, U.S. Congress, Military Situation in the Far East, Part 5, p. 3541.

38 "Statement of General MacArthur"(1951. 3. 20), U.S. Congress, Military Situation in the Far East, Part 5, pp. 3541~3542; "The Secretary of State to Certain Diplomatic Offices"(1951. 3. 24), FRUS, 1951, vol. VII, pp. 265~268.

39 Trumbull Higgins, op. cit., p. 110.

40 "The Secretary of State to Certain Diplomatic Offices"(1951. 3. 24), FRUS, 1951, vol. VII, pp. 265~268.

41 《동아일보》 1951년 3월 27일.

42 Billy C. Mossman, *Ebb and Flow: November 1950~July 1951* (Washington D. C.:

Center of Military History, United States Army, 1990), pp. 344~346.
43 Trumbull Higgins, op. cit., pp. 113~114.
44 Trumbull Higgins, *ibid.*, p. 118.
45 D. Clayton James, op. cit., pp. 598~599.
46 Michael Schaller, op. cit., pp. 252~253.
47 《New York Times》 1951. 4. 15; D. Clayton James, op. cit., p. 626.
48 《New York Times》 1951. 4. 12.
49 "A Message from Committee chairman to General MacArthur"(1951. 4. 13), U.S. Congress, Military Situation in the Far East, Part 5, pp. 3359~3360.
50 "Reply thereto by General MacArthur"(1951. 4. 14), U.S. Congress, Military Situation in the Far East, Part 5, p. 3360.
51 "Unanimous consent agreement of the Senate"(1951. 4. 25), U.S. Congress, Military Situation in the Far East, Part 5, p 3361.
52 Douglas MacArthur, Reminiscences (New York: Mcgraw-Hill Book Company, 1964) p. 401.
53 Douglas MacArthur, *ibid.*, pp. 402~405.
54 Michael Schaller, op. cit., pp. 246~247.
55 U.S. Congress, Military Situation in the Far East, Part 1, pp. 6~7, 66.
56 U.S. Congress, Military Situation in the Far East, Part 1, pp. 21~25, 280.
57 U.S. Congress, Military Situation in the Far East, Part 1, pp. 12~16, 69.
58 U.S. Congress, Military Situation in the Far East, Part 1, pp. 30, 282~283.
59 U.S. Congress, Military Situation in the Far East, Part 1, p. 55.
60 U.S. Congress, Military Situation in the Far East, Part 1, p. 77.
61 U.S. Congress, Military Situation in the Far East, part 1, pp. 100~101.
62 U.S. Congress, Military Situation in the Far East, part 1, pp. 103, 259.
63 U.S. Congress, Military Situation in the Far East, Part 1, pp. 324~325.
64 U.S. Congress, Military Situation in the Far East, Part 2, pp. 731~732.

참고문헌

I. 자료

1. 국문

(1) 신문

《경제신문》《경향신문》《동아일보》《로동신문》《민주신보》《부산일보》《서울신문》
《자유신문》《조선인민보》《조선일보》《조선중앙일보》《한성일보》《해방일보》

(2) 연감·일지·사전

군사영어편찬위원회 편,《군사영어사전》(서울: 병학사, 1976).

(3) 자료집

김남식, 이정식, 한홍구 편,《한국현대사자료총서》1~15(서울: 돌베개, 1986).
申福龍 編,《韓國解放前後史論著》1: Journals (서울: 先人文化社, 1998).
신복룡,《한국분단사자료집》I-V (서울: 원주문화사, 1990).
이길상,《해방전후사자료집》1-2 (서울: 원주문화사, 1992).
Robert E. Ward and Frank Joseph Shulman, *The Allied Occupation of Japan 1945~
1952* (Chicago: American Library Association, 1974).

United States Armed Forces in Korea, *History of the United States Armed Forces in Korea. Manuscript in Office of the Chief of the Military History*, Washington D. C.[《주한미군사》 1~4 (서울: 돌베개)로 영인].

(4) 정부간행자료

공군본부, 《중국군 장군들의 한국전쟁 회고》(공군본부정보작전참모부, 2004).

국가보훈처, 《해외의 한국독립운동사(24) 미주편 ⑥: NAPKO Project of OSS-재미 한인들의 조국 정진계획》(서울: 국가보훈처, 2001).

국방군사연구소, 《한국전쟁》 上(서울: 국방군사연구소, 1995).

　　　　　　　《한국전쟁》 中(서울: 국방군사연구도, 1996)

　　　　　　　《한국전쟁》 下(서울: 국방군사연구도, 1997)

_____, 《한국전쟁자료총서 1: 미국가안전보장회의 문서》(서울: 국방군사연구소, 1996).

_____, 《한국전쟁자료총서 4: 미국무부정책기획실문서 Country & Area Files, Korea I》(서울: 국방군사연구소, 1997).

_____, 《한국전쟁자료총서 7: 미국무부 정책기획실 문서》(서울: 국방군사연구소, 1997).

_____, 《한국전쟁자료총서 9: 미국무부정책기획실문서 Working Papers I》(서울: 국방군사연구소, 1997).

_____, 《한국전쟁자료총서 13: 미국무부정책기획실문서》(서울: 국방군사연구소, 1997).

_____, 《한국전쟁자료총서 15: 미국중앙정보국정보보고서》(서울: 국방군사연구소, 1997).

_____, 《한국전쟁자료총서 29: 미국국무부정책연구과문서 Korea Project File vol. IV》(서울: 국방군사연구소, 1998).

_____, 《한국전쟁 자료총서 39: 미국무부한국국내상황관련문서 I》(서울: 국방군사연구소, 1999).

_____, 《한국전쟁 자료총서 41: 미국무부한국국내상황관련문서 III》(서울: 국방군사연구소, 1999).

_____, 《한국전쟁 자료총서 43: 미국무부한국국내상황관련문서 V》(서울: 국방군사연구소, 1999).

_____, 《한국전쟁 자료총서 49: 미국무부한국국내상황관련문서 XI》(서울: 국방군사연구소, 1999).

_____, 《한국전쟁 자료총서 50: 미국무부한국국내상황관련문서 XII》(서울: 국방군사연구소, 1999).

_____, 《한국전쟁 자료총서 53: 미국무부한국국내상황관련문서 XV》(서울: 국방군사연구소, 1999).

_____, 《한국전쟁 자료총서 54: 미국무부한국국내상황관련문서 XVI》(서울: 국방군사연구소, 1999).

국방부 군사편찬연구소, 《소련 군사고문단장 라주바예프의 6·25전쟁 보고서》 1, 2, 3(서울: 국방부군사편찬연구소, 2001).

국방부 전사편찬위원회 편, 《한국전쟁전투사―인천상륙작전》(서울: 국방부전사편찬위원회, 1983).

국방부 전사편찬위원회 편저, 《한국전쟁사》 제11권―UN군 참전(서울: 국방부, 1980).

대한민국국방부 정훈국전사편찬회, 《한국전란일년지》(서울: 대한민국국방부 정훈국전사편찬회, 1951).

국사편찬위원회, 《북한관계사료집》 11(과천: 국사편찬위원회, 1991).

_____, 《한국현대사자료집성 55: 미국무부 정보조사국OIR 한국관련보고서 3》(과천: 국사편찬위원회, 2002)

_____, 《資料大韓民國史》 1~23 (과천: 국사편찬위원회, 1968~2005).

_____, 《해외사료총서 13: 미국소재 한국사 자료조사보고 V》(과천: 국사편찬위원회, 2007)

_____, 《해외사료총서 10 쉬띄코프일기(1946~1948)》(과천: 국사편찬위원회, 2004).

대한민국외무부, 《한국전쟁관련 러시아문서: 기본문헌, 1949~1953》.

_____, 《한국전쟁관련 러시아문서: 보충문헌, 1949~1953》.

_____, 《한국전쟁관련 러시아외교문서》(1994. 7. 20. 내부용번역본).

정부기록보존소, 《한국전쟁관련 중국자료선집-한국전쟁과 중국 I, II》(대전: 행정자치부 정부기록보존소, 2002).

중국 군사과학원 군사역사연구부 저·오규열 역, 《중국군의 한국전쟁사 1》(국방부군사편찬연구소, 2002).

중국 군사과학원 군사역사연구부 저·박동구 역, 《중국군의 한국전쟁사 2》(국방부군사편찬연구소, 2005).

(5) 북한간행자료

강석희, 《조국해방전쟁사》 2 (평양: 과학백과사전종합출판사, 1993).

국제문제연구소, 《력사가 본 조선전쟁》(평양: 사회과학출판사, 1993).

김일성, 《세기와 더불어》 1~6 (평양: 조선로동당출판사, 1992).

_____, 《세기와 더불어》 7~8(계승본)(평양: 조선로동당출판사, 1996, 1998).

허종호, 《미제의 극동침략정책과 조선전쟁》 1, 2 (평양: 사회과학출판사, 1993).

_____, 《조국해방전쟁사》 1~3 (평양: 과학백과사전종합출판사, 1993).

2. 외국문

1) 중문/일문

自由中國 國防部 史政編譯局, "美國麥克阿瑟將軍訪華會談紀錄"(檔號:003.7/8043).

荒敬編集, 《朝鮮戰爭と原爆投下計画-未極東軍トシフ·ツークレシト資料-》(東京: 現代史料出版, 2000).

2) 영문

(1) 미간행자료

가. 미국립문서기록관리청 NARA 소장 문서

RG 59, General Records of the Department of State (국무부 일반문서).

RG 59, Office of Northeast Asian Affairs, Briefing Books & Reference Materials Maintained by the Office of Northeast Asian Affairs.

RG 59, Office of Northeast Asian Affairs, Records Relating to the Treaty of Peace with Japan.

RG 59, Public Opinion on Foreign Countries and Regions: Japan and Korea, 1945~54.

RG 59, Office of the Assistant Secretary of State for Far Eastern Affairs (John Moore Allison), 1950~52.

RG 59, Records of Office of Public Affairs, Subject Files, Lot 52~95, Entry 1374, Box 2.

RG 59, Records of the Office of Assistant Secretary and Under Secretary of States Dean Acheson, 1941~48, 1950.

RG 59, Records of the Secretary and Under Secretary of State, Other Records of the Executive Secretariat, Records of Dean Acheson, 1944~1953.

RG 165, Records of the War Department General and Special Staffs (육군부 일반·특별 참모 문서).

RG 165, American-British Conversation Files.

RG 165, Civil Affairs Division General Records, Security Classified General Correspondence, 1943~1949.7.

RG 226, Records of the Office of Strategic Services (전략사무국 문서).

RG 226, Postwar Japan, Korea and Southwest Asia.

RG 263, Records of the Central Intelligence Agency (중앙정보부 문서).

RG 263, The Murphy Collection on International Communism, 1917~58, Entry

Murphy Papers, Box 69.

RG 319, Records of the Army Staff (육군 참모부 문서).

RG 319, Assistant Chief of Staff, G-2, Intelligence, Administrative Division, Intelligence Library ("P") File, 1946-51.

RG 319, Assistant Chief of Staff, G-2, Intelligence, Incoming and Outgoing Messages, 1948.

RG 319, General Decinal File 1950~51, 091. Korea, TS (Section II)

RG 319, Records of the Office of the Chief of Information, Korean War Communiques and Press Releases.

RG 331, Records of Allied Operational and Occupation Headquarters, World War II (2차 세계대전기 연합국 작전·점령 사령부 문서).

RG 331, SCAP, 1945~51, Top Secret Records of Various Section, Administrative Div., AG Section, 1945~52, Mail and Records.

RG 331, SCAP, Adjutant General's Section, Operations Division, Mail and Records Branch, Classified, Decimal File, 1949.

RG 331, SCAP, Economic & Scientific Section, Director of Economic & Planning, General Subject Files, 1945~52.

RG 332, Records of U.S. Theaters of War, World War II (2차 세계대전기 美戰區 문서).

RG 332, United States Army Forces in Korea, XXIV Corps, G-2 Historical Section, 1945~47, Military Government Chief Adviser (Civilian).

RG 338, Records of U.S. Army Commands (미 육군사령부 문서).

RG 338, Records of United States Army Forces in Korea, Lt. Gen. John R. Hodge Official File, 1944~48.

RG 341, Records of the Headquarters U.S. Air Force (Air Staff), Air Force Plans Decimal File 1942~1954

RG 349, Records of Joint Commands, 1945~73

나. 미 대통령 기념도서관 및 의회도서관

Harry S. Truman Library(HSTL).

(MC 1-1, 1-2) James H. Hausman (회고록).

Office File, Box 30, Office of Strategic Service, Korea, 1945: Office File 1392, John J. Muccio.

Office File, Boxes 471, 1304.

Office File, Box 1305.

Papers of George M. Elsey.

Personal Papers of Charles W. Thayer.

President's Secretary's Files, Subject File, Foreign Affair File, Box 182, Korean-NSRB Memo, 1950.7.6: Korea.

President's Secretary's Files, IF, Box 253, National Intelligence Estimates.

President's Secretary's Files, Subject File, NSC, Box 194, Current Policies-3, Far East. President's Secretary's Files, Box 256.

President's Secretary's Files, IF, Boxes 257~258.

President's Secretary's Files, Pauley Mission.

Selected Records Relation to the Korean War, Box 1, Published Background Material.

White House Central File, Box 40, State Department Correspondence, Memorandum for Mr. Cornelly: Box 41, State Department Correspondence, 1950: State Department Correspondence, 1951~52.

The Library of Congress(LC).

U. S. Congress, Military Situation in the Far East-Hearings before the Committee on Armed Services and the Committee on Foreign Relations United States Senate, Eighty-Second Congress First Session, Part 1~5 (Washington: United States Government Printing Office, 1951).

U.S. Congress, Office of Technology Assessment, A History of the Department of

Defense Federally Funded Research and Development Centers, OTA-BP-ISS-157 (Washington, DC.: U.S. Government Printing Office, June 1995).

U.S. Congress, Hearing before the Subcommittee on Korean War Atrocities of the Permanent Subcommittee on Investigations of the Committee on Government Operations United States Senate, 83rd Congress, 1st Session, Pursuant to S. Res. 40, Part 1, December 3, 1953.

다. 맥아더기념문서관 MacArthur Memorial Archives 소장 문서

RG-4 Records of General Headquarters, U. S. Army Forces Pacific (USAFPAC), 1942~1947.

RG-5 Records of General Headquarters, Supreme Commander for the Allied Powers (SCAP); 1947~1951.

RG-6 Records of General Headquarters, Far East Command (FECOM); 1947~1951.

RG-7 Records of General Headquarters, United Nations Command (UNC); 1950~51.

RG-8 Some Records of U. S. Army Forces in Korea (USAFIK), 1947~1948.

RG-9 Collection Messages (Radiogram), 1945~1951.

RG-10 General Douglas MacArthur's Private Correspondence, 1848~1964.

RG-38 Selected Papers of Lieutenant General Edward M. Almond, 1946~1951.

(2) 미 행정부 간행자료

U. S. Department of State, *Foreign Relations of the United States*, 1945, vol. VI : The British Commonwealth The Far East (Washington: U.S.G.P.O., 1969).

_____, *Foreign Relations of the United States*, 1946, vol. VIII : The Far East (Washington: U.S.G.P.O., 1971).

_____, *Foreign Relations of the United States*, 1947, vol. VI : The Far East (Washington: U.S.G.P.O., 1972).

_____, *Foreign Relations of the United States*, 1948, vol. VI : The

Far East and Australasia (Washington: U.S.G.P.O., 1974).

_____, *Foreign Relations of the United States*, 1949, vol. IX : The Far East : China (Washington: U.S.G.P.O., 1974).

_____, *Foreign Relations of the United States*, 1949, vol. VII : The Far East and Austrlasia(in two parts) Part 2 (Washington: U.S.G.P.O., 1976).

_____, *Foreign Relations of the United States*, 1950, vol. VII : Korea(Washington: U.S.G.P.O., 1976).

Schnabel, James F., *Policy and Direction: The First Year* (Washington D. C.: Center of Military History, United States Army, 1972).

Appleman, Roy E., *South to the Naktong, North to the Yalu* (Washington D. C.: Center of Military History, United States Army, 1961).

Hermes, Walter G., *Truce Tent and Fighting Front* (Washington D. C.: Center of Military History, United States Army, 1966).

Mossman, Billy C., *Ebb and Flow: November 1950~July 1951* (Washington D. C.: Center of Military History, United States Army, 1990).

(3) 회고록·전기·평전

Acheson, Dean, *Present at the Creation* (New York: Norton, 1969).

Borton, Hugh, *Spanning Japan's Modern Century* (Lanham: Lexington Books, 2002).

Lee, Clark, Henschel, Richard, *Douglas Macarthur*, (New York: Henry Holt and Company, 1952).

Clayton James D., *The Years of MacArthur: Triumph and Disaster 1880~1941* (Boston: Houghton Mifflin Co. 1970).

_____, *The Years of MacArthur: Triumph and Disaster 1941~1945* (Boston: Houghton Mifflin Co. 1975).

_____, *The Years of MacArthur: Triumph and Disaster 1945~1964* (Boston: Houghton Mifflin Co. 1985).

Courtney Whitney, *MacArthur-His Rendezvous with History* (New York: Alfred A Knopf, 1956).

Kennan, George F., *Memoirs 1925~1950* (Boston: Atlantic-Little, Brown, 1967).

Kenney, George C., *The MacArthur I Know* (New York: Duell, Sloan and Pearce, 1951).

MacArthur, Douglas., *Reminiscences* (New York: Mcgraw-Hill Book Company, 1964).

Ridgway, Matthew B., *The Korean War* (New York: Doubleday, 1967).

Sebald, William J., *With MacArthur in Japan - A Personal History of the Occupation* (New York: W. W. Norton & Company, 1965).

Willoughby, *Charles A. and John Chamberlain, MacArthur 1941~1951* (New York: McGraw-Hill Book Company Inc., 1954).

II. 연구성과

1. 단행본

(1) 국문

Cagle, Malcolm W., Manson, Frank A. · 신형식 역, 《한국전쟁해전사》(서울: 21세기 군사연구소, 2003).

C. L. 호그 지음 · 신복룡, 김원덕 옮김, 《한국분단보고서》 상, 하 (서울: 풀빛, 1992).

E. B. 포터 지음 · 김주식 옮김, 《태평양전쟁, 맥아더, 그러나 니미츠》(서울: 신서원, 1997).

강성철, 《주한미군》(서울: 일송정, 1988).

강정구, 《분단과 전쟁의 한국현대사》(서울: 역사비평사, 1996).

계인주, 《맥아더장군과 계인주대령》(서울: 다인미디어, 1999).

고든 레더만 저, 김동기 · 권영근 역, 《합동성 강화 미 국방개혁의 역사》(서울: 연경문화사, 2002).

고모리 요이치 지음, 송태욱 옮김, 《1945년 8월 15일, 천황 히로히토는 이렇게 말하였다》(서울: 뿌리와이파리, 2004).

구대열, 《한국국제관계사연구》1, 2 (서울: 역사비평사, 1995).

권용립, 《미국대외정책사》(서울: 민음사, 1997).

그란트 미드 지음, 안종철 옮김, 《주한미군정 연구》(서울: 공동체, 1993).

그레고리 헨더슨 저, 박행웅·이종삼 옮김, 《소용돌이의 한국정치》(서울: 한울아카데미, 2000).

金雲泰, 《美軍政의 韓國統治》(서울: 博英社, 1992).

김경일, 《이재유 연구—1930년대 서울의 혁명적 노동운동》(서울: 창작과 비평사, 1993).

김경일 지음, 홍면기 옮김, 《중국의 한국전쟁 참전 기원 – 한중관계의 역사적·지정학적 배경을 중심으로》(서울: 논형, 2005).

김계동, 《한반도의 분단과 전쟁: 민족분열과 국제개입·갈등》(서울: 서울대학교출판부, 2000).

김기조, 《한반도 38선 분할의 역사—일제 15년 정전략과 미·소 외교전략비사》(서울: 한국학술정보, 2006).

김남식, 《남로당연구》(서울: 돌베개, 1984).

김동규, 《주한당군 주한미군》(서울: 을지서적, 1993).

김성보, 《남북한 경제구조의 기원과 전개—북한 농업체제의 형성을 중심으로—》(서울: 역사비평사, 2000).

김영호, 《한국전쟁의 기원과 전개과정》(서울: 두레, 1998).

김준엽·김창순, 《한국공산주의운동사》1~5 (서울: 청계연구소, 1986).

김진웅, 《냉전의 역사, 1945~1991》(서울: 비봉출판사, 1998).

김철범·제임스 매트레이 편, 《한국과 냉전》(서울: 평민사, 1991).

김철범, 《진실과 증언: 40년 만에 밝혀진 한국전쟁의 진상》(서울: 을유문화사, 1990).

_____, 《한국전쟁과 미국》(서울: 평민사, 1995).

김학준, 《한국전쟁—원인·과정·휴전·영향》(서울: 박영사, 1993).

나카무라 마사노리 지음, 유재연·이종욱 옮김, 《일본 전후사 1945~2005》(파주: 논형, 2006).

남정옥,《한미군사관계사 1871~2002》(서울: 국방부 군사편찬연구소, 2002).

도널드 맥도널드 저·한국역사연구회 옮김,《한미관계 20년사(1945~1965년)》(서울: 한울아카데미, 2001).

동아일보특별취재반 編,《(철저해부)주한미군》(서울: 東亞日報社, 1990).

데이비드 콩드,《분단과 미국: 1945~1950》1, 2 (서울: 사계절, 1988).

_____,《한국전쟁: 또 하나의 시각》1, 2 (서울: 과학과 사상, 1988).

드미트리 볼코고노프 저, 한국전략문제연구소 역,《스탈린》(서울: 세경사, 1993).

로버트 렉키 저, 윤억섭 역,《충돌: 한국전쟁 이야기(1950~1953)》(서울: 삼우사, 2000).

로버트 T. 올리버 저, 박일영 역,《이승만비록》(서울: 한국문화출판사, 1982).

_____,《대한민국 건국의 내막》(서울: 계명사, 1998).

리차드 로빈슨 저, 정미옥 옮김,《미국의 배반—미군정과 남조선》(서울: 과학과 사상. 1989).

리처드 E. 라우터백 지음, 국제신문사출판부 옮김,《한국미군정사》(서울: 도서출판 돌베개, 1983).

마리우스 B. 젠슨 지음, 김우영·강인환 외 옮김,《현대일본을 찾아서》(서울: 이산, 2006).

Mark Gain 저, 까치편집부 역,《解放과 美軍政: 1946.10~11》(서울: 까치, 1986).

마틴 하트-렌즈버그 지음, 신기섭 옮김,《이제는 미국이 대답하라: 한반도의 분단과 통일》(서울: 당대, 2000).

매튜 리지웨이 저, 김재관 역,《한국전쟁》(서울: 정우사, 1981).

문제안 외 39명,《8·15의 기억: 해방공간의 풍경, 40인의 역사체험》(서울: 한길사, 2005).

미국무부 刊, 이영희 編譯,《중국백서》(서울: 전예원, 1982).

미 해외참전용사협회 엮음, 박동찬·이주영 옮김,《그들이 본 한국전쟁》2—맥아더 보고서—(서울: 눈빛출판사, 2005).

박광주 외 공저,《미국의 대외관계: 법과 제도의 변화》(서울: 서울대학교출판부, 1990).

박명림,《한국전쟁의 발발과 기원》1, 2 권 (서울: 나남출판사, 1996).

_____,《한국 1950 : 전쟁과 평화》(서울: 나남출판, 2002).

박찬표,《한국의 국가형성과 민주주의》(서울: 고려대학교출판부, 1997).

박태균,《한국전쟁》(서울: 책과 함께, 2005).

_____,《우방과 동맹, 한미관계의 두 신화》(서울: 창비, 2006).

방선주 외 저, 翰林大學校 아시아文化硏究所 편,《한국현대사와 美軍政》(춘천: 翰林大學校 出版部, 1991).

브루스 커밍스 저, 김자동 역,《한국전쟁의 기원》(서울: 일월서각, 1986).

브루스 커밍스 저, 김동노 옮김,《브루스 커밍스의 한국현대사》(서울: 창작과 비평사, 2001).

빅터 D. 차 저, 김일영·문순보 옮김,《적대적 제휴: 한국, 미국, 일본의 삼각 안보체제》(서울: 문학과 지성사, 2004).

사카이야 다이치堺屋太一 지음, 양억관 옮김,《일본을 이끌어 온 12인물》(서울: 자유포럼, 1997).

서대숙,《한국공산주의운동사 연구》(서울: 이론과 실천, 1985).

_____,《현대북한의 지도자―김일성과 김정일―》(서울: 을유문화사, 2000).

서상문,《모택동과 6·25전쟁―파병 결정과정과 개입동기―》(서울: 국방부 군사편찬연구소, 2006).

서울신문사 편저,《주한미군 30년》(서울: 행림출판사, 1978).

서중석,《한국현대민족운동연구》I, II (서울: 역사비평사, 1991, 1996).

서진영 지음,《중국혁명사》(서울: 한울아카데미, 1992).

소토카 히데토시 외 지음, 진창수·김철수 옮김,《미일동맹: 안보와 밀약의 역사》(파주: 한울, 2006).

스티븐 엔디콧 외 저, 안치용 외 역,《한국전쟁과 미국의 세균전》(서울: 중심, 2003).

신도 에이이찌 저, 송이랑 역,《다시보는 일본 전후외교》(부산: 동아대학교 출판부, 2005).

신복룡,《한국분단사연구》(서울: 한울아카데미, 2001).

아서 M. 슐레진저2세 저, 정상준·황혜성 역,《미국역사의 순환》(서울: 을유문화사, 1993).

안드레이 란코프 저, 김광린 역,《소련의 자료로 본 북한 현대정치사》(서울 : 오름, 1995).

안진,《미군정기 억압기구 연구》(서울: 새길, 1996).

알렌 S. 휘팅 저, 국방부전사편찬위원회(역),《중공군 압록강을 건 다》(서울: 국방부전사편찬위원회, 1989).

앤드류 기어 저, 홍동선 역,《피의 낙동강, 얼어붙은 장진호: 한국전쟁과 미 해병대》

(서울: 정우사, 1981).

양동안, 《대한민국건국사: 해방3년의 정치사》(서울: 현음사, 2001).

양영조, 《한국전쟁과 동북아 국가정책》(서울: 선인, 2007).

역사문제연구소, 《해방3년사 연구입문》(서울: 까치, 1989).

역사학연구소 편, 《한국공산주의 운동사 연구―현황과 전망》(서울: 아세아문화사, 1997).

오코노기 마사오小此木政夫 저, 현대사연구실 역, 《韓國戰爭―美國의 介入過程》(서울: 청계연구소, 1986).

와다 하루끼 저, 서동만 역, 《한국전쟁》(서울: 창작과 비평사, 1999).

윌리엄 스툭(저), 서은경(역), 《한국전쟁과 미국 외교정책》(서울: 나남출판, 2005).

유영익, 《이승만의 삶과 꿈》(서울: 중앙일보사, 1996).

유영익 편, 《이승만 연구―독립운동과 대한민국 건국―》(서울: 연세대학교 출판부, 2000).

유영익·이채진 편, 《한국과 6·25전쟁》(서울: 연세대학교 출판부, 2002).

이삼성, 《현대미국외교와 국제정치》(서울: 한길사, 1993).

_____, 《세계와 미국》(서울: 한길사, 2000).

이오키베 마코토 외, 조양욱 옮김, 《일본 외교 어제와 오늘》(서울: 다락원, 2002).

이완범, 《한국전쟁―국제전적 조망》(서울: 백산서당, 2000).

_____, 《삼팔선 획정의 진실》(서울: 지식산업사, 2001).

이재범 외 저, 《한반도의 외국군 주둔사: 웅진도독부에서 주한미군까지》(서울: 중심 2001).

이종석, 《조선로동당연구―지도사상과 구조 변화를 중심으로―》(서울: 역사비평사, 1995).

_____, 《새로쓴 현대북한의 이해》(서울: 역사비평사, 2000).

이한우, 《위대한생애 이승만 90년》上, 下 (서울: 조선일보사, 1996).

일본육전사연구보급회 편, 이원복 역, 《한국전쟁》1권―38선 초기전투와 지연작전 (서울: 명성출판사, 1991).

정병준, 《우남이승만연구》(서울: 역사비평사, 2005).

_____, 《한국전쟁―38선 충돌과 전쟁의 형성》(서울: 역사비평사, 2006).

정용욱, 《미군정 자료연구》(서울: 선인, 2002).

_____, 《해방전후 미국의 대한정책》(서울: 서울대학출판부, 2002).

_____, 《존 하지와 미군 점령통치 3년》(서울: 중심, 2003).

정일권, 《정일권회고록》(서울: 고려서적, 1996).

제임스 E. 도거티·로버트 L. 팔츠그라프 저, 이수형 역, 《미국외교정책사―루스벨트에서 레이건까지》(서울: 한울아카데미, 1997).

제임스 뱀포드 지음, 곽미경·박수미 옮김, 《미 국가안보국 NSA》 1, 2 (서울: 서울문화사, 2002).

제임스 I. 매트레이 저, ·구대열 역, 《한반도의 분단과 미국》(서울: 을유문화사, 1989).

존 메릴 지음, 이종찬·김충남 공역, 《새롭게 밝혀 낸 한국전쟁의 기원과 진실》(서울: 두산동아, 2004).

주지안롱 지음, 서각수 옮김, 《마오쩌둥은 왜 한국전쟁에 개입했을까》 (서울: 도서출판 역사넷, 2005).

중앙일보사 편, 《민족의 증언》(서울: 중앙일보사, 1983).

차상철, 《해방전후 미국의 한반도정책》(서울: 지식산업사, 1992).

찰머스 존슨 지음, 안병진 옮김, 《제국의 슬픔―군국주의, 비밀주의, 그리고 공화국의 종말》(서울: 삼우반, 2004).

찰스 암스트롱 지음, 김연철· 이정우 옮김, 《북조선 탄생》(파주: 서해문집, 2006).

찰스 A. 윌로우비 著, 陳奉天 譯, 《맥아더 將軍의 韓國戰秘史》(서울: 時事通信士, 1957).

최상용, 《미군정과 한국민족주의》(서울: 나남, 1988).

최영진, 《동아시아 국제관계사―제2차 세계대전 이후 미·중 관계를 중심으로》(서울: 지식산업사, 1996).

최영희 외, 《미군정기 한국의 사회변동과 사회사》 1, 2 (춘천: 한림대학교아시아문화연구소, 1999).

최장집, 《한국민주주의의 조건과 전망》(서울: 나남, 1996).

최종고, 《인물과 전기》(서울: 한들출판사, 2002).

최태웅·진봉천 엮음, 《알려지지 않은 한국동란 비사》(서울: 청자문화사, 1970).

파냐 이사악꼬브나 샤브쉬나 지음, 김명호 옮김, 《1945년 남한에서》(서울: 한울, 1996).

표인주 외, 《전쟁과 사람들: 아래로부터의 전쟁연구》(서울: 한울아카데미, 2003).

피터 로우 저, 김시완 역, 《한국전쟁의 기원》(서울: 인간사랑, 1989).

하기와라 료萩原 遼, 《한국전쟁—김일성과 스탈린의 음모》(서울: 한국논단, 1995).

하영선 편, 《한국전쟁의 새로운 접근—전통주의와 수정주의를 넘어서》(서울: 나남, 1990).

한국방송공사, 《다큐멘타리 한국전쟁》上·下(서울: KBS문화사업단, 1991).

한국언론연구원, 《한국전쟁의 동서보도 비교—6·25 40주년 맞아—》(서울: 한국언론연구원, 1990).

한국전쟁연구회, 《탈냉전시대 한국전쟁의 재조명》(서울: 백산서당, 2000).

한국정신문화연구원 편, 《내가 겪은 해방과 분단》(서울: 선인, 2001).

_____, 《내가 겪은 건국과 갈등》(서울: 선인, 2004).

_____, 《내가 겪은 한국전쟁과 박정희 정부》(서울: 선인, 2004).

한국정치연구회, 《한국전쟁의 이해》(서울: 역사비평사, 1990).

한국정치외교사학회편, 《한국전쟁과 휴전체제》(서울: 집문당, 1998).

_____, 《제2차 세계대전 후 열강의 점령정책과 분단국의 독립·통일》(서울: 건국대학교출판부, 1999).

한승주, 《제2공화국과 한국민주주의》(서울: 종로서적, 1986).

한우성, 《영웅 김영옥》(서울: 북스토리, 2005).

한시준, 《한국광복군연구》(서울: 일조각, 1993).

한표욱, 《이승만과 한미외교》(서울: 중앙일보사, 1996).

한홍구, 《대한민국사—단군에서 김두한까지》(서울: 한겨레신문사, 2003).

해롤드 노블 저, 박실 역, 《비록 이승만박사와 미국대사관》(정주: 정호출판사, 1983).

홍성찬 편, 《농지개혁 연구》(서울: 연세대학교 출판부, 2001).

홍인숙, 《대국 미·소와 한민족 분단》(서울: 경인문화사, 2002).

후지와라 아키라 저, 엄수현 역, 《日本軍事史》(서울: 시사일본어사, 1992).

히라야마 타쯔미 저, 이성환 역, 《한반도 냉전의 기원》(대구: 중문, 1999).

(2) 일문

高野和基 解說·譯, 《GHQ日本占領史 2: 占領管理の體制》(東京: 日本圖書センター, 1996).

管 英輝, 《米ソ冷戰とアメリカのアシア政策》(東京: ミネルヴァ書房, 2001).

樓井 浩 編, 《解放と革命—朝鮮民主主義人民共和國の成立過程》(東京: アシア經濟硏究所, 1990).

歷史學硏究會 偏集, 《日本同時代史 1: 敗戰と占領》(東京: 靑木書店, 1990).

聯合軍總司令部 編, 共同通信士 譯, 《日本占領の使命と成果》(東京: 板垣書店, 1950).

五百旗頭眞, 《米國の日本占領政策》(東京: 中央公論社, 1985).

李鍾元, 《東アジア冷戰と韓米日關係》(東京: 東京大學出版會, 1997).

赤木完爾 編著, 《朝鮮戰爭》(東京: 慶應義塾大學出版會, 2003).

竹前榮治 解說, 今泉眞理 譯, 《GHQ日本占領史 1: GHQ日本占領史序說》(東京: 日本圖書センター, 1996).

竹前榮治, 《GHQ》(東京: 岩波書店, 1983).

下斗米伸夫, 《アジア冷戰史》(東京: 中公新書, 2004).

和田春樹, 《朝鮮戰爭全史》(東京: 岩波書店, 2002).

荒 敬 編集, 《朝鮮戰爭と原爆投下計畫–米極東軍トップ・シークレット資料–》(東京: 現代史料出版, 2000).

(3) 영문

Caridi, Ronald J., *The Korean War and American Politics: The Republican Party as a Case Study* (Philadelphia: University of Pennsylvania Press, 1968)

Clark, Eugene, *The Secrets of Inchon: The untold story of the most daring covert mission of the korean war* (New York: Berkley Books, 2002).

Clayton James D., *Refighting the Last War: Commanding and Crisis in Korea, 1950–1953* (New York: The Free Press, 1993).

Collins, J. Lawton, *War in Peacetime–The History and Lessons of the Korean War* (Boston: Houghton Mifflin, 1969)

Cumming, Bruce, *The Origins of The Korean War, vol. I : Liberation and the Emergence of Separate Regimes, 1945~47* (New Jersey: Princeton University Press, 1981).

_____, ed. *Child of Conflict: The Korean-American Relationship, 1943-1953* (Seattle: University of Washington Press, 1983).

_____, *The Origins of The Korean War, vol. II : The Roaring of The Cataract, 1947~50* (New Jersey: Princeton University Press, 1990).

Dougherty, William E., *A Psychological Warfare Casebook* (Baltimore: The Johns Hopkins Press, 1958)

Finn, Richard B., *WInners in Peace: MacArthur, Yoshida, and Postwar Japan* (Berkeley: University of California Press, 1992).

Gaddis, John L., *The United States and the Origins of the Cold War 1941~1947* (New York: Columbia University Press, 1972).

_____, *Strategies of Containment : A Critical Appraisal ofPostwar American National Security Policy* (New York: Oxford University Press, 1982).

_____, *The Long Peace : Inquiries into the History of the Cold War* (New York: Oxford University Press, 1987).

_____, *We Now Know: rethinking Cold War history* (Oxford: Oxford University Press, 1998).

Goncharov, Sergei N., Lewis, John W., Xue Litai, *Uncertain Partners : Stalin, Mao and the Korean War* (Stanford: Stanford University Press, 1993).

Gugeler, Russell A., *Combat Actions in Korea* (Washington, DC: U. S. Army Center of Military History, 1954).

Gunther, John, *The Riddle of MacArthur-Japan, Korea and Far East* (New York: Harper & Brothers, 1951) [존 깐서 著·姜永壽 譯, 《英雄맥아더와 韓國動亂의 眞相》(서울: 建國社, 1952)].

Higgins, Trumbull, *Korea and the Fall of MacArthur-A Precis in Limited War* (New York: Oxford University Press, 1960).

Hirsh, Herbert, *Genocide and the Politics of Memory: Studying Death to Preserve Life* (Chapel Hill: The University of North Carolina Press, 1995).

Horino, Mac Masakatsu, *Japan's Denial and MacArthur's Secret Deal* (New York: iUniverse, Inc., 2004).

Hunt, Frazier, *The Untold Story of Douglas MacArthur* (New York: Devin-Adair, 1954).

Kawai, Kazuo, *Japan's American Interlude* (Chicago: The University of Chicago Press, 1960).

Kennan, George F., *American Diplomacy 1900~1950* (New York: Chicago University Press, 1951).

Kim, Nam G., *From Enemies to Allies—The Impact of The Korean War on U.S.-Japan Relations* (San Francisco: ISP, 1997).

Langley, Michael, *Inchon Landing: MacArthur's Last Triumph* (Times Books, 1980).

Leary, William M., *MacArthur and the American Century* (Univ of Nebraska Press, 2001).

Manchester, William, *American Caesar* (New York: Laurel, 1978).

McGlothlen, Ronald, *Controlling the Waves: Dean Acheson and U. S. Foreign Policy in Asia* (New York: Norton & Company, 1993).

McGovern, James, *To the Yalu: From the Chinese Invasion of Korea to MacArthur's Dismissal* (William Morrow & Company, 1972).

Nitze, Paul H. with Smith, Ann M. and Rearden, Steven L., *From Hiroshima to Glasnost: At the Center of Decision, A Memoir* (New York: Grove Weidenfeld, 1989)

Rees, David, *Korea: Limited War* (New York: St. Martin's Press, 1964).

Robin, Ron T., *The Making of the Cold War Enemy: Culture and Politics in the Military-intellectual complex* (New Jersey: Princeton University Press, 2001)

Rovere, Richard H., Schlesinger, Arthur, *General MacArthur and President Truman: The Struggle for Control of American Foreign Policy* (Transaction Publish, 1992).

Schaller, Michael, *The American Occupation of Japan* (New York: Oxford University Press, 1985).

_____, *Douglas MacArthur: The Far Eastern General* (New York: Oxford University Press, 1989).

Simons, Robert R., *The Strained Alliance: Peking, Pyongyang, Moscow and the Politics of* the Korean Civil War (New York: The Free Press, 1975).

Smith, Robert, *MacArthur in Korea—The Naked Emperor* (New York: Simon and Schuster, 1982).

Spanier, John W., *The Truman—MacArthur Controversy and the Korean War* (New York: W. W. Norton & Company, 1959).

Stueck, William W. Jr., *The Road to Confrontation—American Policy toward China and Korea, 1947~1950* (Chapel Hill: The University of North Carolina Press, 1981).

_____, *The Wedemeyer Mission—American Politics and Foreign Policy during the Cold War* (Athens: The University of Georgia Press, 1984).

_____, *The Korean War—An International History* (New Jersey: Princeton University Press, 1995).

Takemae Eiji, *Inside GHQ-The Allies Occupation of Japan and its Legacy* (New York: Continuum, 2002).

Tucker, Spencer C. *Editor, Encyclopedia of the Korean War—A Political, Social, and Military History* (Santa Babara: ABC-CLIO, 2000).

Weintraub, Stanley, *MacArthur's War: Korea and the Undoing of an American Hero* (New York: The Free Press, 2000).

Y'Blood, William T. ed., *The Three Wars of Lieutenant General George E. Stratemeyer-His Korean War Diary* (Honolulu: University Press of Pacific, 1999).

2. 논문

(1) 국문

KBS 6.25 40주년 특별제작반, 《B. Cumings 저 《한국전쟁의 기원》에 인용된 〈미군정 정보보고서〉 내용: 1945년 9월~1946년 10월》(서울: 한국방송공사, 1990).

국흥주, 〈맥아더 그 두 개의 얼굴〉, 《마당》 11월호, 1984.

김광수, 〈하우스만 대위와 한국군의 창설〉, 《군사》 제40호 (군사편찬연구소, 2004).

김광수, 〈인천상륙작전은 기습이 아니었는가〉, 《전사》 제2호 (국방군사연구소, 1999).

_____, 〈인천상륙 이후 북한군의 재편과 구조변화〉, 《한국전쟁 시 한·미 군사적 역할과 주변국의 대응》 2003년 6월 26일 국방부 군사편찬연구소 국제학술세미나.

김광운, 〈북한 권력구조의 형성과 간부충원 1945. 8~1947. 3〉, 한양대학교사학과 박사학위논문, 1999.

_____, 〈회고와 전망―현대〉, 《역사학보》 제171집(역사학회, 2001).

김광운·정병준, 〈주한미군 정치고문 해제〉, 《대한민국사자료집》 18집(과천: 국사편찬위원회, 1994).

김기석, 〈미국내 한국관계 자료연구〉, 《국사관논총》 제73집(과천: 국사편찬위원회, 1997).

김남균, 〈미국의 타이완 개입과 한국전쟁〉, 《미국학논집》 29집 31호(한국아메리카학회,1997).

_____, 〈더글라스 맥아더 재평가〉, 《군사》 제59호(국방부군사편찬연구소, 2006. 6).

김득중, 〈여순사건과 이승만 반공체제의 구축〉, 성균관대학교 사학과 박사학위논문, 2004.

김명섭, 〈냉전연구의 현황과 전망〉, 《국가전략》 제3권 2호(세종연구소, 1997년 가을·겨울).

김상배, 〈한국전쟁에서 미국의 핵정책에 대한 연구〉서울대학교 외교학과 석사학위논문, 1991.

김성보, 〈소련의 대한정책과 북한에서의 분단질서 형성, 1945~1946〉, 역사문제연구소 편, 《분단 50년과 통일시대의 과제》(서울: 역사비평사, 1995).

김수남, 〈한국전쟁기간중 미국의 문민통제〉, 《國際政治論叢》 Vol.30, no.2(한국국제정치학회, 1991).

김영호, 〈동아시아와 케난의 딜레마〉, 《한국과 국제정치》 제14권 제2호(경남대학교 극동문제연구소, 1998년 가을·겨울).

김정배, 〈냉전의 신화들―스탈린의 연설, 케난의 긴 전문, 처칠의 연설―〉, 《부대사학》 제23집(부산대학교사학회, 1999).

김지영, 〈Truman의 MacArthur解任에 대한 一考察〉, 《梨大史苑》 제15집(이화여자대

학교사학과, 1978).

김진웅, 〈냉전의 기원론에 대한 일고찰〉, 《역사교육논집》 제6집(경북대사범대역사교육과, 1984).

_____, 〈얄타회담과 미소관계―동유럽문제를 중심으로―〉, 《역사교육논집》 제11집(경북대사범대역사교육과, 1987).

_____, 〈케난의 봉쇄정책에 관한 논쟁〉, 《역사교육논집》 제13·14합집(경북대사범대역사교육과, 1990).

김용구, 〈한국전쟁과 소련〉, 《국제문제연구소논문집》 17(서울대학교부설 국제문제연구소, 1993).

김학준, 〈제2차 세계대전시의 소련외교와 한국문제〉, 《사회과학과 정책연구》 제4권 제1호(서울대학교 사회과학연구원, 1990).

김혜수, 〈1946년 이승만의 사설정보조사기관 설치와 단독정부수립운동〉, 《한국근현대사연구》 제5집(한국근현대사연구회, 1996).

도진순, 〈1950년 1월 애치슨의 프레스클럽 연설과 하나의 전쟁논리〉, 《한국사연구》 제119집(한국사연구회, 2003).

_____, 〈한국전쟁의 기본개념으로서 제한전limited war의 성립과 분화〉, 《한국사연구》 125집 (한국사연구회, 2004).

박동찬, 〈주한미군사고문단의 조직과 활동(1948~1953)〉, 한양대학교 사학과 박사학위논문, 2011. 2

박두복, 〈중국의 한국전쟁 개입의 원인에 관한 연구〉, 《한국전쟁의 정치외교사적 고찰》(서울: 평민사, 1989).

박명림, 〈한국전쟁 연구의 경향과 전망의 해석〉, 《한국사론》 제27집(국사편찬위원회, 1997).

_____, 〈한국전쟁: 전세의 역전과 북한의 대응(1)―1950년 8월 28일부터 10월 1일까지〉, 《전략연구》 통권 10호(세종연구소, 1997).

_____, 〈열전의 인천 1950, 그리고 평화의 인천 2005년: 두 인천의 역사적 조망의 몇몇 비교범주들〉, 《제4회 월미평화포럼―황해, 전쟁의 바다에서 평화 교류

의 바다로》 2004년 9월 17일.

박영실, 〈정전이후 중국인민지원군의 대북한 지원과 철수〉, 《정신문화연구》 제29권 제4호(통권 제105호) (한국학중앙연구원, 2006년 겨울).

_____, 〈중국인민지원군과 북·중 관계〉, 한국학중앙연구원 한국학대학원 박사학위논문, 2010.

반병률, 〈회고와 전망—현대〉, 《역사학보》 제163집(역사학회, 1999).

방선주, 〈회고와 전망—미주편—〉, 《한국사연구휘보》 제51호(국사편찬위원회, 1985).

_____, 〈노획 북한 사문서 해제〉, 《아시아문화》 창간호(한림대학 아시아문화연구소, 1986).

_____, 〈미국의 한국관계 현대사 자료〉, 한국사학회 편, 《한국현대사론》—한국독립운동의 전개와 근대민족국가의 수립—(서울: 을유문화사, 1986).

_____, 〈미국 제24군 G-2 군사실 자료 해제〉, 《아시아문화》 제3호(한림대학 아시아문화연구소, 1987).

_____, 〈미국 국립공문서관 국무부서류개요〉, 《국사관논총》 제79집(국사편찬위원회, 1998).

_____, 〈미국 국립공문서관 소장 RG 242 내 '선별노획문서' 조사연구〉, 《미국소재 한국사자료 조사보고 Ⅲ: NARA 소장 RG 242' 선별노획문서'》(국사편찬위원회, 2002).

변은진, 〈일제 전시파시즘기(1937~45) 조선민중의 현실인식과 저항〉, 고려대학교사학과 박사학위논문, 1998.

브루스 커밍스, 〈한미관계의 경과, 1943~1953〉 브루스 커밍스 외·박의경 역, 《한국전쟁과 한미관계》(서울: 청사, 1987).

서주석, 〈한국의 국가체제 형성과정〉, 서울대학교외교학과 박사학위논문, 1996.

_____, 〈인천상륙작전의 결정경위와 전개과정〉, 《인천상륙작전 50주년 기념학술회의—한국전쟁과 인천: 평화와 협력을 위하여》 2000.

서중석, 〈회고와 전망—현대〉, 《역사학보》 제140집 (역사학회, 1993).

_____, 〈현대사 사료의 문제〉, 《국사관논총》 제73집 (과천: 국사편찬위원회, 1997).

_____, 〈이승만정권 초기 일민주의와 파시즘〉,《1950년대 남북한의 선택과 굴절》
(서울: 역사비평사, 1998).

성기중, 〈미국의 대일점령정책의 전환과 일본보수지배체제〉,《대한정치학회보》 13집 1호(대한정치학회, 2005).

송인영, 〈인천상륙작전의 전쟁사적 평가 및 의의〉,《인천상륙작전 50주년 기념학술회의-한국전쟁과 인천: 평화와 협력을 위하여》 2000.

송종환, 〈한국전쟁에 대한 소련의 전략적 목표에 관한 연구〉,《국제정치논총》 제39집 2호(한국국제정치학회, 1999).

신승권, 〈미·소의 한반도 정책―1945~1948―〉,《정치외교사논총》 제14집(한국정치외교사학회, 1996).

신욱희, 〈미국 동아시아 정책의 역사적 고찰: 식민주의, 냉전, 탈냉전〉,《미국학》 제22집(서울대학교 미국학연구소, 1999).

양영조, 〈남북한군사정책과 6·25전쟁의 배경 연구: 정부수립기(1948~1950년)를 중심으로〉, 국민대국사학과 박사학위논문, 1999.

염인호, 〈회고와 전망―한국현대사 연구영역의 확장〉,《역사학보》 제187집(역사학회, 2005).

와리 유리 와실리비치, 〈러시아 대외정책문서보관소 소장 해방직후 한국관계 자료들〉,《역사비평》 계간 24호(서울: 역사비평사, 1994).

유영익, 〈수정주의와 한국현대사 연구〉,《한국사 시민강좌》 제20집(서울: 일조각, 1997).

윤덕영, 〈해방 직후 신문자료 현황〉,《역사와 현실》 제16호(서울: 역사비평사, 1995).

이삼성, 〈한국전쟁이 냉전과 한미관계에 미친 영향〉,《한국과 국제정치》 제6권 제2호(경남대학교 극동문제연구소, 1990년 가을).

이상호, 〈미국의 태평양안보정책과 한국전쟁〉,《미국사연구》 제9집(한국미국사학회, 1999).

_____, 〈맥아더, 대통령이 되고자 했던 군인〉,《내일을 여는 역사》 17(서울: 서해문집, 2004).

_____, 〈해방전후 맥아더의 대한인식〉,《정신문화연구》 제28권 제1호(통권 98호) (한

국학중앙연구원, 2005. 3).

_____, 〈한국전쟁기 38선 북진과 냉전의 고착화〉, 《정신문화연구》 제28권 제4호(통권 101호)(한국학중앙연구원, 2005. 12).

_____, 〈인천상륙작전과 북한의 대응〉, 《군사》 제59호(국방부 군사편찬연구소, 2006.6).

_____, 〈미국 맥아더기념관 소장 한국관련 자료조사 및 해제〉, 《해외사료총서 13: 미국소재 한국사 자료 조사보고 V》(국사편찬위원회, 2007).

_____, 〈맥아더기념관과 트루만대통령 도서관 소장 이승만 관련 문서〉, 《우남 이승만 대통령 관련 사료의 이해》(명지대학교 국제한국학연구소, 2008. 6).

_____, 〈한국전쟁기 맥아더사령부의 핵투하계획〉, 《군사》 제67호(국방부 군사편찬연구소, 2008. 6).

_____, 〈이승만과 맥아더 그리고 대한민국 정부수립〉, 《정신문화연구》 제31권 제3호(통권 112호)(한국학중앙연구원, 2008. 9).

_____, 〈맥아더와 극동국제군사재판〉, 《제4회 세계한국학대회논문집》(한국학중앙연구원, 2008. 12).

_____, 〈전후 동아시아 보수주의의 산파 맥아더〉 《황해문화》(새얼문화재단, 2009. 12).

_____, 〈이승만과 건군〉, 《이승만과 대한민국 건국》(연세대학교 출판부, 2010)

_____, 〈한국전쟁기 미군의 공산포로 미국화교육〉 《역사와 현실》 제78호(한국역사연구회, 2010. 12).

이완범, 〈미국의 한반도 분할선 획정에 관한 연구(1944~1945)〉, 연세대학교정치학과 박사학위논문, 1994.

_____, 〈미 군부의 한반도 양분안 검토와 트루먼의 대한점령 지시—38선 획정의 직접적 배경, 1945년 7월 하순~8월 11일〉, 《국제정치논총》 제35집 1호(한국국제정치학회, 1995).

_____, 〈미국의 한국 점령안 조기 준비: 분할점령의 기원, 1944~1945년 7월 10일〉, 《국제정치논총》제36집 1호(한국국제정치학회, 1996).

_____, 〈미군정과 민족주의, 1945~1948〉, 《근현대사강좌》 통권 제8호(한국현대사연구회, 1996).

_____, 〈소련의 대일전 참전과 38선 수락―1942~1945〉, 《정치외교사논총》 제14집(한국정치외교사학회, 1996).

_____, 〈한국현대사 자료의 정리 현황과 활용 방안〉, 《한국근현대사연구》 제7집(한국근현대사학회, 1997).

_____, 〈한국전쟁 발발원인에 대한 유기적 해석〉, 《국제정치논총》 제39집 1호(한국국제정치학회, 1999).

_____, 〈한국전쟁과 항미원조전쟁〉, 《정신문화연구》 제23권 제3호(통권 80호)(한국정신문화연구원, 2000. 9).

_____, 〈모택동의 한국전쟁 개입 연구―자료 해석에 대한 논쟁을 중심으로―〉, 《한국민족운동사연구》 33(한국민족운동사학회, 2002. 12).

_____, 〈트루만과 동북아 냉전〉, 《미국사연구》 제21집(한국미국사학회, 2005).

이원덕, 〈한국전쟁 직전의 주한미군철수〉, 하영선 편, 《한국전쟁의 새로운 접근―전통주의와 수정주의를 넘어서》(서울: 나남, 1990).

이종원, 〈6·25전쟁과 미국의 동아시아 지역통합전략의 변천〉, 유영익·이채진 편 《한국과 6·25전쟁》(서울: 연세대학교출판부, 2002).

이철순, 〈이승만정권기 미국의 대한정책연구〉, 서울대학교정치학과 박사학위논문, 2000.

이혜숙, 〈일본현대사의 이해―전후 일본사회와 미국의 점령정책―〉, 《해외지역연구》 vol. 8(경상대학교 해외지역연구센터, 2003).

이혜정, 〈미국 패권의 논리―제2차 세계대전과 미국의 '대영역'〉, 국제관계연구회 엮음, 《국제정치와 한국 2: 동아시아 국제관계와 한국》(서울: 을유문화사, 2003).

이희진, 〈중국의 한국전쟁 개입과 맥아더의 북진 의도〉, 《한국민족운동사연구》 제41집(과천: 한국민족운동사학회, 2004)

잭 샌더즈, 〈1945~1950년의 미국립문서서의 한국관계 자료〉, 최장집 편, 《한국현대사》 1(서울: 열음사, 1984).

전상인, 〈브루스 커밍스와 한국현대사 이해〉, 《고개숙인 수정주의》(서울: 전통과 현대, 2001).

전현수, 〈해방직후 북한사 연구의 몇 가지 문제에 대하여〉, 《역사와 현실》 제10호 (서울: 역사비평사, 1993).

_____, 〈소련군의 북한 진주와 대북한정책〉, 《한국독립운동사연구》 제9집(독립기념관 한국독립운동사연구소, 1995).

_____, 〈회고와 전망―현대〉, 《역사학보》 제179집(역사학회, 2003).

정병준, 〈조선건국동맹의 조직과 활동〉, 《한국사연구》 80호 (서울: 한국사연구회, 1993).

_____, 〈미국내 한국현대사 관련자료의 현황과 이용법―미 국립문서기록관리청을 중심으로―〉, 《역사와 현실》제14호(서울: 역사비평사, 1994).

_____, 〈해제〉, 《한국관련해외사료소장목록집》1. 미국편(과천: 국사편찬위원회, 1995).

_____, 〈해제〉, 《미군 CIC 정보 보고서―RG 319》(서울: 중앙일보 현대사연구소, 1996).

_____, 〈해방 직후 이승만의 귀국과 동경회합〉, 于松趙東杰先生停年紀念論叢 行委員會 編, 《于松趙東杰先生停年紀念論叢 II: 한국민족운동사연구》(서울: 나남출판, 1997).

_____, 〈이승만의 독립노선과 정부수립 운동〉, 서울대학교국사학과 박사학위논문, 2001.

_____, 〈회고와 전망―현대〉, 《역사학보》 제175집(역사학회, 2002).

정수용, 〈한국의 베트남전 파병과 한·미 동맹체제의 변화〉, 고려대학교 정치외교학과 박사학위논문, 2001.

정용욱, 〈해방 이전 미국의 대한정책구상 자료〉, 《역사와 현실》 제9호 (서울: 역사비평사, 1993).

_____, 〈1947년의 철군논의와 미국의 남한 점령정책〉, 《역사와 현실》 제14호 (한국역사연구회, 1994).

_____, 〈미군정기 이승만의 '방미외교'와 미국의 대응〉, 《역사비평》 30호 (서울: 역사비평사, 1995).

_____, 〈1942~47년 미국의 대한정책과 과도정부 형태구상〉, 서울대학교 국사학과 박사학위논문, 1996.

_____, 〈미국 국립문서기록청의 한국근현대사 관련자료 소장 현장과 이용 실태 조

사〉(정책연구과제: 99-9-8-1).

_____, 〈미군정기 웨드마이어 사절단의 방한과 미국의 대한정책 변화〉,《동양학》 제30집 (단국대학교 부설 동양학연구소, 2000. 6. 30).

_____, 〈한국전쟁시 미군 방첩대 조직 및 운용〉,《군사사연구총서》제1집 (국방부 군사편찬연구소, 2001).

정재정, 〈회고와 전망—현대〉,《역사학보》제152집 (역사학회, 1996).

정종욱, 〈중국의 한국전쟁 참전〉,《국제문제연구소논문집》17 (서울대학교부설 국제문제연구소, 1993).

조갑제, 〈두 반공투사는 중공군 개입을 기다리고 있었다〉,《월간조선》2000년 7월호.

조성훈, 〈한국전쟁중 유엔군의 포로정책에 관한 연구〉, 한국정신문화연구원 한국학대학원 박사학위논문, 1998.

_____, 〈맥아더와 한국전쟁: 인천상륙작전의 재평가〉,《한국전쟁의 성격과 맥아더 논쟁의 재조명》(한국전쟁학회 2006년 춘계학술회의, 2006년 3월 31일).

존 건더어, 〈20세기의 영웅 인간 맥아더〉,《국방》속간 3호 (대구: 국방부 정훈국, 1951).

진석용, 〈분단사의 재조명 : 일본학계의 한 연구〉,《사회과학과 정책연구》제7권 제 1호 (서울대학교사회과학연구소, 1985).

차상철, 〈미국의 냉전정책과 한국〉,《역사비평》16호 (서울: 역사비평사, 1992).

_____, 〈미국의 극동정책과 아시아에서의 냉전의 기원〉,《북미주학연구》(충남대학교 북미주연구소, 2002).

차하순, 〈한국현대사의 기점에 관한 연구〉,《한국현대사연구》제1권 제2호(한국정신문화연구원 현대사연구소, 1998).

최상용, 〈맥아더의 일본점령과 천황제〉,《亞細亞硏究》vol.33, No.1(고려대학교 아세아문제연구소, 1990).

최영호, 〈이승만정부의 태평양동맹 구상과 아시아 민족 반공연맹 결성〉,《국제정치논총》제39집 2호 (한국국제정치학회, 1999).

최유식, 〈미국 대통령도서관 소장 한국관련자료현황〉,《역사와 현실》제17호(서울: 역사비평사, 1995).

하영선, 〈한국 현대사의 재조명―한국전쟁을 중심으로―〉, 《국제문제연구소논문집》17(서울대학교부설 국제문제연구소, 1993).

한시준, 〈회고와 전망―현대〉, 《역사학보》 제159집 (역사학회, 1998).

한태호, 〈美國의 對日占領政策과 Douglas MacArthur〉(1), 《日本學報》 vol.14, no.1 (한국일본학회, 1985).

_____, 〈美國의 對日占領政策과 Douglas MacArthur〉(2), 《日本學報》 vol.16, no.1 (한국일본학회, 1986).

_____, 〈美國의 對日占領政策과 Douglas MacArthur〉(3), 《日本學報》 vol.18, no.1 (한국일본학회, 1987).

한홍구, 〈회고와 전망―현대〉, 《역사학보》 제167집 (역사학회, 2000).

홍석률, 〈회고와 전망―현대〉, 《역사학보》 제183집 (역사학회, 2004).

홍용표, 〈국가안보와 정권안보: 이승만 대통령의 안보정책을 중심으로 1953~1960〉, 《국제정치논총》 제36집 3호 (한국국제정치학회, 1997).

(2) 일문

남기정, 〈朝鮮戰爭と日本―基地國家における戰爭と平和―〉, 東京大學綜合文化硏究科·國際社會科學專攻博士學位論文, 2000.

小柳順一, 〈朝鮮戰爭におけるGHQの情報の失敗〉, 《Intelligence》 第3号(東京: 20世紀メディア硏究所, 2003).

李種元, 〈戰後米國の極東政策と韓國の脫植民地化〉, 大江志乃夫 外 編, 《岩波講座 近代日本と植民地 8: アジアの冷戰と脫植民地化》(東京: 岩波書店, 1993).

赤木完爾, 〈核兵器と朝鮮戰爭〉, 赤木完爾 編著, 《朝鮮戰爭:休戰50周年の檢證·半島の內と外から》(東京: 慶應義塾大學出版, 2003).

홍인숙, 〈第二次世界大戰直後の東アジアにおける大國の働きと朝鮮民族の對應―朝鮮半島と日本地域を中心に―〉, 一橋大學社會學硏究科·地域社會硏究專攻博士學位論文, 2000.

(3) 영문

Bevilacqua Allan C., "Inchon, Korea, 1950—The Landing that couldn't be done", *Leatherneck*, September 2000.

Bradford, Jeffery A., "MacArthur, Inchon and the Art of Battle Command", *Military Review*, Mar/Apr. 2001.

Buhite, Russel D., "Major Interests: American Policy toward China, Taiwan, and Korea, 1945-1950", *Pacific Historical Review*, vol. XLVII, no. 3, August, 1978.

Cumings, Bruce, "The Origins and Development of the Northeast Asian Political Economy: Industrial Sectors, Product Cycles, and Political Consequences", *International Organization*, vol. 38, no. 1(Winter, 1984).

_____, "Spring thaw for Korea's Cold War", *Bulletin of the Atomic Scientists* vol. 48, no. 3, April, 1992.

_____, "Instruction: The Course of Korean-American Relations, 1943~1953." in Bruce Cumings, ed., *Child of Conflict: The Korean-American Relationship, 1943~1953*. Seattle: Univ. of Washington Press, 1983 [박의경(역), 《한국전쟁과 한미관계, 1943~1953》. 서울: 청사, 1987].

Dingman, Roger, "Atomic Diplomacy during the Korean War", *International Security*, vol. 13, no. 3 (Winter, 1988~1989)

Dorschner, Jim, "Douglas MacArthur's Last Triumph", *Military History*, September 2005.

Heinl, Robert D., "The Inchon Landing: A Case Study in Amphibious Planning", *Naval War College Review*, Spring 1998.

Lippmann, Walter, "The Cold War." *Foreign Affairs* vol. 65 no. 4—Containment: 40 Years Later, Spring 1987.

Manchester, William, "The Last Shogun: MacArthur and the Making of Modern Japan", *The Atlantic*, vol. 242, no. 1, July, 1978.

Matray, James I., "Captive of the Cold War: The Decision to Divide Korea at the

38th Parallel", *Pacific Historical Review*, vol. L. no. 2, May, 1981.

Millett, Allan R., "Crossing the 38th Parallel, 1950: Collective Decision-Making in the American Armed Forces", Eighth United States Army History Office Historical Monograph 98-1, HQ, EUSA, August 1998.

Norris, Robert S. and Kristensen, Hans M., "Global nuclear stockpiles, 1945~2006", *The Bulletin of the Atomic Scientists*, vol. 62, Jul/Aug, 2006.

Page, Thorton, Pettee, George S., Wallace, William A., "Ellis A. Johnson, 1906~1973", *Operations Research*, vol. 22, no. 6, Nov. - Dec., 1974.

Paschall, Rod, "A bold Strike at Inchon", *Military History*, 2002.

Schaller, Michael, "MacArthur's Japan: The View from Washington", *Diplomatic History*, vol. 10, no. 1, Winter 1986.

Stolfi, Russel H., "A Critique of Pure Success: Inchon Revisited, Revised, and Contrasted", *The Journal of Military History*, vol. 68, Issue 2, April. 2000.

Williams, Sr. James, "From Charlottesville to Tokyo: Military Government Training and Democratic Reforms in Occupied Japan", *Pacific Historical Review*, vol. LI, no. 4, November, 1982.

Wiltz, John Edward, "Truman and MacArthur: The Wake Island Meeting", *Military Affairs*, vol. 42, no. 4, Dec. 1979.

Whitson, W. L., "The Growth of the Operations Research Office in the U.S. Army", *Operations Research*, vol. 8, no. 6, Nov.- Dec., 1960.

X, "The Sources of Soviet Conduct" *Foreign Affairs* vol. 65, no. 4 - Containment: 40 Years Later, Spring 1987.

찾아보기

[ㄱ]
가오강 250
가와베 도라시로 86
가타야마 67
강도건 92, 223
거대한 초승달 128, 145
게이 180
경제과학국 102, 103, 112
경찰예비대 174, 320
고든 섬너 287
고립주의자들 57
공중위생복지국 102, 112
과학조사개발국 299
구어치차오 284
구웨이쥔 169
국가안보문서 8(NSC 8) 139, 141

국가안보문서 13(NSC 13) 131
국가안보문서 48(NSC 48) 133, 147
국가안보문서 68(NSC 68) 153~155, 291
국가안보문서 73(NSC 73) 228
국가안보문서 73/1(NSC 73/1) 264
국가안보문서 81(NSC 81) 237
국가안보문서 81/1(NSC 81/1) 238
국가안보문서 100(NSC 100) 312
국가안보문서 101(NSC 101) 322
국공내전 119, 127, 128, 254
국방조사위원회 299
국제검사국 102
국제주의자들 57
군정국 100
그로미코 211, 213
그로버 298

그로스 162
극동군주일군수사령부 184
극동군사령부 26, 30, 100, 105~170, 114, 116, 144, 145, 153, 157~159, 161, 163~165, 167~169, 180, 182, 211, 240, 267, 275, 284, 288, 300, 301, 307, 308, 310
극동미육군총사령부 25
극동위원회 103~105, 132, 157
김동성 149
김두환 200, 205
김문호 194, 195
김연모 189
김웅 188
김일성 173, 187, 188, 195, 197~199, 211~215, 240, 249, 252, 253, 267
김활란 140, 141

[ㄴ]

남서태평양지구총사령관 45, 54
네룽전 265
노무라 기시사부로 264
뉴딜정책 43, 338
니미츠 45, 47, 49, 78, 79, 82, 88
니즈량 199
니츠 154, 229, 233, 256, 304

[ㄷ]

다운폴 78
닷지 132
대계획 18
대일이사회 103~105
대일정책 25, 129, 131, 132, 135
대지역 71, 72
대한정책 17~23, 29, 94~96, 98, 100, 106, 123, 127, 129, 134, 136, 137, 139, 151, 323
대형 19
데레비얀코 88
데이비스 72
도서방위선 145, 147, 148, 340
도서방위전략 279
듀이 49
드럼라이트 269
드레이퍼 27, 128~130, 132, 134, 141
딘 143, 172

[ㄹ]

라이트 164, 180, 184, 237
라주바예프 30, 215
랜드 연구소 300
러셀 329, 332, 333
러스크 233, 234, 262, 265, 324, 327
러일전쟁 37, 40, 58

러프너 182
레이잉푸 197
레이히 49
레인보우 파이브 44
로버츠 143
로베트 126
로스 257, 260
로시친 200
로열 129, 143
로퍼 304
로하스 51, 67
롤백 23
루이스 258
루즈벨트 43~45, 48, 49, 57, 72, 338
르메이 396, 300
리 162, 245
리규섭 194
리근순 192, 223
리어리 45
리우리엔이 169
리지웨이 164, 287, 296, 313, 323, 326
리차드슨 83
리창실 202
리퍼 326
링컨 79

[ㅁ]

마셜George C. Marshall 134, 322, 329, 331, 335
마셜Richard J. Marshall 44, 45, 47
마셜Thurgood Marshall 65
마오쩌둥 195~197, 200, 213, 250, 252, 253, 267
마이스키 69
마퀘트 44, 45, 284
마틴E. M. Martin 134
마틴Joseph W. Martin 329
마한 146
매콜리프 300
맥마흔 334
맥아더 20, 22~29, 31, 33~54, 57~67, 78~80, 82, 83, 86, 92, 94~98, 100~103, 105, 108~115, 120, 123, 124, 129~132, 134, 138, 139, 142, 144~153, 157, 163, 166, 168~172, 174~177, 179~184, 186, 187, 214, 215, 226~228, 230, 231, 233, 236~239, 241~245, 254~263, 266~275, 279, 283~288, 295, 296, 305, 306, 309~314, 317~343
맥아더사령부 20, 25~28, 46, 77, 89, 95, 96, 98, 100, 108, 110, 124, 157, 160, 170, 256~258, 271, 274, 276, 282, 288, 289, 304, 314, 339, 341

《맥아더 원수 대만방문회의록》 284
맥아더청문회 28, 29, 1551, 176, 322, 329, 331, 335, 336, 342
맥클로이 86, 95
맥킨더 120
머천트 283
모스 176, 334
모스크바 3상회의 95, 96, 111, 123
몰로토프 69, 126
무지개사단 41
무초 143~145, 160, 163~165, 175, 245, 260, 272, 321
미국립문서기록관리청 29
미국의 규정력 18
미국의 한계선 18, 19
미국화 113
미소공동위원회 96, 97, 108, 119, 122, 126
미영연락장교단 74
민간재산관리국 103, 104
민간정보교육국 67, 102, 104, 112
민간정보국 102
민간통신국 102~104, 112
민정국CAD 109, 136
민정국GS 102, 104
민정합동위원회 112

[ㅂ]

바실리예프스키 204
바탄 갱 44, 284
박규면 192, 218
박근만 201, 204
박헌영 197, 212
반덴버그Arthur H. Vandenberg 48, 230
반덴버그Hoyt S. Vandenberg 292, 323
버크 264
버터워스 128
번스Arthur C. Bunce 122
번스James F. Byrnes 97
벌 2세 72
법무국 102, 104
벙커 260, 261
베닝호프 93
베버리지 58
베이커 40
보너스 행진 63, 64, 338
보어즈 65
보우만 72
볼테 161, 164, 238, 296, 310, 311
부시 299
북진정책 27, 225, 239
북한노획문서 27, 30, 188, 204
브래들리 58, 259
브레트 45
브로일러 289, 290

브롬웰 40
브리지스 58
블랙리스트 78~80, 82
블레이미 45
블루하트 180
비숍 135
빈센트 95, 97, 109, 134

[ㅅ]
사이밍턴 312
사활적 이익 61, 62, 146
살츠만 141
3부조정위원회 73, 74, 86, 87, 96, 98, 113, 128
삼로향심우회 250
상하양원합동회의 330
샤오젠페이 252
서기국 102, 104
서덜랜드 44, 45
선의의 무지론 17
섬 건너뛰기 작전 47, 80 340
섭외국 102, 104
셔먼 184, 332
셰이크다운 311, 342
수정주의 17, 18
숭타 284
쉬유첸 284

슈융창 88
슈티코프 197, 198, 211~213
스미스 Charles B. Smith 171, 172
스미스 Oliver P. Smith 184, 206
스미스특수임무대대 170~173, 294
스탈린 50, 69, 197, 198, 203, 204, 209, 212~215, 253
스토리 169
스트라이크 130
스트러블 184, 284
스트레이트메이어 158, 169, 284
스티버스 45
스틸웰 80, 83, 84
스팀슨 44
시게미츠 88
시볼드 109, 161, 163, 272
신수정주의 18
신전통주의 18
신탁통치 21, 70, 73, 74, 77, 85, 94, 96, 98, 123, 125, 234, 243

[ㅇ]
아놀드 49, 78, 300
아더 2세 34~38, 58
아더 3세 36~38
아베 90
아시아우선주의 22, 25, 54, 57, 58, 61,

338

아이젠하워 49, 53, 95, 155, 300, 329
아이첼버거 83
알몬드 157, 164, 180, 182, 184, 203, 284, 303, 307
암스트롱 72
애치슨 72, 95, 109, 113, 127, 135, 143, 145~147, 151, 152, 161, 163, 170, 237, 240, 243, 245, 257, 272, 279, 313, 329, 332, 340
애치슨 선언 20, 146, 340
애틀리 50, 306
앤더슨 260
앨리슨 161, 228, 233, 234
앳치슨 131
야마구치 90
에머슨 228, 229, 304
에이킨 45
역코스 119, 132
연합국관리위원회 85
연합국최고사령관 46, 50, 52, 54, 74, 81, 88, 100, 108, 111, 129, 132, 150, 157
연합국최고사령관총사령부 25, 100~104, 106, 111, 129, 131, 339
연합번역통신부 46, 312
연합정보국 46
연합지리국 46

영국의 대일점령군 105
영토소위원회 73
예방전쟁 167, 287
오산전투 171, 174, 294
오스틴 239, 244
오프태클 290
올리버 110
올림픽 78, 79, 80
왕쉬에팅 284
외교국 102~104
외교협회 71, 72
외무인민위원부 69, 70
워커 158, 172, 175, 183, 268
원자력법 306
웨드마이어 26, 27, 79, 119, 120, 122~127, 141, 332
웨이블 158, 184
웨이크 섬 회담 28, 249, 254, 255, 257, 259, 262, 263, 274, 341
웰즈 72
웹 243
윌로비 44~46, 64, 160, 164, 240, 241, 256, 264, 267, 269, 270, 273~275, 284
윌리 333
윌키 48, 49
유럽우선주의 25, 57
유엔군총사령관 52, 157, 184, 234

유엔군총사령부 25
유엔안전보장이사회 162, 174, 176, 225, 226, 229, 231, 235
유엔한국위원단 225
유엔한국위원회 244
이별 164
이승만 20, 67, 115, 123, 140, 141, 143, 150~152, 162, 163, 175, 230, 243~245, 255, 256, 271, 320, 324
이승엽 188
이중봉쇄 166
이철근 208, 209
인디언헤드 30
인천상륙작전 23, 24, 27, 30, 31, 50, 52, 61, 174, 183~189, 192~194, 196~199, 206~209, 211~215, 236, 237, 241~243, 264, 299, 301, 340
일반참모부 102, 108
일본 중시정책 128, 134
임병직 243
임시고문단 143, 144

[ㅈ]

자브로딘 70
작전기획단 127
작전조사국 288, 299, 300~304, 307~309, 314

작전평가단 300
장면 234, 237, 243, 320
장인준 202
장제스 28, 50, 67, 84, 125, 128, 133, 169, 170, 254, 279, 280, 282, 284, 286, 287, 320
장철 207, 208
〈재한미국 군대의 관할권에 관한 협정: 대전협정〉 174, 175
전략공군사령부 158, 296
전략정보국 46, 160
전우조 183
전쟁과 평화기획 71, 72
전쟁부 40, 43, 58, 65, 86, 95, 96, 98, 112, 113, 124, 138
전통주의 18, 137
전후 외교정책을 위한 자문위원회 72
정일권 255, 256, 324
정책기획실 128, 135, 153, 226, 229, 232, 233, 234, 236
정치소위원회 73
제섭 234, 260
제임스 42, 50, 65, 93, 153, 160, 275
《조국해방전쟁사》 187
조미수호통상조약 151
조병옥 140, 141
조영택 192, 220
조이 158, 184, 284

조지 45
존슨Alexis U. Jonson 265
존슨Ellis. A. Johnson 301
존슨Louis A. Johnson 151, 298, 317, 332
주변적 이익 61, 62
주요이익 62
주우언라이 195, 197, 200, 213, 240,
    250, 264, 265
주체조우 284
주코프 70
주한미군사고문단 20, 115, 144, 145,
    160, 163~165, 167
주한미군사고문사절단 143
주한미연락장교단 160
주한미외교단 144, 165
주한미(육)군사령부 군정청 30,, 94
준비부족론 17
중국 중시정책 34
《중국백서》 133
중국인민해방군 249, 269
지룡성 192
지역통합전략 128, 132, 134, 136
지틀로 64

[ㅊ]
차핀 265
챔벌린 45

처치 159, 172
천연자원국 102, 104, 112

[ㅋ]
카투사KATUSA 183
캠퍼스 78
케난 23, 128, 130~132, 135, 146, 226,
    233, 234
케이디스 100
케이시 44, 45
케존 43
켈로그-브리앙 조약 42
코로넷 78
코즈키 요시오 90
코토브코노프 200
콜린스 184, 230, 239, 303, 309, 323,
    332
쿠어크 284
쿨터 116
크로마이트 184
크루거 83
크리스트 100
클라크 186
클럽 264, 269, 270
클레이 329
키니 83
킨케이드 90

킹 49

[ㅌ]
타켄튼 273
태평양육군총사령부 25, 100~102, 105, 106
태평양육군총사령부 포고 제1호 91
태프트Robert A. Taft 329
태프트William Taft 37
터프츠 325
테일러 72
템플기사단 66
통계조사국 102
트로브리앙 36
트루먼 22, 23, 27, 28, 49, 50, 52, 65, 81~83, 99, 110, 119, 123, 126, 127, 129, 132, 143
특별계획 참모부 182
특별참모부 102, 136

[ㅍ]
파니카 242, 264
파서니 297, 298
파스폴스키 72
패터슨 109, 113, 138
패트리지 169

퍼싱 41
페어클로스 43
페이스Frank Pace 161, 259
페이스John T. Pace 64
포레스탈 66, 128
폴리 130
프라이스 148
프리메이슨 66
피우스 교황 67
피폭방어 308
핀처 142, 289, 290

[ㅎ]
하데스 83
하디 36
하워드 48
하지 20, 21, 90
한국과 102, 103
한국독립당 141
한국에 관한 부간部間 특별위원회 112
한국에 관한 특별위원회 98, 126
한미관계 17~19, 151
할렉 329
합동전략기획단 180, 182, 237
합동전략조사위원회 112, 138, 305~307
합동전쟁기획위원회 82, 85
합동참모본부 26, 40, 45, 78, 79, 82,

96, 98, 105, 109, 111~114, 122, 128, 138, 139, 142, 145, 152, 164, 165, 168~170, 174, 186, 187, 238, 239, 244, 245, 264, 266, 270, 271, 273, 283, 286, 295, 304, 305, 307, 309, 311, 313, 321, 322, 324, 326~328
합동행정위원회 144
해군작전연구단 300
해리만 176, 243, 262, 286
해리스 89
해리슨 135
해밀턴 48
해외참전군인회 317
핵심지대이론 120
행정과 102, 144
헐 44, 72, 109
헨더슨 240, 265
호우장텅 284
호프만 135
혼마 45
훼리 329
휘트니 44, 51, 66, 260, 284
휘틀럭 45
휴 베일리 318, 325
히긴스 171
히켄루퍼 333
히키 157, 309
힐렌쾨터 159

맥아더와 한국전쟁

⊙ 2012년 8월 25일 초판 1쇄 발행
⊙ 2013년 4월 11일 초판 2쇄 발행
⊙ 글쓴이   이상호
⊙ 발행인   박혜숙
⊙ 디자인   이보용
⊙ 영업·제작   변재원
⊙ 종이   화인페이퍼
⊙ 펴낸곳   도서출판 푸른역사
　우 110-040 서울시 종로구 통의동 82
　전화: 02) 720-8921(편집부) 02) 720-8920(영업부)
　팩스: 02) 720-9887
　전자우편: 2013history@naver.com
　등록: 1997년 2월 14일 제13-483호
ⓒ 이상호, 2012

ISBN   978-89-94079-66-0   93900

· 잘못 만들어진 책은 교환해드립니다.